普通高等学校"十四五"规划公共必修课程教材

新时代
大学生心理健康教育
——向阳而生 逐光而行

主　编　叶绍义
副主编　林　峰　李　昕
　　　　唐海燕　郭海峰

华中科技大学出版社
http://press.hust.edu.cn
中国·武汉

内 容 提 要

《新时代大学生心理健康教育——向阳而生 逐光而行》由长期从事心理健康教育工作、临床经验丰富的一线教师共同编写完成。本书涵盖了大学生心理健康成长、心理诊断与咨询、自我意识与培养、人格与心理健康、职业生涯规划与实践等内容。在教材设计中,每章节都有案例导读、心理分析、学习要点、反思体验、心理测评等版块,对提高大学生心理调适能力、促进大学生身心健康发展有十分重要的作用。本书融科学性、针对性、实践性和趣味性于一体,结合当前与大学生成长密切相关的心理主题,使大学生更清晰地了解自我,帮助他们以积极心态面对未来生活中的挑战。本书适合高校教师和学生使用,也可供有意从事心理健康教育工作的人士参考。

图书在版编目(CIP)数据

新时代大学生心理健康教育:向阳而生 逐光而行 / 叶绍义主编. -- 武汉:华中科技大学出版社,2024.9. -- (普通高等学校"十四五"规划公共必修课程教材). -- ISBN 978-7-5772-1242-5

Ⅰ. G444

中国国家版本馆 CIP 数据核字第 2024KL4738 号

新时代大学生心理健康教育——向阳而生 逐光而行   叶绍义 主编

Xinshidai Daxuesheng Xinli Jiankang Jiaoyu——Xiangyang er Sheng   Zhuguang er Xing

---

策划编辑:	李承诚
责任编辑:	周 天
封面设计:	吴梦涵
责任监印:	周治超
出版发行:	华中科技大学出版社(中国·武汉) 电话:(027)81321913
	武汉市东湖新技术开发区华工科技园 邮编:430223
录 排:	武汉正风天下文化发展有限公司
印 刷:	武汉市籍缘印刷厂
开 本:	889mm×1194mm 1/16
印 张:	15
字 数:	450 千字
版 次:	2024 年 9 月第 1 版第 1 次印刷
定 价:	59.80 元

本书若有印装质量问题,请向出版社营销中心调换
全国免费服务热线:400-6679-118   竭诚为您服务
版权所有   侵权必究

前 言

大学生心理健康教育是大学生思想政治教育的重要组成部分,可以为大学生思想政治教育提供更多的方法和技术。正是基于这样的一种理解,在编写本书时,我们尽可能全面掌握资料,深入分析大学生的心理发展特点,并从知识习得和实践运用的角度整合各种材料,使本书集知识性和操作性于一体,使大学生增长知识、发展能力,促进大学生健康成才。

本书由江西财经大学几位多年从事心理健康教育及学生思政工作的教师共同编写完成,他们在心理健康教育的教学、心理咨询及科研方面积累了丰富的实践经验。特别是主编曾参加中美高级精神分析连续培训项目,长期接受心理动力、认知行为取向的团督和个督,为本书的编写打下了坚实的基础。

本书从大学生的实际出发,对大学生的心理发展过程以及存在的问题进行了较为深入的研究和探讨,并对大学生不同的心理问题提出了咨询和调适的方法。本书在理论上遵循大学生群体的特殊性,在特定的社会条件、文化氛围、环境影响和人格特征的前提下研究大学生的心理发展、潜能开发和人格完善。本书在内容上涵盖大学生心理健康成长、心理诊断与咨询、自我意识与培养、人格与心理健康、职业生涯规划与实践、学习心理及调适、情绪管理、人际交往、性及恋爱心理、压力管理与挫折应对、网络心理及调适、心理危机应对及生命成长等知识点,着力突出三大特点:一是适合大学生的知识水平和认知特点,便于大学生了解自身的心理特点,丰富心理学知识;二是使大学生了解群体心理发展的特点,为其寻求心理咨询和自我调适提供方法;三是为大学生开发潜能、完善自我提供训练方法和案例。

在教材设计中,每章都设有案例导读、心理分析、学习要点、反思体验、心理测验等板块。这种编写方式便于大学生课后练习和自我心理辅导,同时为教师的备课、上课和咨询实践提供了现实参考和实证依据。

各章的编写分工如下:叶绍义编写第一、五章;唐海燕编写第二、七章;林峰编写第三、四、六、十二章;郭海峰编写第八、九、十三章;李昕编写第十、十一、十四章。本书的最终目的是让大学生学有所思、思有所获,提高学习和生活质量。因此,真诚希望本书能帮助广大大学生排解心理困惑,化解心头疑虑,做自己成长的主人,不断增强心理素质,让每一个人都带着健康、阳光的心态去奋斗拼搏,拥有积极的情感,享受生活,拥有快乐幸福的人生。

本书的编写得到了江西财经大学领导和同仁的大力支持,借此机会,谨向他们致以诚挚的敬意和衷心的感谢。本书在编写过程中引用了国内外一些心理学家、心理教育工作者的观点和研究成果,在此一并表示感谢。

本书难免存在一些不足之处,热诚欢迎同行专家、教师和读者不吝赐教。

编委会

2024 年 5 月

目 录

第一章　走进心灵，幸福人生
　　——大学生心理健康成长 ································ (001)
第一节　心灵的探秘——什么是心理 ································ (001)
第二节　心灵发展——大学生心理发展规律 ································ (004)
第三节　心灵"方向盘"——大学生心理健康标准 ································ (007)

第二章　快乐生活，远离疾病
　　——心理诊断与咨询 ································ (013)
第一节　心灵的枷锁——大学生常见心理问题 ································ (014)
第二节　成长助力棒——心理咨询 ································ (020)

第三章　认识自己，掌控人生
　　——大学生的自我意识与培养 ································ (028)
第一节　我是谁——自我意识概述 ································ (028)
第二节　探索未知的自己——大学生自我意识的特征 ································ (031)
第三节　走出"心"误区——大学生自我意识偏差及调节 ································ (034)
第四节　拥抱真实的自己——塑造健康自我意识 ································ (037)

第四章　提升自我，铸造人格
　　——大学生人格与心理健康 ································ (047)
第一节　人性的面纱——人格概述 ································ (048)
第二节　人性面面观——人格特征 ································ (050)
第三节　人性的误区——人格异常 ································ (052)
第四节　人性的光辉——人格完善 ································ (059)

第五章　执着追求，积极进取
　　——大学生职业生涯规划与实践 ································ (064)
第一节　完善人生地图——大学生职业生涯规划 ································ (065)
第二节　知行合一——职业生涯规划设计 ································ (068)
第三节　心态决定未来——大学生择业心理及调适 ································ (073)

第六章　学海无涯，巧驾轻舟
　　——大学生学习心理及调适 ································ (078)
第一节　认识学习——大学生学习概述 ································ (079)

第二节 理解学习——学习影响因素及考试焦虑 ………………………………………… (081)
第三节 掌握学习——大学生创新能力培养 ………………………………………………… (083)
第四节 适应学习——学习障碍及调适 ……………………………………………………… (086)

第七章 驾驭情绪，把握快乐
　　　　——大学生情绪管理 …………………………………………………………………… (092)
第一节 打开情绪的窗户——情绪解析 ……………………………………………………… (093)
第二节 赤橙黄绿青蓝紫——多彩的情绪 …………………………………………………… (094)
第三节 做情绪的主人——情绪调节 ………………………………………………………… (097)

第八章 建立友谊，和谐关系
　　　　——大学生人际交往 …………………………………………………………………… (103)
第一节 让心灵自由沟通——人际交往概述 ………………………………………………… (104)
第二节 沟通指南针——人际交往的原则及技巧 …………………………………………… (108)
第三节 心有千千结——大学生人际交往障碍 ……………………………………………… (113)
第四节 相亲相爱一家人——大学生宿舍人际关系 ………………………………………… (116)

第九章 玫瑰芬芳，情窦初开
　　　　——大学生性及恋爱心理 ……………………………………………………………… (124)
第一节 爱情花开——认识爱情 ……………………………………………………………… (125)
第二节 培育幸福花朵——大学生恋爱特点及能力提升 …………………………………… (128)
第三节 "潘多拉"的诱惑——大学生性心理及其困扰 ……………………………………… (135)
第四节 绽放青春的玫瑰——培养健康恋爱行为及性心理 ………………………………… (139)

第十章 逆风展翅，历练人生
　　　　——大学生压力管理与挫折应对 …………………………………………………… (146)
第一节 慧眼识"压"——无处安放的压力 …………………………………………………… (147)
第二节 越挫越勇——压力疏导与挫折应对 ………………………………………………… (150)

第十一章 虚拟世界，网络人生
　　　　——大学生网络心理及调适 ………………………………………………………… (157)
第一节 魔鬼与天使——认识网络及网络心理 ……………………………………………… (158)
第二节 想说"舍"你不容易——告别网络成瘾 ……………………………………………… (161)
第三节 编织健康"网"生活——网络的正确使用 …………………………………………… (165)

第十二章 走出困境，迎来希望
　　　　——大学生心理危机应对及生命成长 ……………………………………………… (170)
第一节 心灵的困惑——大学生心理危机概述 ……………………………………………… (171)
第二节 点燃生命的希望——大学生危机识别及应对 ……………………………………… (175)

第三节	直视骄阳——生命的意义与超越	(181)
第四节	带你走进心灵港湾——江西财经大学心理危机干预工作	(185)

第十三章 拥抱生命，体验幸福
——走进积极心理学 (192)

第一节	积极的情感——何谓幸福？	(193)
第二节	积极的人生观——乐观和希望	(198)
第三节	积极的关系——感恩和宽容	(202)

第十四章 团队合作，共创佳绩
——大学生团体心理素质拓展及实务 (213)

第一节	美丽心旅程——心理素质拓展基本知识	(213)
第二节	世界因相逢而精彩——新生凝聚力团体心理素质拓展实务	(218)

参考文献 (227)

第一章　走进心灵，幸福人生
——大学生心理健康成长

案例导读

江西省某高校举行十佳心理委员选拔赛，选拔赛在全校范围内进行。选拔赛包含心理健康知识、舞台礼仪、演讲主持、心理解惑等方面的内容，赛前参赛选手接受了一些专题培训。大赛选拔10名心理健康大使，以及冠军、亚军、季军、最佳风采奖、最佳人气奖各1名，优胜奖若干名；心理健康形象大使将由学校颁发荣誉证书，参加心理咨询中心组织的专题培训和校外实践，参与策划和主持各类大型心理健康教育活动。此次大赛得到了全校学生的大力支持，在整个校园产生了很大的轰动。

心理分析

进入21世纪，全国高校都非常重视大学生心理健康教育。当代大学生对心理健康这一问题不再回避，开始积极关注心理健康，自发地学习心理学及心理健康方面的知识，他们进一步意识到心理健康的重要性，认识到拥有健康的心理可以让大学生活更加快乐和充实。

学习要点

1. 认识心理的实质与特点。
2. 了解大学生心理发展的特点。
3. 掌握心理健康的含义。
4. 掌握大学生心理健康的标准及其影响因素。

关键词

心理　心理健康

第一节　心灵的探秘
——什么是心理

一、心理具有物质基础

现代科学表明，正如肺是呼吸的器官，呼吸是肺的机能一样，脑是心理的器官，心理是脑的机能。

（一）人脑的结构

人脑包含高级神经中枢和低级神经中枢。高级神经中枢是大脑皮层。大脑皮层有很多功能区，管理着人体某一方面的活动，但各功能区之间是相互协调的。低级神经中枢在脊髓部位。低级神经中枢除了有传递和过滤神经信息（又称神经冲动）的功能之外，还对维持生命的基本活动起着重要的作用，如维持心跳、血压，发生吞咽、咳嗽、喷嚏反射，平衡和协调身体运动，调节自主神经活动等。同时，低级神经中枢还具备接受感觉信息、调节情绪和维持机体觉醒状态的功能。低级神经中枢的活动受高级神经中枢的控制。

（二）大脑的功能与心理

大脑的主要功能是接收、分析、综合、储存和发布各种信息。机体的所有感觉器官都把刺激信息由神经传入大脑，大脑经过加工、整理，做出决策，然后发出信息，控制各器官和各系统的活动。各器官和各系统的活动状况又会通过信息环路反馈给大脑，以便大脑进一步调节。

大脑两个半球各自管理着相对的那一半身体，即大脑左半球主管身体的右半边，大脑右半球主管身体的左半边。

人的大脑功能具有不对称性，即心理功能在大脑左、右两个半球上表现出不同的优势。通常左半球的功能是阅读和计算，保障连贯的、分析性的逻辑思维。右半球运用形象信息，保证空间定向、音乐知觉，保障对情绪、态度的理解。

综上所述，脑是心理的器官，是心理活动的物质基础，它的活动产生并制约着人的心理活动。

二、心理是客观现实的主观反映

脑是心理的器官，但脑本身并不产生心理，心理不是大脑固有的产物，而是客观物质世界在大脑中的反映，即心理现象是客观事物作用于人的感觉器官，通过大脑活动而产生的。所以，客观现实是心理产生的源泉和内容。离开客观现实来考察人的心理，就变成了无源之水、无本之木。客观现实是指独立于人的心理之外、不依赖于人的心理而存在的一切事物。客观现实可分为三类：第一类是自然现实，包括日月星辰、山川树木、江河湖海等；第二类是经过人加工的现实，如工厂、车辆、工具、笔墨、纸张等；第三类是社会现实，主要指人们的社会存在，即人所处的社会制度和人的各种社会关系，也包括人们的交往、语言等方面。

1920年，印度人辛格在狼窝里发现了两个小女孩，小的约2岁，带回后很快死去了，大的约8岁，取名为卡玛拉。卡玛拉返回人类生活圈时用四肢行走，用双手和膝盖着地歇息，不会用手吃饭、喝水。她害怕强光，夜间视觉敏锐，每天夜里像狼一样嚎叫，拒绝穿衣服及盖毯子。在辛格的精心照料和教育下，她2年学会了站立；4年学会了6个单词；6年学会了走路；7年学会了45个单词，同时学会了用手吃饭、用杯子喝水。但是到17岁临死时她只有相当于4岁儿童的心理发展水平。

由此可见，尽管卡玛拉有人脑这一物质基础，但她长期生活在狼群里，脱离了人类社会，也不具备人的心理。所以，心理是社会的产物，离开了人类社会，即使有人的大脑，也不能自发地产生人的心理。

心理的反映具有能动性，人们通过心理活动不仅能认识事物的外部现象，还能认识事物的本质和事物之间的内在联系，并用这种认识来指导自己的实践活动，改造客观世界。

三、心理以活动形式存在

心理是客观现实在大脑中的主观反映，也是一种看不见、摸不着的映像，但看不见、摸不着并不代表它就是虚无缥缈的，它可以通过人的活动表现。所以，就有了察言观色、揣摩心理，也就有了心理学。有时候,一些小动作会泄露人们内心的秘密,揭示人们的心理活动。心理是脑的机能,是人脑对客观现实的主观反映,与脑是相互联系、密不可分的。同时,人脑也只有在客观现实中才能得到充分发展。人的心理、脑和客观现实,永远处于相互作用之中。人通过反映客观现实、改造客观现实的各种实践活动,不断地丰富和发展自己的聪明才智,形成自己的世界观。

四、心理的构成

心理(也称心理现象)丰富多彩,绚丽多姿,表现形式多种多样。人们不同的需要、理想、信念、世界观,兴趣爱好、气质、能力、性格等构成了千姿百态的心理,心理构成通常涉及心理过程和个性心理两个方面。

(一)心理过程

心理过程是指人脑对客观事物不同方面及其相互关系的主观反映过程。相对于个性心理而言,心理过程是不断变化的、暂时性的。具体来说,心理过程包括认知过程、情感过程和意志过程。

认知过程是指人在认识客观事物的过程中,为弄清客观事物的性质和规律而产生的心理过程。它是人的最基本的心理过程。比如,我们看见颜色,听到树叶的"沙沙"声,尝到滋味,闻到气味,摸到物体的软硬或冷热等,这就是感觉。在感觉的基础上,我们能够辨认盛开的菊花或歌唱的百灵鸟、鲜红的苹果或崭新的书桌等,这就是知觉。人不仅能直接地感知事物的表面特征,还能间接地感知事物内在的、本质的特征。这是思维。人不仅能够在头脑中再现过去事物的形象,还能在此基础上创造新事物的形象。这类心理活动的过程称为想象。感觉、知觉、思维和想象同属于人的心理过程。

情感过程是指人在认识客观事物时产生的各种态度、体验或感受的过程。人对客观事物的认识,并不是呆板的、冷漠的,而是会带有某种感情色彩。这些在认识基础上产生的喜、怒、哀、乐等态度体验,心理学上称为情感过程。

意志过程是指由认识的支持与情感的推动,使人有意识地克服内心障碍与外部困难而坚持实现目标的过程。人不仅能认识客观事物,对它产生一定的情感体验,还能够自觉地改造客观世界。意志是人的意识能动性的集中表现。为了认识和改造世界,人总是主动地确定目标、制订计划,并树立信心,坚持不懈地去战胜困难和挫折,以达到预期的目的,这种心理活动的过程叫作意志过程。

认知、情感和意志不是彼此独立的过程。情感和意志过程中含有认知的成分,它们都是由认知过程派生出来的;情感与意志过程又对认知过程产生影响,它们是统一的心理活动中的不同方面。

(二)个性心理

个性心理是个体所具有的稳定的心理现象。它涉及个性倾向性和个性心理特征两个方面。

个性倾向性是决定个体对事物的态度和行为的内部动力系统,是具有一定的动力性和稳定性的心理成分。比如,需要、动机、兴趣、理想、信念和世界观等个性倾向性使个体有目的、有选择地对客观现实做出反应。不同的理想、信念、世界观,对个体心理活动的组织和引导也是不同的。个性倾向性是个性心理的重要组成部分,它对相关的心理活动起着支配和控制的作用。

个性心理特征是个体身上表现出来的本质的稳定的心理特征。它主要包括能力、气质和性格等方面,其中以性格为核心。能力决定了完成某种活动的潜在可能性。气质主要反映了心理活动在动力方面的特征。性格是表现在完成活动的态度和行为方式方面的特征。

个性倾向性与个性心理特征在个体身上独特、稳定地有机结合,构成了个体不同于其他人的个性心理。个性心理以心理过程(认识、情感、意志)为基础。人的个性心理的形成和发展,是在一定的社会影响和教育下,通过心理过程反映客观现实而逐渐定型化的结果,是个体社会化的过程。

第二节 心灵发展
——大学生心理发展规律

一、大学生的心理发展特点

从心理学的角度，人们一般把青年期划分为三个阶段：青年初期，年龄范围为14～18岁（中学阶段）；青年中期，年龄范围为19～22岁（大学阶段）；青年后期，年龄范围为23～27岁（参加工作）。大学生正处于青年中期，是人生的关键时期和黄金阶段。这一时期，虽然他们的生理发展基本成熟，但是心理发展仍然处于趋向成熟的过渡阶段。其心理发展特点主要表现在以下几个方面。

（一）智力发展达到巅峰状态

随着大学生自身生理发展基本成熟，其自身成长经历和社会实践阅历日趋丰富。这一阶段的大学生思维敏捷，接受力强，记忆力和理解力达到巅峰状态，抽象逻辑思维能力、独立思考能力、分析问题能力和解决问题能力增强。他们不再满足于观察现象，而是主动地探求事物的本质，但是由于缺乏经验，他们对问题的看法容易主观片面，有时表现出自以为是、独断专行、脱离现实、怀疑一切等倾向。

（二）自我意识增强

独立自主、具有个人魅力是当代大学生追求的个性形象。大学生是同龄青年中的佼佼者，一般都有较强的自信心、自尊心。他们希望自己的聪明才智能够得到社会的认可和关注，他们不喜欢别人对其指手画脚、干涉指责，或者继续把他们当未成年人看待，期待社会把他们看作成熟的个体，希望得到他人的尊重，这种心理需求是大学生自我意识进一步增强、个体进一步成熟的反映。自我意识是指个体对自己及自己与周围世界关系的认识，包括自我观察、自我评价、自我监督、自我控制、自我教育等形式。产生自我意识，把自己作为独立于周围事物的主体进行剖析，是个体的心理发展达到一定水平的重要标志，也是心理发展过程中必然产生的现象，更是青年大学生完成社会化过程的必经阶段。总体而言，大学生自我意识的增强，主要表现在以下几个方面。第一，他们迫切要求深入了解自己和发展自己，经常把自己分为现实的自我和理想的自我，力图从现实与理想的关系中认识自我、要求自我，进而完善自我。第二，对自我形象的认识更全面。一般说来，大学生能从多个角度和层次来观察、想象和评价自我，进而设计并确立自己的形象。他们不仅注重自己的外表，更注重自己的内在因素，如智力、能力、气质、性格等。第三，自我评价能力增强。由于认识水平的提高和评价方法的逐渐完善，加之生活经验的丰富、智力发展的成熟，大学生既能借助一定的社会评价认识自己，又能不完全依赖别人的评价，表现出较明显的独立性、自主性和自信心。他们相信自己的知识和能力水平，重视维护自己的名誉，也希望得到别人的理解和尊重。第四，自我教育能力增强。大多数大学生能够根据所学专业和以后将从事的工作要求来规划自己的学习生活、确立自己的奋斗目标，不断提高自我修养、进行自我锻炼。由于独立意识、自信心、好胜心等增强，他们要求独立自主，渴望有更多主动权，期望自己成为生活中的强者，在学习、生活、工作中乐于扮演主角，不甘充当配角。他们不满足于课堂知识，对课外知识尤其是新知识具有浓厚兴趣。当自己因过失造成不良后果时，大学生会自责和反思，并鞭策自己将功补过。

（三）抽象思维迅速发展但具有主观片面性

由于学到的知识越来越多、受到的思维训练越来越复杂，大学生的抽象思维迅速发展，并逐渐在思维活动中占据主导地位。他们思维的独立性、批判性和创造性有所增强,主张独立发现问题和解决问题,喜欢用批判的眼光看待周围的一切,不愿意采用别人提供的方法去思考和解决问题,其思维的辩证性、发展性都有所提高。但是,他们的抽象思维并没有完全发展成熟,主要表现在思维的各方面发展不平衡,思维的广阔性、深刻性和敏感性欠缺。由于个人阅历浅、社会经验不足,大学生看问题时容易过分地"钻牛角尖",并且掺杂了个人的感情色彩,缺乏深思熟虑,往往有偏激、过分自信和固执己见的倾向。他们还不太善于运用唯物辩证法和理论联系实际的方法指导自己的认识活动和观察社会现象。从思维发展的角度来说,大学生的理论型抽象思维居于主导地位,因而,他们常常把社会问题看得过于简单而陷入主观、片面和"想当然"的境地。

(四) 情感丰富但情绪波动较大

大学生充满青春活力,随着校园生活的深入展开,大学生的社会性需要增多,其情感也日益丰富。这种丰富的情感不仅表现在学习和工作中,还体现在对待家长、同学和教师的态度等方面。这种情感还明显地带有时代性、社会性和政治性。他们热爱社会、富有理想,关心国家的命运和前途,对于走中国特色社会主义道路、实现中华民族伟大复兴充满了希望和激情。他们的爱国主义情感、集体主义情感、社会责任感等在广度和深度上迅速发展,逐步成为其情感世界的本质和主流。

爱情的出现是大学生情感世界的一大突变,对其心理发展产生巨大影响。大学生控制情绪的能力也在不断变强,大多数人的内心体验会逐渐趋于平稳。但是,如果受到内心需要和外界环境的强烈刺激,他们的情绪容易产生较大波动而表现出两极性,既可能在短时间内从高度兴奋变得十分消沉,又可能从安静突然转变为狂躁。这种情况常使一些大学生陷入理智与情感的矛盾和冲突之中,从而感到十分苦恼。大学生的情绪还存在外显性与内隐性的矛盾,这种矛盾冲突也使大学生中普遍存在的情绪适应问题进一步加剧。

(五) 意志水平明显提高但不平衡、不稳定

多数大学生已能逐步确定自己的奋斗目标,并根据目标制订计划,排除内外困难去努力实现奋斗目标,其自觉性、坚韧性、自制性和果断性都有了较大发展。但是大学生的意志水平发展是不平衡不稳定的。大学生的自觉性和坚韧性已达到较高水平,但果断性和自制性的发展相对缓慢。大学生能独立迅速地处理好一般的学习、生活问题,但在处理关键性问题或采取重大行动时往往表现得优柔寡断、摇摆不定或草率武断、盲目从众。在不同的活动中,大学生意志水平的表现也不一样,如有些学生在专业学习活动中,意志水平高,而在思想品德的修养活动中意志水平就相对较低。在同一种活动中,大学生意志水平的表现也有较大差异,心境好时意志水平较高,心境差时则显得意志水平较低。情绪波动对于他们意志水平表现的影响是显而易见的。

(六) 性意识进一步发展

大学生正处于青年中期,他们的智力、体能和性能力等方面的发展趋于成熟。大学生性心理方面的特点,主要表现为性意识活动(性冲动、性欲望、性幻想)十分活跃,与异性交往的需要强烈,对性文化也较为关注。

二、大学生心理发展的阶段性特征

大学生在校期间的学习和生活,大致可以划分为三个阶段,即入学适应阶段、稳定发展阶段和准备就业阶段。在这三个阶段中,其心理状况是不一样的。

(一)入学适应阶段

初入大学时,大学生要面对一系列急剧的转变。比如:饮食方面的显著差异和生活习惯的不同;开始接触来自不同地区的新同学;过去在家里住宿的同学也开始了集体寄宿生活;生活和学习条件变了、环境变了;教师的授课方式和教学内容也变了;学习方式和方法对应改变。大学新生对这些变化还感到不习惯,一时难以适应。在这一阶段,大学生要做的就是努力适应新的环境,建立新的心理结构,从而实现新的心理平衡。

(二)稳定发展阶段

这是大学生活中最重要、持续时间最长的阶段,基本持续到大学毕业前夕。在这一阶段中,大学生要完成繁重的学习任务,不但面临学习上的诸多问题,还会遇到其他方面的新情况、新问题,如人际关系的调节等。

(三)准备就业阶段

就业还是考研究生,是即将毕业的大学生面临的问题。如果选择了走向社会参加工作,又该如何选择职业方向?择业是即将毕业的大学生最为关心也最忧虑的问题。这一阶段是大学生从学生生活向职业生活过渡的阶段。许多大学生把职业方向的选择与个人成长相联系,更多地从发展和完善自我的角度考虑,希望能找到一份满意的工作、发挥自己的特长,同时又对报酬的高低、地位和岗位是否理想、自己家庭和恋人能否得到照顾等因素充满担忧。

三、大学生心理发展中的矛盾

(一)渴望独立和依赖的矛盾

大学生渴望独立,强烈要求实现自我价值。同时,大学生活中有很多事情需要他们完全靠自己的能力来处理,这些经历使他们的独立意识迅速发展。但他们很多时候无法完全靠自己来处理所遇到的一系列复杂的实际问题,特别是他们在经济上没有独立,因此,他们仍必须依靠父母、学校。

(二)理想与现实的矛盾

一些大学生在中学期间学习成绩比较好,成长过程比较顺利,树立了较远大的理想。然而,进入大学后,大学生常常会发现,现实并不是他们所想象的那样,因此,内心充满矛盾和苦恼。

(三)心理闭锁和渴求理解的矛盾

大学期间对很多人来说,是一个既渴望独立又害怕孤独的时期。一方面,由于自我意识的发展,大学生常常对自己的内心世界进行细致而深入的探索、反省,希望有完全属于自己的自由空间;另一方面,大学生又害怕孤独,希望自己的情感有宣泄的对象。

(四)性生理与性心理的矛盾

大学时期,大学生的性生理已成熟,性心理也正趋向成熟。可是大学生需要在大学校园里进行自主学习,经济上不独立,他们的未来又有许多选择,性心理发展落后于性生理发展的现实,导致他们会产生许多与性有关的心理矛盾。

(五)情绪兴奋性高与抑制能力差的矛盾

从生理角度来看,大学生的高级神经活动的兴奋与抑制尚不平衡,往往兴奋占有优势,情绪情感丰富而不稳定。从心理角度来看,进入大学后,环境、生活、个人地位等的变化会引起很多心理矛盾,而大学生的社会经验和知识水平又没有达到能够真正独立地、正确地调节自身行为的程度,这就出现了他们独立支配自己行为的强烈要求与行为结果相悖的情况,这让其感到痛苦和不安。

总之,大学期间是大学生"心理断乳"的关键时期。"心理断乳"意味着个人离开家庭的呵护,摆脱对成人的依赖,成为独立的个体,建立独立的心理世界。在这一过程中,上述心理矛盾是普遍存在的,是大学生心理发展过程中的正常现象。这些矛盾如果得到合理的解决,将成为大学生心理发展的动力,能够促进大学生心理的健康发展。否则,将成为大学生心理发展的阻力,若矛盾进一步加剧还会导致大学生出现心理问题,影响心理健康。

第三节 心灵"方向盘"
——大学生心理健康标准

一、心理健康的定义

根据全面健康的观点,健康至少包括四大要素,即生理平衡(没有身体疾患)、心理健康(没有心理障碍)、社会成熟(具有社会适应能力)、道德健康(具有良好的品质)。四者相互联系,相互影响。一方面,身体疾患会影响个体的正常心理活动,强烈的或持久的心理刺激也会导致身体健康水平的下降。也就是说,生理问题可以引起心理的反应,心理的失衡也可以引起生理的改变。另一方面,心理健康与社会成熟密不可分,二者互为因果。如果心理不健康,社会成熟就无从谈起;而如果社会不成熟,也就无所谓心理健康。而道德健康则关乎个人的品质和社会责任,与心理健康关系密切。在科技高度发达、竞争日益激烈的信息社会,心理健康在某种程度上将逐渐成为人类健康的"核心"。

既然心理健康如此重要,那究竟什么是心理健康呢?心理健康是指个人在成长和发展过程中认知合理、情绪稳定、行为适当、人际关系和谐、能够适应变化的一种良好的心理状态。人在生活实践中,要不断地与外界环境(包括自然的和社会的)产生联系、相互作用,要接受环境的影响并积极反作用于环境,以实现与外界环境的平衡与协调。

二、心理健康的标准

(一)智力正常

智力正常是支撑个人正常生活或学习的基本心理条件,是心理健康的标准之一。一般来说,大学生的智力是正常的,且总体水平高于同龄人。学习是大学生活的主要内容,心理健康的大学生会珍惜学习机会,学习态度端正,求知欲望强烈,能克服学习中的困难、保持一定的学习效率、掌握有效的学习方法,学习成绩比较稳定,并且能在学习中获得满足感和快乐感。

(二)情绪正常

情绪正常的人的积极情绪多于消极情绪,愉快、乐观、满意等积极情绪状态总是占优势,虽然也会有悲伤、忧愁、愤怒等消极情绪体验,但一般不会持续太久。情绪稳定的人,善于控制和调节自己的情绪,既能适度宣泄,又能克制约束自己,不过分压抑,喜不狂、忧不绝,胜不骄、败不馁,情绪表现既符合自身需要,也符合社会要求,在社会交往中既不妄自尊大,也不退缩畏惧,在不同的时间和场合能恰如其分地表达情绪。情绪正常的人对于无法得到的东西不过于探求,争取在社会允许的范围内满足自己的各种需要。

(三)意志坚定

大学生意志坚定的表现是在各种活动中都有自觉性和目的性,能适时地做出决定,并运用切实有效的方法解决所遇到的各种问题,在困难和挫折面前能采取合理的反应方式,能在行为中控制情绪和言行,能够长时间保持专注,实现既定目标。

(四)人格完整

人格完整是指有健全统一的人格,各方面均衡发展。人格完整的人其人格结构中各要素完整统一,树立了积极进取的人生观,把自己的需要、愿望、目标与行为统一起来;精神面貌完整、协调、和谐;个人的所想、所说、所做协调一致。这种统一性能确保个人具有良好的社会适应性,是个人有效地进行社会活动的心理基础。

(五)自我评价合理

心理健康的人了解自己的优点和缺点,了解自己的能力、性格、爱好和情绪的特点,并能够据此来安排自己的生活与工作,不自傲也不自卑;由于了解自我,他的生活目标、自我期待会切合实际,不会给自己提出过于苛刻的要求,因而对自己总是满意的;他能努力发挥自身的潜能,即使对于自己身上无法补救的缺陷,也能安然处之。相反,一个不了解自我的人,他的目标往往超越现实,对自己要求过高而又达不到,为此自卑、自责、自怨,因而易陷入心理危机;有些人甚至狂妄自大,逐于于人,用嘲笑、讽刺甚至攻击的手段来消除受挫的紧张感。

(六)人际关系和谐

人际关系是否和谐,是衡量大学生心理健康的一个重要指标。心理健康的大学生乐于交往,善于交往,不仅能悦纳自己,也能悦纳他人,能认可他人的重要性,同时也能为他人所接受,能与他人相互沟通和交往,既有广泛的人际关系网络又有稳定的知心朋友。

(七)心理行为符合年龄特征

心理健康的大学生应具有与自己年龄相符的认知、情感、言行、举止。如果一个人的心理行为严重偏离自己的年龄特征,则是心理不健康的表现。对于大学生群体来说,朝气蓬勃、精力充沛、勤学好问、反应敏捷、勇于创新都是心理健康的表现。如果一个大学生整天紧锁双眉、老气横秋,或像小孩子一样喜怒无常,动不动就发脾气,或任何事都拿不定主意,言行幼稚可笑,就是心理不健康的表现。

三、影响大学生心理健康的主要因素

影响大学生心理健康的因素是多方面的,归纳起来可以分为个人内在因素和外在环境因素。

(一)个人内在因素

1. 个人生理方面的因素

人的大脑与神经系统是人心理活动产生的物质基础。如果大脑与神经系统有某些缺陷,人的心理活动就不能正常进行。如果大脑中的听觉中枢不健全,人就不能获得正常的听觉,不仅难以欣赏音乐,甚至难以与人进行正常的语言交流,进而对人的情绪、人际交往等方面造成直接影响。而且,大脑与神经系统的解剖生理特点,直接决定了人的气质类型。这些气质类型(如胆汁质、抑郁质)在个人情绪的表现方面尤其值得注意,如果不能恰当地予以教育、引导,就有可能导致心理异常。其他生理方面如自主神经系统、内分泌系统功能失调,也会引起人的情绪异常。例如,甲状腺功能过盛,会导致人出现神经过敏与情绪激动的现象;肾腺功能不足,则会使人抑郁。此外,家族遗传疾病、病菌病毒感染、大脑外伤、化学中毒或某些严重的躯体疾病都会对个人的心理发展造成极大的影响。

2. 个人心理方面的因素

在生活和学习过程中遇到的冲突与挫折等,也会影响个人心理健康。一方面,大学生心理发展正处在迅速成熟但未完全成熟的阶段,他们有理想和追求,充满热情,但由于各种外在条件和个人能力的限制,在多种目标不能协调时,他们会被迫放弃某些目标。这种被迫的取舍、选择,若是涉及自己心爱的人、事、物,他们往往会在做出选择后又觉得不妥、懊丧不已,那么久而久之,就会忧郁,甚至积忧成疾。另一方面,生活不是一帆风顺的,大学生随时会在学习、生活等方面遇到各种各样的困难,当他们遇到困难又无法克服时,就会产生挫败感,会心情不好,甚至会感到痛苦。倘若他们不能正确地对待挫折,不能在遇到挫折后通过启动适当的适应机制去战胜挫折,就会经常感到自尊心受损与自信心丧失,滋生失败感和愧疚感,形成一种由紧张、不安、忧虑、恐惧、抑郁等情绪交织而成的焦虑的心态,这种焦虑的心态若长期持续下去,便会影响心理健康。

(二)外在环境因素

1. 社会环境因素

大学生会积极关注社会的发展变化,因而社会物质、社会意识、社会风气、社会舆论等对其心理影响较大。市场经济的发展带来物质产品的极大丰富,社会利益格局的重新调整,贫富差距的拉大;社会主义市场经济体制的建立和发展,伴随着社会价值观念的转换,必然对学生产生一定影响,与此同时,社会风气、社会舆论也给成长中的学生留下深层的心理积淀。

2. 家庭因素

父母本身的心理行为、父母关系、家庭氛围等都会给个人的心理健康带来影响。毋庸置疑,大学生世界观、人生观的形成是以其少儿时期的思想、观念为基础的。如果在少儿时期,父母的认知不统一、观念行为不一致,往往会使子女产生心理困惑。事实证明,父母感情和谐、兄弟姐妹相亲相爱的家庭氛围,往往会使个体形成谦虚、礼貌、随和、诚恳、乐观、大方等良好的人格特征;反之,家庭成员之间如果经常吵闹、打骂,则容易使个体形成粗暴、野蛮、孤僻、冷漠等不良的人格特征。父母婚姻的不幸,可能对个体造成心理上的阴影。

3. 教育因素

随着教育制度的发展变化,学校教育开始逐步适应市场需求,专业设置更加多元化,更重视学生的适应力与能力的培养。应试教育逐步弱化,学生在一定范围内可以自主择业,市场也加强了与高校和学生的合作。这一切都直接影响了当今大学生的心理,他们中的一些人还必须承担上学的部分教育成本。面对求学、择业过程中选择机会的增多,选择难度的增大,一些大学生感到焦虑、不安、失落,甚至无所适从。

心理广角

渔夫和商人

从前有一个渔夫,他每天总是打几条鱼就回家。某天,渔村里来了一个商人,商人知道渔夫的情况后感觉十分奇怪,便与他聊了起来。商人说:"老渔夫啊,你每天怎么不多打几条鱼再回家呢?"渔夫答:"又何必多操那份心呢?我每天打到的鱼已经够吃了!"商人说:"你每天都有那么多的时间不在工作,又用来干什么呢?"渔夫答:"享受生活,陪伴老婆孩子或跟朋友喝喝小酒。"商人说:"如果你每天在大海中多打一会儿鱼,你就能多打到一些鱼。多出来的鱼可以拿去市场上出售,赚到更多的钱。等你有了钱还可以有一支船队,雇佣更多的人帮你打鱼。最后你将成为一个百万富翁,过上幸福的生活。"渔夫问:"然后我可以再做些什么呢?"商人答:"然后你就可以退休享受生活了,像我一样可以到处去旅游。你可以跟朋友在酒馆里喝酒,也可以陪老婆孩子在沙滩上晒太阳了。"渔夫答:"你说的不就是我现在过的生活吗?"二人相视而笑,不再言语。这个故事或许能给我们一些启示,让我们思考这一生究竟想要得到什么。我们追求金钱的本质是为了过上幸福的生活,可现实中我们往往会发现,钱与幸福不能画等号。所以一个人精神上的幸福快乐以及好的情绪体验远比物质上的追求更有价值。

反思体验

1. 人与人之间为什么有不同的心理?
2. 对照心理健康的标准,你觉得应该如何提升自己的心理健康水平?
3. 从内在和外在两个维度谈谈心理健康的影响因素。

心理测验

总体幸福感量表(GWB)

一、测验说明

请仔细阅读下面每一题,根据自己实际情况作答,在做题过程中不得漏题,在同一题上不得斟酌太多时间,要根据自己第一反应回答。建议整个施测过程为10分钟。

二、试题题目

1. 你的总体感觉怎样(在过去的一个月里)?
   A. 好极了 B. 精神很好 C. 精神不错
   D. 精神时好时坏 E. 精神不好 F. 精神很不好

2. 你是否为自己的神经质或"神经病"感到烦恼(在过去的一个月里)?
   A. 极端烦恼 B. 相当烦恼 C. 有些烦恼
   D. 很少烦恼 E. 一点也不烦恼

3. 你是否一直牢牢地控制着自己的行为、思维、情感或感觉(在过去一个月里)?
   A. 绝对的 B. 大部分是的 C. 一般来说是的
   D. 控制得不大好 E. 有些混乱 F. 非常混乱

4. 你是否由于悲哀、失去信心、失望或有许多麻烦而怀疑还有任何事情值得去做(在过去的一月里)?
   A. 极端怀疑 B. 非常怀疑 C. 相当怀疑

D. 有些怀疑   E. 略微怀疑   F. 一点也不怀疑

5. 你是否正在受到或曾经受到任何约束、刺激或压力(在过去的一个月里)?
   A. 相当多   B. 不少   C. 有些
   D. 不多   E. 没有

6. 你的生活是否幸福、满足或愉快(在过去的一个月里)?
   A 非常幸福   B. 相当幸福   C. 满足
   D. 略有些不满足   E. 非常不满足

7. 你是否有理由怀疑自己曾经失去理智或对行为、谈话、思维或记忆失去控制(在过去的一个月里)?
   A. 一点没有   B. 只是一点点   C. 有些
   D. 不多   E. 没有

8. 你是否感到焦虑、担心或不安(在过去的一个月里)?
   A. 极端严重   B. 非常严重   C. 相当严重
   D. 有些   E. 很少   F. 无

9. 你睡醒之后是否感到头脑清晰和精力充沛(在过去的一个月里)?
   A. 天天如此   B. 几乎天天   C. 相当频繁
   D. 不多   E. 很少   F. 无

10. 你是否因为疾病、身体的不适、疼痛或对患病的恐惧而烦恼(在过去一个月里)?
    A. 所有的时间   B. 大部分时间   C. 很多时间
    D. 有时   E. 偶尔   F. 无

11. 你每天的生活中是否充满了让你感兴趣的事情(在过去的一个月里)?
    A. 所有的时间   B. 大部分时间   C. 很多时间
    D. 有时   E. 偶尔   F. 无

12. 你是否感到沮丧和忧郁(在过去的一个月里)?
    A. 所有的时间   B. 大部分时间   C. 很多时间
    D. 有时   E. 偶尔   F. 无

13. 你是否情绪稳定并能把握住自己(在过去的一个月里)?
    A. 所有的时间   B. 大部分时间   C. 很多时间
    D. 有时   E. 偶尔   F. 无

14. 你是否感到疲劳、过累、无力或精疲力竭(在过去的一个月里)?
    A. 所有的时间   B. 大部分时间   C. 很多时间
    D. 有时   E. 偶尔   F. 无

15. 你对自己健康关心或担忧的程度如何(在过去的一个月里)?(从不关心 0——非常关心 9)
    A. 0   B. 1   C. 2   D. 3   E. 4   F. 5   G. 6   H. 7   I. 8   J. 9

16. 你感到放松或紧张的程度如何(在过去的一个月里)?(从松弛 0——紧张 9)
    A. 0   B. 1   C. 2   D. 3   E. 4   F. 5   G. 6   H. 7   I. 8   J. 9

17. 你感觉自己的精力、精神和活力如何(在过去的一个月里)?(从无精打采 0——精力充沛 9)
    A. 0   B. 1   C. 2   D. 3   E. 4   F. 5   G. 6   H. 7   I. 8   J. 9

18. 你忧郁或快乐的程度如何(在过去的一个月里)?(从非常忧郁 0——非常快乐 9)
    A. 0   B. 1   C. 2   D. 3   E. 4   F. 5   G. 6   H. 7   I. 8   J. 9

19. 你是否由于严重的性格、情感、行为或精神问题而感到需要帮助(在过去的一年里)?
    A. 是的,曾寻求帮助   B. 是的,但未寻求帮助   C. 有严重的问题
    D. 几乎没有问题   E. 没有问题

20. 你是否曾感到将要精神崩溃或接近于精神崩溃？
   A. 是的，在过去的一年里　　　B. 是的，在一年以前　　　C. 无

21. 你是否曾有过精神崩溃？
   A. 是的，在过去的一年里　　　B. 是的，在一年以前　　　C. 无

22. 你是否曾因为性格、情感、行为或精神问题在精神病院、综合医院精神病科病房或精神卫生诊所治疗？
   A. 是的，在过去的一年里　　　B. 是的，在一年以前　　　C. 无

23. 你是否曾因为性格、情感、行为或精神问题求助于精神科医生、心理学家？
   A. 是的，在过去的一年里　　　B. 是的，在一年以前　　　C. 无

24. 你是否因为性格、情感、行为或精神问题求助于以下人员？

   24.1 普通医生（真正的躯体疾病或常规检查除外）
   　A. 是　　　　　　　B. 否

   24.2 脑科或神经外专家
   　A. 是　　　　　　　B. 否

   24.3 护士（一般内科疾病除外）
   　A. 是　　　　　　　B. 否

   24.4 律师（常规的法律问题除外）
   　A. 是　　　　　　　B. 否

   24.5 警察（单纯的交通违章除外）
   　A. 是　　　　　　　B. 否

   24.6 牧师、神父等各种神职人员
   　A. 是　　　　　　　B. 否

   24.7 婚姻咨询专家
   　A. 是　　　　　　　B. 否

   24.8 社会工作者
   　A. 是　　　　　　　B. 否

   24.9 其他正式的帮助：种类_____
   　A. 是　　　　　　　B. 否

25. 你是否曾与家庭成员或朋友谈论自己的问题？
   A. 是的，很有帮助　　　　B. 是的，有些帮助　　　　C. 是的，但没有帮助
   D. 否，没有人可与之谈论　E. 否，没有人愿意与我谈论　F. 否，不愿与人谈论
   G. 没有问题

GWB的评价标准

GWB通过将其内容分成6个分量表对幸福感的6个因子进行评分。这6个因子分别是：对健康的担心、精力、对生活的满足和兴趣、忧郁或愉快的心境、对情感和行为的控制以及松弛与紧张（焦虑）。测验完成后，需要计算的只有一个指标，即总分。按选项0～10分累加，本量表共有25题（24题中包含9项，算1题），其中1、3、6、7、9、11、13、15、16为反向计分题。全国常模得分男性为75分，女性为71分，得分越高，主观幸福感越强烈。

第二章　快乐生活，远离疾病
——心理诊断与咨询

案例导读

小明是一名大一新生，上大学前由于成绩优异，深受老师、同学的喜爱。来到大学后，小明突然感到自己处处不如别人，比如，家庭贫寒、没有特长、没有朋友等，再加上他本身也不太善于交际，慢慢地便变得越来越沉默。他时常感到孤独、寂寞，上课难以专心听讲，课后无法专心复习和自习，成绩一落千丈。他感到万分痛苦，却不敢去做心理咨询，因为怕同学们会笑话他。

小刘是一名大三的学生，父母早年离异，她由父亲抚养长大。父亲性格比较暴躁，经常打骂她，所以小刘对父亲比较憎恨，认为自己没有得到真正的父爱。考上大学后，学校的学习环境、学习氛围以及人际关系都让她感到非常压抑，她甚至有一种透不过气的感觉。于是她每天都会幻想着各种各样的意外死亡方式。她的情绪时好时坏，坏的时候就自虐。她知道自己患有重度抑郁症，也在吃药，但她不想做心理咨询，认为心理辅导对她没有帮助。

小华是一名大二的男生，大一时暗恋同班一名女生，但该女生只把他当作普通朋友。大二暑假过后，女生找了男朋友，从此不再与小华联系。小华回到宿舍后不吃不喝躺了一夜，第二天早上，他突然出现严重幻觉，在学校裸奔，说世界末日到了。

心理分析

上述案例中的三名同学都出现了不同程度的心理问题。小明面临的是新环境适应问题，刚入大学很多学生在自我认知、人际交往、学习和生活环境等方面都面临着全新的调整，在这种情况下感到迷茫、犯一些错误是在所难免的，只要他能及时寻求学校心理咨询中心老师的帮助，就能很快调整过来，实现新的成长。小刘由于受家庭和周围环境的影响，长期处于压抑状态，她无法控制自己的情绪，被诊断患有重度抑郁症，其实除了药物治疗外，她还需要长期的心理治疗辅助。小华由于遭受情感上的突然打击而导致精神分裂，出现严重的幻觉，须到专科医院接受专业治疗。

学习要点

1. 正确理解心理咨询的概念和作用。
2. 了解各类神经症的判断标准和应对方式。

关键词

诊断　心理咨询

第一节 心灵的枷锁
——大学生常见心理问题

从目前的情况来看,大学生的心理健康状况不容乐观。笔者曾连续 6 年对某高校大一新生进行心理健康普查,结果显示,每年都有 35% 左右的大学生存在不同程度的心理问题,主要体现为神经衰弱症、焦虑症、恐惧症、强迫症、疑病症、抑郁症、精神分裂症等心理疾病。

一、神经衰弱症的诊断和应对方式

神经衰弱症是指精神容易兴奋、脑力容易疲惫,并经常伴有失眠、头痛、抑郁、注意力涣散、记忆力减退和情感脆弱等一系列症状的心理疾病。它是因为大脑神经长期处于紧张状态,导致兴奋与抑制功能失调。此病多发于 16～40 岁的青壮年,无明显的性别差异,但以脑力劳动者、青年学生多见。

长期的心理冲突和精神创伤是导致神经衰弱症的主要原因。大学生在面对学习、工作、人际关系等问题时会存在一定的矛盾和内心冲突,如果这些问题处理不当可能会引起悲伤、痛苦等负面情绪体验,从而导致神经衰弱。

(一)神经衰弱症的诊断

神经衰弱是一种功能障碍性病症,临床症状表现繁多,可根据以下几点判断。

(1)有显著的大脑和躯体衰弱或持久的疲劳症状,如经常感到精力不足、萎靡不振、不能用脑、记忆力减退、反应迟钝、学习或工作时注意力不能集中、工作效率显著降低,即使经过充分休息也不能消除疲劳感。对全身进行检查,无躯体疾病,也无脑器质性病变。

(2)表现出以下症状中的任意两项:易兴奋又易疲劳;烦躁易怒且焦虑不安;经常性的紧张性头痛或肌肉疼痛;有睡眠障碍。

(3)上述情况严重影响到学习、工作、生活和人际交往。

(4)病程在 3 个月以上。

(5)排除了其他神经症和精神病。

(二)神经衰弱症的应对方式和治疗

(1)心理治疗与药物治疗相结合。原则上以心理治疗为主、药物治疗为辅,加强身体锻炼,养成良好的生活习惯。首先,应弄清楚发病原因,了解此病的特点及治疗效果,消除内心的恐惧。通过一定的心理治疗方法(如催眠疗法、放松疗法等)缓解内心的压力。其次,在医生的指导下对症下药。如焦虑、情绪波动症状明显者可先服用安定、阿普唑仑、艾司唑仑等药物;而失眠严重者可用氟西泮、氯羟等。最后,要调整好自己的生活规律,注意劳逸结合,坚持锻炼身体,增强体质。

(2)自我调节法。首先,要正确地认识自己,尽量做一些力所能及的事情,不要好高骛远、不切实际。其次,要培养豁达开朗的性格,心胸开阔,顾全大局,严于律己,宽以待人,保持良好的人际关系。再次,要合理安排工作、学习和生活之间的关系,做到张弛有度、劳逸结合。最后,要加强自身修养,以积极方式缓解心理压力和紧张情绪,如学习感到疲乏时,可以向远处眺望,失眠时,可以通过改变室内装饰或穿着来改善睡眠质量。

(3)食物疗法。可适量吃一些有益食品,如红枣、桂圆、天麻、核桃、五味子等。常吃新鲜的葡萄对神经衰弱和过度疲劳也有较好的辅助治疗作用。也可用葵花子配酸奶,改善失眠状况;食用新鲜莴苣对心律失常和失眠者也有益处。

二、焦虑症的诊断和应对方式

焦虑是最常见的一种情绪反应,如大学生在考试期,担心自己考得不好而寝食难安;上台演讲前,害怕自己忘词而头脑冒汗等。这时候的焦虑是身体的一种保护性反应,也称生理性焦虑。但当焦虑的严重程度和客观事件或个人处境明显不符,或者持续时间过长,就变成了病理性焦虑,即焦虑症。焦虑症是一种普遍的心理障碍,女性的发病率普遍高于男性,特别是在一些大中型城市生活的人,患焦虑症的概率要更大些。

(一)焦虑症的诊断

成人符合以下症状中的 3 项以上,或是某些症状在过去 6 个月中的大部分时间出现,就可诊断为焦虑症。

(1)坐立不安或者感到心悬在半空中。

(2)容易疲劳。

(3)难以集中注意力,大脑一片空白。

(4)易激惹。

(5)肌肉紧张。

(6)睡眠有问题(入睡困难、睡眠不稳或不踏实)。

(二)焦虑症的应对方式和治疗

(1)增强自信。自信是治疗焦虑症最关键的一步。只有那些对自己缺乏自信,总怀疑自己办事能力和夸大自己失败可能性的人,才会整天忧虑、紧张和恐惧,因此焦虑症患者必须学会自信,减少自卑感。

(2)加强思想交流。焦虑症患者一般都比较内向,他们把很多的苦恼、委屈和悲伤都埋藏在心底,不愿意向别人倾诉,久而久之他们会感觉越来越烦躁、郁闷,最终导致心理障碍。所以要想摆脱焦虑症就必须学会交流,平时可以跟朋友说说话、谈谈心,偶尔也可以找网友聊天,或者写日记,讲讲自己的心事,以逐渐消除烦躁。

(3)自我放松。当你感到异常焦虑时,可以选择多种放松的方法。比如:自我意识放松法,想象自己处在一个宁静惬意的环境中(碧波荡漾的海边或湖边、阳光照耀的绿色大森林、一望无际的广阔大草原等),这样焦虑的情绪可以慢慢得到缓解;发泄法,到无人的地方大吼几声或是到心理宣泄室发泄;运动疗法,到操场跑上几圈、打一场球,活动一下筋骨,让自己全身放松。

(4)自我暗示。暗示是一种心理现象,有积极暗示和消极暗示之分。心情不佳时,如果对自己采取消极暗示,只会雪上加霜,使自己更加烦躁;应该对自己进行积极暗示,告诉自己这是正常现象,风雨过后必有彩虹,同时多回忆一些美好情景和值得骄傲的事情,以缓解心理压力。人们常说的"阿Q精神胜利法",从心理学角度看实际上就是一种积极的心理暗示,应该说这种方法在特定时期和场合是有实际效果的。

(5)目标转移。焦虑症患者发病时,总是胡思乱想、坐立不安、注意力分散,这时候不要强迫自己做事,不妨转移目标。如在胡思乱想时,就看看电视、听听音乐、读一本有趣的书,或从事一些体力劳动来忘却痛苦的事情。等情绪缓解和放松后,再去做自己该做和想做的事。

(6)药物辅助。在采取以上方法进行自我调适的同时,还可以在医生的指导下使用抗焦虑药。常用的有安定、氯氮卓等,可以口服也可以进行肌肉或静脉注射。如果伴有抑郁症状,可在医生的指导下服用多塞平、阿米替林等三环类抗抑郁药。

(7)营养及饮食调节。经常焦虑的人总是愁眉苦脸、心烦气躁,这样很伤身体,这时候适当地补充营养也许会缓解病情。可以选择服用一些营养素，比如，维生素 A、B、C 和钙、镁、钾、卵磷脂等。

三、恐惧症的诊断和应对方式

恐惧症是以恐惧症状为主要临床表现的一种神经症。患者在面对某些特定对象或环境时，如动物、广场、密室、登高或社交活动等，会产生强烈的恐惧心理，并伴有明显的焦虑和回避行为。如某人遭遇过车祸，之后他只要乘车就会感到恐惧，所以他会避免乘坐任何交通工具。与正常人相比，患者的这种恐惧情绪是不合理且没必要的，他们自己也清楚却无法控制。恐惧症在青年与老年群体中发病率最高，女性更为多见。

（一）恐惧症的主要类型及表现

（1）特殊恐惧。特殊恐惧症又称单纯性恐惧症，是指对某种特殊物体或情境所表现出的不合理的恐惧情绪。最常见的恐惧对象有某些动物、昆虫、登高（担心坠落）、雷电（担心被电击）、坐飞机（害怕坠毁）、外伤或出血、锐器以及特定的疾病（如放射性疾病、性病、艾滋病）等，患者在看到令其恐惧的对象时，会感到莫名的紧张焦虑，并极力回避。

（2）社交恐惧。社交恐惧症主要表现为对一种或多种人际处境持久而强烈的恐惧和回避行为。患者多数有自卑感，他们因害怕窘迫、蒙羞，或被轻视，而有显著的焦虑和不适感。社交恐惧通常发生于演讲、与有权势的人相处、大众场合下进食、使用公共休息室等情况下，主要是害怕出现在大庭广众之下，特别是恐惧被别人注视，只要在公共场合就感到害羞、局促不安、尴尬。有些患者在遇到陌生人、异性或上级领导时也会出现恐惧紧张、手足无措、焦躁不安、面红耳赤等现象，极端情况下还会出现心悸出汗、头昏呕吐、四肢颤抖、尿急等身心异常反应症状，同时本人会想方设法逃离现场，躲避人群。由于害怕，他们拒绝参加各类聚会，尽可能远离所有公众场合，如餐厅、剧场和公交车站等。

（3）广场恐惧。广场恐惧又称场所恐惧，它是指患者在经过空旷的场所或身处特定的情境下就会产生恐惧情绪，并伴有强烈的焦虑和不安。他们怕越过旷野，严重时害怕越过任何建筑，如害怕跨越街道、桥梁、庭院和走廊等。同时他们也担心在人群聚集的地方难以很快离开，或无法求援，并为此感到焦虑不安。大多数广场恐惧症患者常感到不能离开家，一旦进入某个特定的场所，就会感到很痛苦，必须有信赖的朋友或家人陪伴。例如，广场恐惧症患者，在电梯、车厢、机舱等封闭狭小的空间里，会出现病理性恐惧反应，而离开所处环境后，病情随之消失。广场恐惧症患者若不及时接受治疗，随着时间的推移，病情会逐渐加重，严重时会自我封闭、足不出户。

（二）恐惧症的诊断标准

（1）符合神经症的诊断标准。

（2）以恐惧症状为主要临床表现，并对某些客体或处境有强烈恐惧，恐惧的程度与实际危险不相称，发作时伴有焦虑和自主神经症状，有回避行为，知道恐惧过分、不合理或不必要但无法控制。

（3）对恐惧情境和事物的回避必须是或曾经是突出症状。

（4）排除了焦虑症、分裂症、疑病症。

（三）恐惧症的应对方式和治疗

（1）行为疗法。行为矫正是恐惧症的主要治疗方法之一，常用的有系统脱敏法、渐进暴露疗法、计划实践法和生物反馈疗法等。在心理医生的指导下，让来访者有意识地去接触那些能诱发其恐惧情绪的物体或处境，通过等级性的恐惧情境一步步地进行脱敏治疗，使患者慢慢克服对物体或处境的病态恐惧。

（2）认知疗法。心理医生会帮助患者认识到自己的莫名恐惧是没必要的。例如，恐高症患者通常会这样想:如果我站在桥上,就会摔下去,所以还是走开。而认知疗法的目的就是要打破这种"如果……就……"的思维推断,引导患者克服病态的恐惧。

(3) 自我调节法。恐惧症患者一般都比较自卑和害羞,可以从以下方面入手自我调节:首先,不要对自己太严格,做任何事情只要自己尽力了就行,每天可以暗示自己"我是最好的""我一定能克服困难"等;其次,尽量忘记过去一些不愉快的事情,多帮助他人,在助人为乐的同时证明自己的价值;再次,当有烦恼时,找个可信赖的人倾诉,发泄自己的情绪;最后,每天给自己几分钟的时间去思考和总结,及时鼓励自己不断去面对新的问题和挑战。

(4) 药物疗法。在心理、行为疗法无效的情况下,可以在心理医生的指导下使用一些抗焦虑药物和抗抑郁药物治疗严重的恐惧症,同时配合其他疗法。

四、强迫症的诊断和应对方式

在日常生活中,很多人都有一些强迫行为,如出门后总担心是否忘记锁门、煤气是不是没关好,甚至会返回检查等。一般来说,强迫行为程度轻微、持续时间短,没有引起严重焦虑等情绪障碍的话,就是一种正常的表现。强迫症是以反复出现强迫观念和强迫动作为基本特征的精神疾病。它的特点是有意识的自我强迫与有意识的自我反强迫同时存在,二者的冲突导致患者的紧张不安和痛苦。患者明知强迫症状的持续存在毫无意义且不合理,却不能克制其反复出现,越是努力抵制,反而越发紧张和痛苦。一般来说,强迫症多发于30岁之前,以脑力劳动者为主。

(一) 强迫症的主要表现及特点

(1) 强迫观念。所谓强迫观念,是指患者脑中反复出现某一概念或相同内容,明知没有必要,但又无法摆脱。如强迫怀疑、强迫性对立观念、强迫恐惧等。

(2) 强迫情绪。对某些事物不必要地担忧或厌恶,明知没有必要,但无法摆脱,表现为十分害怕自己丧失自我控制能力。

(3) 强迫意向。反复体验到想要做某种违背自己意愿的动作或行为的强烈的内心冲动。知道没有必要,努力控制自己不做,但难以摆脱这种冲动。这主要表现为经常感到有立即行动的冲动和强迫性的内在驱使,但并不会行动,患者因此感到非常痛苦。

(4) 强迫动作。强迫动作最多见的是反复清洗、反复检查以防范潜在的危险或保证有序和整洁,这些行为常见的有强迫仪式动作、强迫性计数、强迫性购买等。

(二) 强迫症的诊断标准

(1) 符合神经症的诊断标准,并以强迫症状为主,至少有下列症状中的1项:①以强迫思想为主,包括强迫怀疑、强迫回忆、强迫性对立观念、害怕丧失自控能力等;②以强迫行为(动作)为主,包括反复洗涤、核对、检查、询问等;③强迫思想和行为的混合形式。

(2) 强迫行为源于患者内心,不是被别人或外界影响产生的。

(3) 强迫症状反复出现,患者认为没有意义,并感到不快,甚至痛苦,因此试图抵抗,但不能奏效。

(4) 排除其他精神障碍的继发性强迫症状,如抑郁症和精神分裂症等;排除脑器质性疾病,特别是基底节区病变的继发性强迫症状。

(5) 症状持续了至少3个月。

(6) 社会功能受损。

(三) 强迫症的应对方式和治疗

药物治疗和心理治疗是帮助强迫症患者康复的"两条腿",患者在接受药物治疗的同时,也需要接受心理治疗。适合强迫症心理治疗的方法有行为疗法、认知疗法、森田疗法等,但最关键的还是要学会自我调适。

(1) 树立自信。患者要冷静地分析自己的人格特点和发病原因,树立战胜疾病的信心,尽量克服心理上的诱因,以消除自己对强迫症状的紧张、害怕和焦虑,相信自己会慢慢康复。

(2) 顺其自然。人体本身也是存在一定的生物规律的,如情绪就是不能人为控制的,但它本身有一套从发生到消退的程序,如果你接受它、遵循它,它很快就会消解,反之则不然。强迫症状之所以出现,正是由于患者不允许这种症状出现,非要和它对抗,这反而强化了自己的强迫症状。

(3) 接纳症状。对自己的症状要采取不理、不怕、不对抗的态度,接受强迫症状,带着症状去学习和生活。所以,面对已经出现的症状,我们唯一能做的就是接纳它,不把它当回事,那么症状就会在我们这种容纳的心态中减轻很多。

(4) 为所当为。患者要坚持正常的学习与生活,做自己该做的事情,把注意力放在那些有价值、有意义、有建设性的活动上,包括树立目标、增长学识、提高才干、建立自信等,积极地生活和学习,培养广泛的兴趣爱好,发掘、体验生活中的美好。

(5) 少想多做。强迫症患者通常想得多、做得少,把一天之中相当多的时间花在想那些无聊而没有答案的问题上,而对正常的学习和生活毫无兴趣。所以要想治疗强迫症,就得少想多做,把主要精力投入到自己想做的事情上。

五、疑病症的诊断和应对方式

(一) 疑病症的诊断标准

(1) 符合神经症的诊断标准。

(2) 以疑病症状为主要临床表现,症状至少符合下述 1 项:①对身体健康或疾病过分担忧,忧虑程度与实际健康情况很不相称;②对通常出现的生理现象和异常感觉做出疑病性解释;③牢固的疑病观念,缺乏充分根据,但不是妄想。

(3) 反复就医或反复要求医学检查,但检查结果阴性或医生的合理解释不能打消其顾虑。

(4) 排除强迫症、抑郁症、偏执性精神病等诊断,疑病症状不限于惊恐发作。

(二) 疑病症的应对方式和治疗

对确诊为疑病症的患者,应以心理治疗为主,同时结合药物治疗,以消除身心不适症状,增强患者的自信心,加速康复。其中提高患者的认知水平、调整对抗疑病症的心态,是最关键的心理治疗措施。

(1) 不要在没有专业人士指导的情况下看有关医学卫生的书刊和其他宣教资料,以免对号入座,这是疑病症心理治疗的首要原则。

(2) 改变四处投医问病的习惯,除非确实有某种疾病,才接受必要的医学诊治。

(3) 改变经常自我注意、自我检查、自我暗示的习惯,因为无根据的担心或疑虑本身就是一种不良的心理因素,是诱发多种身心疾病的导火线。

(4) 只要不是器质性疾病,对自己身体上一切功能性症状和不适要抱着顺其自然的态度。

六、抑郁症的诊断和应对方式

(一) 抑郁症的诊断标准

抑郁症有三个明显的现象,即情绪低落、思维减慢、活动减少。按照我国的抑郁症诊断标准,在连续两周的时间里,患者如果表现出下列9个症状中的5个或以上,并且至少包括抑郁症症状第1条和第2条中的1个,就可诊断为抑郁症。

(1) 每天的大部分时间里心情都非常抑郁,患者常感到伤心和绝望。

(2) 对工作、娱乐、日常活动和性生活丧失兴趣,难以产生愉快的感觉。

(3) 食欲明显降低,或体重明显减轻。

(4) 失眠,尤其是早醒,而且醒后不容易再入睡。

(5) 缺乏精力,容易疲劳。

(6) 出现明显的坐立不安,来回踱步,或者不停地运动、说话、叫喊,或者出现明显的动作迟钝、说话费力,甚至完全不动或不说话。

(7) 感到自责或感到自己有罪。

(8) 感到注意力难以集中或思维迟钝、难以做出决定等。

(9) 脑子里反复想到自杀,或已出现自杀行为。

(二)抑郁症的应对方式和治疗

抑郁症的治疗可从药物治疗、心理治疗与自我调适等多方面着手。

(1) 药物治疗与心理治疗。治疗抑郁症首先要考虑其严重程度,如果有自虐或自杀倾向则要考虑住院治疗。在药物治疗方面,医生会按病情严重程度酌量给予抗抑郁药物,如果病情极为严重,医生还会考虑脑波疗法;在心理治疗方面,心理专家通常会采用认知疗法,帮助患者丢掉思想上的包袱,让其从另一角度看待人生和世界,以积极的心态去面对新的生活,同时还需要患者的家属给予其更多的支持和鼓励。

(2) 自我调适方法。首先,要尽力投入到生活中。抑郁症本身很痛苦,它往往会使人变得敏感、脆弱和多疑,如果再封闭自己更会加重病情,因此要尽量放宽心态,多与朋友接触,多做让自己开心的事情。其次,培养兴趣爱好,转移注意力。抑郁症患者一般生活比较单一,基本上没有什么爱好和兴趣,所以经常觉得无聊、孤独和寂寞。可以让患者把感受症状的痛苦向别的方面分散、转移。最后,要做运动。运动会使人体内内啡肽的释放量增加,从而产生愉悦与轻松感。患者要积极锻炼,加强运动量,并坚持下去。

七、精神分裂症的类型及表现

精神分裂症是一种持续且慢性的重大精神类疾病,它是以基本个性、思维、情感、行为的分裂,精神活动与环境的不协调为主要特征的较为常见的精神疾病。目前,精神分裂症的病因和发病机理尚不清楚,通常认为其与家族遗传、内分泌、母孕期受感染、左右半脑连接、社会环境等因素有关。

(一)精神分裂症的诊断标准

1. 症状标准

确定无疑有下述症状中的至少2项,且各症状并非继发于意识障碍、智能障碍以及情绪高涨或低落;单纯型精神分裂症另有规定。

(1) 明显的思维松弛或破裂性思维,逻辑倒错,或病理性象征性思维。

(2) 原发性妄想(如妄想知觉、妄想心境),妄想内容自相矛盾,或为毫无联系的两个或多个妄想,妄想内容荒谬离奇,无须核实即可认定为病理性的。

(3) 情感倒错或情感不协调。

(4) 会产生评论性幻听、争议性幻听、命令性幻听或思维性幻听等,或持续一个月以上反复出现言语性幻听。

(5) 紧张综合征,或行为怪异愚蠢。

(6) 比以往更加的孤僻、懒散或思维贫乏、情感淡漠。

(7) 有被洞悉感,或被动体验、被控制体验和思维被播散体验。

(8) 思维被打乱、思维中断或强制性思维。

2. 严重程度标准

自知力丧失或不完整,且至少有下述情况之一:①社会功能明显受损;②现实检验能力受损;③无法进行有效的交谈。

3. 病程标准

精神障碍的病期至少持续3个月,单纯型精神分裂症另有规定。

4. 排除标准

应排除外脑器质性精神障碍、身体疾病、精神活性特质所引起的上述症状。

(二)精神分裂症的治疗与干预

精神分裂症属于严重的心理疾病,但不属于心理咨询的范畴,应及时转介到专业医院治疗。其治疗方法主要包括药物治疗、行为治疗、工作治疗、娱乐治疗及各方面疏导。同时要由心理医生运用心理学知识及临床心理技术,对患者进行心理治疗和矫正,尽可能消除或减轻患者的心理负担及压力,帮助患者正确认识生活和工作中的实际困难及问题,提高其生活的适应能力,同时让他们认识并接受自己的疾病,这样才能获得最大的治疗效果。

第二节　成长助力棒
——心理咨询

一、心理咨询的概念和功能

心理咨询实际上是心理咨询师运用心理学的方法和原理,帮助来访者找到自己有关问题的根源,从而挖掘来访者本身的潜在能力,即改变其原有的认知结构和行为模式,以提高其对生活的适应能力和对周围关系的调节能力。

当前,在我国各大、中、小学,学生心理咨询中心纷纷成立,但相当一部分学生还不能正确认识心理咨询,有不少人谈"咨"色变,还有人甚至对寻求心理咨询的人冷嘲热讽,给他们带来更大的心理压力。社会生产力的发展、科学技术的不断更新,既促进了人的发展,也给人的发展带来了更多的问题。科技带来人际关系复杂化,使人类产生比以往更多的心理应激和不适应行为,乃至各种心理障碍。人们在各个年龄阶段,都面临着阶段性发展课题。每一年龄阶段都有有利于心理健康的积极因素,也有不利于心理健康的消极因素。在漫长的人生旅途中,任何人都会遇到挫折与困难,都会受到一定的心理刺激,面临一些心理矛盾,从而处于心理紧张状态,情况严重时接受心理咨询是很有必要的。

心理咨询的对象主要是向心理咨询诊所或中心求助的来访者。他们不一定是病人,因而不能称患者,而称来访者。寻求咨询的人往往在自觉存在心理困扰的时候才来咨询,但不等于他们患有精神病。事实上,心理健康与不健康并无明显界限,两者之间存在巨大的中间地带,而这中间地带可以认为是非器质性精神痛苦(心理问题)的总和。这些问题不同程度地干扰了人们的正常生活。那些自己能认识到有心理不适并愿意主动向咨询人员寻求帮助的人,能从心理咨询中获益。

心理咨询的目的就是帮助人类具有健康的身体、健康的心理,帮助人们消解其在学习、工作、生活、人际交往以及疾病康复等方面的心理不适或障碍,减轻他们内心世界出现的矛盾,增强对挫折的承受能力,使其在认识、情感、态度和行为等方面有所变化,从而更好地实现自身价值,提高生命质量。

二、大学生心理咨询服务的内容与类型

(一) 大学生心理咨询服务的内容

(1) 学习心理辅导。

具体包括学习方法辅导、学习习惯辅导、学习动机辅导、考试焦虑辅导、学习抱负辅导、学困生的心理问题辅导等。

(2) 人际关系适应。

具体包括同性交往、异性交往、恋爱心理观、情感问题、团体协作心理指导等。

(3) 心理卫生与健康。

具体包括心理挫折、不良情绪和习惯、个性差异、适应能力的培养、青春期性心理卫生的咨询和指导等。

(4) 自身性格、气质和能力。

具体包括心理测试等,通过进行分析,解决依恋、自卑、焦虑、忧郁、以自我为中心等心理问题。

(5) 职业指导。

具体包括个人专长的确定和兴趣的培养、开学时的专业选择、就业前的职业定向和准备、自我意识的定位指导等。

(6) 心理疾病的防治。

常见的咨询服务内容有神经衰弱症、恐怖性神经症、强迫性神经症、疑病性神经症等神经官能症。

(二) 心理咨询服务的类型

心理咨询的形式多种多样。从咨询的途径来划分,主要有门诊、电话、邮件、宣传咨询等;从咨询对象的数量来划分,主要有个体、团体咨询;从咨询的直接程度来划分,有直接、间接咨询。形式之间有交叉。

1. 从咨询途径来划分

(1) 门诊咨询。

门诊咨询是个别咨询者最常见的也是最主要的咨询形式,专业咨询师通过和来访者的互动,弄清来访者的心理问题的症结或本质,做出准确的判断,并采取相应的方法。门诊咨询一般以谈话方式为主,如有必要,可进行有关的心理测试,测试数据可以作为一种参考依据。

门诊咨询由于是咨、访双方面对面交流,对咨询师有较高的要求。咨询师不仅要具有一般的临床知识和经验,还要具有比较全面的心理学知识、心理咨询和治疗的专业技能以及积极诚恳的态度。与邮件、电话咨询相比,门诊咨询更为直接、自然。

(2) 电话咨询。

电话咨询是指咨询师利用电话通话方式给予来访者忠告、劝慰或对知情人进行危机处置及指导的一

种咨询形式。这是一种较为方便而又迅速及时的咨询方式,主要用于防止自杀等危急情况。

目前已有许多国家设置了电话咨询的专用热线,用于心理咨询的紧急干预和自杀的防范。电话咨询可以对具有心理危机或自杀意念的人起到缓冲、防范和指导作用。

(3) 邮件咨询。

邮件咨询是指心理咨询师以发送邮件方式对来访者及相关人员所提出的心理问题给予解答、指导的咨询形式。其优点在于可以打破空间距离的限制,也可以避免有人因自己存在的心理障碍不愿与咨询师当面交谈而带来的尴尬局面,咨询机构在选择专家答疑时也有较大的回旋余地。邮件咨询还有简单易行、运用方便、涉及面广等优点。但邮件咨询也有不足之处。由于双方不能直接见面和对话,因而不易深入了解情况,也容易受来访者书面表达的能力和个性特点影响。当然,邮件咨询的上述缺点,完全可以在咨、访双方的共同努力下加以克服。

(4) 宣传咨询。

宣传咨询是指通过广播、电视、报纸、黑板报、宣传栏等大众媒介,对听众、观众或读者提出的具有代表性的心理问题进行解答的一种形式。这种形式对普及心理卫生知识和心理咨询知识、提高大众的心理健康水平具有较好的效果。

2. 从咨询对象的数量来划分

(1) 个体咨询。

个体咨询指由咨询师与来访者进行一对一的交流的咨询方式。这种咨询形式可以面谈,也可以通过电话、邮件等途径。其优点就是来访者思想顾虑少,可以基本无保留地倾吐自己的内心秘密,也有利于咨询师耐心、深入地提供帮助。

(2) 团体辅导。

团体辅导是指由咨询机构根据来访者提出的心理问题,将他们分成小组进行商讨、引导,解决他们的共同心理障碍的一种形式。团体辅导形式对于集中解决一些大学生共同的心理问题具有明显效果。

团体辅导有时比个体咨询更有效果。首先是因为团体的感染、影响力大。成员间的交流、互助,有助于个体加强自我了解和接受,也能彼此鼓舞与学习,形成多向性交流,使他们认识到团体不仅可以帮助自己,还可以帮助他人,这就大大地增强了他们帮助自己摆脱困境的动力。其次是工作效率高,一个咨询师可以同时帮助若干个来访者。更重要的是,团体更能代表真实的社会情境,使成员们学会有效地从他人那里获得帮助,形成互相支持的团体,从而减少对咨询师的依赖,建立自尊、自信和独立自主的品质,使治疗关系和效果迁移到日常生活中去。团体咨询对害羞、孤僻等有社交障碍的来访者效果更佳,因为团体的情境可给来访者提供尝试建立良好人际关系的机会。

团体心理辅导也有其局限性,在多人在场的情况下,来访者容易产生顾虑,不愿暴露自己的想法。所以,团体辅导只能解决一些共同存在的表层心理问题,深层心理问题则需要通过个体咨询单独加以解决。

3. 从咨询的直接程度来划分

(1) 直接咨询。

直接咨询是指心理咨询师对具有心理问题需要帮助的来访者进行的咨询。直接咨询的特点是通过心理咨询师与来访者之间的直接交往和互相作用,使来访者的心理问题得到解决或减轻。它与个体咨询的区别在于,后者强调咨询师与来访者一对一的关系,而前者则可在他人的陪同下向咨询师寻求帮助。

(2) 间接咨询。

间接咨询是指由咨询师对中转人(来访者亲属或其他人员)所反映的当事人的心理问题进行的咨询。其特点是咨询师与来访者并不直接见面,而是靠中转人向咨询人员介绍情况,而咨询意见也靠中转人来实施。在间接咨询中,咨询意见能否为中转人接受并合理实施,直接影响到咨询效果。

三、心理咨询的五大误区

（一）误区1：精神病患者才需要心理咨询

许多人以为接受心理咨询的人就是患有精神疾病的人，这是一个很大的误解。我们在生活中难免会碰到暗礁险滩，当我们无法或难以自我调整时，可以寻求专业人士的帮助，早日走出困惑。心理咨询服务范围很广，包括自我认同、人际交往、情绪管理、学习辅导、生涯规划等，这些都是大学生在日常学习和生活中要面对的问题。

（二）误区2：心理咨询师是替人解决问题的人

许多人认为，心理咨询师是专门替人解决问题的人，例如，有些人以为心理咨询师会帮助失业的人找到工作、帮助失恋的人重获爱情等。还有不少来访者期待心理咨询师给自己一个明确的答复，如要不要转专业、应不应该和女朋友分手等。这样的期待恐怕是要落空的，因为心理咨询师的工作主要是帮助来访者增进自我了解，进而发挥个人的潜能，去处理生活中的人际问题，为自己做最好的决定，过自己想过的生活。来访者不能过分依赖心理咨询，要明白心理咨询不是"一贴灵"，世上没有灵丹妙药，只有你自己才能真正解决你的问题！

（三）误区3：心理咨询师具有透视人心的本事

心理咨询师并没有透视人心的本事。心理咨询师受过扎实的心理学与心理咨询训练，他们只是应用心理学的基本理论和方法，对来访者提供的一些信息进行专业的分析和探讨。如果想要获得良好的咨询效果，来访者需要和心理咨询师充分合作，愿意信任他，并愿意花时间与其一起努力改变自己。

（四）误区4：心理咨询就是做思想教育工作

思想教育工作的目的是说服对方服从、遵守一定的社会和道德规范，带有明显的批评、指导和教育意味，而心理咨询是站在来访者的角度考虑问题，持客观、中立的态度，与来访者共同寻找问题的症结所在。

（五）误区5：心理咨询无所不能

很多来访者将心理咨询等同于去医院看病，认为咨询了一两次就应该有明显的效果，心理咨询师就应该像医生一样开"处方"，自己照着做"病"就能马上好。实际上心理咨询是一个连续且艰难的过程，如果来访者没有强烈的求助、改变意愿，是难以打开心结的，有些甚至要做十几年的长程治疗才会有明显的效果。

四、大学生心理咨询的原则

心理咨询是一项专业性很强的工作，它既是一门科学，也是一种特殊的职业。在心理咨询的工作过程中，咨询师面对所有来访者都必须严格遵守职业准则和道德伦理要求。心理咨询应当遵守以下几条基本原则。

（一）保密原则

保密原则是心理咨询中最为重要的原则，也是咨询师职业道德的集中体现。这一原则要求来访者的个人信息及咨询的相关问题不被随意谈论，来访者的信息登记表不会被带到咨询室以外的任何地方，来访者是否接受过咨询以及咨询内容都不会被泄露。

保密原则是心理咨询的"生命原则"。因为来访者是基于对咨询师的信任和咨询师会为自己保密的前提才来寻求帮助的,如果咨询师违背了为来访者保密的原则,有可能使来访者不再信任咨询师和心理咨询,甚至不再相信任何人。

(二) 保密例外原则

如果已经获得来访者同意,咨询师可严格按照约定,在许可的范围内使用授权信息;当咨询师接受公安机关询问时,不得做虚假陈述或报告;当来访者生命受到威胁或可能产生伤害他人的行为时,应及时通知相关单位或组织,但应将有关信息的暴露程度限制在最低范围内。

(三) 价值中立和无条件积极关注原则

无论来访者说什么,咨询师都应站在一个客观的立场上,不以道德的标准去评判事情的对错,要无条件、积极地关注来访者,不冷漠,不攻击,充分尊重来访者。咨询师应营造温暖的咨询氛围,真诚地向来访者表露自己对问题的看法和感受,创造一种安全、没有威胁的气氛,在这种气氛下,来访者才能无顾虑地进行自我探索。

(四) 不拒不追原则

不拒不追即"来者不拒,去者不追"。从原则上讲,到心理咨询室咨询的来访者必须完全自愿,这是确立咨询关系的先决条件。没有咨询愿望和要求的人,咨询室不会主动为其做心理咨询。来访者只有自己感到心里不适,为此而烦恼,并愿意找咨询师诉说烦恼以寻求心理援助时,咨询师才提供相应建议。

那么,既然自愿前来,也就可以自愿离去。无论是在咨询关系刚确立的时候,还是咨询过程中,咨询关系的建立或终止,都不存在任何意义上的强制。

(五) 感情限定原则

咨访关系的确立是心理咨询工作顺利开展的关键,是咨询师和来访者心灵的接近和沟通,但这也是有限度的。双方如果接触过密,不仅容易使来访者过于了解咨询师而影响来访者的自我表现,也会使咨询师失去客观公正判断事物的能力。因此,心理咨询原则上禁止咨询师与来访者在咨询室之外的其他场所有接触和交往,也禁止咨询师将自己的情绪带进咨询过程,不能在感情上对来访者产生爱憎或依恋。

五、心理咨询的作用

一般认为,心理咨询能给人们带来一种新的学习经验,可以帮助来访者扫除障碍,更好地生活。那些由于心理障碍而遇到麻烦的人可以在咨询师的帮助下逐渐改变与外界格格不入的思维、情绪和反应方式,学会适应环境。简单地说,心理咨询可以促使人们从不同的角度看待自己和社会,用新的方式去体验和表达自己的思想情感,并产生全新的思维方式。具体而言包括以下六个方面。

(一) 建立新的人际关系

富有经验的心理咨询师具有健全的心理,能够以来访者为中心,并且掌握丰富的人类行为知识和娴熟的专业技巧,能够在自己与来访者之间建立一种不同以往的新型人际关系。而求助者在现实生活中与这样的人交往的机会是很少的。

面对心理咨询师,来访者可以直抒胸臆而不必有所顾虑,心理咨询师常常用积极的态度去回应,促使求助者做出新的建设性的积极反应,并将其成功地运用于其他人际交往中。

（二）认识问题

来访者在应对现实问题时,往往会采用一些无效的方法,如逃避、理想化及过分责备他人等。但他们往往认为自己对现实的认识是清楚的,解决问题的方法是正确的。心理咨询可以帮助来访者更加全面、客观地认识自己和外部世界,并采取积极有效的方式去解决问题。

心理咨询可以帮助来访者认识到,大部分心理困扰是源于自己尚未解决的内部冲突,而不是外界。在咨询过程中,来访者将逐渐认识到,只要改变自己的内心冲突,不仅能解决问题,还能使自己变得坚强。

（三）纠正错误观念

许多来访者都存在一些关于自我的错误观念。他们通常确信知道自己需要什么和在干什么,而实际上是以种种非理性观念自我欺骗。心理咨询可以促使他们对自己的错误观念进行认真思考,代之以更准确的理性观念。这时,来访者就获得了能自己做出有利决定的自由。

（四）深化自我认识

心理咨询师引导来访者进行自我探索。当人们认识了自己的需要、价值观、态度、动机、长处和短处,就可以随时根据自己的情况规划人生。

（五）学会面对现实

来访者通常会逃避现实,他们往往花很多时间来回味过去、计划未来,话题总离不开昨天和明天,却回避现在。来访者不仅通过躲避现实以减少自己的焦虑,还总想按照自己的愿望回避现实,而且还经常想方设法求得周围人的支持以利于他们逃避现实。咨询师会促使其认识到这一点,引导其面对现实。

（六）做出新的有效行动

当一个人处于生活旋涡之中时,在精神压力的负重下,他的思路常常会被堵塞。而咨询师站在旁观者的角度为来访者提出一些合理化的参考建议,帮来访者打开思路。咨询师可以协助来访者采取合理而有效的行动,使其减少内心烦恼。心理问题的要害,不在于来访者控制不住自己的思想和情欲,而在于来访者不能通过有效行动去改变或满足自己的需要。

当然,这世上没有包治百病的良药,同样,心理咨询的作用也是有限的。心理咨询中作用的大小不仅取决于咨询师的学识和努力,也取决于当事人的意愿。因此要想取得较好的心理咨询效果,不仅要找一个可靠的咨询师,自己也要有决心和信心。

心理广角

从前,有四个饥饿的人得到了一位长者的礼物:一根鱼竿和一篓鲜活、硕大的鱼。其中两人,一个人要了一篓鱼,另一个人要了一根鱼竿。得到鱼的人用干柴点燃篝火煮起了鱼汤,他狼吞虎咽,还没有品出鲜鱼的肉香,就连鱼带汤吃了个精光。不久,他便饿死在空空的鱼篓旁。另一个人则提着鱼竿继续忍饥挨饿,一步一步艰难地向海边走去,可当他已经看到不远处那片蔚蓝色的海洋时,他浑身的最后一点力气也使完了,他也只能带着无尽的遗憾撒手人间。而另外两个饥饿的人同样得到了长者的礼物:一根鱼竿和一篓鱼。只是他们并没有各奔东西,而是商定共同去找寻大海,他俩每次只煮一条鱼,经过遥远的跋涉,来到了海边,从此,两人开始了捕鱼为生的日子,几年后,他们盖起了房子,有了各自的家庭,过上了幸福的生活。

反思体验

1. 学了这章后,你对心理咨询有了什么新的看法?
2. 当你遇到心理困惑或是别人需要心理帮助的时候,你会采取什么办法呢?

心理测验

大学生人格问卷(UPI)

  大学生人格问卷(UPI)是为了早期发现、早期治疗有心理问题的学生而编制的大学生精神健康调查表。UPI主要以大学新生为对象,在其入学时作为精神卫生状况实态调查而使用的,以了解神经症、心身症、精神分裂症以及烦恼、迷惘、不满、冲突等状况在学生中的影响。

  指导语:以下问题是为了解你的健康状况,并为了增进你的身心健康而设计的调查。请你按题号的顺序阅读,在最近一年中你常常感觉到或体验到的项目上做"是"与"否"的选择。为了使你顺利完成大学学业,身心健康地去迎接新生活,请你真实选择。

1. 食欲不振。
2. 恶心、胃难受、肚子痛。
3. 容易拉肚子或便秘。
4. 关注心悸和脉搏。
5. 身体健康状况良好。
6. 牢骚和不满多。
7. 父母期望过高。
8. 自己的过去和家庭是不幸的。
9. 过于担心将来的事情。
10. 不想见人。
11. 觉得自己不是自己。
12. 缺乏热情和积极性。
13. 悲观。
14. 思想不集中。
15. 情绪起伏过大。
16. 常常失眠。
17. 头痛。
18. 脖子、肩膀酸痛。
19. 胸痛憋闷。
20. 总是朝气蓬勃。
21. 气量小。
22. 爱操心。
23. 焦躁不安。
24. 容易动怒。
25. 想轻生。
26. 对任何事都没兴趣。

27. 记忆力减退。
28. 缺乏耐性。
29. 缺乏决断能力。
30. 过于依赖别人。
31. 为脸红而苦恼。
32. 口吃、声音发颤。
33. 身体忽冷忽热。
34. 常常注意排尿和性器官。
35. 心情开朗。
36. 莫名其妙地不安。
37. 一个人独处时感到不安。
38. 缺乏自信心。
39. 办事畏首畏尾。
40. 容易被人误解。
41. 不相信别人。
42. 过于猜疑。
43. 厌恶交往。
44. 感到自卑。
45. 杞人忧天。
46. 身体倦乏。
47. 一着急就出冷汗。
48. 站起来就头晕。
49. 有过昏迷或抽风。
50. 人缘好,受欢迎。
51. 过于拘泥。
52. 对任何事情不反复确认就不放心。
53. 对脏很在乎。
54. 摆脱不了毫无意义的想法。
55. 觉得自己有怪气味。
56. 觉得别人在自己背后说坏话。
57. 总注意周围的人。
58. 在乎别人的视线。
59. 觉得别人轻视自己。
60. 情绪易被破坏。

UPI 的计分方法

UPI测验完成后,需要计算的只有一个指标,即总分。UPI问卷共60个问题,其中第5、20、35、50题不计分。UPI采用是非式选择,肯定选择的计1分,否定选择的计0分,UPI总分的计算规则是求56个题的得分总和。所以,UPI的总分最高为56分,最低为0分。分值越高表明心理压力越明显。如果总分大于25分或者第25题作肯定选择,可能有较明显的心理问题,应尽快进行咨询。

第三章　认识自己，掌控人生
——大学生的自我意识与培养

案例导读

小容出生在一个比较富裕的家庭，母亲早年经商，现已成立了自己的公司，父亲是公务员，小容还有一个小自己八岁的妹妹，按理来讲他本应该过着饭来张口、衣来伸手的生活，但他并没有因为家境殷实而慵懒，相反，他经常帮父母干家务活，六岁开始就自己洗衣服，有时候还会学着照顾年幼的妹妹。在学习上他也一刻都没有放松，凭着优异的成绩考入知名高校。来到大学后，他就设计好了大学四年的学习规划，明确自己要考哪些证书，并为考研做准备。学习之余他积极参加各种社团活动，在班级担任班干，努力为其他同学服务。大三时小容获得了"学习标兵""校三好学生""优秀班干"等荣誉称号。每年寒暑假，他都会出去兼职，一方面是觉得花自己的钱更有成就感，另一方面也能更好地锻炼自己，提升适应社会的能力。本科毕业后，小容如愿以偿，考入了自己梦想的大学读研究生。

心理分析

小容虽然出生在比较富裕的家庭，但他并没有因此而依赖父母，他清楚地知道自己的责任和目标，所以一路走来，他都有自己的想法和主见，能够努力地朝自己的梦想一步步前进。大学生要学会全面、客观地认识自我，增强独立性，扬长避短，充分挖掘自己的闪光点，做阳光、自信、自立的新时代大学生。

学习要点

1. 正确认识自我意识。
2. 了解自我意识发展的特点、自我意识偏差及调节。
3. 掌握树立正确自我意识的方法。

关　键　词

自我意识　意识偏差

第一节　我是谁
——自我意识概述

古希腊德尔斐一座古神庙前的一块石碑上镌刻着一句象征最高智慧的阿波罗神谕："认识你自己"。这句简单的名言表达了非常丰富、深邃的内涵。我们存在于天地之间，就要正确认识自己。只有正确认识自己,才能拥有全新的自我、全新的思想、全新的状态、全新的精神、全新的行为。这是以一种全新的开放式思维来应对人生、阐释新时代的价值标准,更是我们观念更新的全新追求。

纵观人类发展的整个历史,从简单的社会分工到复杂的社会协作,从刀耕火种到原始劳动再到日新月异的现代文明,无不镌刻着人类在认识自己的经历中艰辛探索的痕迹。人类正是在不断认识自我的基础上发展自我,从而把历史不断向前推进的。

一、自我意识的内涵

自我意识是意识的核心部分,是人们对自己的认知,它包含自我认知、自我评价和自我控制。换句话说,自我意识就是对自己及自己与周边环境关系的认识。这种认识活动通过个体对外部的观察、分析及社会比较等获得,是一个多维度、多层次的心理系统。

自我意识的表现形式是丰富多样的,包括以下三方面的内容。

(一) 生理自我

这是个体对自己身高、体重、容貌、身材等的认识和评价,以及生理病痛、温饱饥饿、劳累疲乏等的感觉。如果一个人对生理自我的某些方面不能接纳,如认为自己不漂亮、身材差,就可能会讨厌自己,缺乏自信。

(二) 心理自我

这是个体对自己知识经验、需要、动机、兴趣、爱好、人生观、价值观、情绪情感、性格、气质、能力等的认识、体验和评价。如果一个人认为自己知识经验欠缺、能力差、智商不高、兴趣贫乏、情感淡漠、自制力差,就会否定自己,缺乏主动性,表现得自弃自堕。

(三) 社会自我

这是个体对自己在群体中的角色、地位、作用以及自己与其他人、事、物相互关系的认识、评价和体验。作为社会人的个体始终是群体中的个体,其言行举止或多或少会与周围环境中的人、事、物产生联系。如果一个人认为周围的人不喜欢自己、不接纳自己,自己找不到知心朋友,就会产生距离感、疏远感、排斥感和冷漠感,从而感到很孤独、寂寞,缺乏归属感和安全感。

二、自我意识的结构

自我意识由自我认知、自我评价和自我控制三个方面构成。

(一) 自我认知

自我认知包括自我感觉、自我观念、自我分析、自我观察、自我想象、自我判断、自我评价、自我批评、自我整合等,如"我现在是一个什么样的人""我将来会成为什么样的人""我的优点和缺点各自有哪些"等。

(二) 自我评价

自我评价是个体以情绪情感的体验形式表现出来的自我主观感受或自我的态度,主要表现为自信、自尊、自爱、自卑、自怜、自弃、自恃、自傲、责任感、义务感、优越感、羞耻感等,如"我是否相信自己""我是否尊重自己""我是否有责任感"等。

(三) 自我控制

自我控制是控制自己的行为、思想和言语，以达到自我期望的目标。自我控制包括自我激励、自我暗示、自强自律，核心内容是"我将如何规划自己的人生"。自我控制是自我意识的最高阶段，其核心是"我应该做什么""我应该成为什么样的人""我可以选择如何做"。

三、自我意识的作用

大学阶段是个体全面发展的时期，是个体的自我意识迅速发展并在自身的成长中发挥特殊作用的时期。这一时期自我意识的发展状况决定了个体自主功能的发展状况，自主功能的发展状况又决定着个体能否走向成功。

（一）有利于促进个体全面成长和成熟

健全的自我意识主要表现为：个体在奋斗目标的确立上，既设定了积极的远期和近期目标，又能明确远期目标的价值和近期目标的可行性；在行为的控制方面，能在内在动机的支配下，有意识地调节个体的行为，抑制不良因素的影响，保证个体按照正确的方向健康发展；在情感的调节方面，能有意识地充实个体的内心世界，丰富自己的情感生活，培养个体良好的情感品质，从而在自我发展中增加情感的动力效能；在才智的发展方面，能刻苦学习，努力调整个体的学习方法，从而完善知识结构，并在此基础上发展个体的聪明才智和特殊才能，特别是创造才能；在身体素质的提高方面，能主动加强个人的体育锻炼，增强体质，保持充沛旺盛的精力；在时间的利用方面，能意识到时间的价值，注意利用课内时间和课余时间，乃至点滴时间，提高时间利用率。

（二）有利于自我资源的开发

大学阶段，大学生的智力将获得迅速发展，内心感情日益丰富，高级思维能力迅速发展，意志也会一天天坚强起来，特别是气质、性格、兴趣、理想、信念等也在快速发展，并日趋定型；在社会化方面，大学生正处于正式进入成人社会之前的准备阶段。此时大学生的内在发展潜力很大，但若缺乏主动自觉意识，缺乏紧迫感和危机感，这种潜力也会白白地被浪费掉。

（三）有利于自身独立性的发展

大学时期是大学生独立性开始形成的时期。由于身体发育成熟、心理上的急剧变化及社会化过程的加速，大学生步入了"自己的路自己走"的新阶段。自我意识对大学生真正地学会"自己走"有重要的影响。因为真正的独立性标志着一个人内在动机的发展水平，个人的成长、学习和参与的力量主要来自自身强烈的驱动力，而不是外在的压力和奖惩因素；标志着个人所追求的是事物的内在意义（如学习知识），努力是出于对科学现象本身的兴趣，而不是对老师讲的趣事笑料的兴趣；标志着个人在面对各种外在刺激及内在冲突时的正确抉择能力，而不是盲目、固执、错误地自以为是。

（四）有利于心理与行为的健康发展

心理与行为的健康发展，在很大程度上取决于主观心理因素，而自我意识就是心理行为健康的主要表现，即能否正确地认识自己、接纳自己、完善自己。

第二节　探索未知的自己
——大学生自我意识的特征

自我意识随着个体每一阶段的成长而逐渐发展，它是决定当代大学生学习、生活的态度和行为的一个重要因素。自我意识在大学生个体发展中有十分重要的作用。大学生的自我意识迅速发展，其对大学生人格的形成和心理的健康发展起着重要的作用，也是大学生心理发展成熟的重要标志之一。当代大学生自我意识的发展具有以下几方面的特点。

一、自我意识发展迅速但不均衡

（一）自我意识开始分化，并且迅速发展，自我矛盾开始出现

进入大学以后，随着学习、生活方式的改变和心理水平的提高，大学生的自我意识有了明显的变化，出现了理想自我和现实自我的分化，自我意识迅速发展，矛盾冲突日益明显。大学生对自己的生活充满信心，对未来抱有幻想，而现实往往不是他们所想象的那样，于是就出现了理想自我和现实自我的矛盾。这种矛盾分化，使得大学生发生自我意识的改变，在自我体验和自我调控的过程中，大学生会表现出各种激动、焦虑、喜悦与不安情绪。当理想自我占优势时，大学生往往会将现实我降到实际能力以下，产生较强的自卑感，甚至放弃努力，形成自暴自弃或伤感的心理状态。相反，当现实自我占优势时，大学生往往表现出较强的虚荣心、自我陶醉，特别在意别人对自己的评价，担心暴露自己的缺点，表现得过于傲慢、虚伪。

（二）自我意识矛盾日益突出，但调控能力相对较弱

由于自我意识的分化，"主体我"和"客体我""理想自我"和"现实自我"之间的种种矛盾开始出现，随着自我意识的进一步发展，这种矛盾也越来越突出。在这种矛盾心理的作用下，他们对自己的评价也常常是矛盾的，对自己的调控常常是不自觉、不果断的。他们时而看到自己的这一面，时而看到自己的另一面；时而能客观地评价自己，时而又高估或低估自己；时而感到自己很成熟，时而感到自己很天真；时而对自己充满信心，时而对自己不满。面对自我意识中的种种矛盾，大学生开始通过各种活动来重新认识自己，自觉或不自觉地在矛盾调节中认识自我、完善自我。经过一段时间的矛盾冲突和自我探究后，大学生的自我意识就会在新的水平和方向上趋于一致，达到暂时的自我统一。然而新的矛盾又会产生，还需要不断地自我调控和自我探究。但大学生的这种自我调控能力相对较弱，他们会过多地关注自己，而对他人、集体、社会考虑较少。

（三）自我意识的矛盾不断激化，并出现混乱

大学生自我意识的混乱通常表现为两种类型：一种是过高的自我评价，另一种则是过低的自我评价。过高或过低的自我评价往往会导致个体自我意识确立过程中出现自负或自卑等心理缺陷，它们可以妨碍个人良好自我意识形成。

过低地自我评价的大学生，在心理上的一大特征就是自我排斥。由于在成长过程中，理想自我与现实自我的距离过大导致自我矛盾冲突，他们往往会产生否定自己、拒绝接纳自己的心理倾向。这类大学生往往对自己过分怀疑，压抑自己的积极性，并可能引发严重的情感伤害和内心冲突。他们的心理体验常伴随较多的自卑感、盲目性、自信心丧失和情绪消沉、意志薄弱、孤僻、抑郁等现象，尤其是面对新的环境、挫折和重大生活事件时，常常会产生过激行为，酿成悲剧。

过高的自我评价是一种与过低的自我评价相对立的自我意识状态。在这种自我概念的支配下，个体往往夸大现实的自我，形成错误的不切实际的理想自我，并认为理想自我可以轻易实现。这种类型的大学生往往盲目乐观，以自我为中心，不易被周围环境和他人接受与认可，容易引起别人的反感和不满。因此他们极易遭受失败和内心冲突，产生严重的情感挫伤，导致苦闷、自卑、自我放弃，有时甚至会引发过激行为和反社会行为。

（四）自我意识的矛盾转化不断进行且渐趋稳定

在"矛盾—统———新矛盾—新统一"的转化发展过程中，大学生的自我意识不断发生重大变化，由刚进校的依赖和盲目，渐渐转变为务实求真，到毕业前就显得沉稳多了。正是由于这种矛盾转化，大学生自我意识发生了明显的飞跃，个体之间出现了差异，自我意识也逐渐趋向成熟。

由此可见，大学阶段是大学生自我意识的转折时期，也是自我意识和自我矛盾表现最突出的阶段，对个体的人生观、价值观、世界观形成有着非常重要的意义。应充分认识自我意识的发展特点，采取相应的自我意识教育和培养，促进自我走上全面发展和健康成长之路，要全面认识自我，积极认可自我，努力完善自我。

二、对自我的认识具有自觉性和理性

大学生对认识和评价自我具有浓厚的兴趣，对自我的认识更具有自觉性和理性，其内容更加丰富和深刻，会对自己的能力、性格、品德、人生价值等深层次问题进行更多的探讨。

（一）强烈关心自己的发展

围绕个人发展、个人和社会的关系，大学生能够主动积极地探索自我。例如，会经常独思、反省这样一些问题："我聪明吗？""我风度如何？""别人会怎么看我？""我性格怎样？""我将成为什么样的人？""我如何实现自我的价值？"……大学生能自觉地把自我的命运与集体、国家的命运结合起来考虑。

（二）自我评价能力提高

随着大学生活的继续，大学生的知识增加了、社会经验也丰富了，大多数人对自己的分析、评价逐渐变得全面、客观和主动，对自己的优缺点有了较正确的认识和评价，并能选择自己的长处进行发展，开始具备在自觉基础上的"自知之明"。大多数学生对自我的认识和评价基本与外界一致，并且能自觉地按照社会的要求来评价和设计自己。

（三）自我体验丰富而复杂

大学生的自我体验是既丰富又复杂的，可以说是其一生中"最善感"的年龄阶段或各种社会群体中"最善感"的群体。一般来说，大学生自我体验的情绪、情感是积极的、健康的。凡是涉及"我"及与"我"相联系的事物，都能引起大学生的情绪、情感反应。他们对别人的言行和态度极为敏感，喜欢把自己的情感隐藏起来，且内心体验起伏较大；取得成绩时容易产生积极、肯定的体验，甚至骄傲自满；遇到挫折时又易产生消极、否定的情感体验，甚至自暴自弃、悲观失望。情绪明显两极化。

（四）自我控制能力提高

大学生自我控制的能力有很大提高，自觉性、坚持性、独立性和稳定性显著发展，有强烈的自我设计和自我规划的愿望。绝大部分大学生都奋发向上、力争成才，并且能根据自我设计的目标自觉调节行为。同时，他们强烈要求独立，希望摆脱依赖和管束。

(五)自我意识水平存在年级差异

大学生自我意识水平总体而言比较高,但不同年级的大学生的自我意识水平存在明显差异,而且自我意识发展的趋势与其心理障碍的表现趋势似乎存在某种对应关系。大学一、三、四年级学生的自我意识会随年级升高而发展,而大学二年级是大学生内心矛盾冲突较尖锐、思想斗争较激烈、回顾与展望时间较多的时期,是大学生自我意识相对稳定阶段中的不稳定时期,但也是一次新的上升时期,因此也有人称之为大学生自我意识发展的转折时期。

(六)自我设计的愿望强烈

大学生有设计自我、完善自我的强烈愿望。他们会根据所设计的"最佳自我形象"而不断地丰富自己的知识,培养自己的能力,形成自己良好的性格与品德。大学生的成就动机很强,他们不愿做庸庸碌碌的人,都想干出一番事业,对社会、对祖国有所贡献,以实现自己人生的价值。

(七)强烈的独立意识和自信心

独立意识,也叫独立感,是指个体力图摆脱监督和管教的一种自我意识倾向。大学生在生理发育上已完全具备了成人的特点,心理成熟和社会成熟也已达到较高的水平。通过对自我的认识、体验和控制、调节,他们的心目中已逐渐确立一个新的自我——成人式的自我。

自信心是从独立感中派生出来的一种相信自己能力的自我意识倾向。大学生体力充沛、精力旺盛、思维灵活、记忆力强,这是他们产生自信心的生理及心理基础,而"天之骄子""时代宠儿"的优越感,则是大学生充满自信的社会基础。所以,大学生的自信心是十分强烈的,他们不仅对自己的才华、学识充满自信,而且对自己的风度、能力也充满自信。但由于知识、经验不足,他们易于产生盲目的自信,而且容易因一时的挫折而降低自信。

大学生的独立意识和自信心十分宝贵,它们是建立蓬勃向上、积极进取等优良品质的心理基础,因此要加以适当的保护和引导,而不要因为一时的偏差而冷眼待之。一般来说,随着自我评价能力的提高和知识经验的积累,大学生的独立意识和自信心会逐步表现得客观和稳定。

三、大学生自我意识发展具有时代性

我国不断深化的社会变革和社会主义市场经济的初步建立,影响和促进着大学生自我意识的迅速发展,并赋予了当代大学生自我意识发展的时代性特点。

(1)关心国家振兴、期望中华民族早日实现伟大复兴。他们特别关心当前社会热点事件,常为社会发展中出现的阻力等问题争论不休。

(2)思维的独立性、批判性明显增强,强调民主、自由、信任和尊重个性。当代大学生不轻信、盲从,喜欢独立思考人生和社会问题;特别关心我国民主、自由和法治建设;他们要求别人尊重自己,对简单生硬的教育方法极为反感。

(3)探求知识,渴望成才。大学生强烈的成才意识表现出如下特点:一是在成才动力上,由以内在压力为主,转变为外在压力为主;二是在成才途径上,由过去单纯追求分数转变为注重知识水平和创造能力的提高,努力向多途径成才方向发展;三是在成才模式上,由过去只重智力因素发展到现在向德才兼备、学有所长的复合型人才方向发展。

总之,大学生自我意识的时代性从总体上反映了大学生在处理与社会、时代关系问题上的心态走向。掌握大学生自我意识发展的时代性,也是了解和研究大学生精神面貌的关键。

大学生在大学期间能否真正地实现自我价值,获得理想的发展,其自我意识的成熟和发展是非常重要的,是他们心理成熟与健康的焦点,这一方面需要大学生正确认识自我意识的发展,进行全面客观的自我评价,学会悦纳自我,展示自己的才华与能力,自尊自爱,珍惜自我,积极改造自我和超越自我;另一方面需要学校在教育过程中,注重学生自身的需求与发展,尤其是帮助学生确定自身的发展方向和目标,帮助他们正确分析和认识自我,鼓励其进行自我创造和自我实现。

第三节 走出"心"误区
——大学生自我意识偏差及调节

大学阶段是大学生积极探索、寻求自我的关键时期,虽然在这一时期,大学生的自我意识快速发展,但还未完全成熟,积极的探索也会带来各种自我意识偏差,也就需要对此进行调节。

一、大学生自我意识偏差的表现

(一)自我认识偏差——过度的自我接受和过度的自我拒绝

自我接受又叫自我悦纳,它建立在对物质自我、社会自我,特别是心理自我的正确认知的基础上,对自我的优点和长处能够给予恰当的客观评价。自我拒绝是不喜欢自己,不能容忍自己的缺点和不足。这种自我拒绝的现象在许多大学生中不同程度地存在。

过度的自我接受是大学生自我接受的极端表现。其接受的是自己被夸大了的优点和长处,甚至把缺点和短处也视为优点和长处;相反,他们把别人看得一无是处。这种"我好你不好"的人际交往模式必然造成人际关系的紧张。而过度的自我拒绝,则把自己看得一无是处,感到事事不如人,对自己缺乏信心,自我否定,自我厌恶。他们人际交往的模式是"我不好—你好",这种人自认为在人际交往中受到别人的排斥和嫌弃。无论是过度的自我接受,还是过度的自我拒绝,都会对人的心理健康产生消极影响。

(二)自我体验偏差——过强的自尊心和过强的自卑感

自尊心和自卑感是自我体验的两极化表现。这两种体验普遍存在于大学生身上,是一种正常的心理现象。自尊心是人心理活动的动力。但古人所说的"知耻而后勇"也说明像自卑感这样的消极心理也会催人奋起。因此自尊心与自卑感只要不"过"都是有益无害的。

但有些大学生的自尊心过强。他们特别在意别人的评价和批评,好面子,爱慕虚荣,一旦自尊轻微受损便无法承受。如果自尊心屡屡受挫,他们便羞愧无比,觉得无脸见人、无地自容,走向另一个极端——过度自卑,产生严重的自责、自怨等挫折反应。

(三)自我意向偏差

1. 自我中心倾向

大学生的世界观、人生观、价值观正在加速形成,他们开始用自己的头脑去认识世界、人生、理想和价值,并形成自己的理念;他们自信、自尊;他们追求理想和自我价值的实现。但是,有些大学生的自我意识超过了适当的度(如唯我独尊、目空一切),盲目自傲,并以自我为中心。

以自我为中心的人喜欢以"老大"自居,充满领导欲、权力欲,目空一切,颐指气使,盛气凌人;将个人的意志强加于人,且自我感觉良好。

显然,有这种自我中心倾向的人,在群体中非但成不了领导,反而可能由于将自己置于群体的对立面而被群体孤立。

2. 过分的独立意向

独立意向是大学生自我意识发展的重要内容和自我完善的标志之一。多数大学生表现出的自立、自强、独立思考、明辨是非、勇于决断等积极心理品质,是自我意识发展和成熟的体现。

但少数大学生的独立意向过强,表现出极端性的特点。

(1) 以孤立为荣。他们在人际交往中把自己置于别人的对立面,不辨是非地事事与学校、老师、同学作对;视孤立为不落俗套、不盲从。

(2) 以逆反心理对抗舆论和规范。他们视舆论和规范为压抑自己独立性的外在力量,对其不加分析地予以抑制和排斥,甚至故意反其道而行之。

(3) 行为具有攻击性、破坏性等非理智的不符合年龄特征和大学生角色的倾向。这些倾向本是少年期心理发展不健全的表现,却在少数大学生身上表现出来。这一方面说明这些大学生的心理发展也不健全,另一方面说明他们独立意向发展的幼稚性和不成熟性。

3. 过分的依赖心理

一些大学生在父母的呵护下生活多年,"衣来伸手,饭来张口"已成为习惯。打破事事、时时依赖父母的习惯不是一朝一夕能够实现的。多数大学生能主动地靠自己独立意识的发展摆脱依赖心理,一天天成熟和长大,直到完全独立。但是少数大学生,特别是低年级大学生,依然有不符合大学生身份和年龄特征的过分依赖心理。每年大学新生入学,都会有一些学生由家长一路陪同(实际是护送)到校,由家长代办入学各种手续、代替安排新生的生活等,这是大学生依赖性的突出表现。也使得校园中出现一群"没有长大的"大学生。

4. 不当的从众行为倾向

有些大学生遇事未进行思考,便主动地与大多数人采取一致的行动,这种从众行为不能算作自我意识的偏差。但有相当数量的大学生所表现出来的从众行为倾向却有些过度,因而是有害的。

有的大学生保持自幼形成的从众行为习惯,没有独立思考的习惯,习惯于对一切事物和行为与大多数人持相同的态度和采取相同的行动。

还有的大学生根据人数来决定自己行为倾向。另有部分大学生出于自我保护的考虑,他们不想成为少数不服从者,以避开"偏离的恐惧",他们内心并不想从众却表面上从众。

大学生不当的从众行为倾向的最大危害是:缺乏独立思考能力的锻炼,使自己的分析能力、判断能力得不到提高。当然,由于与大多数人采取了相同的行动,很可能无意中与大多数人一起犯了错误。

5. 过分追求完美的倾向

"我是一个完美主义者。"很多大学生都这样评价自己。对自己严格要求固然是好事,因为崇高的理想以及在生活细微处对自己精益求精的要求能激励我们不断地努力,不断地超越自我。但是,很多大学生生活在他人的期望之中,把这些期望误认为是自己的需要。有些家长总是要求自己的孩子从小到大都做第一,这些孩子进了大学后,就会背负很重的思想负担,衡量自己的标准也随着自己的不断进步而提高,不能及时地调整参照体系。

6. 过分自卑的倾向

心理学家阿德勒认为,追求优越和超越自卑是人发展的最根本的动力,自卑能给予人强大的推动力,推动人们超越自己。然而在生活中，人们的自卑更多的是消极且具有破坏性的。在这种消极的自卑作用下，人们总是对自己持否定的态度。即使和其他人差不多，他们也总能找到很多不如他人的地方。

二、大学生自我意识偏差的调节

自我意识的各种矛盾、冲突和偏差的产生，是大学生心理发展由青年初期步入青年中后期的标志，是一种心理的发展和进步。这些矛盾的存在和斗争、冲突的出现与化解、偏差的产生与纠正，也是大学生自我意识发展的动力。大学生就是在解决这些矛盾冲突，纠正各种偏差的过程中，完成了理想自我与现实自我的逐步统一，最终完成大学生心理和社会发展的课题——自我同一性的确立。

调节自我意识的偏差要正确地认知自我，客观地评价自我，积极地提升自我，关注自我成长。

（一）克己——自我中心倾向的纠正

克己是指要摆正自己在群体中的位置，约束自己的行为，克服极端个人主义和名利思想。

（1）平等相处，尊重他人。由于人与人的关系是相互的，因此，应当平等待人，像尊重自己一样尊重他人，而不把别人看成自己利用的对象。这就要求人们不要过分苛求别人，也不要对别人冷眼相待，而应使交往双方都有机会满足自己的需要。

（2）接受批评，转变态度。自我中心者的致命弱点之一是自以为是，不愿接受别人的批评和转变自己的态度。这里要注意的是，接受批评并不是要完全服从他人，而是要能接受别人正确的意见。

（3）了解自己，了解他人。自我中心者之所以固执己见，不关心他人，是因为他们既没有真正认识自己，也没有真正了解别人。人的自我意识离不开别人的反映，如果能把别人作为一面镜子来反射自己，从别人的评价中认识自己，且能抛开偏见去认识别人，就能逐步摆脱自我中心倾向。

（二）慎独——过分的独立意向的纠正

独立性是成长的表现，适当的独立性是成熟的标志，但是过分独立对于大学生来说是弊大于利的，因为大学生经验不足，在某些问题上过分独立是非常危险的。独立性不是无约束、无节制的，而应当是审慎、小心而又谨慎的。大学生毕竟社会经验比较少，在遇到问题特别是重大问题时应该多听听家长、老师、同学们的建议，然后再综合判断做出选择。一意孤行、草率行事容易造成不良后果。同时，社会舆论不要过分强调大学生的独立发展，而淡化了大学生对集体的认同感和归属感。那些过分独立、人际交往不佳的学生，要多参加集体活动，打开心扉，既要培养独立性，也要培养开朗、豁达、理解、宽容的品质。

（三）自立——过分的依赖心理的纠正

自立是大学生心理发展的主要内容，也是大学生自我意识日渐成熟的标志。

（1）大学生入学后要认识新环境，适应新生活，确立新目标，塑造新自我，自觉地培养和锻炼自立自强、独立生活的意识。

（2）大学生特别是新生应多收集学校所在地自然风貌和人文地理的有关资料，寻找异地、异乡、异校的优势和美感，培养热爱学校、热爱他乡的感情。

（3）大学生应正确认识目前所学的专业，充分认识大学学习的竞争性，使自己产生紧迫感和责任感。

（4）大学生要积极主动地扩大人际交往范围，融入寝室集体、班级集体，寻找新朋友，培养新感情。

（四）自主——不当的从众行为倾向的纠正

（1）培养自信心。自信心是一个人对自身力量的认识和充分估计。它是自我意识的重要组成部分。

有的大学生看不到自己的能力,认为自己干什么都不行,总觉得自己不如别人,对自己力量的认识和可能取得的成就估计得很肤浅、不稳定,完全听从别人的评价。因此,大学生要学好基础及专业知识,从各方面提高能力;创造条件,充分表现自己;尝试自己做出决定和选择,增强对自己的认识,从而相信自己的力量。

(2) 提高分辨是非的能力。大学期间,大学生的世界观和价值观正在形成,要确定判断是非的标准,不要按自己喜爱和厌恶的情绪来判断人物和事物的是与非。另外,不要盲目模仿别人。大学生要通过他人对自己行为、言语的评价,逐步提高分辨是非的能力,进而形成良好的个性品质。

总之,大学生有了自信心,又有了明辨是非的能力,做事就会有独特的见解,不盲目地随从别人。

(五) 做最好的自己——过分追求完美的倾向的纠正

(1) 在追求远大理想时,不要过分在意细节,而且要允许自己犯错误。

(2) 大学生要在成功与失败中学会学习,学会总结,学会享受过程的快乐,全身心地投入实现目标的过程,体会这个过程带给自己的喜怒哀乐,真实地体会生活。同时,大学生要学会在失败时不过分自责,因为除了个人努力,决定成功的还有很多无法控制的外部因素。

(3) 要学会灵活地调整参照体系,仔细分析参照对象的其他背景条件。要学会调整目标,做到今天比昨天好,一步一个脚印,不断进步。

(六) 天生我材必有用——过分自卑的倾向的纠正

(1) 全面地、无条件地接受自我、悦纳自我。对自己的一切,包括优点和缺点、成功和失败、顺利和挫折都持肯定的态度,以形成自尊、自爱、自豪、自我接受、自我愉悦的信念。

(2) 在已形成的自尊、自爱、自豪、自我接受、自我愉悦的信念基础上,给自己进行心理定位和归类——"我是一个自信的人",即形成自我观念。

(3) 按照自信的人所应有的心理特征,在头脑中想象一幅自我表现的心理图像,并坚信这个心理图像就是自己。这样就会在行为、情感、举止甚至才能等方面,真正成为一个自信的人。

第四节 拥抱真实的自己
——塑造健康自我意识

为了能更好地完善自我、超越自我,在纷繁复杂的社会中顺利、健康地成长,大学生应积极主动地了解自己的气质、性格、兴趣、能力和爱好等,弥补自我拒绝、自我否定、自以为是、自我为中心等自我意识发展的缺陷,形成正确的自我概念,培养健康的自我意识,使自我评价更加客观,自我体验更加积极,自我控制更加有力。

一、正确认识自我:以铜为鉴,以人为鉴

健康成熟的自我意识,是以正确认识自我为基础的。认识自己,不能单凭个人的主观印象,而是要在同别人的相互关系中,通过各种各样的实践活动,比较客观地认识自己。

(一) 通过他人的评价与比较来认识自我

唐太宗有句名言:"以铜为鉴,可正衣冠;以史为鉴,可知兴替;以人为鉴,可明得失。"他人的确是自己的一面镜子,他人既是评价者,又是参照者,能帮助个体澄清观念与认识自己。人们总是在与他人的交往中不断深化对自己的认识,同时也在认识和评价他人。在认识和评价他人的过程中,也接受他人对自己

的评价。相反,如果他人的评价和自我评价相矛盾,个人通常会改变自己的这些品质,改变对自己的认识。

当前,不少大学生往往比较在意他人对自己的评价,但值得注意的是,对别人的评价应持有正确的态度,不能因他人过高的评价而飘飘然,也不因他人过低的评价而失去信心。一般来说,同学之间比较了解,无利害冲突,他们的评价较少有偏见。要特别重视那些人数众多、异口同声的评价。既要重视与自己观点一致的意见,又要重视与自己观点不一致的意见。人都喜欢听好话,那些赞扬自己的话,以及支持、符合自己观点的评价,都容易被自己接受。但是忠言逆耳,一些与自己观点不一致的评价可以帮助人们更全面、更正确地认识自己。多和别人交往,让别人更多地了解自己,他们的态度和评价对认识自己就会有更大的价值。

(二) 通过内省来认识自我

孔子曰:"吾日三省吾身。"个体对自己的认识,并不全是依据他人的评价,他人对自己的评价也并非都是符合实际的,因而要正确地认识自己,还需要经常地反省自己。

经常进行自我分析或反省自己,是正确认识自己的重要途径。日本已故企业家松下,在晚上睡觉前,总要静静反省自己的一天。他认为企业管理者,应该一日"五省"或"十省",甚至"百省"。大学生必须学会经常自省、剖析自我、反思自我,能够与自我进行内心的对话,对自己的内心世界加以分析,使自己既能成为观察的主体,也能成为自我观察的对象,通过认识自己的心理活动,有的放矢地进行自我调节。和谐的人格不是与生俱来的,而是与深刻的内省有关。只有通过内省更正确地认识自我,才能使心灵潜能得到更好的发挥。

(三) 通过参加学习和实践活动来认识自我

任何活动的成果,都是人的智慧和思想的结晶,它是人的内部世界的客观表现。因此,通过分析自己在某一方面、某一领域的成就,以及取得这些成就所花费的时间和精力等,就可以知道自己在某一方面、某一领域的能力水平。学生的主导活动是学习,通过分析自己的学习成绩,可以了解自己的理解力、记忆力、思考力的强弱以及主观努力的程度等。通过比较自己各门学科的学习成绩,可以知道自己的兴趣、能力倾向。通过参加课外活动,可以打破自我心理闭锁状态,增加生活阅历,充分表现自我,使个体的内部世界更加具体化,以便对自我有更清楚的认识,发现自我的价值,形成整合的自我体系,从而进一步开发潜能,激发自信,确定自己的人生方向。

(四) 通过自我认识训练加强自我意识

这种自我认识训练是帮助人们认识自己的一种方法,分两步进行。

第一步,问自己十次或二十次:"你是谁?"请你把头脑里浮现的答案一一写出来。例如,我是××(姓名),我是××学校的学生,等等。由于这是自我分析材料,可以不给别人看,所以想到什么就回答什么,不要有顾虑。回答每次提问的时间为20秒。

第二步,对自己的答案进行分析。分析的内容包括以下几个方面。

1. 答案的数量和质量

即一共写出几个答案,答案中哪些方面的内容比较多。如果能写出9～10个答案,则大体上可以视为在自我认识方面没有特别的障碍。

2. 回答内容的表现方式

回答内容的表现方式有三种。一是符合客观情况,如"我是大女儿""我是小学生"等;二是主观解释的情况,如"我是老实人"等;三是中性的情况,即无法做出判断的情况。如果回答内容中主观评价和客观评价都有,可以认为取得平衡;如果倾向于主观或客观,则不能认为取得平衡。在主观评价中,最好是既说自己好的方面,也写到了自己不足的地方。

3. 回答的内容是否涉及自己的未来

哪怕只有一个答案涉及未来,也说明自己有理想和抱负,对现实生活中充满希望。如果没有一个答案涉及未来,则可能说明自己对未来考虑不多。

由此可见,恰当地认识自己,实事求是地评价自己的长处和弱点,是自我调节和自我完善的重要途径之一。

二、积极悦纳自我:尺有所短,寸有所长

悦纳自我是发展健康的自我体验的关键和核心。积极悦纳自我,就是平静而理智地对待自己的长短优劣、得失成败,既不以虚幻的自我来补偿内心的空虚,自欺欺人,也不以消极的自我遮蔽自身的闪光点。

(一)要做到悦纳自我,需要强化四条理念

一是坚信"只要真正付出努力,同等条件下,别人行,我也行",以此来增强自信。二是不忘"尺有所短,寸有所长",恰当地认同自己,而不是苛求自己,做一个真正的勇士。三是懂得"失之东隅,收之桑榆",正视自己的短处,如果无法补短,便与之共存。四是牢记"失败是成功之母",正确对待成功与失败,不丧失信心,做生活的强者。

(二)自我接纳的训练方法:超觉静坐

1. 四大要项

静坐遵循的八字诀是:轻松、舒适、安静、自然。

(1) 静坐的内外环境均需安静:内是指个人的心境,外是指自我所处的物理环境。

(2) 静坐时必须有一个帮助内心专注的目的物;该目的物可以是重复的单词或声音,也可以是抽象的图形。

(3) 静坐时必须保持平静的心态,摒弃一切杂念,心如止水。

(4) 最后,也是最重要的事项是,保持身心舒适。

2. 六个步骤

(1) 在安静的房间内,盘坐在软垫上。房间灯光必须柔和。

(2) 闭上眼睛。

(3) 尽量放松,尝试先从脚部开始,然后由下而上,一直放松到头部。

(4) 用鼻子呼吸,每次呼吸时默数。如此进行 20 分钟后,自行停止。可以睁开眼睛看看时间,但切记不要用闹钟计时。

(5) 保持练习,不必担心是否有进步。身心一时不能达到深度放松,也不必着急。只要继续学习,继续遵守前述的八字诀,最终会获得静坐的效益。

(6) 每天练习一次或两次,但练习必须在饭后 2 小时后进行。

三、有效控制自我：驾马十驾，功在不舍

自我控制是人主动、定向地改变自己的心理品质、特征及行为的心理过程，是大学生培养良好的自我意识、完善自我的根本途径。很多大学生经不住挫折打击，无法实现自己的理想。而那些自卑自怨的大学生更是因为控制不了自己的情绪，偏离了良好的自我意识的轨道。因此，自我控制对于大学生来说尤为重要。在进行自我控制时，要充分发挥自我控制系统中的四个环节。

第一，要意识到社会的要求，并努力使自己的行为符合社会要求、准则，激发自我控制动机。

第二，制订完善和提高自我的相应计划和程序，严格执行，不要朝令夕改。

第三，在行动中要运用自我分析、自我体验、自我鼓励、自我监督和自我命令等各种激励措施。

第四，要培养健全的意志品质。

四、恰当塑造自我：琢玉成器，历练成才

树立良好自我意识的过程是一个塑造自我、超越自我的过程。塑造自我，成为自己，按照社会的需要和个人的特点来自我发展、自我实现，是当代大学生的思想行为的特点之一。塑造自我，就是要做一个"游刃有余的我、独一无二的我、极品内涵的我、社会欢迎的我"。"游刃有余的我"是指不给自己提出脱离实际的过高要求，而是给自己设计可望又可及的目标。"独一无二的我"是指不一味追求时尚，在刻意模仿中失去自我，而是在接受自我的过程中，扬长避短，自在地生活；"极品内涵的我"是指立足于现实，选择适合自己的正确的人生道路，充分实现自己的人生价值，过上满意的生活；"社会欢迎的我"是指立身行事要有正确的价值取向，得到社会认可。

改造自我的最大障碍之一便是没毅力。不同的人对不同的行为有不同的毅力。因此毅力主要取决于对自我的了解和改造自我的迫切性，也取决于人的价值观。是否有毅力，取决于你想要什么，你是否有一个明确的目标。人缺少的并不是前进的力量，而是彻底摆脱昨天阴影的力量。

认识自我的过程往往是欢乐与痛苦、成功与失败同在。自我意识的健全是每个有志之士的执着追求，这不是一蹴而就的事情，而是一个持续的过程，更是个体终生为之努力的课题。只有正确认识自我、积极悦纳自我，才能正确地塑造自我，不断地超越自我，达到日臻完善的境界。

心理广角

斯芬克斯之谜

在古希腊，人类存在着大量的烧、杀、抢、掠等各种罪行。神觉得人类没有真正认识自己，就决定让人类认识自己的同时顺便惩罚一下人类。于是就派了一个"狮身人面"的怪兽到人间。它作为神的使者，带来对人类的忠告——"人，认识你自己。"怪兽从奥林匹斯山来到了古希腊的忒拜城堡，驻扎在城堡通向外部的唯一的一条道路上。它每天都向过路的行人重复着一个谜语，如果行人能够答对谜底它就放他们过去，否则就把他们吃掉。就这样，时间一天一天地过去，从没有人回答出怪兽的问题。所以，众多的行人就成了怪兽的口中之物。有一天，一个叫俄狄浦斯的年轻人从这儿路过，这个"狮身人面"的怪兽又让他猜那个谜语，怪兽说："什么动物早上用四条腿走路，中午用两条腿走路，而到了晚上则用三条腿走路？"俄狄浦斯想了想说："这不就是人吗！人刚出生不久的时候好比是早上，这个时候我们是爬行，所以说是用四条腿走路；而到了青壮年的时候，就相当于人生的正午，这个时候我们是直立行走，所以说是用两条腿走路；而到了晚年，就相当于傍晚，这个时候由于我们年迈体衰，需要借助拐杖行走，所以说是用三条腿

走路。"怪兽一听,顿时气得浑身发抖,一气之下跳悬崖自杀了。

这个故事就是"斯芬克斯之谜"。故事中"狮身人面"的怪兽可以说是我们成长、发展过程中的一大障碍。当俄狄浦斯回答出谜底"人",即是我们真正了解人类成长、发展过程的时候,障碍就会逐渐消失。所以,只有充分地了解自己,我们才能排除生活中的一切障碍,使自己顺利前行。

反思体验

1. 写出下列未完成的语句。通过自我欣赏和聆听他人的自我欣赏,发现自己和他人的优点,增强自信和对人的信任。

(1) 我最欣赏自己的外表是……

(2) 我最欣赏自己对朋友的态度是……

(3) 我最欣赏自己对学习的态度是……

(4) 我最欣赏自己的一次成功体验是……

(5) 我最欣赏自己的性格是……

(6) 我最欣赏自己对家人的态度是……

(7) 我最欣赏自己做事的态度是……

2. 两人一组,在小组中读出自己所写的内容。

3. 当他人分享时,请认真聆听,思考哪些与自己所写的相同,哪些不同。

心理测验

个性成熟度测试

下面有25道题,每道题都有5个备选答案。请你根据自己的真实情况,在题目下面圈出相应的字母,每题只能选择一个答案。请注意这是测验你的真实想法和做法,而不是问你哪个答案最正确。因此请不要猜测"正确的"答案,以免测验结果失真。

1. 我所在单位的领导(或学校的老师)对待我的态度是

A. 老是吹毛求疵地批评我　　　　B. 只要有一点不对,马上就批评我,从不表扬我

C. 只要我不太出格,他们就不会指责我　　D. 他们说我工作和学习还是认真的

E. 我有错误他们固然要批评,我有成绩他们也会表扬我

2. 如果在比赛中我输了,我通常的做法是

A. 找出输的原因,提高技术,争取下次赢

B. 对获得胜利的一方表示钦佩

C. 认为对方没啥了不起,在别的方面自己(或自己一方)比对方强

D. 认为对方这次赢不足为奇,很快就忘记了

E. 认为对方这次赢的原因是运气好,如果自己运气好的话也会赢对方

3. 当生活中遇到重大挫折(如高考落榜、失恋)时,我会感觉

A. 这辈子算完了

B. 也许能在其他方面获得成功,予以补偿

C. 不甘心失败,决定不惜任何代价地实现自己的愿望

D. 没什么大不了的,我可以调整自己的计划或目标

E. 自己本来就不应当抱有这样高的期望或抱负。

4. 别人喜欢我的程度是

A. 某些人很喜欢我,另一些人一点也不喜欢我

B. 一般人都有点喜欢我,但都不以我为知己

C. 谁也不喜欢我

D. 大多数人都在一定程度上喜欢我

E. 我不了解别人的看法

5. 我对谈论自己失败经历的态度是

A. 只要有人对我失败的经历感兴趣,我就告诉他

B. 如果说在谈话中涉及,我就无所顾忌地说出来

C. 我不愿让别人怜悯自己,因此很少谈自己失败的经历

D. 为了维护自尊,我从不谈自己失败的经历

E. 我感到自己似乎没有失败的经历

6. 在一般情况下,与我意见不相同的人都是

A. 想法怪僻、难以理解的人　　B. 没什么文化知识或修养的人

C. 有相当理由坚持自己看法的人　　D. 生活阅历和我不同的人

E. 素养比我高的人

7. 我喜欢在游戏或竞赛中遇到的对手是

A. 技艺很高超的人,使我有机会向他学习

B. 比我技艺略高些的人,这样玩起来更有劲

C. 技术稍逊于我的人,这样我可以总是赢他,显示自己的实力

D. 和我的技术不相上下的人,这样在平等的情况下最有益于展开竞争

E. 一个有比赛道德的人,不管他的技术水平如何

8. 我喜欢的社会环境是

A. 比现在更安宁、平静的社会环境

B. 现在这样的社会环境就很好

C. 正向好的方面发展的社会环境

D. 变化剧烈的社会环境,使我能利用这个机会发展自己

E. 比现在更好的社会环境

9. 我对待争论的态度是

A. 随时准备进行激烈争论

B. 只对自己感兴趣的问题争论

C. 我很少与人争论,喜欢自己独立思考各种观点的利弊

D. 我不喜欢争论,尽量避免

E. 无所谓

10. 受到别人指责时,我通常的反应是

A. 分析别人为什么指责我,自己在哪些地方有错　　B. 保持沉默毫不在意,过后抛之脑后

C. 也对别人进行指责　　D. 尽量照别人的意思去做

E. 如果我认为自己是对的,就为自己辩护

11. 我认为亲友的帮助对一个人事业成功的影响是

A. 总是有害的,这会使他在无人帮助的时候面对困难一筹莫展

B. 通常是弊大于利,亲友常常帮倒忙

C. 有时会有帮助,但这不是最主要的

D. 为了获得事业成功,这是必需的

E. 对一个人起步时有帮助

12. 我认为对待社会生活环境的正确态度是

A. 使自己适应周围的社会生活环境

B. 尽量利用生活环境中的有利因素发展自己

C. 改造生活环境中的不良因素,使生活环境变好

D. 遇到不良的社会生活环境,就下决心脱离这个环境,争取调到别的地方去

E. 好死不如赖活着,不管周围生活环境是好是坏

13. 我对死亡的态度是

A. 从来不考虑死亡的问题   B. 经常想到死亡,但对死亡不十分惧怕

C. 把死亡看作自然现象,但平时很少想到   D. 每次想到死亡就毛骨悚然

E. 不但不怕,反而认为自己死了是解脱

14. 为了让别人对自己有好的印象,我的做法是

A. 在未见面时就做准备

B. 虽很少预先准备,但在见面时提醒自己应给人留下一种好的印象

C. 懒得考虑给人留下好的印象

D. 我从来不做预先准备,也讨厌别人掩盖自己的本来面目

E. 为了工作和生活上的特殊需要,有时应认真考虑如何给人留下良好的印象

15. 我认为要使自己生活得愉快而有意义,就必须生活在

A. 天然关系融洽的亲友之间   B. 有学识的人之间

C. 志同道合的朋友之间   D. 人数众多的亲戚、同学和同事之间

E. 生活在什么人之间都一样

16. 在工作或学习中遇到困难时,我通常是

A. 向比我懂得多的任何人请教

B. 只向我的亲密朋友请教

C. 我总是尽自己的最大努力去独立解决,实在不行,才去请求别人的帮助

D. 我只是咬紧牙关不请求别人的帮助

E. 我没发现可以请教的人

17. 当自己的亲人错误地责怪我时,我通常是

A. 心里憋气,但不吱声   B. 为了家庭和睦,违心地承认自己做错了事

C. 当即发火,并进行争论,以维护自己的自尊 D. 克制自己,耐心地解释和说明

E. 一笑了之,从不放在心上

18. 在与别人的交往中,我通常是

A. 喜欢故意引起别人对自己的注意   B. 希望别人注意我,但又想不明显地表示出来

C. 喜欢别人注意我,但并不刻意去追求这一点 D. 不喜欢别人注意我

E. 对于是否会引人注意,我从不在乎

19. 外表对我来说

A. 非常重要,常花很多时间修饰自己的外表 B. 比较重要,常花不多的时间作修饰

C. 不重要,只要看得过去就行了   D. 完全没有意义,我从不修饰自己的外表

E. 重要是重要,但实际上花时间不多

20. 我喜欢与之经常交流的人通常是

A. 异性,因为他们(或她们)与我更合得来

B. 同性,因为我和他们(或她们)更容易相处

C. 和我合得来的人,不管他们与我的性别是否相同

D. 我不喜欢与家庭以外的人多交往

E. 我只喜欢与少数合得来的同性朋友交往

21. 当我必须在大庭广众中讲话时,我总是

A. 因为紧张发窘而讲不清楚话

B. 尽管不习惯,但还是竭力保持神态自若

C. 我把这看成是一次考验,精神抖擞地去讲

D. 我喜欢出头露面,这时讲话更出色

E. 无论如何也要推辞,不敢去讲话

22. 我对用看手相、测八字来算命的看法是

A. 我发现算命能了解过去和未来,而且很准　　B. 算命先生多数是骗子

C. 我不清楚算命先生到底是胡说,还是确有道理　　D. 我不相信算命先生能预测人的过去和未来

E. 尽管我知道算命是迷信,但还是时常一试

23. 在参加几个人的讨论会时,我通常是

A. 第一个发表意见　　B. 对自己了解的问题才发表看法

C. 我偶尔在小组会上发言　　D. 我从来不在小组会上发言

E. 我虽然不带头发言,但总是要说上几句

24. 我对社会的看法是

A. 社会上到处都有丑恶的东西,我希望能逃避现实

B. 在社会上生活,要想永远保持正直、清白是很难的

C. 社会是复杂而迷人的大舞台,我很喜欢研究社会现象

D. 不管社会如何,我只希望自己能生活得愉快

E. 不管生活环境如何,我都要努力奋斗,无愧于自己的一生

25. 当我在人生道路上遇到考验(如参加高考、竞选职位)时,我总是

A. 很兴奋,因为这是表现自己的机会　　B. 视作平常之事,因为我已经习惯了

C. 感到有些害怕,但仍硬着头皮去做　　D. 非常害怕失败,宁愿放弃尝试

E. 听天由命

评分标准与解释

个性成熟度测试计分表见表3-1。

表3-1　计分表

题号	选项				
	A	B	C	D	E
1	−3	−2	+4	0	+6
2	+4	0	−3	+8	−4

续表

题号	选项				
	A	B	C	D	E
3	−4	+10	0	+5	−3
4	0	+3	−3	+8	−2
5	−3	+8	+4	−2	0
6	−3	−2	+8	+4	0
7	−2	+6	−3	0	+8
8	−5	0	+6	+4	−3
9	−4	+8	0	−2	+3
10	+8	−4	−4	0	+4
11	−2	0	+8	−4	+6
12	−2	+4	+8	−4	+6
13	0	+2	+10	−4	−3
14	−1	+8	0	−3	+4
15	0	+6	+4	−2	−4
16	+8	0	+4	−2	−4
17	−1	0	−4	+8	+4
18	−2	0	+8	−3	+4
19	−2	+6	0	−3	+4
20	−2	0	+8	−3	+4
21	−1	+4	+8	+2	−4
22	−5	+3	−2	+10	0
23	0	+8	−1	−4	+4
24	−3	−2	+6	0	+10
25	+4	+8	0	−4	−1

根据你的答案，对照计分表，计算自己的总得分。计分过程中，负分数与绝对值相等的正分数可以相互抵消。这个总分就是你的个性成熟度指数。

计分表上每道题目的5个答案中，得分为正值的答案代表处理该问题的合理做法。得分越高，说明该做法越妥当，是个性成熟者的通常做法。相反，得分为负值的答案代表了不妥当的或幼稚的做法，反映了个性的不成熟。因此，你可以观察自己在每道题目上的得分，看看自己在哪些题目上的得分较高，自己在处理哪些问题上较为成熟和老练；自己在哪些题目上得了负分数，明白自己在处理哪些问题时还不成熟，较为妥当的做法是哪一种。经过这样仔细的分析，你可以看出自己处理社会生活问题上的长处和短处，使自己尽快地成熟起来。

另外，总分可以用来判断一个人整体的个性成熟程度。总分越高，说明个性越成熟；总分越低，说明个性越不成熟;具体的个性成熟程度的划分,可参照下面的评价表(见表3-2)。

表3-2 评价表

总分	个性成熟程度
0分以下	很不成熟
0~49	不大成熟
50~99	一般
100~149	比较成熟
150分以上	很成熟

(1)总分在150分以上,说明你是个很成熟老练的人。你在社会中游刃有余,处事泰然。你知道怎样妥善地处理自己所遇到的各种社会问题。你能够准确地判断处理一个问题时,哪些方式是有效的,哪些方式则会造成不良的后果,从而选择最佳处理方法。你常常成为别人请教和效仿的对象;有丰富的经历,有大量过去失败的或成功的经验可供借鉴。但是,个性成熟的程度并不一定与人的年龄成正比。

(2)如果测验总分在100~149分之间,这说明你是较为成熟的人。在大部分事情的处理上你是很得体的。你能够很好地适应社会,建立起较良好的人际关系。

(3)总分在50~99分之间,这说明你的个性成熟程度属于中等水平。你的个性具有老练和幼稚的双重属性。还需要在社会生活实践中慢慢磨炼。

(4)总分在0~49分之间,说明你的个性还欠成熟,你还不善于处理社会生活中的各种问题和矛盾,不善于观察影响问题的各种复杂因素,不能准确地预见自己行为的结果,还不能很好地适应复杂的社会生活。

(5)总得分是负数,说明你还十分幼稚,处理社会生活问题仍不成熟。你喜欢单凭个人粗浅的直觉印象和一时的感情行事,好冲动、莽撞、不识大体。或者相反,即遇事退缩不前,害怕出头露面,孤独而自卑。你容易得罪人,也容易被人欺骗,在社会生活中到处碰壁,无法实现自己的理想和目标。这与现代社会生活的要求很不适应,你必须设法使自己尽快地成熟起来。

第四章　提升自我，铸造人格
——大学生人格与心理健康

案例导读

小寒是某校大二学生，从小就有写日记的习惯，但最近一段时间她发现自己的日记本总是会莫明其妙地被人写上"小人""虚伪"等字，她的日记本一直放在宿舍，于是怀疑室友偷看了她的日记，为此和她们大吵了一架。班主任经过详细调查，发现并没有其他人动过她的日记本，而且上面的字迹又像是小寒自己的，但小寒一口否认。从她坚定的表情里可以看出她没有撒谎，也没必要故意去陷害室友，那到底是怎么一回事呢？后来班主任在她宿舍装了摄像头，发现半夜小寒自己会爬起来，像梦游一样拿出自己的日记本，然后写上了那些话。

心理分析

小寒是属于分裂型人格障碍。在她幼年时期，父母离异，她跟随母亲生活，母亲对她要求非常严格，一旦做错事情或是学习成绩不好就责罚她，这导致她对自己的要求也非常高。由于高考失利，小寒没有考上自己中意的大学，心里非常失落，再加上大一的时候忙于参加各种社团活动，导致又挂科了几门课，从此就变得更加消沉和自卑，而由于自尊心强，这些痛苦她从来没有跟人诉说过，全部情绪都压在了心底。一方面她极力地想表现自己的完美，另一方面她在内心又否定自己，由于两种个性反差太大，最终她分裂成了两种人格，而心底的那个人格只有在她睡着的时候才会呈现出来。一般来讲在这种不幸家庭环境中成长的孩子都会比较敏感多疑，自尊心强，追求完美，一旦遇到挫折很容易产生心理冲突，出现精神内耗。虽然经过一年的心理治疗，小寒已慢慢打开心扉，愿意和别人交流，但要完全成为一个健康、开朗、自信的人，可能还有很长的路要走。

学习要点

1. 正确了解人格的定义、结构和特点。
2. 大学生人格发展异常的判断标准。
3. 大学生人格完善的自我调适方法。

关键词

人格　人格障碍　人格完善

第一节 人性的面纱
——人格概述

一、人格定义

人格包含的内容十分丰富,大到一个人的人生观、价值观,中到一个人的能力道德,小到一个人的个性习惯都对人有着十分重要的影响。

心理学家对人格的定义有很多种。编者认为,人格是心理特征的整合统一体,是一个相对稳定的结构组织,在不同时空背景下影响人的外显和内隐行为。人格标志着一个人的独特性,并反映出人的自然性与社会性的交织。当然,人格的形成也是遗传与环境相互作用的结果,它会影响个体的认知、情绪和行为。

二、人格结构

在心理学领域,有关人格结构的理论有很多,它们把人格划分为不同的层次或部分,较著名的有弗洛伊德的人格动力学模型(精神分析流派)、荣格的整体人格结构模型(新精神分析流派)、艾森克的人格层次模型(生物学流派)、马斯洛的需要层级理论(人本主义流派)等。下面我们着重介绍弗洛伊德和荣格的人格结构模型。

(一)弗洛伊德的人格动力学模型

弗洛伊德提出了著名的冰山理论,即将人的心理分为意识、潜意识、前意识。潜意识在冰山之下,前意识在水的界面之间,意识是露出水面的部分,其中潜意识占绝大部分。

后期他重新提出了一种人格动力学模型,将人格分为三部分,即本我、自我和超我。

(1)本我。本我代表人的性本能、冲动和欲望,它存在于无意识的深处,是与生俱来的,也是人格中最原始的、永存的部分,在人一生的精神生活中起着重要作用。本我遵循"唯乐原则",它追求直接的、绝对的和立即的满足,如果受到阻碍,就会出现焦虑和烦躁。这是一种儿童的思想、行为模式,新生儿的人格结构主要是本我,因此在人格最初的发展阶段本我尤为重要。

(2)自我。自我是本我与超我的协调者,是人格意识结构的一部分,它是在与外界环境接触过程中通过后天的学习而由本我发展而来的。自我遵循"现实原则",一方面,它是为了满足本我的需求而行动,使个体意识到其认知能力;另一方面,它又在超我的要求下,对本我加以约束和压抑,使其采用社会所允许的方式行动,保护个体的安全。即在人格结构中,自我调节个体的行为,使之采取合理的方式行动,以满足本我的需要、维持个体的生存。一旦本我和超我之间的矛盾冲突达到自我不能调节的程度,就会以病态的心理状态,如焦虑、恐惧等表现出来。因此,自我是人格结构中最为重要的部分,它代表着理性和谨慎,它的发展及功能决定着个体的心理健康水平。

(3)超我。超我是人格结构中的最高层次,它代表着良心、良知或道德力量,是在长期社会化过程中由社会规范、道德观念等内化而成的。超我的作用是指导自我、限制本我冲动,它遵循"至善原则",即引导自我使之符合社会规范,使个体向理想努力,达到完善的人格。

弗洛伊德认为,一旦超我形成以后,自我就要同时协调本我、超我和现实三方面的要求。这样,人的一切心理活动就可以从本我、自我和超我三者之间的人格动力关系中得以阐明。本我、自我和超我之间不是静止的,而是始终处于"冲突—协调"的矛盾运动之中。本我寻求本能欲望的满足,是必要的原动力;

超我监督、控制自我按照社会道德准则行事,以保证正常的人际关系;而自我既要求反映本我的欲望,并找到途径满足本我,又要接受超我的监督,还要分析现实的条件和处境,以促使人格内部协调并保证与外界交往活动顺利进行。当三者不平衡时,就会产生心理异常。

(二)荣格的整体人格结构模型

荣格把整体人格称为"精神"或"心灵"。他认为,人格是一个极其复杂的结构,它包括一切意识和潜意识的思想、情感和行为。它由意识、个体潜意识和集体潜意识三个相互作用的系统构成,同时这个结构还要受到外部环境和自身内部的不断刺激。

(1)意识。意识是人心中唯一能够被个体知道的部分,它在生命的早期就有,甚至很可能出生前就有了。这种自觉意识,荣格将其称为自我,自我由各种感知觉、记忆、思维、观念和情感组成,是意识的核心。意识和自我一致才能保证人格结构的同一性和持续性。

(2)个体潜意识。它由那些曾经被遗忘或压抑的意识,或是一开始就没有形成意识的内容组成,是人的一种个体体验。它有一种对个人生活产生重大影响的特性,荣格将其称为情结,即富有情绪色彩的观念或思想。情结会影响人的行为,如一个有权力情结的人将大把的时间和精力用在权力竞争等活动上。当然还有恋母(恋父)情结、金钱情结等。

(3)集体潜意识。荣格认为集体潜意识是由那些经历了许多世代并一直保持不变的经验累积于心中形成的,它位于心灵的最深处,不能被意识察觉,但会以梦、幻想、幻觉等象征形式表现出来,荣格将其称为原型。例如,人类从诞生起,就每天在地里耕田劳作,土地给我们提供了丰富的粮食,这种深刻印象最后凝结在集体潜意识中就成了母亲的原型,所以我们经常在诗歌或散文中把大地比作母亲。

三、人格差异

我们在日常生活中经常会用"人格"来评价一个人的行为,比如某人人格高尚、某人人格有问题等,人格反映了一个人的动机、兴趣、理想甚至是人生观、价值观和世界观。但受遗传和后天环境的影响,不同的人存在很大的人格差异,也会具有不同的气质和性格。

(一)气质差异

人的气质是有明显差异的,这些差异属于气质类型的差异。学界对气质类型的划分,有不同的见解,因而形成了不同的气质理论,最常用的是希波克拉底的体液理论。他认为人的体内有四种不同性质的液体,并在此基础上划分出四种经典的气质类型:多血质、胆汁质、黏液质、抑郁质。

(1)多血质(活泼型)。外向、活泼好动、善于交际、思维敏捷,具有很强的表达力和感染力,容易接受新鲜事物,具有明显的外倾特性。但情绪波动较大,注意力与兴趣易于转移,缺乏足够的忍耐性,意志力不够坚强。多血质特性的大学生会积极参加学校的一切课外活动,而且有很强的自信心,喜欢挑战自己的极限,但很容易被挫折击垮,产生负面情绪。

(2)胆汁质(兴奋型)。外向、豪爽但性情急躁、好争论。反应速度快,行动利落、敏捷,意志坚强、果断,注意力稳定且难以转移,具有较高的反应性与主动性。精力旺盛,经常以极大的热情从事工作,但有时缺乏耐心。胆汁质类型的大学生在学习中能吃苦,在工作中有魄力,追求高效率的工作,能积极参加学校的各类活动,但比较固执,喜欢与同学争辩,喜欢发表自己的观点,在生活中性情比较急躁,常有压抑的感觉。

(3)黏液质(安静型)。内向、稳定、不好动,喜欢沉思,情绪不易外露,很少产生激情。思维灵活性较差,具有很强的耐性,有较强的自制力,办事小心谨慎,但很难适应新的环境,可塑性差。黏液质类型的大学生生活很有规律,能遵守校纪校规,而且学习态度认真,但不太爱参加学校的活动,交际适度,不主动,通常只有一两个好朋友。喜欢一成不变的环境,稍有变动就会引起内心的不安和焦虑。

(4) 抑郁质(抑制型)。内向、孤僻、喜欢独处,有较高的感受性,往往富于想象,聪明且观察力敏锐。多愁善感,胆小怕事,优柔寡断且行动缓慢,受到挫折后常心神不宁,但对力所能及的工作能坚持到底。不善交际,非常孤僻,具有明显的内倾性。抑郁质类型的大学生喜欢安静地学习和生活,一般不会参加学校的活动,做事小心谨慎,在生人面前容易害羞,感情丰富但也比较脆弱,容易神经过敏,一点点小事就会引起很大的情绪波动,遇到挫折时很容易产生自卑心理。

(二) 性格差异

性格也称个性,是个体在生活过程中所形成的对现实的态度以及与之相适应的、较为稳定的行为方式特征。性格会决定一个人的做事方式及他未来的职业方向,所以对于大学生来说,深入了解自己的性格,并发展和管理好自己的性格是非常重要的。对于性格的分类,心理学家也有不同的标准和原则,比较有代表性的观点有:按心理机能划分为理智型、情感型和意志型;按心理活动倾向性划分为内倾型和外倾型;按社会生活方式划分为理论型、经济型、社会型、审美型、宗教型;按个体独立性划分为独立型、顺从型和反抗型。但总体上来讲,我们可以把性格归为以下四大类,即活泼型、力量型、完美型与和平型。

(1) 活泼型。活泼型大体来说是外向、多言、乐观的群体。他们热情洋溢好表现,很受朋友的喜爱,能给别人带来无穷的欢乐,而且工作主动有干劲。但他们的缺点是常以自我为中心,不关注他人。虽然朋友很多,却并非知心朋友,因为活泼型性格的人在与别人交往时,总喜欢那些愿意付出的人,而当有人需要帮助时他们却会退缩。具有活泼型性格的大学生总是会表现得快乐无比,兴奋不已。他们有无穷无尽的热情和精力,喜欢交朋友,却很难成为别人的知心朋友。

(2) 力量型。天生的领导者,精力充沛、积极主动、坚决果断、充满自信。他们做事雷厉风行,但也喜欢独断专行,即使错了也不会道歉。具有力量型性格的大学生很有领导天分,在各种活动中喜欢发布命令,操纵一切,也会坦诚地与别人交流。

(3) 完美型。这种类型的人深思熟虑、善于分析、严肃、有目标、有天分、富有创造力,对他人有责任心、追求完美,是典型的理想主义者。在工作中注重细节,善始善终,高标准完成任务。在生活中交友谨慎,忠诚可靠,会帮助他人解决问题。这种人最大的优点是分析问题比较周密,缺点是喜欢钻牛角尖,总想把事情做得尽善尽美,反而使自己压力过大,造成情绪低落。

(4) 和平型。这种类型的人处事镇定、有耐心,乐天知命,仁慈善良,喜欢一成不变的生活,有一定的行动能力,能帮助他人解决问题,善于面对压力。比较容易与朋友相处,无攻击性,他们最大的优点就是能坚持原则,耐心聆听别人说话,有很强的协调能力。但由于他们过分安静的性格,对事情很容易表现得漫不经心、毫无主见。因此和平型性格的人要多与他人进行双向沟通,表达自己的意见和感受,提出自己的观点和看法。

总之,性格和气质既有区别又密切联系。气质无好坏之分,变化较慢,可塑性较小;而性格有好有坏,变化较快,且受后天环境的影响比较大。气质可以影响性格的表现方式,而性格在一定程度上也可以调控、掩蔽和改造气质。相同气质的人可以有不同的性格,而不同气质的人也可能会形成相同的性格。二者共同构成了人格。

第二节 人性面面观
——人格特征

从我国当今社会发展的现状和大学生的实际表现来看,当代大学生在人格发展中主要呈现以下几方面的特征。

一、冲突性

埃里克森提出，人格发展是一个逐渐形成的过程。个体的每个发展阶段都会经历一个重要转折，埃里克森用冲突来表示每一发展阶段的特征。大学生处于青春期到成年早期的过渡期，这一时期的人格特征主要是自我同一性与角色混乱的冲突，以及亲密与孤独的冲突。

成长中的大学生生理和心理飞速变化，同时面临很多成年人的任务，所以此时的他们非常关心自己在别人心中的形象及别人对自己的评价，他们会思考很多与自己现在和将来有关的事情，确定自己的努力方向，如果能达到预期目标，就能获得自我同一性，发展成健康的人格。如果遇到挫折，就会对自己在生活中的角色感到困惑、怀疑，并由此产生"角色混乱"，不能很好地适应新环境，没有明确的生活目标，不清楚自己将会成为什么样的人，从而形成人格障碍。所以自我同一性和角色混乱的冲突，会让大学生始终徘徊在迷茫的边缘。

处于成长发育阶段的大学生的性意识开始觉醒，在这一阶段，形成了牢固的自我同一性的大学生会主动与别人交往，敢于与自己喜欢的人建立亲密关系，经常会与他（她）交流思想和分享感情，最后确定恋爱关系。而角色混乱的大学生则始终回避与他人亲密交往，因为他们害怕受到伤害或被拒绝，所以表面上总给人一种内向、不善言辞、冷漠的感觉，其实他们的内心深处是渴望获得更多的友爱和关怀的，这种情感的矛盾使他们倍感孤独。

二、开放性

大学生置身于一个信息化的新时代，他们的个性必然会受到影响，而且这种开放的环境也为大学生提供了各种与社会和世界接触的机会。校内外各种丰富多彩的活动使得大学生的活力、智力和创造力都得到了充分的发挥和施展，因此大学生人格开放性的一面也渐渐显露出来。他们视野开阔、思维活跃，虽然没有经验，却有丰富的想象力和创造力，勇于开拓和创新。他们会积极地参与社会政治生活，关注国家的前途、民族的命运、人类的未来。他们愿意与他人进行经验、能力和知识的交流，注重知识的积累和多方面能力的培养，所以现在的大学生思路更广阔、更富有个性。

开放性使大学生把自我融入社会大环境之中，不仅未丧失其独特性，反而汲取更复杂、更多样、各具特色的特性来丰富自我，成为有生机、有活力的现代人。开放性人格增强了大学生的竞争胆略和竞争意识，如果引导得当，这种人格特征必将促进大学生的全面发展，也能实现社会生产力和经济的发展。当然，人格的开放性与人格的放纵性是有区别的，任何健康人格都必须以法律法规、道德规范、理性高尚为基础。

三、务实性

如今，务实性已经成为当代大学生人格的重要特征之一，这与他们所处的时代有密切关系。当今是社会主义市场经济，讲究的是市场竞争、效率和效益，残酷的市场竞争导致就业压力不断增大，这就要求当代大学生必须采取果断行动，培养自身的应变能力和务实精神。大学生只有不断地完善自己，才能实现自我价值。随着现代社会对大学生的要求增加，大学生们积极接纳自我、实现自我价值观念的需求也越来越强烈，自我期望值也越来越高，他们在考虑为社会和国家做贡献的同时，也会重视实现个人目标。当然，对大学生的务实性人格必须予以积极的引导，必须防止其由务实转向唯实、唯物质主义，或唯自我利益的误区。

四、不稳定性和可塑性

大学生人格还不够稳定、完善,情绪波动也较大。

有研究显示,大一新生的人格表现为:情绪稳定、兴奋性高、坦白直率、易与人相处,做事积极好强,较有责任心和自信心,敢作敢为;大二学生性格表现为:独立性、主动性、积极性增强,但忧虑和烦恼增加,趋向保守;大三学生的性格更加外向、热情、谦逊,情绪更严肃、冷静,做事更精明能干,处理事情果断、独立、自强,但有时也表现出情绪不稳定、忧虑烦恼、做事敷衍、缺乏责任心和自信心,更加固执己见等。这一现象可能与他们面临实习、就业或考研等压力,对前途缺乏信心有关。随着年级的升高,大学生的独立性会增强,会变得更加精明能干,但创造性不断下降。而且研究发现,男女大学生人格特征是有差异的,男生一般情绪稳定,主动性、自控性和独立性较强,精明能干;而女生则性格外向、富有激情、谦虚顺从、天真直率、易与人相处、做事有责任心和毅力,但情绪不稳定、多愁善感、敏感焦虑。

大学生是一个特殊的群体,他们正处在生理机能基本成熟、心理尚未成熟的特殊阶段,因此在这个过渡时期,其人格发展会因年级和性别的不同而有差异。但由于人格的发展和变化是一个持续的过程,大学生的人格发展还有很大的空间,具有较强的可塑性。

第三节 人性的误区
——人格异常

一、人格异常概述

人格异常又称病态人格、变态人格或人格障碍,它是从儿童期或青少年期出现的严重人格缺陷,常开始于幼年,定型于青年,持续至成年或终生。人格异常一般表现为认知、情绪反应、人际关系、冲动控制这四方面的功能损害,且持续时间比较长。人格异常的人会形成特定的行为方式,他们不适应周围环境,甚至与社会发生冲突,给自己或社会造成伤害。人格异常虽然与精神疾病类似且易于发展成为精神疾病,但其本身并不属于精神疾病。

如何区分人格异常与精神疾病呢?人格异常的行为表现程度是有差异的,轻者完全过着正常生活,只有与其密切接触的人才会发现他的行为怪异,觉得他无事生非、难以相处;严重者事事都违抗社会规范而且行为明显表现于外,很难适应正常的社会生活。人格异常者无认知障碍,能正确分析、评价和判断自己的行为后果与法律责任,也能理解社会对自己行为后果的评价标准,因此,人格异常者具有刑事责任能力,对其行为要负全部责任。而精神病人没有认知和社会功能,不需负刑事责任。如果一个人以前的行为都很正常,在出现应激事件后产生了异常行为,那就有可能是出现了精神病变;但如果一个人在没有应激性事件出现的情况下,其以往行为和现在行为都异于常人的话,就有可能是出现了人格异常。但这种区分在行为改变急速显著时容易做到,如果行为改变缓慢且不显著,这种区分就有些困难了。值得注意的是,人格异常与精神病是可以相互转化的,严重的人格障碍如果得不到及时有效的矫正,可能会转化成精神疾病。

总之,人格异常是一种长期的行为反应障碍,在儿童期由于人格尚未定型,不能看出其是否有人格障碍,待其性格稳定、定型以后,才可以诊断其是否出现人格异常。从严格意义上来讲,人格异常是一种心理疾病,所以在治疗时要注重心理方面的治疗,并在日常生活中慢慢矫正其人格缺陷。

二、大学生人格发展异常的表现

(一)孤僻冷漠

孤僻是指性格比较怪异,言语较少,不太合群;冷漠是指对周围发生的事情总是抱着旁观不干涉的态度。那些从小就缺乏家庭温暖和父母关爱的孩子,以及曾经在情感上遭受重大打击的人,很容易形成孤僻冷漠的性格。这种人对任何事情都漠不关心,有心事也习惯藏在心底,对任何事情都没有期待。由于他们高度的戒备心理,并常用冷漠的姿态面对他人,他们缺乏人际关系的双向沟通能力,即自己不了解、不关心他人,他人也无法走进其内心世界。但由于人内心的自然倾向是需要人际交往和互相帮助的,他们内心又是痛苦的、悲观的,所以孤僻冷漠的人常常会感到"世态炎凉""人情淡薄"。

(二)悲观绝望

一般来讲,悲观绝望是重度抑郁症的表现,很多抑郁症都有一定的性格缺陷。如父母的早期教养方式不合理,经常以暴力的方式管教孩子,那么孩子就会对未来抱着消极心态,容易因为挫折陷入极端的恐惧和悲伤之中。

(三)敏感自卑

自卑是指低估自己的能力,总觉得自己各方面不如人。这也是一种人格缺陷的表现。敏感自卑者会对自己的能力、品质评价过低,同时还伴有一些特殊的情绪体验,如害羞、不安、内疚、忧郁、失望等。自卑的人心理敏感度一般都比别人高,他们害怕别人知道自己的缺点和隐私,对于别人提到的类似问题非常敏感,他们非常在乎别人对自己的评价,很希望得到朋友的关怀和重视。有研究显示,在大学里,至少有50%的学生存在不同程度的自卑,比如,觉得自己身材矮小、相貌丑陋,产生强烈的自我否定;看到别人多才多艺,能歌善舞,而自己没有任何特长,觉得自己无能、低人一等。当然,家庭的攀比、学习成绩的较量等也会让大学生感到不安和焦虑。

(四)狂妄嫉妒

狂妄嫉妒是指对自己能力评价过高而产生的一种争强好胜、处处攀比,对他人优越地位产生不满的心理状态。一些大学生在溺爱中长大,常喜欢支配和命令他人,他们总认为自己天分很高,所以看不到别人的长处,一旦发现自己被超越而又无力改变现状时,就容易不满、愤怒。大学生应该心胸开阔,要把别人的进步给自己带来的压力看作动力而不是阻力,这样才能以健康的心态面对未来生活的挑战。

(五)偏执多疑

偏执多疑是一种以偏执和猜疑为主要特点的人格障碍。这种人非常多疑、敏感,时常怀疑别人对自己不怀好意,或责难别人有不良动机。他们往往缺乏自知之明,嫉妒心十足,而且喜欢固执己见,因此很难与他人成为朋友,所以他们常感孤独、忧郁、烦闷,有不安全感,且经常处于一种紧张状态之中。他们往往喜欢把自己的想象与生活中发生的一些无关事件凑在一起,甚至别人的一些不经意行为也会被他们误解为对自己有敌意。当然,正常的猜疑人皆有之,不是人格异常,但如果常常无中生有,纯粹是为了证明成见和偏见的猜疑,则是心理异常的表现。一般来说,偏执多疑的人很容易产生幻听等幻觉,总觉得对方在说自己的坏话甚至怀疑别人要加害自己。

三、大学生人格发展异常的原因

人格是在个人的生活基础上受到家庭、学校教育和社会环境等影响,而逐步形成的气质、能力、兴趣、爱好、习惯和性格等心理特征的总和,它是在人与外界环境相互作用的过程中形成和发展的,因此会受到先天遗传和后天环境的影响,所以人格发展异常的原因应该是多种多样的。一般来说,青春期是人格异常的高发期,而大学生正处于青春期,所以应该引起高度重视。

(一)遗传基因的影响

很多研究指出人的才能和性格是可以遗传的。亲生父母如果有人格障碍,子女出现人格障碍的概率也较大。对同卵双生子的研究发现,即使是寄养在不同的人家,他们的性格、脾气、生活习惯都非常相似。曾经有这样一个案例,奥斯卡·斯托卡和杰克·伊弗是一对同卵双胞胎,父亲是犹太人,母亲是德国人。这对双胞胎刚出生时就被迫分开。母亲把奥斯卡带到德国,由信奉天主教的外婆抚养;杰克由犹太人父亲抚养,他青年时期大部分时光是在以色列的一个集体农场度过的。居住在两地的这一家人从未通过信,兄弟俩过着截然不同的生活。但三十多年后一次偶然的机会,兄弟俩见面了,虽然多年未曾有任何联系,但大家发现兄弟俩竟然表现出惊人的相似性:都穿着蓝色、双排扣、带肩章的衬衫,都留有短髭,戴金丝边眼镜;都喜欢吃辣的食物,喝甜酒,喜欢把涂了黄油的吐司放在咖啡里;都习惯在便前先冲洗厕所,甚至乘电梯时都会打喷嚏,等等。这说明遗传确实会在一定程度上决定一个人的人格,但它只会影响人格中的一小部分,大部分还是会受外界环境的影响。

(二)家庭环境的影响

家庭是个体生活的重要场所,它会从各种不同的角度对儿童的人格发展起到潜移默化的作用。从出生到五六岁,是人格形成的最主要阶段,而此时家庭环境、父母的教养态度对于一个人人格的形成和后天的发展都起着非常重要的作用。如果家庭环境很糟糕,比如父母关系紧张、经常争吵,或父母离异等,都会导致孩子缺少母爱或父爱,这些过强的精神刺激会给大脑处于发育阶段的儿童造成心理创伤,虽然当时的影响不明显,但这种影响是潜在的、长期的,它可能使儿童形成某种不好的行为模式和不良的应对方式,日积月累就会产生人格障碍。而父母的教养方式也会影响儿童人格的形成和发展,比如权威型的教养方式下,儿童容易形成消极、被动、依赖、服从和懦弱的人格特征,做事缺乏主动性,甚至还会形成撒谎的习惯;放纵型教养方式下,父母过分溺爱孩子,导致孩子比较任性、幼稚、自私、野蛮和无礼,通常独立性也会较差;而民主型教养方式培养出来的孩子能形成活泼、乐观、自立、有礼貌等积极的人格品质。

父母是孩子的第一任老师,在成长过程中,大多数人在与父母的关系中建立自己的早期人格,因此父母的言谈举止、教养方式、为人处世原则、心理素质、品德和文化修养等都会直接影响子女对所经历事件的认知与适应,进而影响其人格的形成。

(三)社会环境的影响

社会环境包括生活环境和文化环境。大学生的人格容易受社会环境的影响。特别是在市场经济的冲击下,价值观念的转变、贫富差距的拉大等都可能使大学生的心理不平衡,再加上网络上一些暴力、不健康信息的引导,很容易导致学生产生悲观失望等不健康心理,使学生陷入困惑、苦闷,甚至颓废和绝望中。虽然来自各方面的压力在增大,使得个体危机感也加重,会给大学生的人格发展带来一定的负面影响,但只要大学生保持思想上的高度警惕,防微杜渐,净化思想和心灵,就一定能保持良好的意识状态。

(四)学校环境的影响

学校环境对大学生人格的影响因素主要是老师和同学。个体从进入幼儿园到大学毕业,总共有十几年的学习生涯。在这十几年的时间里,老师的言行举止、处事方式等都可能会影响其人格发展。当然,同伴之间的影响也是显著的,因为在学习阶段,学生更倾向于向同伴学习并获得相互之间的赞许和认可,因此良好的集体环境对于一个人健康人格的形成是非常重要的。

四、大学生人格发展异常的评估标准

人格异常一般与一个人的生活经历有关,一旦形成即具有恒定和不易改变性。人格异常的人智力并不低下,但人格的某些方面非常突出并过分地发展,如具备前文所述的特征,且能排除器质性疾病和精神疾病所致的人格改变,则可确定为人格异常。参照美国《精神障碍诊断与统计手册》(DSM)中的分类,人格异常有三大类:第一类以行为怪僻、奇异为特点,包括偏执型、分裂型、强迫型人格障碍;第二类以情感强烈、不稳定为特点,包括癔症型、自恋型、反社会型、攻击型人格障碍;第三类以紧张、退缩为特点,包括回避型、依赖型人格障碍。下面介绍这几种常见的人格发展异常的表现及其评估标准。

(一)强迫型人格障碍

强迫型人格障碍的特点是,对待他人和自己都有一种求全和固执的表现,而且这种表现涉及面广、相对稳定。他们把自己的标准定得很高,并处处清高自傲,常常因自己犯的一点小错而陷入极端的自责和痛苦中。在工作上,他们行为刻板,缺乏想象力,喜欢一成不变的工作模式,不能适应变化的环境,而且常因优柔寡断而误事。在家庭和个人生活上,有些人会有洁癖,容不得一丝纤尘,情感表达能力较差。也有一些人过于节约,明知无用的东西也不舍得丢弃。强迫型人格障碍者小时候的家庭环境一般较好,但其父母对子女的教育方式往往过分严厉、苛刻,动辄责备、训斥,所以强迫型人格障碍者较易患抑郁症。

强迫型人格障碍的症状表现如下。

(1)做任何事情都要求完美、按部就班、有条不紊,因此有时反而会影响工作效率。

(2)对别人做事很不放心,总是不合理地坚持要求别人严格地按照他的方式做事,否则心里很不痛快。

(3)犹豫不决,常推迟或避免做出决定。

(4)常有不安全感,穷思竭虑,反复考虑计划是否妥当,反复核查,唯恐出现疏忽和差错。

(5)拘泥细节,甚至生活小节都要"程序化",不按照一定的规矩就感到不安或要重做。

(6)完成一件工作之后常缺乏愉快和满足的体验,反而容易悔恨和内疚。

(7)对自己要求严格,过分注重职责义务与道德规范,无业余爱好,拘谨吝啬,缺少友谊往来。

至少要符合以上项目中的3项,方可诊断为强迫型人格障碍。

(二)偏执型人格障碍

偏执型人格障碍又称妄想型人格障碍。其行为特点常常表现为:极度的感觉过敏,对侮辱和伤害耿耿于怀;思想行为固执死板、敏感多疑、心胸狭隘、爱妒忌;对别人获得成就或荣誉感到紧张不安;自以为是、自命不凡,对自己能力估计过高,惯于把失败和责任归咎于他人,在工作和学习上往往言过其实;同时又很自卑,总是过多过高地要求别人,但从来不信任别人,认为别人居心不良;不能正确、客观地分析形势,有问题容易从个人感情出发,主观片面性大;如果建立家庭,常怀疑自己的配偶不忠等。有这种人格的人在家不能与家人和睦相处,在外不能与朋友、同事相处融洽。偏执型人格障碍患者很少有自知之明,对自己的偏执行为持否认态度。偏执型人格障碍患者中以男性较多见,且以胆汁质或外向型性格的人居多。

偏执型人格的主要特征如下。

(1) 广泛猜疑,常将他人无意的、非恶意的甚至友好的行为误解为敌意或歧视,或无足够根据,怀疑会被人利用或伤害,因此过分警惕与防卫。

(2) 将周围事物解释为不符合实际情况的"阴谋"。

(3) 易产生病态嫉妒。

(4) 过分自负,若有挫折或失败则归咎于他人,总认为自己是正确的。

(5) 好嫉恨别人,对他人的过错不能宽容。

(6) 脱离实际地好争辩与敌对,固执地追求个人不合理的权利或利益。

(7) 忽视或不相信与自己的认知不相符的客观证据,他人很难以说理的方式或用事实来改变自己的想法。

至少要符合上述项目中的3项,才可以诊断为偏执型人格障碍。

(三) 分裂型人格障碍

分裂型人格障碍主要表现为缺乏温情,难以与别人建立深厚的情感联系,因此他们的人际关系一般很差。大多数分裂型人格障碍患者都是独身,即使结婚也多以离婚告终。他们生活平淡、刻板,缺乏创造性和独立性,对别人的意见漠不关心,过着孤独寂寞的生活。他们的内心虽然丰富,却缺乏相应的情感反应,无进取心,总是以冷漠无情的态度来应对环境,逃避现实,但他们并不能压抑其内心的焦虑和痛苦。分裂型人格障碍的形成一般与人的早期心理发展有很大关系,儿童在成长过程中,如果终日被骂、被批评,得不到父母的爱,就会觉得自己毫无价值;如果父母对子女不公正,就会使儿童是非观念不稳定,产生心理上的焦虑和敌对情绪,他们会逃避与父母身体和情感的接触,进而逃避与其他人和事物的接触,这样就极易产生分裂型人格障碍。

分裂型人格障碍的特征如下。

(1) 有离奇的信念,或与文化背景不相称的信念,如相信透视力、心灵感应、特异功能、第六感等。

(2) 奇怪的、反常的或特殊的行为或外貌,如服饰奇特、不修边幅、行为不合时宜、有不良习惯,目标不明确。

(3) 言语怪异,如离题、用词不妥、繁简失当、表达意见不清,但并非文化程度或智能障碍等因素引起。

(4) 不寻常的知觉体验,如有一过性的错觉、幻觉,看见不存在的人。

(5) 对人冷淡,对亲属也不例外,缺少温暖体贴。

(6) 表情淡漠,缺乏深刻或生动的情感体验。

(7) 多单独活动,主动与人交往仅限于生活或工作中必需的接触,除一级亲属外无亲密友人。

至少要符合上述项目中的3项,才可以诊断为分裂型人格障碍。

(四) 反社会型人格障碍

反社会型人格也称精神病态或社会病态人格。在人格障碍的各种类型中,反社会型人格障碍是心理学家最为重视的。患者的共同心理特征是:情绪具有爆发性、行为具有冲动性,对他人冷酷、仇视、缺乏好感和同情心,缺乏责任感,缺乏愧疚、悔改之心,不顾社会道德、法律准则和公认的行为规则,经常发生反社会行为,不能从挫折和惩罚中吸取教训,缺乏焦虑感和罪恶感。产生反社会型人格障碍的主要原因有:早年丧失父母或父母离异,先天体质异常,恶劣的社会环境、家庭环境的影响,以及中枢神经系统发育不成熟等。

心理学家克莱克利在其《正常的假面具》中对反社会型人格的特征做了系统的阐述,提出了下列16个明显特征。

(1) 外表迷人,具有中等或中等以上智力水平,初次相识给人很好的印象,能帮助别人消除忧烦、解决困难。

(2) 没有通常被人认为是精神病状的非理性和其他表现,无幻觉、妄想和其他思维障碍。

(3) 没有神经症性焦虑,对一般人心神不宁的情绪感觉不敏感。

(4) 他们是不可靠的人,对朋友无信义,对妻子(丈夫)不忠诚。

(5) 不论事情大小,都无责任感。

(6) 无后悔之心,也无羞耻之感。

(7) 有反社会行为但缺乏契合的动机,叙述事实真相时态度随便,即使谎言将被识破也泰然自若。

(8) 辨别能力差,常常不能吃一堑长一智。

(9) 病态地以自我为中心、自私,心理发育不成熟,没有爱和依恋能力。

(10) 麻木不仁,对重要事件的情感反应淡漠。

(11) 缺乏真正的洞察力,不能自知问题的性质。

(12) 对一般的人际关系无反应。

(13) 做出幻想性的或使人讨厌的行为,对他人给予的关心和善意无动于衷。

(14) 无真正企图自杀的历史。

(15) 性生活轻浮、随便,方式与对象都与本人不相称,有性顺应障碍。

(16) 生活无计划,除了经常和自己过不去外,没有任何生活规律,没有稳定的生活目的。如果出现犯罪行为也是突然性的,而不是在严密计划和准备下进行的。

上述这些反社会型人格特征一般在青年早期就会出现。在做出反社会型人格的诊断时,所要考虑的最关键因素是其对自己反社会行为的反应。在上述特征中,无责任感和无羞耻心对此类型人格障碍的诊断特别重要,因为反社会型人格障碍患者即使在做了大多数人通常会感到可耻和罪恶的事后,在情感上也无任何反应。

(五) 攻击型人格障碍

攻击型人格障碍是一种以行为和情绪有明显冲动性为主要特征的人格障碍,又称爆发型或冲动型人格障碍,其特点主要如下。

(1) 情绪急躁、易怒,存在无法自控的冲动和驱动力。

(2) 性格上常表现出外向攻击、鲁莽和盲目性。

(3) 冲动的动机形成可以是有意识的,亦可以是无意识的。

(4) 行动反复无常,可以是有计划的,亦可以是无计划的,行动之前有强烈的紧张感,行动之后体验到愉快、满足或放松感,无真正的悔恨、自责或罪恶感。

(5) 心理发育不健全和不成熟,经常心理不平衡。

(6) 容易产生不良行为和犯罪的倾向。

上述表现是主动攻击型的表现。还有一种被动攻击型,它主要的特征是以被动的方式表现强烈的攻击倾向。这些人外表被动,内心却充满攻击性。比如,不听指导,拖延时间,故意拆台使工作无法进行等。主动攻击型人格障碍与反社会型人格障碍相似,但主动攻击型人格的行为特点是自控能力低,而反社会型人格则以行为不符合社会规范为特征。

(六) 癔症型人格障碍

癔症型人格又称表演型人格或歇斯底里型人格,其典型的特征表现为心理发育的不成熟,特别是情感过程的不成熟、行为做作、情绪表露过分等。他们总希望引起别人的注意,且情感易变化,高度地以自我为中心。但一般来说,这种类型患者的人格障碍症状会随着年龄的增长、心理的成熟而减轻。

癔症型人格障碍患者至少具有以下特征中的3项。

(1) 表情夸张像演戏一样,装腔作势,情感体验肤浅。

(2) 暗示性高,易受他人的影响。

(3) 以自我为中心,强求别人符合他的需要或意志,不如意就给别人难堪或表达强烈不满。

(4) 经常渴望表扬和同情,感情易波动。

(5) 寻求刺激,过多地参加各种社交活动。

(6) 需要别人经常注意,为了引起注意,不惜哗众取宠,危言耸听,或在外貌和行为方面表现得过分吸引他人。

(7) 情感反应强烈,易变化,完全按个人的情感判断好坏。

(8) 说话夸大其词,掺杂幻想情节,缺乏具体的真实细节,难以核对真假。

(七) 回避型人格障碍

回避型人格又称逃避型人格,其最大的特征是行为退缩、心理自卑,面对挑战多采取回避态度或无能力应付。但回避型人格障碍的行为退缩性与分裂型人格障碍的行为退缩性不同,前者并不安于或喜欢自己的孤独,不与人来往也并非本意;而分裂型人格障碍患者是宁愿待在自己的世界里,不愿与他人交流。美国《精神障碍诊断与统计手册》中对回避型人格特征的描述如下。

(1) 很容易因他人的批评或不赞同而受到伤害。

(2) 除了至亲之外,没有好朋友或知心人(或仅有一个)。

(3) 除非确信受欢迎,一般总是不愿卷入他人事务之中。

(4) 行为退缩,对需要人际交往的社会活动或工作总是尽量逃避。

(5) 心理自卑,在社交场合总是默默无语,怕惹笑话,怕回答不出问题。

(6) 敏感羞涩,害怕在别人面前露出窘态。

(7) 在做那些普通的但不在自己计划之中的事时,总是夸大潜在的困难、危险或可能的冒险。

只要满足其中的4项,即可诊断为回避型人格障碍。

(八) 依赖型人格障碍

依赖型人格对亲近与归属有过分的渴求,这种渴求是强迫性的、盲目的、非理性的。他们总觉得自己软弱无助、渺小可怜,一旦要自己拿主意,便感到一筹莫展,很在意别人对自己的评价。依赖型人格源于个体发展的早期,如果父母过分溺爱,不让他们有长大和自立的机会,久而久之,子女在心理上就会逐渐产生对父母或权威的依赖,成年以后会缺乏自信心。美国《精神障碍诊断与统计手册》中对依赖型人格特征的描述如下。

(1) 在没有得到他人大量的建议和保证之前,对日常事务不能做出决策。

(2) 有无助感,让别人为自己作大多数的重要决定,如在何处生活、该选择什么职业等。

(3) 有被遗弃感,明知他人错了,也随声附和,因为害怕被别人抛弃。

(4) 无独立性,很难单独开展计划或做事。

(5) 过度容忍,为讨好他人甘愿做低下的或自己不愿做的事。

(6) 独处时有不适和无助感,或竭尽全力逃避孤独。

(7) 当亲密的关系终止时感到无助或崩溃。

(8) 经常被"遭人遗弃的念头"折磨。

(9) 很容易因未得到赞许或遭到批评而受到伤害。

只要满足上述特征中的 5 项,即可诊断为依赖型人格障碍。

(九)自恋型人格障碍

古希腊有个神话故事:英俊的美少年纳喀索斯(Narcissus)有一天在水中看到了自己的影子,便一见倾心,再也无心顾及其他人和事,一直留在水边不忍离去,最终憔悴而死。后来,人们便以纳喀索斯的名字来命名自恋症(narcissism)。自恋型人格在很多方面与癔症型人格的表现相似,但二者的不同之处在于,癔症型人格障碍患者性格外向、热情,而自恋型人格障碍患者性格内向、冷漠。自恋型人格障碍患者大多表现为自我重视、夸大事实、缺乏同情心、对别人的评价过分敏感等。他们一听到别人的赞美就沾沾自喜,反之则暴跳如雷。在与别人相处时,很少能设身处地理解别人的情感与需要,由于缺乏同情心,他们的人际关系很糟,容易孤独和抑郁,加之他们有不切实际的高目标,易在各方面遭到失败。对自恋型人格障碍的评估,目前尚无统一的标准,一般认为其特征表现具备以下选项中的 5 项,就可诊断为自恋型人格障碍。

(1) 对批评的反应是愤怒、羞愧或感到耻辱(尽管不一定当即表露出来)。
(2) 喜欢指使他人,要他人为自己服务。
(3) 过分自高自大,对自己的才能夸大其词,希望特别受人关注。
(4) 坚信自己关注的问题是世上独有的,不能被了解。
(5) 对成功、权力、荣誉、美丽或理想爱情抱有幻想。
(6) 认为自己应享有他人没有的特权。
(7) 缺乏同情心。
(8) 渴望持久的关注与赞美。
(9) 有很强的嫉妒心。

第四节 人性的光辉
——人格完善

一、健康人格概述

人格是一个人相对持久稳定的心理行为特征的总和,其有健康人格和变态人格之分。健康人格是人格心理学、健康心理学、临床心理学和心理健康教育等学科中经常讨论的一个话题。拥有健康人格的人会乐观地面对生活中的各种压力,会正确地评价自我,会懂得如何与别人和谐相处,因此,培养大学生的健康人格已成为高校教育的重点和基本出发点。对健康人格的理解由于人性观、价值取向及方法论不同而有差异,心理学家从不同方面描述了健康人格的基本特征。

(一)奥尔波特的健康人格观

奥尔波特提出,健康人格应该具备六个特点。①自我扩展的能力。具有健康人格的人参加活动的范围非常广,而且会非常专注于这些活动,是真正的参与者。②密切的人际交往能力。具有健康人格的人与他人的关系是亲密无间的,他们富有同情心,无占有欲和嫉妒心,能容忍别人与自己在价值观与人生观上的差异,对父母和朋友都非常友善和关爱。③情绪上有安全感和自我认可感。具有健康人格的人能忍受生活中不可避免的冲突和挫折,经得起一切不幸遭遇,他们有很强的安全感和积极的自我形象。

④体现知觉的现实性。具有健康人格的人看待事情是依据事物的实际情况,而不是根据自己的期待,他们能够客观地评价和看待世界。⑤体现自我客观性。具有健康人格的人对自己的优点和缺点都十分清楚,理解真实自我与理想自我之间的差异,即能正确地评价和认识自我。⑥体现定向一致的人生观。具有健康人格的人有坚定的价值观和道德心,能够胜任自己所承担的工作,有确定的目标,并为目标积极努力。

(二)罗杰斯的健康人格观

罗杰斯认为,健康人格不是人的固定状态,而是一种过程,因此他从动态的角度去理解有关健康人格的概念。他认为,具有健康人格的人应该有以下一些特点。①在情感和态度上是无拘无束的、开放性的,即面对自己和世界不胆怯、不防御,能开放、坦然而又准确地体验一切情绪和经验,并能将各种体验运用于自己的生活与工作,能坦然正视自己的优点和缺点,以积极的行动去提升自己,因此他们的人格富有灵活性、积极性和建设性。②对新的生活有很强的适应性,能够自由地分享生活经验。他们以充分自由、不带任何框架的态度看待并体验生活,不断受到各种新经验的影响,在生活中具有很强的适应性、灵活性、自发性和应变能力。③信任自己的感觉,即能全面接收信息并建设性地发挥自己的潜能,不仅信任自己,懂得尊重和服从自己内心的声音,而且能够始终忠实于自己。当我们努力说服自己做一件最初认为不该做的事时,或者努力为一件事情寻找理由时,说明我们有可能正处在违背自己机体的状态中。④具有自由自在的感觉。具有健康人格的人认为生活是自由的,有很多可供选择的余地,并确信自己有能力做任何自己想做的事。⑤具有极强的创造力。具有健康人格的人信赖自己的机体,在生活中常常主动追求新的挑战和刺激,总能以创造性产品和创造性生活表现自己,因此,不论在什么样的特殊环境中,他们都能妥善处理与环境的冲突,适应环境并为自己创造丰富美好的生活。

二、大学生健康人格的基本标准

心理健康标准并不是一成不变的,它会随着时代的变迁而发生变化。从当今我国社会文化背景及大学生的实际情况来看,大学生健康人格应符合以下特征和标准。

(一)具有远大而稳定的奋斗目标

从大目标来讲,大学生要有坚定的社会主义信念和远大的共产主义理想,有科学的人生观和世界观;从小目标来看,大学生要有不同阶段的学习目标和内容,能保持一定的学习积极性,有较高的学习效率,并能从学习中体验快乐和成长。

(二)具有强烈的道德责任感

能以社会主义、集体主义道德观为核心,正确处理生活和工作中的各种关系,具有为人正直诚实、谦虚谨慎、尊老爱幼等良好品质。遇到不公平的事能挺身而出,并愿意为社会和集体多做贡献。

(三)具有正确的自我意识

能够正确、客观地认识和评价自己;能够自尊、自信、自爱;能够切合实际地看待自己的学业和成就;能够自我监督,自我调节,努力发展身心潜能;不自负,也不过于自责、自暴自弃,能够较快适应新环境。

(四)具有良好的自我调控能力

有幽默感,能经常保持愉快、开朗、乐观的心情,能以积极的方式排解消极情绪;能适当地表达和控制自己的情绪,不大喜大悲,遇到挫折和困难能合理应对。

(五)具有良好的社会适应能力

能够正确观察和了解社会现象,关心社会发展变化,使自己的思想和行为与社会发展同步,对新环境具有较强的适应能力。能够勇敢地面对和接受现实,客观评价周围的人和事,善于发现生活中的乐趣,能以积极的心态应对挑战。

(六)具有和谐的人际关系

在人际关系中能够积极沟通,尊重信任他人,能热情坦诚地对待朋友,能主动关心和帮助他人,知心朋友很多,很容易与周围的人打成一片,以诚实、公平、信任、宽容的态度对待他人,同时也受到他人的喜爱和接纳。

(七)具有乐观向上的生活态度

常常能看到生活的光明面,对前途和生活充满希望和信心;对自己所学的知识有浓厚的兴趣,即使生活中遇到困难和挫折,也勇于面对,不畏艰险,勇于拼搏,充分发挥自身潜能;经常以乐观的态度来面对困难和挫折,并设法克服困难,振作精神;心理年龄与生理年龄一致。

(八)具有健康、崇高的审美情趣

有正确的审美理想、审美态度和对美的正确追求;有健康、向上的兴趣爱好,能提高自身的修养,自觉抵制各种不健康思想的侵蚀,追求更高的人生价值,实现自我完善。

三、大学生人格完善的自我调适方法

人格完善是指一个人不断认识自我、提升自我、完善自我的过程。美国著名心理学家罗杰斯指出,每个人都有两个自我:现实自我与理想自我。其中,现实自我是个人在现实生活中获得的真实感觉,而理想自我则是个人依照自己内心标准构建的一个完美自我。只有当现实自我和理想自我达到统一时,人格才能达到和谐状态,才能真正地实现自我,这时候的人格才是完善的。因此,人格完善就需要个人对自我成长有明确的目标,并规划实现目标的蓝图。

(一)积极参与社会实践,培养良好的人际关系

马斯洛认为归属与爱的需要是人的基本需要,也叫作社交需要,是指个人渴望得到家庭、团体、朋友、同事的关怀、爱护和理解,是对友情、信任、温暖、爱情的需求。如果这一基本需要得不到满足,人格发展就会出现异常。可见良好的人际关系是大学生心理健康的基础。因此大学生应该多参加校内外的实践活动,在活动中学会如何与人相处,学会与人真诚沟通,学会换位思考。只要大学生能够敞开心扉,真诚待人,相信与他人的相处会变得简单、容易得多。

(二)刻苦学习,努力提升文化修养

很多人格障碍都源于知识缺乏,而知识缺乏又会使人粗俗、自卑、能力低下。丰富的知识不仅能陶冶人的情操,还能愉悦人的心情,增强人的自信。所以大学生应该努力学习,在学好专业课的同时多看些课外书,以拓宽自己的视野,完善自己的知识结构,在学习知识的过程中逐步完善人格。

(三)接受现实,积极适应环境

大学生在学习、生活过程中很容易受现实环境的影响,如果事事顺心则心情愉快,反之则唉声叹气、丧失志气。例如,大一新生总是充满期待,一旦理想与现实有差距就容易自暴自弃。曾经有一位大一男生前来咨询说:"老师,我没有考上自己理想的学校,在现在这个学校里,我根本没有激情学习和生活,我没有勇气面对现实。"可见这位男生对于现实环境失望到了极点。对环境的不同态度会影响一个人的人格特征,如果遇到逆境就退缩很容易产生自卑心理。大学生应树立战胜困难的勇气和信心,积极适应环境,在顺境中健康成长,在逆境中磨炼意志。

(四)强化自我完善机制,培养健康人格

人格完善说到底就是一种自我教育,强调培养人的自尊、自爱、自重精神和积极乐观的生活态度。所以大学生首先要学会自我反省,即遇到问题多分析自己的缺点和不足,并逐渐改善;其次,要学会自我评价,即能客观、全面地认识自己,在强调自己优点的同时也不要忽略了自己的缺点,要做到既不自负也不自卑;最后,要学会自我调节,有效控制自己的情绪,保持积极、乐观的心境。

(五)锻炼身体,增强体质

健康的人格往往来源于强壮的体魄,而身体的疾病会导致心理疾病的产生。因此,大学生在学习之余还应加强体育锻炼,养成良好的生活习惯,只有身体健康才能心情开朗。

总之,大学生人格的完善需要通过学校、教师和个人三方面共同努力来实现。只有具备和谐的人际关系、良好的社会适应能力、乐观向上的生活态度,使自己的人格发展符合时代的需要,才能成为人格健康的新一代大学生。

心理广角

皮西尔斯一向快言快语,遇到不平之事总要站出来维护正义。每当对别人的所作所为感到不满时,即便对方是豪门权贵,他也要毫不客气地加以批评。这种直率的性格使他得到了许多人的信赖,同时也得罪了很多人。在一次对国王镇压人民的暴行进行批评之后,他被国王的卫兵抓到了都城的监狱。皮西尔斯在接受审问的时候,坚决不肯承认自己的批评是错误的,更不愿意向国王道歉,所以被激怒的国王判处他死刑,并且一个月以后就要执行。皮西尔斯被打入了冰冷的死牢,他丝毫不后悔自己此前的所作所为。他唯一感到遗憾的就是家中年迈的父母没人照顾,而且在临死之前还有许多亲人没有见到。他又想到自己欠下两位邻居的钱还没有来得及归还,这些事情应该在自己临死之前都有个交代。于是,当国王最后一次问他还有什么要求时,他请求国王让自己回家乡一趟,向家中的亲人和朋友告别,再料理一些必须料理的事情,并且向国王保证,自己一定会按时回来伏法的。国王听到皮西尔斯的请求之后从喉咙里挤出一声冷笑:"哼哼,你是想趁机逃命吧!我为什么要相信你的话?"皮西尔斯答道:"我以自己的人格向您担保,我保证会回来伏法。"国王依然不相信:"如果我放你回去,到时候你却不回来伏法,那我到哪里去找你的人格?你就安心等着被处死吧!"国王的话音刚落,就有一个年轻人走上前对国王说:"国王,我愿意代替我的朋友皮西尔斯坐牢,等到他从家乡办完事回来以后您再放我。"这个年轻人就是皮西尔斯的一个朋友,名字叫达蒙。国王感到不可思议,竟然有人为一个死囚做担保,而且是以自己的自由和生命为抵押。不过他仍然有点不放心,他问达蒙:"如果皮西尔斯没在规定的时间内回来呢?"达蒙回答:"我知道他一定会回来的,因为他从不失信。假如他因为有事耽搁不能按时回来,那我情愿代他受死。"国王不由得感到震撼,不过他也彻底放心了,就放皮西尔斯回家了。达蒙则留在了死牢。十天过去了,半个月过去

了,二十天过去了……再过两天就是执行死刑的时间了,可是皮西尔斯还是没有回来。国王派重兵看守达蒙,可是他看到达蒙根本就没有逃跑的意思,而且达蒙也并不为皮西尔斯没有回来的事情着急。国王看着达蒙故意说:"你替你的朋友在这里受死,他却早已经逃得远远的了,他不会回来了。"达蒙回答:"我相信皮西尔斯的人品,如果不相信他,我也不会做这件事情。如果他不能准时回来,一定是遇到了解决不了的问题。"两天之后,皮西尔斯还是没有回来,国王决定处死达蒙。国王派狱卒前去带达蒙上刑场,可是刚走出王宫的狱卒却带着皮西尔斯返回来了。原来皮西尔斯由于路上遭遇了暴风雨,海上的船都不能起航,所以耽误了行程。"幸运的是,我终于准时赶回来了",他说道,然后他又向自己的朋友达蒙表示感谢。国王此时的感触比当初达蒙站出来代替朋友坐牢时更多。他决定收回处死皮西尔斯的命令,而且还把皮西尔斯和达蒙都放了。当皮西尔斯和达蒙向国王告别的时候,国王说:"我真心希望也能有像你们一样肝胆相照的朋友。"

金钱或权势换不来肝胆相照的朋友,只有崇高的个人品质和人格魅力才能获得朋友的尊敬和信任。只有建立在互相尊敬、互相信任基础之上的朋友才是真正的朋友。

反思体验

1. 什么是人格？你自己的人格特征是什么呢？
2. 大学生人格发展异常的原因是什么？我们如何能做到扬长避短,发挥自己的特长呢？
3. 健康人格的标准是什么？如果你要完善和健全自己的人格,你会怎么做呢？

心理测验

请教师指导学生用卡特尔16种人格测验(16PF-大学)进行自我测评,并解释和讨论测评结果。

第五章　执着追求，积极进取
——大学生职业生涯规划与实践

案例导读

小王是某高校英语专业的学生，当初他想学计算机专业，但被调剂到了英语专业。刚来大学时他内心很迷茫，不知道自己这个专业未来就业的前景如何，他跟学长学姐和朋友一起探讨，过了一段时间后就习惯了大学生活。他开始制订学习计划，每天早上六点起床，去学校湖边背书，然后吃早餐去上课，晚上去图书馆自习。小王上课时认真听课，课间再复习刚学的知识，或与老师探讨一些问题。为了拓宽自己以后的就业道路，他辅修了计算机专业，再结合第一专业学的英语，便给自己立下目标——进跨国企业做一名技术人员。大一他就开始做生涯人物访谈，通过电话、QQ、微信、微博等方式采访了西门子股份公司、卡西欧（中国）贸易有限公司、东芝电梯（中国）有限公司的技术人员，了解了这些企业的文化、工作流程、工资和福利待遇等，也清楚了做技术人员需要的能力，结合自己目前的能力状况，他清楚地知道了自己需要努力的方向以及需要考的证书。最后通过自己的一步步努力，终于在大四找到了一份自己满意的工作。

心理分析

长远、清晰的目标对大学生来讲非常重要，大学期间进行职业生涯规划，可以使大学生活更有章法，取得的成就更加突出。在上大学之前，大多数学生的目标很明确，就是考取自己理想的大学，而当这个目标实现，进入大学之后，就会出现意义和目标的空虚状态。案例中的小王刚进入大学也迷茫过一段时间，但他采取了积极的应对方式，比如找高年级的同学和朋友探讨自己未来发展的方向，在调查的基础上制订自己的奋斗目标，并一步步朝着自己的目标努力，最后终于实现了梦想。所以对大学生而言，要将现实环境和长远规划相结合，给自己的职业生涯一个清晰的定位，这是迈向成功的关键。因此，做好职业生涯规划对大学生的人生发展至关重要。

学习要点

1. 了解职业生涯规划的概念、重要性及原则。
2. 掌握职业生涯规划的设计步骤。
3. 了解大学生择业的心理准备。

关键词

职业生涯规划　择业心理

第一节　完善人生地图
——大学生职业生涯规划

一、职业的含义与发展

(一) 职业的含义

"职业"一词由"职"和"业"构成。"职"是指职位、职责,即我们平时所说的在一定的职位上就要尽一定的责任。"业"是指从事的行业、事业、业务,即具体干什么事情。职业就是人们从事的相对稳定的、有收入的、专门类别的社会劳动。它既是个人谋生的手段,也是个人实现自身价值的必要条件,同时是推动社会不断前进和发展的动力。

(二) 职业发展趋势

随着科学技术的不断进步、经济和社会的不断发展,社会职业的数量、种类、结构、要求都在不停地变化,其发展趋势主要表现在以下几个方面。

(1) 职业的数量、种类日益增多。古代社会中职业的种类较少,随着社会的发展,职业的数量、种类越来越多。

(2) 职业结构变化加快。纵观人类社会的发展历史,产业结构和行业结构变化速度逐渐加快的趋势是十分明显的。21世纪,知识经济的发展,将会给职业结构的变化带来一次大的飞跃。

(3) 脑力劳动职业增加。从历史的角度来看,脑力劳动者远比体力劳动者少。随着教育、文化、科学技术等的发展,脑力劳动者逐渐多了起来。进入21世纪后,脑力劳动职业在社会职业总量中的占比愈来愈大。

(4) 职业要求不断更新。在不同的社会经济发展时期,职业的内容、要求、报酬等都不相同。一些职业由于任务、职责有一定改变,对就业的要求也会发生一定的变化。

(5) 第三产业的职业数量大大增加。以往,一些国家和地区不重视第三产业,在制订经济发展战略时优先考虑第一产业和第二产业,而现在第三产业受到前所未有的重视,其在国民经济发展中的作用越来越大,相关职业的种类也大量增加。

(三) 职业类别

我国现有的多种职业都与国民经济的发展有着十分密切的联系。根据不同的分类标准,职业有多种分类方式。

按产业划分,我国国民经济可分为三个产业:第一产业,指农业,林业、畜牧业、渔业等;第二产业,指采矿业,制造业,电力、燃气及水的生产和供应业,建筑业;第三产业,指除第一、第二产业以外的其他行业。

按照工作特点划分,职业可分为事务、社会服务、文教、科研、艺术及创作、户外管理、一般服务性职业等十多种类型。

二、职业生涯规划

(一) 职业生涯及职业生涯规划的概念

职业生涯是指一个人一生连续担负的工作职业和工作职务的发展道路,或者说是一个人终生职业经历的模式,是个人终其一生所扮演的职业角色的整个过程。

职业生涯规划要求个人根据自身的兴趣、特点,找到一个最能发挥自己长处的位置,最大限度地实现自我价值。职业生涯规划实质上是追求最佳职业生涯的过程。一个人的事业究竟向哪个方向发展,他的一生要稳定从事哪种职业类型,扮演何种职业角色,都可以在此之前做出设想和规划。良好的职业生涯规划应具备以下特征。

(1) 可行性。设计要有事实依据,而非美好的幻想或不着边际的梦想,否则将会贻误生涯良机。

(2) 适时性。设计须预测未来的行动,确定将来的目标,因此各项主要活动何时实施、何时完成,都应有时间和顺序上的妥善安排,以作为对照检查行动结果的依据。

(3) 适应性。设计未来的职业生涯目标,牵涉多种可变因素,因此设计应有弹性,以增强其适应性。

(4) 持续性。人生的每个发展阶段应能连贯衔接。

(二)职业生涯规划的意义

1. 以生涯目标增强前进的动力

有职业生涯规划的人在工作和学习中有一个长远的目标,也往往会把长远目标分解成依次递进的子目标,生活中按照目标脚踏实地地向着长远目标前进。即使是在行进的过程中遇到很多障碍,有明确目标的人也会比没有目标的人更具希望和信心,并以更积极的态度去面对困难和挫折。

2. 通过生涯规划实现个人价值最大化

生涯规划可以帮助人们更好地明确存在的意义,协助人们在生活中突破自身障碍、开发潜能、提高人生的主观幸福感,实现自我价值。

3. 通过生涯规划帮助组织积累人力资本,满足发展需求

随着知识经济时代的到来,许多管理学家认为,组织不应仅关注服务和产品,还要注重成员的智慧、技艺和能力的提高与全面开发。生涯规划可以帮助组织开发人才,提高成员对组织的归属感,留住人才。

三、职业生涯规划的原则和理念

大学生进行职业生涯规划,简单来说,要遵循以下几个原则:择己所爱,择己所长,择世所需,择己所利。具体来说,要注意以下几个方面。

(一)以不变应万变

许多大学生在进行职业生涯规划时总是同时追求许多不同的目标,同时进行着各种不同的努力。这类学生有很多想法,对问题分析得很透彻,且清楚自己的优势和劣势,对外界环境的变化也了如指掌,但是对自己真正想要向着哪个方向发展却茫然不知所措。

影响职业选择的因素是很多的,优化职业生涯的选择,要学会化繁为简,学会把选择的考虑因素全面化,同时,把选择的决定因素单纯化。例如,针对考研还是就业的问题,不妨问问自己:考研可以带来什么?继续获得新的知识对于自己有多重要?工作中我最想得到什么——是高挑战的工作环境还是高额的收入?这些东西对于我来说有多重要?能不能解决当务之急?这些问题会使我们明确自我成长的取向、自我实现的取向、安定及免于焦虑的取向等,进而确定更适合自己的职业生涯取向。

(二)借鉴但不照搬

许多大学生会借鉴学习同专业高年级学生的经验,甚至完全把他人的职业生涯规划照搬过来,还以

为找到了捷径。我们不能全盘否定这种做法，毕竟前车之鉴可以使我们少走一些弯路，但是完全的"克隆"就是一种类似投机的行为了，具有一定的盲目性，是过于片面的决策行为。因为正如世界上找不到完全相同的两片叶子，每个人都有自己的特长、独特的内在素养，这是内在的差异性；每个人所处的外部环境以及所拥有的外部条件也都是独特的，这是外在的差异性。在规划自己的职业生涯时，如果不考虑自身在性格、学识、特长、技能、思维方式及组织管理、人际关系、适应及创新能力等方面的情况，盲目照搬他人的职业生涯规划是很不明智的。

因此，大学生在进行个人职业生涯规划之前，应该明确地分析和透彻地了解自我的内在素质和外部环境条件，有针对性地选择适合自己的职业生涯路线。此外，职业生涯是个动态的过程，影响职业生涯的环境是复杂多变的。职业生涯规划关乎一个人一生的发展，需慎重对待，切忌简单"克隆"他人的职业生涯设计与规划。

（三）木桶理论与优势理论

在管理学上有一个著名的木桶理论：一只沿口不齐的木桶，其存水量的多少，不是取决于最长的那块木板，而是取决于最短的那块木板。一个人如果仅仅看到了自己拥有的"长板"而忽略"短板"，将会影响职业生涯的发展。在职业生涯规划中，寻找差距是非常重要的。只有分析目前的状况与实现目标所需的知识、能力等方面的差距后，去努力缩小差距、扬长补短，并制订合理的方案，才能采取有效的行动。

然而，重视"短板"，并不是要忽略"长板"。长期以来，我们在认知上经常会有一个误区，就是过分看重事物的负面，并做很大的努力来试图改变自己的缺陷和不足，而很少甚至不关注自己的优势和长处，忽略了有价值的方面。例如，有些学生活泼好动，在职业定位时，如果定位在那些需要细心谨慎的财务、会计等职业，可能要花很多的时间和精力来改变自己的性格，但改变性格不是容易的事情。如果将职业定位于营销、公关等岗位，在大学期间多参加社会实践和社团活动，发挥自己的特长，进一步提升自己的交际能力和组织能力，则可能达到事半功倍的效果。有研究表明，用同样的时间、精力去改变自己的缺陷，或者去提升自己的优势方面，将获得完全不同的结果状态。因此，在职业生涯规划中，过多地纠结于自己的劣势上，而忽略自身优势的发挥，不仅会造成个人资源的浪费，更可能会耽误自己的职业前程。

四 信心、恒心、平常心的合力效应

职业生涯规划的成功离不开信心、恒心及平常心的共同作用。

（1）信心。在大学校园里，我们经常能听到大学生说："不知道我的选择对不对？""我到底该怎么做？"这反映出一些学生对自己的职业生涯方向缺乏信心，对自己的职业定位产生怀疑，这会导致职业生涯规划的失败。在职业生涯的"战场"上，首先要对自己有信心，相信自己一定能赢，这样才能产生一往无前的勇气，磨炼自己的意志，激发自身的智慧和潜能，创造出更多意料之外的收获。反之，如果一个人缺乏信心、优柔寡断，即使他具有优秀的专业素质，也会因畏畏缩缩而错失良机，也就不可能获得真正的成功。

（2）恒心。追求卓越职业人生的必要素质除了有信心外，更重要的是持之以恒。成功的途径有很多条，可供选择的机会也很多，职业生涯的路线也有很多种，而人的精力和能力是有限的。因此，当自己做出了合理而正确的职业定位，确定了目标之后就该全力以赴。

（3）平常心。保持一颗平常心，能使我们理性地做好职业生涯规划中的"三定"，即科学地定向、理性地定点、合理地定位。科学地定向，即避免职业生涯决策犯方向性错误；理性地定点即综合多个方面的因素考虑实现自身人生价值的问题；合理地定位即避免盲目攀比，根据个人的爱好和兴趣、知识结构水平、能力、薪资期望、心理承受能力、环境等诸多因素进行全面分析，进行较准确的定位。只有这样，我们才能在竞争激烈的社会中立于不败之地。

第二节 知行合一
——职业生涯规划设计

职业生涯规划设计,是指个人在综合考虑自己兴趣、爱好、能力等特点和社会制约因素的基础上确定职业目标,并为实现这一目标做出合理安排。

一、职业生涯规划设计步骤

(一)正确评价自我

认识自我不仅包括"我想干什么?",还包括"我能干什么?"认识自我并不容易,它难在须由"主体的我"去认识"客体的我"。自我评估就是对自己做全面分析,即对自己的兴趣、特长、性格、学识、技能、智商、情商、德商、组织管理、协调、活动能力等做出全面而深刻的分析,找出自己的优势、劣势、优点、缺点,为选定职业生涯路线、目标,制订职业生涯计划提供依据。有效的职业生涯设计,必须是在充分认识自身条件与相关环境的基础上进行的。对自我及环境的了解越透彻,就越能做好职业生涯规划设计。

正确评价自我即全面、客观地评价自己,摆正自己的位置,清楚自己的优势和不足、兴趣、特长、个性特征、专业知识、综合能力、潜在能力、智商、情商和思维方式等,对自己"想干什么、能干什么、应该干什么""将会选择什么"有一个明确的了解。只有从自身实际出发,给自己一个明确的定位,才能展现自己的与众不同,赢得竞争优势和用人单位的认可。

自我评价的方法主要有三种。一是自我测验。这种自我测验只能大概了解自我,不能全面了解自我。二是计算机心理测验。这种方法比较科学,可以较全面了解内在的自我,了解自己的个性特征、能力倾向和职业兴趣。三是自我评估。不管采用自我测验,还是采用计算机心理测验,都需要自我评估。也就是说,要分析测验的结果,对于测验的结果哪些是正确的、哪些是不正确的,做出判断。如果没有条件进行计算机心理测验,可以直接通过自我评估来了解自己。例如:哪些事情是自己乐意干的,哪些事情是自己不乐意干的;哪些事情自己干得顺手,哪些事情自己干得别扭;哪些事情不费劲就干得很好,哪些事情费了不少劲却干得不怎么样。

(二)职业生涯机会的评估

职业生涯机会的评估主要是分析环境因素对自己生涯发展的影响。环境因素主要包括家庭环境、学校环境、社会环境和职业环境。家庭环境包括家庭经济状况、家人期望、家族文化、家人性格等;学校环境包括学校特色、专业知识掌握情况、获奖情况、社会实践等;社会环境包括就业政策、就业形势、社会经济和政治环境等;职业环境包括本行业在社会总产业中的地位、发展趋势、工作内容及要求、企业文化、工作氛围和工作地点的文化背景等。

做职业生涯规划设计时,在了解自己的已有资源后,应对自己的职业进行定位。合适的定位对于个人获得职业成功是非常重要的。这里应着重考虑以下几个问题。

(1)你想从生活中得到什么?换句话说,什么对你最重要(家庭、名誉、事业或者金钱)?

(2)有何特长。所谓特长,就是特殊才能,这在规划职业生涯时应予以重点考虑。把你的才能全部列出来,选择3种最重要的才能,然后把每种才能用一两个词表达,如"我最重要的3个才能是我的听力、创造力和表达能力"。如果你没有特长,那么就应尽早去"充电"。

(3)你的追求是什么,什么是你梦寐以求的?在哪些事情上你愿意一展才华?在哪些主要领域你愿意投入自己的精力?

(4) 什么环境让你感到如鱼得水? 什么样的工作和生活环境最适合你发挥才能? 如"我经常在轻松的学习环境或与别人一起游览自然风景时,展现出我的才华"。

(5) 此时你正处于哪个阶段? 这阶段有些什么特别之处? 重要的事有哪些? 尽量以局外人身份进行判断,然后对原计划做出相应调整。

确保你的目标在任何时候都适用。牢记你的职业目标对你大有裨益,当你处在生活转变时期时更是如此。通过这种方式,工作中的种种压力就能变得更加合乎情理,而且你也能更好地将生活中的变化与全新的视野及明智的选择联系起来。当你明确自己的目标后,就能更加容易地规划时间和安排生活真正的优先顺序。

(三)职业选择

通过自我评估和职业生涯机会的评估,认识自己、分析环境,在此基础上对自己的职业做出选择。职业选择是否正确关系到个人未来事业的发展。调查显示,在选错职业的人当中,有80%以上的人在事业上是失败者。衡量职业选择是否正确的标准是看所选职业能否发挥自己的最大潜能,是否与自己的性格、兴趣、能力、气质相匹配。

1. 性格与职业(岗位)的匹配

不同的人有不同的性格。根据卡特尔人格测验,人的性格可分为16种个性因素。它们分别是:乐群性、聪慧性、稳定性、恃强性、兴奋性、有恒性、敢为性、敏感性、怀疑性、幻想性、世故性、忧虑性、实验性、独立性、自律性、紧张性。

16种个性因素大致可分为以下四种特征。①态度特征:独立性、实验性、怀疑性和乐群性;②意志特征:自律性、有恒性、恃强性和兴奋性;③情绪特征:稳定性、忧虑性、紧张性和敢为性;④意识特征:聪慧性、世故性、幻想性和敏感性。性格的特征不同,行为习惯就不同。行为习惯的差异决定了职业或岗位的选择。

例如:从事财会工作的人往往独立性强、怀疑性强、聪慧性强、敏感性强、兴奋性差、有恒性强;从事销售工作的人往往乐群性强、敢为性强、世故性强、独立性强、敏感性差、忧虑性差;从事业务工作的人往往乐群性强、实验性强、敢为性强、恃强性强、独立性强、聪慧性强;从事研究工作的人往往聪慧性强、恃强性强、稳定性强、乐群性差、敏感性强、独立性强、自律性强。

因此,在职业选择时,要充分考虑自己的性格,尽量使自己的性格与职业或岗位吻合。

2. 兴趣与职业(岗位)的匹配

在作职业或岗位选择时,不仅要了解自己的性格,还要了解自己的兴趣。不同的人有不同的兴趣,有的人对研究自然知识感兴趣,有的人对情感世界感兴趣,活跃于社交领域;有的人倾向于理智世界;有的人对智力操作感兴趣,对读书、写作、演算、设计兴趣浓厚;有的人则对技能操作感兴趣。不同的职业也需要不同的兴趣特征,一个擅长技能操作的人,靠他灵巧的双手,在技能操作领域得心应手,但如果硬要他去处理书本的理论知识,他就会感到力不从心。这种兴趣上的差异,是人们选择职业的重要依据。因此,兴趣在职业活动中的作用应引起我们的重视,特别是对于初选职业的人,更应引起注意。

3. 能力与职业(岗位)的匹配

能力分为一般能力、特殊能力和潜在能力。一般能力通常称智力,其包括注意力、观察力、记忆力、思维能力和想象力等。特殊能力是指从事某项专业活动的能力,也可称为一个人的特长,如计算能力、音乐能力、动作协调能力、语言表达能力、空间判断能力等。潜在能力是一个人潜在的素质,它隐藏在一个人的潜意识之中,具有巨大的能量。一个人确定职业或岗位后,想要获得事业的成功,就要开发自己的潜能。

4. 气质与职业(岗位)选择

认清自己的气质对择业至关重要,是选择职业的重要依据。有学者将气质分为多血质、胆汁质、黏液质和抑郁质四种类型。每一种气质都有积极方面和消极方面。它只表明人的心理活动动力方面的差异,而不表明人的气质的优劣,更不能决定一个人活动的社会价值和成就的大小。气质对人所从事的工作性质和效率有一定的影响,它不仅关系到工作的效率,还关系到事业的成败。不同气质类型的人适合从事的职业类型不同,了解气质与职业的联系,有助于职业选择的成功。

一般把职业气质划分为12个类型:变化型、重复型、服从型、独立型、协作型、孤独型、劝服型、机智型、经验决策型、事实决策型、自我表现型和严谨型。

(四)确定职业生涯路线

职业确定后,就要考虑职业生涯路线问题。例如,是走行政管理路线,还是走专业技术路线。职业生涯路线的选择对事业成功的影响不容忽视。一个具有管理才能的人选择行政管理路线,成功的概率就会大于不具备管理才能而选择行政管理路线的人。确定职业生涯路线时应考虑以下3个问题:我想往哪一路线发展?我能往哪一路线发展?我怎样往这一路线发展?认真思考回答以上问题后,你就会清楚地了解何种职业生涯路线适合自己的发展。

(五)设定职业生涯目标

确定职业生涯目标是职业生涯规划的关键,职业生涯目标指引个人努力的方向,有助于个人确定日常生活的轻重缓急并使个人的潜能得到最大限度的发挥。职业生涯目标通常可分为短期目标、中期目标、长期目标。短期目标是1~2年内实现的目标,又分为日目标、周目标、月目标、年目标。中期目标一般为3~5年内可以实现的目标,长期目标一般为5~10年达到的目标。中短期目标要具体明确,有激励价值,现实可行;确立长期目标时不一定要详细精确,但大致的方向要明确,要有现实性、指导性、预见性。

确定职业生涯目标要注意遵循以下原则。

(1) 清晰性。即目标、措施是否清晰、明确,实现目标的步骤是否符合实际。

(2) 挑战性。即目标或措施是否具有挑战性,还是只需保持其原来状况。

(3) 一致性。即主要目标与分目标是否一致,目标与措施是否一致,个人目标与组织发展目标是否一致?

(4) 激励性。即目标是否符合自己的性格、兴趣和特长,是否能对自己产生内在激励作用。

(5) 实际性。实现职业生涯目标的途径有很多,在做规划时必须要考虑到自己的特质、社会环境、组织环境以及其他相关因素,选择确实可行的途径。

(6) 可评量。规划的设计应有明确的时间限制或标准,以便评量、检查,使自己随时掌握执行状况,并为规划的修正提供参考依据。

(六)制订职业生涯计划

职业生涯目标确定后,就要有具体的行动方案来保证达成。没有行动,职业生涯目标就只是一种梦想。为实现职业生涯目标,计划的内容应包括需要发展和学习哪些新的技能、接受哪些方面的培训、怎样提高工作效率、如何提高业务能力、怎样才能发挥自己的最大潜能等。计划要具体、明确、可行,以便定时检查。

(七)评估调整

职业生涯规划是一个动态的过程,必须根据实际执行情况及效果进行评估和修正,及时检查职业生涯规划各个环节出现的问题,找出相应对策,对规划进行调整,使其行之有效。修订的内容包括职业的重新选择、职业生涯路线的变动、职业目标的重新确立、实施方案与计划的改进完善等。

以下内容为大学三年级心理学系一名学生的职业生涯规划,供大学生参考。

大学生职业生涯规划书

一、第一部分,自我分析

经过职业测评、自我分析及周围人对自己的评价,总结出我的优点是乐观开朗、为人热情、喜欢与人沟通、情绪稳定、自信、有主见、有耐心、独立、乐于助人、有亲和力、真诚坦率、遵守秩序。缺点是有时很固执、不愿改变固有的观念、缺乏创新精神、做事欠思考、较主观、对事情要求过于完美。

二、第二部分,职业生涯机会评估

1. 家庭环境分析

我来自农村,父母都是朴实勤劳的农民,家庭经济条件一般。父母从不过多干涉我的学习和生活,一直都很尊重并支持我的选择。在这样的家庭里成长起来的我具有踏实肯干、独立、正直、诚实等性格。同时,我也意识到在就业方面,必须靠我自己的努力,家里没有给我找工作的能力,我觉得这正是对我的一个锻炼,自己的路毕竟要靠自己走。而且我也有信心实现自己的职业理想,因为大学期间我已掌握了从事未来职业所需的理论知识和技能。

2. 学校环境分析

专业知识:在校期间,学习并掌握了基础心理学、发展心理学、教育心理学、咨询心理学和管理心理学等专业理论知识,并且专业课成绩都在良好以上。同时还学习了英语、计算机方面的理论知识,以优异的成绩通过了大学英语的四、六级考试,以及计算机三级考试。

获奖情况:在校期间,经过不断努力,先后获得"三好学生""优秀团员""先进个人""学习明星"等荣誉称号,并多次获得专业奖学金。

社会实践:为了将知识理论与实践相结合,积极参加了志愿者、勤工助学、义务家教等实践活动,同时在学校的心理咨询室接听心理热线,为同学答疑解惑。这些实践活动锻炼了我的交际能力、表达能力,培养了我吃苦耐劳、踏实认真的品质。

3. 职业环境分析

(1) 心理问题不容忽视。随着社会的快速发展和竞争压力的不断增大,大学生心理健康问题的重要性日益凸显。大学生作为国家的未来和希望,他们的心理健康状况直接关系到个人的全面发展、家庭的和睦以及社会的和谐稳定。

(2) 我国心理咨询人员缺乏。目前,我国心理咨询行业存在巨大的人才缺口,有数据显示,我国2024年初心理咨询行业的人才缺口高达130万人,并且这个数字在未来几年内将继续增长。尽管我国有多所大学开设了心理学系,但真正从事心理咨询师职业的人数相对较少。

(3) 政府高度重视心理咨询行业。在政府政策的大力支持和倡导下,三级甲等医院均要求成立心理科,中小学学校要开设心理咨询室,同时要求有心理咨询教师。中国科学院心理研究所于2017年底开发了心理咨询师基础培训项目,并在原人社部国家心理咨询师统考专家团队的指导和支持下进行工作。

(4) 职业特点。心理咨询师是一个"助人自助"的职业,可以帮助人们认识自己与社会,正确处理各种关系,改变不合理的思维,掌握自我调节的方法,培养乐观向上的人生态度,提高个体适应能力,提高工作效率。目前美国的心理咨询师每小时收入可达150美元左右;在国内,心理咨询师每小时收入100元至1000元不等,平均收入可达200元/小时。

三、第三部分,职业选择

心理学专业毕业生的就业去向主要是普通高校、政府机关、企业、中小学、医院和诊所。

经过自我分析及职业分析,我对自己的性格、能力及职业有了清晰的认识。由此选择确定我的职业为到学校做一名心理学教师。心理学教师一方面可通过课堂教学讲授心理学知识；另一方面可以通过个别访谈、团体活动针对学生的学习、情感、人际关系、适应问题进行辅导。心理教师在对学生进行心理辅导时，要有一套科学、完善、系统的咨询理论和过硬的咨询技能，这样才能帮助学生有效解决心理问题。

四、第四部分，职业生涯路线

我的职业生涯路线为：考取心理学硕士学位，进一步丰富和完善心理学理论知识，毕业后在高校从事心理学教学研究及心理咨询工作。

五、第五部分，设定职业生涯目标及制订职业生涯计划

（1）短期目标及计划（大学期间的目标）。考取心理学研究生；取得心理咨询师三级证书。准备心理学考研书目和心理咨询师考试用书，合理分配心理学专业课、政治、英语的时间。

（2）中期目标及计划（大学毕业后五年内目标）。读应用心理学研究生，取得心理学硕士学位；取得心理咨询师二级证书。读研期间了解课程后确定研究方向，同时发表论文。研究生毕业前找一份高校心理学教师的工作。参加工作后继续丰富学习理论知识，积极参加实践，提高专业技能。

（3）长期目标及计划（毕业后十年或十年以上的时间实现的目标）。成为高校心理学带头人；取得注册心理师或督导师的资格，成为一名优秀的心理咨询师。在工作中积极、主动、耐心地解决学生的心理问题，并不断总结积累，形成一些对高校学生心理问题的新见解。

六、第六部分，评估调整

俗话说："计划赶不上变化。"理想和现实的冲突要求我们根据现实调整规划。为了应变，制订如下方案。

大学毕业时如果我没有考上心理学研究生或者没有考取心理咨询师的证书，那么我将先在学校找一份心理教师的工作，在工作中继续实现我的理想；如果我在学校没能找到心理方面的工作，那么我会从事其他学科的工作，并将心理学方面的理念渗透给我的学生，教给他们快乐积极地生活的方法；如果我没能在学校里找到合适的工作，那么我将考虑在医院等单位寻求一份与心理学相关的工作；如果我没能找到一份与我本专业相关的工作，我也会先从事并努力做好其他工作，做到"先就业，再择业"，一旦有机会，我还会从事心理学专业方面的工作。

通过制订职业生涯规划，我对自己的未来有了更清晰的认识，因为完整明确的规划给人以智慧和启迪、希望和指导。同时，我在执行计划时会坚持"与时俱进，适时调整"的原则，使计划书的内容更可行、更贴近实际情况。大学生风华正茂、意气风发、精力充沛，容易接受新事物并敢于创新，正是立志的大好时机。所以我们应该树立目标，规划人生，努力拼搏，实现梦想！

二、大学生职业生涯规划技巧

（一）树立正确的职业理想，确立明确的职业目标

职业理想是指人们对未来职业表现出来的一种强烈的追求和向往，是人们对未来职业生活的构想和规划。任何人的职业理想都要受到社会环境、社会现实的制约。社会发展的需要是职业理想的客观依据，凡是符合社会发展需要和人民利益的职业理想都是高尚的、正确的，并具有现实的可行性。大学生的职业理想更应把个人志向与国家利益、社会需要有机地结合起来。

职业理想在人们职业生涯设计过程中起着调节和导向作用。一个人对于职业的选择，通常是以其职业理想为出发点的。大学生树立职业理想的过程，便是在心目中进行职业生涯规划设计的过程，一旦明确自己的理想职业，就会依据职业理想的目标，去规划自己的学习和实践，并为获得自己认为理想的职业而去做各种准备。

（二）正确进行自我分析和职业分析

在进行职业生涯规划设计时，要通过科学认知的方法和手段，对自己的职业兴趣、气质、性格、能力等进行全面认识，清楚自己的优势与特长、劣势与不足。自我分析要客观、冷静，不能以点代面，既要看到自己的优点，又要清楚自己的缺点。只有这样，才能避免设计中的盲目性。

现代职业具有区域性、行业性、岗位性等特性。进行职业生涯规划设计时要考虑到职业区域的具体特点，如该地区的特殊政策、环境特征。职业角色的发展与职业所在的行业的发展有着密切的关系，设计职业生涯时，要对该职业所在的行业现状和发展前景有比较深入的了解，如人才供给情况、平均工资状况、行业的非正式团体规范等。

（三）构建合理的知识结构

知识的积累是成才的基础和必要条件，人们常常把一个人掌握知识的多少作为衡量其能力水平高低的标准，但它不是衡量人才的绝对标准。单纯的知识数量并不足以表明一个人真正的知识水平，大学生不仅要具有相当数量的知识，还必须形成合理的知识结构。在设计职业生涯时，大学生要根据职业和社会不断发展的具体要求，科学地重组已有知识，建构合理的知识结构，最大限度地发挥知识的整体效能。

（四）培养职业需要的实践能力

大学生的综合能力和知识面是用人单位选择大学生的考量标准。用人单位不仅会考核其专业知识和技能，还会考核其综合运用知识的能力、对环境的适应能力、对文化的整合能力和实际操作能力等。大学生进行职业生涯设计，除了要构建合理的知识结构外，还要发展从事本行业的基本能力和某些专业能力。一般来说，大学生应重点培养满足社会需要的决策能力、创造能力、社交能力、实际操作能力、组织管理能力和自我发展的终身学习能力、心理调适能力、随机应变能力等。

（五）参加有益的职业训练

职业训练包括职业技能的培训、对自我职业的适应性考核、对职业意向的科学测定等。暑期下乡活动、大学生"青年志愿者"活动、大学生毕业实习工作、大学生校园创业活动等都是职业训练很好的形式。有条件的大学生可以利用假期到相关单位实习、从事社会兼职工作、开展模拟性的职业实践活动、开展职业意向测评、开展职业兴趣分析测评等。大学生应主动积极地参加有益的职业训练，更早更多地了解职业，掌握职业技能，正确地进行职业设计。

第三节　心态决定未来
——大学生择业心理及调适

一、避免择业心理误区

大学生在面对择业冲突时，常常产生各种矛盾，导致心理失衡。这不但影响择业成功，而且影响大学生的心理健康。因此，了解择业中大学生常有的心理误区，进而对个体或团体进行辅导，显得尤为重要。

（一）盲目攀高、追求"热门单位"

随着高等教育的普及，我国大学生已不再是过去的"天之骄子"。但一些大学生没认清形势，还在以

"天之骄子"自居,理所当然地认为毕业后应该去大城市、大单位、大企业享受高待遇、高职位、高薪水。在这种"三大"和"三高"的标准下,就业就成了难题。

(二)忽视自身特长、追求安逸

刚刚毕业的大学生,选择合适的职业发展方向尤为重要,人的精力有限,只有选准方向、强化发展,才能取得成功。职业方向的确定必须结合个人特长、兴趣并综合考察行业前景。应届毕业生,表面上看面临的是就业的问题,而实际上是择业的问题。择业就是要做选择,选择适合自己的职业发展方向。

(三)不屑于基层锻炼、自视清高

随着人们生活水平的提高,如今的大学生多半是在物质条件比较优越的条件下长大的。在许多大学生眼里,只有那些够层次、够水准的岗位,才能体现自身价值。而条件相对艰苦的偏、远、穷地区,则较少人问津,甚至成为他们的无奈之举。

(四)不注重提高自身素质、热衷于"找关系"

随着教育的普及和社会竞争的日益激烈。大学生毕业以后面临的就业问题备受社会关注。通过关系、门路找工作是一种不良的社会现象。许多高校在校生,把这种社会坏现象放大,在校期间不屑于努力提升自己,而将一切筹码压在"关系"上。

(五)高估自己、孤芳自赏

有些大学生经常会问用人单位:"你们提供什么样的待遇给我?""你们单位是否有利于我的发展?能为我提供什么样的发展平台?"而很少谈及"我能为单位做点什么"。如果大学生过高估计自己,不仅对择业不利,即使工作了,也很容易产生强烈的失落感。

(六)法律意识淡薄、诚信意识不强

毕业生在求职就业中,由于相关法律知识匮乏,运用法律手段维权意识淡薄,加上社会经验欠缺,在求职就业过程中权益被侵犯的事件屡有发生。而毕业生随意毁约,同时与多家用人单位签订就业协议,随意违背就业协议上所约定的条款的事情也时有发生。要做到真正意义上的平等就业,需要毕业生提高自身的法律意识,通过法律武器维护自身合法权益;同时通过提高个体自身的法律意识来形成正确的合同契约观念,以法为本,以诚信为本来对待自己的就业协议,减少相关纠纷。

(七)就业一步到位的习惯思维

在目前的高校毕业生中,大部分学生还有传统的就业终身制、就业一步到位的习惯思维。在这种思想的引导下,毕业生很难放低就业标准,一心想找个理想的单位就业,即使毕业时仍然选不到条件较好的单位,也不降低自己的择业标准,宁愿等待观望。其实,在当今激烈的人才市场竞争中,大学生毕业时的择业,只是人生无数次择业中的第一次。毕业生要更新就业理念,树立先就业、后择业、再创业的新理念。要清楚地认识到,早就业就早成才,早成才才能早选择好职业,才能早日实现理想。

二、大学生择业心理准备

用人单位对毕业生的要求越来越"苛刻",对毕业生的个人素质要求越来越高,因此,大学生要正确认识社会,了解就业形势,现实地设定自己的社会位置,排除各种干扰,从实际出发,为选择职业做好必要的心理准备。

(一)培养主动的求职意识

大学生要了解所学专业的培养适用方向和适应范围,注意收集符合社会发展和变化的用人信息,不断调整自己的知识结构,不断修正自己的职业意向和就业期望水平,主动求职。

(二)培养良好的竞争心态

择业是一个选择与被选择的过程,随时都有可能被应聘单位拒绝,但社会为毕业生提供的职业是很多的,只要勇于竞争,耐心选择,敢于决断,就一定会找到一份适合自己的职业。

(三)培养正确的择业观念

一般而言,正确的择业观念应符合"发挥素质优势,服从社会需要,有利于发展成才,争取及时就业"的原则。

(1)"发挥素质优势"是在选择职业时,综合自身素质情况,侧重某一特长或某一优势来选择职业岗位,以便今后能在工作岗位上充分发挥自身优势,出色地完成任务。这个原则有利于缩短适应期,促进劳动积极性的提高,增强成就感;有利于实现个人特长与职业需要相匹配,实现人才资源的合理配置;有利于自尊心和自信心的增强,也体现出对事业、对社会负责的精神。

(2)"服从社会需要"是在选择职业时把社会需要作为出发点和归宿,以社会对个人的要求为准绳,去认识和解决择业问题,进而决定自己的职业岗位。在选择岗位时,要明确现实职业岗位的重要性和职业岗位工作的意义,把个人的兴趣、爱好、专长与社会实际有机统一起来,既考虑个人的因素,也自觉服从社会需要,将自己的人生目标与国家和社会的需要紧密地联系在一起。

(3)"有利于发展成才"是在选择职业时不被社会时尚、经济利益、从众心理等因素干扰,根据自身的能力水平和特长,树立以事业为重的思想,避免贪图享乐和盲目择业,克服地域、收入等因素的影响,坚持人职匹配的科学性原则。在择业时应分析利弊,分清主次,合理取舍,重点考虑自己所选择的职业是否有利于自身的发展。

(4)"争取及时就业"是在选择职业时要调整择业心态,就业期望值要合理,注意克服脱离现实、盲目攀比等心理情绪的干扰,避免由于自身择业观念有误而导致"有岗不上、有职不任"的人为待业。先解决生存问题,尤其是家庭经济比较困难的学生,要发扬勇于竞争、不怕挫折的精神,积极主动地探寻就业机会,避免在消极等待中延误就业时间。同时,要加深对职业流动的认识,改变"一次就业定终身",以及对初次就业过度谨慎的观念,避免错失就业机会。

从本质上说,大学生在择业中出现的许多不适应现象、不健康心理都与择业观念不正确有关,而观念不正确通常是由信息不畅造成的,因此,为了顺利择业,要及时了解并恰当处理各种信息,正视社会现实。

三、大学生择业的自我心理调适

自我心理调适就是根据自身发展及环境的需要对自己的心理进行控制和调节,从而最大限度地发挥人的潜力,维护心理平衡,消除心理障碍。心理学家通过理论探讨和实践检验,创立了许多行之有效的自我心理调适的方法。大学生在择业就业过程中,可根据自己的心态有选择地加以使用。以下简要介绍几种常见的方法。

(一)自我静思法

自我静思法也叫自我反省法。大学生在遇到困难和挫折时要冷静对待,切莫冲动和急躁;要摆脱干扰,仔细分析原因,有针对性地解决问题。

(二)自我转化法

有些时候,不良情绪是不易控制的。这时,可以采取迂回方式,把自己的情感和精力转移到其他活动中去,如专心学习、参加感兴趣的活动、假日郊游、亲近大自然等,使自己没有时间沉浸在不良情绪中,以求得心理平衡,保护自己。

(三)自我适度宣泄法

因挫折造成焦虑和紧张时,消除不良情绪最简单的方法莫过于宣泄,切忌把不良心情埋藏于心底。一个人忧虑情绪隐藏越久,受到的伤害通常就越大。可以向朋友、老师倾诉,求得安慰、疏导,也可以痛哭一场,还也可以去打球、爬山,或参加其他运动量大的活动。但是,一定要注意场合、身份、气氛,注意适度,宣泄应是无破坏性的。

(四)自我慰藉法

自我慰藉法就是自我安慰法,其实质是自我忍耐。当择业中遇到困难和挫折,已尽了主观努力仍无法改变时,可说服自己适当让步,不必苛求,承认并接受现实,以求得解脱。

(五)自我放松法(参考第十章第二节中的"学会自我放松训练")

(六)理性情绪法

理性情绪法认为,人有理性与非理性两种观念,这些观念指引下的认知方式会左右人的情绪。人的不良情绪来自人的非理性观念,反之亦然。要消除人的不良情绪,就要设法将自己的非理性观念转化为理性观念。例如,有的学生在择业过程中受到了挫折,就消沉苦闷、怨天尤人,其原因在于他原本认为大学生就业应当是顺利的,择业应该很顺利。正是这些观念导致或加剧了他的不良情绪。如果将这些想法加以纠正,则不良情绪一定能得到克服。

大学生在运用理性情绪法时,应先分析自己有哪些消极情绪,从中分析、综合、抽象、概括出相应的非理性观念,并对其进行挑战、质疑和论辩,同时对比两种观念状态下个人的内心感受,鼓励自己向理性观念方面转化,从而排除不良情绪。

当然,自我调适的方法还有很多,如自我重塑法、环境调节法、广交朋友法、自我暗示法、幽默疗法等。这些都是一些应变的方法,但最主要的还是树立远大的理想,树立正确的人生观、价值观,平时就注意培养良好的品质,磨炼坚强的意志,多接触社会,多方面体验生活,培养乐观豁达的生活态度。只有这样,才能在择业的重要关头始终保持积极向上的精神状态和健康的心理,不在困难面前退缩。

心理广角

日本著名马拉松运动员山田本一在1984年和1987年的国际马拉松比赛中,两次夺得世界冠军。当记者几次问他为什么能取得如此出色的成绩时,山田本一总是斩钉截铁地回答:凭智慧战胜对手,取得胜利。人们都知道,马拉松比赛主要是运动员体力和耐力的较量,爆发力、速度和技巧都在其次,因而对山田本一"凭智慧取胜"的回答,许多人疑而不信,总觉得他是在故弄玄虚。然而十年后,人们终于从山田本一的自传中,理解了"凭智慧取胜"确实是他获得成功的经验所在。他在自传中写道:"每次比赛之前,我都要乘车将比赛的路线仔细地勘察一遍,并把沿途比较醒目的标志画下来,比如第一个标志是一家银行,第二个标志是一棵大树,第三个标志是一座公寓……这样一直到赛程的终点。比赛开始后,我以百米冲刺的劲头向第一个目标冲去;到达第一个目标后,又以同样的速度向第二个目标冲去……40多公里的路程就这样被我分解成若干个小目标而轻松地跑完。起初,我并不是这样做的,而是把目标一下子定在终点线的那面旗帜上,结果跑到十几公里就觉得疲惫不堪了,因为我被前面那段遥远的路程吓倒了。"通过山田本一的例子,我们可以发现:大的成功是由小的目标铺垫而成的。

反思体验

1. 大学生应该如何做好自己的职业生涯规划?
2. 为了顺利择业,大学生应该做好哪些心理准备?

心理测验

职业选择测试

根据以下内容进行职业选择测试,其中A表示符合;B表示难以回答;C表示不符合。测试没有时间限制,但请尽快按要求完成。

1. 我很清楚自己的兴趣爱好	A	B	C
2. 我一直在问自己:我追求的到底是什么	A	B	C
3. 我不断探索自己的内在潜能	A	B	C
4. 我了解自己的个性、气质和特征	A	B	C
5. 我认为职业没有好坏之分,只有适合与不适合的区别	A	B	C
6. 职业选择是毕业时才面临的事情,现在不用着急	A	B	C
7. 除了金钱之外,还有别的因素是我选择职业时考虑的	A	B	C
8. 教育与职业之间是一一对应的关系	A	B	C
9. 我比较关注社会上各种职业的情况	A	B	C
10. 干哪一行不好说,现在只管读书就行了	A	B	C
11. 我已经确定了自己的职业理想	A	B	C
12. 我有意地为将来想从事的职业做各方面的准备	A	B	C
13. 我对我的职业发展有一个规划,并不断调整它	A	B	C
14. 我对大学期间的学习和生活有个大体规划	A	B	C

1. 评分标准

第6、8、10题选A得1分,选B得2分,选C得3分;其他题选A得3分,选B得2分,选C得1分。把14道题的得分相加,就得到了你职业选择测试的总分。

2. 结果解释

如果你的总分远高于28分,说明你正在选择自己将来想要从事的职业,并且正在为此做各方面的准备;若远低于28分,则说明你还没有慎重考虑过你的职业问题。

第六章　学海无涯，巧驾轻舟
——大学生学习心理及调适

案例导读

徐某是一名即将毕业的大四学生,在校的四年对她来讲可以说是硕果累累,她不仅成绩名列前茅,多次获得"三好学生""优秀团干"称号和国家奖学金、企业奖学金等,还公开发表了两篇论文,与导师共同承担了一项国家级课题,自己负责了一项校级重点课题,均已结题获优秀荣誉。目前她已被保送到北京大学攻读硕士学位,当别人问及她在大学学习的感受时,她是这样说的:"我的高考成绩并不是很理想,所以在进入大学后我开始重新审视自己,并给自己定位。大一的时候有很多的社团我都想加入,但考虑到不能与学习时间冲突,所以经过再三权衡,我只加入了两个社团,因为我认为这两个社团可以锻炼自己所欠缺的能力。同时我也担任了班委,这样我既可以为班集体服务又能很好地拉近与班上同学的关系。为了使这些工作不与学习时间冲突,我每天都有自己的学习计划,并严格地按照计划行事,如果哪天有额外的工作耽误了我的学习,我在第二天也一定会挤出时间把功课补回来。刚开始的时候我的确很累,但一旦工作上手了,我就能轻松地做到工作、学习两不误,前提是开始时可能要付出大量的精力。大二时,专业课非常多,但还好我做了充分的准备,因为在大一时我就会经常到图书馆借一些专业书看,还经常与学长聊天,汲取他们的学习经验,老师重点推荐的书籍,我基本上都熟读了好几遍,所以上专业课我并不吃力,有更多的时间在学生会锻炼。从大二开始到现在快毕业了,我一直在学生会担任主席,在这个职务上我学会了很多做人的道理。大三学习基本稳定了,我开始考虑自己的毕业去向,因为自己很想读研究生,所以就立志考研。那时候,听老师说读研就是为了提升自己的科研能力,所以我想为什么自己不提前做准备呢?大三时,我加入了导师的一个国家课题,开始跟着他做研究。当自己慢慢入了门道后又试着自己申请校级课题,没想到还中了一个校级重点课题,并发表了两篇论文。正因为我的科研能力还不错,大四的时候才会那么顺利地被保送到北京大学读研。回想自己大学四年的学习生涯,我觉得学习本身并不重要,重要的是你如何安排自己的学习时间和学习计划。"

心理分析

徐某之所以如此优秀,是因为她已掌握了大学学习的三个要点:第一,学习动机正确,即知道学习是为了自己;第二,学习目标明确,时间安排合理,即不同的学习阶段有不同的学习目标,并能严格按照学习计划办事;第三,学习方法正确,即每次确定了学习目标后,都能提前做准备,并通过借鉴他人的经验来选择适合自己的学习方法。

学习要点

1. 了解大学学习的基本概念和特点。

2. 掌握大学学习的基本方法。
3. 掌握大学生常见的学习心理问题与调适。

关键词

大学生学习　学习心理　方法调适

第一节　认识学习
——大学生学习概述

一、学习的概念

学习是人的基本活动之一,也是人生存之根本。学习的概念有广义与狭义之分。从广义上来讲,它是指人和动物的学习。目前许多心理学家较为认同的观点是把学习定义为"基于经验而导致行为或行为潜能发生相对一致变化的过程"。这个定义说明：①学习是一种基于经验的变化过程,也就是说学习只有通过体验才能发生,体验包括个体对外界的认知过程和对环境的适应过程,在体验中完成从不知到知、从不会到会的变化过程；②学习是学习者行为或潜能产生某种稳定变化的过程,也就是说学习可以从人的一些行动中表现出来,或者是让人获得一种改变行为的潜能。

从狭义上来讲,学习就是指人的学习,而大学生的学习就是人类学习的一种,具体是指大学生在大学校园里,在教师的指导下,有目的、有计划、有组织进行学习的过程,其目的是在较短时间内系统掌握科学知识和技能,开发智力,培养个性,形成一定的人生观、世界观和道德品质。

二、学习的类型

对学习进行科学的分类,有利于探讨和把握不同类型学习的特点和特殊规律。但是,由于学习本身的复杂性以及心理学家们依据的标准不同,形成了对学习的各种不同的分类。

（一）依据学习目标分类

美国教育家和心理学家布卢姆认为,有三大类学习,即认知学习、情感学习和技能学习。每一类学习都包括不同水平的目标,其中认知学习依据认知水平的高低分为六级：认识、领会、运用、分析、综合、评价。情感学习包括兴趣、态度和价值观等方面的变化。技能学习包括获得进行批判性思维和建设性思维所需的技能和习惯。

（二）依据学习内容和结果分类

我国心理学家依据中国教育的实际情况及工作需要,把学习划分为四种类型：①知识的学习；②动作技能和熟练的学习；③心智的、思维技能的学习；④道德品质和社会行为规范的学习。

（三）依据学习方式分类

美国心理学家奥苏贝尔根据学习方式,从两个维度对学习进行划分。第一个维度是把学习分为接受学习与发现学习。在接受学习中,教学者把所学的内容以现成的或定论的形式提供给学习者,学习者并不需要去独立发现。在发现学习中,学习者必须自己去摸索规律、创造经验,进而获得知识。第二个维度是把学习分为机械学习和有意义学习。机械学习是指通过死记硬背来积累知识。而有意义学习是指在原有经验的基础上理解材料的新信息。这两个维度之间有可能是交叉进行的。

(四)依据学习水平分类

苏联心理学家彼得罗夫斯基认为,依据学习水平可以把学习分为反射学习和认知学习两大类。反射学习是通过探索和试误来进行的,带有机械的、无意识的性质。例如,马戏团动物的表演,大部分都属于反射学习。认知学习是通过观察、思索、练习、判断等认知活动来实现的。

三、大学学习的特点

(一)学习具有独立性和自主性

大学学习是以教师指导为辅、学生自学为主的学习。与中学学习相比,大学学习少了"填鸭式"的讲授,多了课外自由支配的时间。在中学里是"要我学",而在大学里是"我要学",因此大学的学习强调的是独立性和自主性。

(1)学习时间的自由支配。大学生除了上课外,大约有40%的时间可以自由支配,如晚上自习时间、双休日和节假日等,在这些自由支配的时间里,大学生可根据自己的兴趣爱好多参加一些社团,提高自己的综合素质及人际交往能力。也可以到图书馆多查阅与自己专业相关的资料和参考文献,扩大并补充在课堂上所学的知识。平时还可以选择自己喜欢的学术讲座、专业论坛,参加学校组织的各类竞赛等。甚至还可以依据自己家庭的经济状况选择勤工助学或校外兼职,提高自己的实践能力。

(2)学习内容的自主选择。在大学里,除了公共课和专业必修课外,学生是可以依据自己的专长、兴趣甚至是对教师的喜好来自由选择选修课的。

(3)学习方法的自我调适。在大学的学习中,教师不会规定学生用什么样的方法来学习,只是提出学习的目标和要求。学生完全可以依据自己的习惯和需要来选择合适的学习方法,这也充分体现了高校对学生自主学习能力培养的重视。随着我国高等教育体制改革的不断深化和完善,对人才的要求也越来越高,这就要求大学生必须全面发展,培养自己的综合素质,能够主动地、有主见地学习,做自己学习的主人,具有较强的自我意识和主体意识,更快地适应大学学习生活。

(二)学习具有专业性和选择性

大学与中学教育的不同之处在于,中学是基础教育阶段,学生学习的内容不分专业,具有很强的基础性。而大学则是专业教育阶段,其学习的职业定向性非常明显。因此大学的学习目标是学好专业理论与专业技能,为将来奠定基础。大学生在入校前或入校后一段时间内必须根据自己的兴趣爱好及特点选择适合自己的专业,且在学好专业知识的同时,更要在专业基础上拓宽自己的知识面,不断更新自己的学习内容,形成最佳的知识体系,实现"一专多能",以便更好地适应社会。大学的学习给了学生自主选择的权力,这在一定程度上要求学生必须具备一个完善的自我认知系统和较强的自我控制能力,对于意志力薄弱且自我控制能力差的学生来说是一个巨大的心理挑战。

(三)学习方式和途径呈现多样化

与中学相比,大学的学习方式更加人性化、多样化,教师也多采用开放式、讨论式、启发式和探索式的教学。此外,学校还会举办各种类型的讲座、丰富多彩的艺术节会演,创办大学生创业基地等,这些都为大学生学习提供了广阔的空间。大学生除了在课本上学到知识外,还可通过学校图书馆的电子数据库或互联网免费下载各类学习资料,培养自己查找、收集资料的能力。

(四)学习具有探索性和研究性

大学的学习具有一定的探索性和研究性,它是以培养学生卓越的追求态度及发现问题、提出问题、解决问题能力为目标的。在大学的学习中,我们要自己选择"学什么",自己设计"怎么学",并能预测和期望"学到什么程度"。目前,大部分高校都设立了专门的学生科研经费,确立了大学生校级课题申报制度,鼓励学生通过各种科研成果或项目设计、作品设计与制作等方式探索科学研究方法,获得丰富多彩的体验和科学文化知识。

(五)学习具有接受性和创造性

大学的学习是一种以接受性学习为基础的创造性学习,奥苏贝尔提出:有意义的接受性学习,要求学生积极主动地把新知识纳入原有的认知结构,找出新旧知识之间的相同点和不同点,不断重建和完善自己的认知结构。因此,有意义的接受性学习将为学生的创造性学习打下扎实的基础。大学校园强调"第一课堂"和"第二课堂"相结合,实际上就是以接受性学习为根本,激发学生学习的需求和兴趣,以扎实的专业文化为基础,培养学生的创新意识和潜能。

第二节 理解学习
——学习影响因素及考试焦虑

一、影响学习的心理因素

研究发现,学生在学习过程中会受到心理状态或心理因素的影响,严重的会影响学生学习的积极性、兴趣、学习进程和学习结果。学生在学习过程中的心理结构包括学习动力、智力以及自我评定等诸多因素,但综合起来可以概括为智力因素和非智力因素,而学习的效果就取决于智力因素和非智力因素的共同作用。

(一)智力因素是学习和成才的必要心理条件

心理学家普遍认为,智力因素包括注意力、观察力、记忆力、思维力和想象力,并以思维力为核心。学习过程是以一定的智力发展水平为前提的心智活动过程。有些人受遗传基因的影响,天生就具有超高的智力水平,学习效率较高。但在现实生活中,这种"天才"学生还是极其少见,大部分人在智力水平上并没有多大的差异,而真正影响学习好坏的却是非智力因素。

(二)非智力因素是学习的重要心理条件,它取决于一个人愿不愿意学习

有研究表明,成功者与不成功者之间在智力发展上并没有什么大的不同,成败主要是取决于进取心、自信、意志、情绪情感、个性等。广义的非智力因素是指智力因素以外的心理因素(不包括非心理因素,如体质);狭义的非智力因素是指动机、兴趣、情感、意志、性格等,这些因素才是真正影响学生学习的关键因素。例如,有些大学生虽然智商很高,但学习动机不正确,产生厌学情绪,进而不愿意面对学习,这种恶性循环的结果必然会阻碍大学生的学习,严重的还可能会患上心理疾病。因此只有心理健康状况良好,才

能激发学生积极的学习动机和浓厚的学习兴趣,形成良好的个性品质,从而促进学习能力的发展和学习效率的提高。

二、考试焦虑及成因

(一)什么是考试焦虑

考试焦虑是人由于面临考试而产生的一种特定的心理反应,它是在应试情境刺激下,受个人的认知、评价、个性特点等影响而产生的以对考试成败的担忧和情绪紧张为主要特征的心理反应状态。由于考试压力过大还可能会引发系列异常生理、心理现象,包括考前焦虑,临场焦虑(晕考)及考后焦虑。心理学认为,心理紧张水平与活动效果之间呈倒"U"形曲线关系。紧张水平过低和过高,都会影响成绩。适度的心理紧张,对考试有激励作用,可产生良好的活动效果。但过度的考试紧张则会导致考试焦虑,影响考场表现,并波及身心健康。所以适度的焦虑不用担心,它对复习效率和考试成绩有帮助。但如果这种焦虑已超出了自己的极限范围,则要引起高度重视。

(二)考试焦虑的心理成因

考试会产生过度焦虑主要有客观和主观两方面的因素。

(1)主观因素:自我期望过高,希望自己考试成绩非常优秀,带有较强目的性去考试;平时书念得少,知识准备和应试技能不足,担心挂科;有些同学自信心不足,自尊心强,又害怕失败,虽然已复习好了,但还是担心自己考试失利,缺乏信心;希望拿奖学金、保研等因素也会产生考试焦虑。

(2)客观因素:来自父母的压力,父母普遍有一种补偿心理,期望通过子女来实现自己的理想;同学之间的竞争,使大家害怕别人超过自己,尤其是成绩好的同学之间的竞争更是激烈,彼此间有一种对抗心理,久而久之会产生疲惫和劳累,从而产生无形的心理压力;还有一些同学考前身体状况不好,容易产生焦虑。

三、考试焦虑的调适方法

(一)学会考前放松

首先,允许自己每天至少有半小时的放松,这里的放松不是娱乐休闲,而是做一些有利于心情保持平静的放松训练。可以找个安静的地方,放慢呼吸,在深呼吸练习的带动下,让自己把注意力集中于觉察身体每一部分的放松,然后进入积极的冥想,或者在大脑中不断重复一些积极的语言。其次,在越艰难的时候,越要给自己设置一段运动的时间,散步、跑步、打球都可以,每天30~60分钟不等,运动促进自身的新陈代谢,可以帮助自己尽快缓解焦虑。

(二)使用科学学习方法

首先,按照记忆的特点,安排好复习时间。遗忘一般"先快后慢",会受序列效应的影响,因此,复习内容应是交替式的,今天复习了之后隔两天还需要复习前面的内容,而不是等整轮复习完了再开始下一轮的复习。其次,做好复习中的自我监控。如果时间来不及,我们可以先做个小测验,把自己已经掌握的知识点先区分出来,这样就可以把时间花在刀刃上。最后,边复习边调整学习计划。计划定下来不是一成不变的,只要不影响总体计划,而且学习效果不错,计划是可以调整的,我们可以依据自己的状态加快或者减缓复习速度。

(三)学会使用积极暗示

要杜绝用"完了""我糟糕透了""我要挂科了"等这种消极的语言暗示自己。在焦虑时学会接纳自我,你应该意识到,所有的"焦虑"都不是别人给你的,而是来自你自己。所有的"好"与"坏"、"优秀"与"逊色"都是你自己做出的选择,你有权利去制定游戏规则。"人生是一串由无数的烦恼组成的念珠,乐观的人总是笑着念完这串念珠的。"所以,你可以经常告诉自己:"不就考个试吗?这有什么难的!我肯定会过的!即使不过也还有补考和重修的机会!怕什么,加油就好!"

(四)保持充足的睡眠

睡好觉很重要,想要尽快进入睡眠的诀窍之一就是在睡前将体内温度与体表温度的差值尽量缩小,使其接近睡眠状态时的差值,这样就能实现尽快进入睡眠状态。在睡前缩小我们体内温度与体表温度的差值的方法有以下几种:睡前沐浴、足浴;还有就是在睡前不要做刺激大脑的事,比如喝咖啡、看自己非常感兴趣的电视剧、文章、复杂的研究报告等。如果实在睡不着,这里有一个小诀窍:数自己的呼吸。因为数自己的呼吸是一项单调的任务,数着数着你就很容易进入睡眠状态。但是要注意数的时候专心一些,不要去想别的事情。

(五)寻求专业帮助

当你的焦虑超出自己的能力控制范围时,可以及时寻求专业人员的帮助,比如到学校心理咨询中心预约老师咨询或找班主任谈一谈。当然,伤心难过时,找朋友、家人、同学聊聊也是不错的选择。

第三节 掌握学习
——大学生创新能力培养

一、学习能力概述

学生要适应未来社会发展的需要,就必须学会学习,因此学习能力已成为当代大学生的核心竞争力,是大学生解决一切问题的最基本能力,也是大学生在理论学习和实践过程中所必须具备的最基本心理素质。学习能力是一个结构复杂且多维度、多层次的心理现象,它是其他能力的基础,是在很多基本活动中表现出来的一种较为稳定的心理特征,包括观察力、记忆力、视听觉能力、思维能力、分析能力、抽象概括能力、意志力和理解能力等。学习能力作为现代大学生能力结构的组成部分之一,是指学生用以指导自己学习活动的策略和技能的总和,这些策略和技能是学生通过自己的学习活动获得和形成的,学习能力的提高过程就是学生从"不会学"到"会学"的逐渐转变过程。

二、大学生学习能力的培养

大学生要想提高自己的学习能力,应该注重以下几个方面能力的培养。

(一)认知能力的培养

认知能力是指大学生运用科学的学习策略和学习方法独立地获取、加工、提取、处理所学的学科信息,以及分析和解决实际问题的能力。认知能力的培养包括思维能力、自主学习能力和实践操作能力的培养。

在大学里,自主学习能力和实践操作能力非常重要,它是大学生开展学习必不可少的条件。大学四年的学习过程,大体可分为"基础学习""专业学习""实践学习"三大阶段,而大学生自主学习能力和实践操作能力的培养就贯穿在这三个阶段当中。首先,基础课学习阶段主要是培养自我设计的能力,如以其他同学作参照找出自己的不足之处,看自己与其他同学的差距在哪里,明确自己的努力方向,对自己有一个最基本的正确评估,为未来四年学习生涯做一个简单的设计和规划。其次,在专业学习阶段,先对自己所学的专业有一个全面、深刻的了解,包括其难易程度、未来发展方向、社会功能和就业前景等,然后依据自己的基础条件和对专业的正确理解设计具体的学习目标及发展方向,并在学习的过程中针对不同的"学期"和"课程",动态地调整和修改目标。最后,在实践学习阶段,通过参加各种课外活动提升自己的应用和创新能力。如可以积极参加学校社团活动。一般来说,这类社团通常会为学生提供学习、交流和展现才能的机会,通过这些活动,同学们可以达到创造性学习的目的。当然,也可以参加学校或学院举办的系列学术讲座和报告,通过这些学术讲座和学术报告,学生可以了解学科前沿的新动态、新知识,增长见识,开阔视野和思路。或是在寒暑假自己找一些单位进行实习,为将来找工作做好充足的准备。

(二) 综合能力的培养

综合能力是在基本认知能力的基础上,综合运用有关知识、技能和策略而形成的能力,它包括自我监控能力和科研能力的培养。

大学生要在学习过程中进行自我体验、调节和监控,并通过不断的自我评价,适时调整学习方法,才能保证学习任务的完成。只有在体验学习变化的过程中才能弄清楚导致变化的原因,从而进行有效的调整。首先,大学生要清楚了解自己每个学习阶段的特点,把握自己的学习节奏。其次,要明确各学习阶段之间的关系,这样就知道自己在进入下阶段学习时还需具备什么样的知识水平与结构。再次,稳定自己的学习情绪,学习过程中情绪低落时,可以采用合理发泄、注意力转移、迁移环境等方法把自己不合理的情绪宣泄和释放出来,待心情平静后再进入学习状态。最后,要强化学习的意志力。确定了学习目标就要想方设法达到,当然也可以在小框架范围内做适当的调整。大学生提高自控能力的最根本方法就是明确自我、树立目标、制订计划、保持乐观心态。

科研能力的培养也是大学生综合能力培养的一个重要环节,在大学校园中,很多同学却很容易忽视这一点。其实,大学生在大二或大三的时候就可以尝试做一些科研论文,例如,申请校级学生课题,在专业老师的指导下进行研究、设计,并通过完成课题来增强自己的科研能力。当然学生也可以参加一些导师的课题项目,以丰富自己的科研经验,为日后完成毕业论文和毕业设计打下基础。

(三) 学习策略能力的培养

"工欲善其事,必先利其器。"只有学习方法正确,才能达到事半功倍的效果。大学生虽然在中小学时期已形成了独立学习的能力,并掌握了一些好的学习策略,但基本上还停留在机械地读、背、抄上,较少会使用精细加工和组织策略。在大学里,随着专业学习的不断深入,只有更加科学、有效的学习策略才能帮助大学生学好专业。学习策略能力是指大学生在借鉴别人学习经验的基础上,能依据自己学习内容的特点和实际情况,逐步摸索出有效的学习方法和策略的能力。学习策略能力的培养可从以下几个方面入手。

1. 激发学习动机,培养学习兴趣

学习动机和兴趣是学习的内部动力,在适当的学习动机作用下,学生会表现出求知欲并积极主动地学习。不同的学习动机决定了学生会选择什么样的学习策略及会达到什么样的学习效果。大学生要

把自己的目标放长远,要明白学习不是为了别人,也不是与他人争名利,而是为了自己综合素质的提高,要尽量将学习的成败归因于自己的努力程度和一些可控制的因素。例如,考试没有考好,可能是自己复习不到位,或没有抓住老师讲的重点,也可能是自己太粗心大意或考试过于焦虑等。这样才能提高自我效能感,在不断强化自身认知的基础上逐步培养学习兴趣,学习兴趣和学习动机是相辅相成的。

2. 合理管理学习资源

学习资源的管理主要包括对学习时间、学习环境、学习心境和学习工具的管理,学生是否善于有效管理与利用自身及学习环境中的资源,会深刻影响其学习效率及学习质量。

首先,在时间管理策略上要掌握好三个总原则和五大法则。三个总原则是:统筹安排学习时间,高效利用最佳时间,灵活利用零碎时间。五大法则是:设立明确的目标,列一张总清单,用80%的时间来做20%最重要的事情,保证"不被干扰"时间,同一类的事情最好一次把它做完。也就是说,在学习过程中一定要确定好学习任务的轻重。而时间的机动性也要掌握好,除了安排好每天必需的上课时间、工作时间、自习时间和休息时间外,还要留有一定的休闲娱乐等弹性时间。

其次,学习环境的挑选也是非常重要的,当然是因人而异。如果你对声音不是很敏感,那么在宿舍或自习室看书都是可以的,但如果你对环境的要求非常高,则可以选择在图书馆、考研教室学习或是自己租房住,以减少他人对自己学习的干扰。

再次,在学习过程中还要尽量保持愉快的心情,多挑选一些中等难度的学习任务去完成,这样有利于激发自己对学习的兴趣和自信。

最后,还要善于利用人力资源和图书工具。在学习过程中遇到了困难应及时寻求同学或老师的帮助,或是查阅学校图书馆的书籍、电子书库和网络。

3. 掌握有效的学习方法

大学学习要有科学的学习方法,要勤于思考,多想问题,要把握好以下几个主要环节:预习、听课和记笔记、做作业和考试。

(1)预习。大学老师讲的东西不全在教科书上,比较灵活,如果事先不预习,一堂课下来会感觉云里雾里,考试也就抓不住重点了。所以,大学学习最好课前先预习老师指定的参考书,这样不仅可以培养自己独立思考问题的能力,还可以提高学习新课的兴趣,掌握学习的主动权。

(2)听课和记笔记。在大学里,上课时不要忙着记笔记,关键是要仔细地听老师的讲解及提问,开动脑筋思考,如果真正听懂了再记下来也不迟。下课后,要坐在座位上好好地花几分钟回想一下这堂课老师所提的问题及其包含的中心思想,这样就可以巩固一堂课听到的内容。每天晚上,根据课堂上听到的和下课后想到的,整理出自己的学习笔记。钱伟长先生曾经给大学生讲过这样一个故事:"我有个同学叫林家翘,现在是美国麻省理工学院教授、美国国家科学院的院士,他的课堂笔记除每天晚上整理一次,写出一个摘要外,每个月他还要重新整理一次,把其中的废话全删掉,把所有的内容综合起来,整理出一个阶段的学习成果。每学期结束复习时,一门课的笔记经过综合整理后,只有薄薄的一本,大概18页吧。一个学期所学习的知识,就完全消化成了他自己的东西,他复习时就看这个,边看、边回忆、边思考,每次考试都名列前茅。这种记笔记的方法,就是要把教师和别人的东西,经过认真的思考和消化,变成自己的东西。林家翘分三个阶段记笔记的过程,就是一个不断消化的过程,通过这种过程来加深对知识的理解。"钱伟长说:"我只分了两个阶段,现在我很后悔,我要分三个阶段,学习效果一定会更好。"

(3)做作业和考试。其实做作业是一个巩固和消化知识的过程,而考试是检验学生掌握知识的程度,它们都起到及时找出薄弱环节并加以弥补的作用。做作业的过程中一定要举一反三、触类旁通,对考试也要有正确态度,不作弊,不单纯追求高分,要把考试作为检验自己学习效果和培养独立解决问题能力的演练,只有这样,学到的知识才会更扎实。

三、大学生创新思维潜能的开发

创新思维是一种具有开创意义的思维活动,它是以感知、记忆、思考、联想、理解等能力为基础,以综合性、探索性和求新性为主要特征的高级心理活动。创新思维是一种以思维的流畅性、新颖性和独特性为特征的思维风格和思维取向,是整个创新活动的核心,需要人们付出艰苦的脑力劳动。

(一)大学生要努力培养自己的创新意识

创新意识是指大学生本身具有的探索、求新、求异的需要和动机,它会激励大学生勤于思考,发现并提出问题。所以,开发创新思维潜能的第一步是树立创新意识。只有在强烈的创新意识引导下,才可能产生强烈的创新动机,树立创新目标,充分发挥创新潜能。因此,大学生在课堂中要具有敏锐的洞察力和丰富的想象力,勇于突破思维定式的束缚,敢于提出问题,并在学习中坚持不唯上、不唯书,只唯实,课后把学到的知识广泛地迁移到学习新领域的知识中去。

(二)大学生要多参加社会实践,培养自己的创新人格

当代大学生个性鲜明,渴望成功,强烈希望拥有创新人格,因为这种创新人格能引导他们在现实面前勇于进取、开拓创新,实现自己的理想和追求,但创新人格是需要在社会实践的土壤上培养起来的。目前,高校大都在努力创办大学生创新实践活动基地,如大学生孵化中心、大学生创业基地等,学校也经常有计划地组织学生参加社会调查、访谈等活动,让学生学习课堂里学不到的知识,甚至有些高校借鉴国外的实践经验,吸收大学生参加教研室的科研工作,或在寒暑假成立境外研习团,组织学生直接到境外去体验学习和生活。这些都为大学生创新人格的培养奠定了良好的基础,所以大学生一定要抓住这些实践机会,培养自己的创新意识。

第四节 适应学习
——学习障碍及调适

学生从中学升入大学,生活、学习环境以及人际关系都发生了重大改变,很容易引起一系列不适反应,特别是在学习动机、情绪、意志、性格、理想信念等方面会存在一些问题和不良倾向,使大学生产生学习心理障碍,若不及时调适,必然会影响正常学习活动,以及智力的开发和创新能力的发展。因此,深入了解学生的学习心理状况,及时发现问题并适当调适,是非常重要且必要的。

一、大学生学习动机障碍及其调适

在大学里,我们经常听到学生说"学习没有劲""学习没兴趣"或是"我很努力了,但总觉得成绩不够好,达不到预期目标"等,这部分学生学习成绩不够理想的原因是学习动机缺乏或过强,进而影响学习效果,严重的还会带来一系列心理问题。心理学家研究发现,动机强度在一定范围内、依据学习内容的难易程度能够对学习效率产生正面影响,动机水平过低或过高都会对学习产生不利影响。

(一)大学生学习动机障碍的表现

学习动机障碍是指大学生由于学习动机缺乏或过强而产生的一系列学习心理问题,其表现主要包括以下几个方面:①没有明确的学习目标或目标太高无法实现;②自我效能感低或有争强好胜心理;③学习过于放松或强度过大。

(二)大学生学习动机障碍产生的原因

(1) 个人原因,这也是最主要的原因。进入大学的学生很容易走两种极端,一种是由于缺乏自我效能感,再加上学校和专业不理想,导致社会责任感不强,学习目的不明确,对专业没有兴趣。如果不加以调整,久而久之形成恶性循环就很容易产生厌学情绪,再加上社会上各种不健康思想的影响,会使大学生失去努力学习的动机,不愿再奋斗。另一种是学生有很强的学习欲望,但他们的学习是建立在不恰当的认知模式之上的。例如,有的大学生具有完美主义倾向,认为自己非常优秀,一定要在学习上超过别人;有的大学生带有一定的补偿心理,因为家境贫寒或相貌平平,自己又无其他特长,于是力图通过优异的学习成绩弥补上述不足,等等。

(2) 社会和家庭的原因。在社会方面,大学生择业机制尚不完善,实用主义、拜金主义比较盛行,而且就业中存在的一些不合理、不公平现象也不同程度地影响了大学生学习的积极性;在家庭方面,有些家长不重视孩子的成长教育问题,没有给大学生创造温馨、和睦的家庭环境,认为学习好不好无所谓,只要能挣到钱就是硬道理。而另一些家长往往在孩子身上倾注太多不恰当的期望,对其提出过高的要求,导致其学习压力过大,无法承受。

(3) 学校方面的原因。一些大学专业设置不合理,在一定程度上脱离实际需要;校园文化与学习氛围不理想,学习风气不好;教师教学水平有限、授课方式单调乏味;学校太过于看重学习成绩等,都会导致学生产生学习动机障碍。

(三)大学生学习动机障碍的调适

(1) 明确学习意义,培养专业兴趣。大学生不能只把学习的目标定位于实现父母的期望、为了将来能找到好工作或是为了毕业拿文凭等,而是要认识到学习是自己发展的需要,也是提升自己的综合素质和适应社会的需要,领会学习的价值,才会有责任感和使命感,从而增强学习的欲望。当然也有部分学生对所学的专业不感兴趣,兴趣并不是天生的,而是要不断深入了解自己的专业,同时带着问题去思考,产生自己的观点,当在学习中获得了满足感,并产生了愉快情绪后,就会慢慢产生对专业的兴趣。

(2) 改变不恰当的认知模式,进行正确的归因。很多大学生在学习过程中很容易会产生一些不合理的信念,如"我付出了努力,就一定会取得成就""只要我成绩好,其他都无所谓""我学习总学不好,一定是自己太笨"等。如果总把学习的焦点放在结果而不是过程上,那必然会承受不住失败的打击,从而产生退缩心理,所以大学生一定要找出学习上的一些不合理观念,做正确的归因。比如"我付出了努力,成功的概率就会大一些""我这次没有考好,可能是学习方法有待改进,下次一定要吸取教训"等。大学生要依据正确的认知模式进行合理的归因,才能保障学习的有效进行。

(3) 正确评价自我,增强自我效能感。大学生在学习中一定要客观评价自我,要在充分、正确地认识自己能力的基础上确立适当的学习目标,既不放松要求,也不好高骛远、过高估计自己的能力。在学习过程中一定要有阶段性,先从容易的目标开始,取得了效果后再自我反思并让身边的朋友进行评价,从而总结经验,再挑战下一个目标。从易到难,这样不仅可以很好地调节自己的抱负水平和期望值,正确评价自我,增强效能感,还能培养对学习的兴趣。

二、大学生学习注意力障碍及其调适

（一）大学生学习注意力障碍的表现

注意力是指人的心理活动对一定对象的指向和集中，它是人进行观察、思考和想象的一种准备状态。如果人的注意力产生了障碍，就很难集中精力去清晰地感知一定的事物并深入地思考问题。而在学习上，注意力障碍的主要表现有：①上课容易开小差，不能专心听课；②在学习中很容易受无关刺激的影响，如总觉得老师的穿着怪怪的，甚至别人不经意的咳嗽或拨弄头发都能干扰自己的学习；③胡思乱想，反应迟钝，学习时心猿意马，还总做些小动作，如不停地转笔、抖腿、玩手机等，不能及时把注意力转移到学习上来。

（二）大学生学习注意力障碍产生的原因

在医学上，很多专家认为注意力障碍是与脑部前额叶有关，或是小脑发育不良使其没有适当地发挥功能造成的。实际上，大学生注意力障碍多数是由心理因素造成的，即无意注意增强，有意注意减弱。大学生在学习过程中很容易被无关的事物所吸引，如网络游戏、手机小说、流行音乐和电视剧等，同时他们的学习自控能力也较差，学习的自觉性和意志力相对薄弱，很难保证长时间的学习活动。目前，大学生注意力不集中的主要原因有：对学习活动的认识不足，认为老师讲课太枯燥，不想听，认为做作业多此一举，因而缺少学习的自觉性；学习动机不强，尤其是新生，刚参加完高考，想放松一下，加上离毕业尚早，出现了"理想间隙期"，导致学习动机较弱；所学专业不对口，学习兴趣不高，如果考上的不是自己理想的学校，就会失落感很强，很难把心思放在学业上；没有明确的学习目标，没有压力，没有紧迫感，没有计划，缺乏自控力；未形成良好的学习习惯，参加太多的社团活动，导致身心疲惫，精力下降。此外，学生也很容易受学校或班级的一些不良学习风气的影响，造成注意力难以集中。

（三）大学生学习注意力障碍的调适

（1）明确学习目标，强化学习动机。学习注意力障碍的最主要原因是缺乏学习动机和兴趣，学生如果没有明确的学习目标，不去深入地了解自己所学的专业内容，就很难培养浓厚的学习兴趣。所以大学生在大一就要做好自己大学四年的学习规划，分阶段、分内容地一步步完成，这样才能够约束自己并集中精力去学习。

（2）养成良好的学习习惯，保持最佳的学习心态。每个人都有自己的学习风格和习惯，有的人喜欢晚上看书，有的人则喜欢白天看书，有的人喜欢在热闹的环境下思考问题，有的人却喜欢静静地一个人学习。总之，每个人都可以依据自己的学习风格养成良好的学习习惯，并做到劳逸结合，使自己始终以一种愉快的心情来学习。

（3）进行科学的注意力训练。注意力训练的方法有很多种，这里介绍一种国际上比较流行且最简单也最有效果的视觉定向搜索训练法，即舒尔特表（见表6-1）训练法。一张有25个小方格的表中，将1~25的数字顺序打乱，填写在里面。然后以最快的速度从1数到25，要边读边指出来，同时计时。研究表明：7~8岁儿童按顺序找出图表上数字的时间是30~50秒，平均40~42秒；正常成年人看一张图表的时间是25~30秒，有些人可能会缩短到十几秒。可以自己多制作几张这样的训练表，每天训练一遍，注意力水平会逐步提高。

表 6-1 舒尔特表

21	12	7	1	20
6	15	17	3	18
19	4	8	25	13
24	2	22	10	5
9	14	11	23	16

三、大学生学习疲劳及其调适

"学习疲劳"是心理学及教育学中的重要概念，它是指人由于长时间地持续学习，在生理和心理方面产生了怠倦，致使学习效率下降，甚至到了不能继续学习的状态。

（一）大学生学习疲劳的表现

学习疲劳的表现形式有很多种，但主要可归纳为两大类，即生理疲劳和心理疲劳。

（1）生理疲劳的表现。生理疲劳主要表现为体质明显下降、经常感冒发烧、睡眠质量下降、脸色苍白、四肢无力等。这是由于长期高负荷地学习，加上四肢缺乏运动、周身血液流通不顺畅，导致大脑神经介质失调，从而出现明显的肢体反应，严重的甚至会出现腰酸背痛、肌肉痉挛、麻木、眼球发疼等症状。

（2）心理疲劳的表现。心理疲劳现象可表现为心理焦虑、情绪躁动、学习效率低、没有成就感、心情忧郁、精神萎靡不振等。

（二）大学生学习疲劳产生的原因

学习疲劳产生的原因是多种多样的，它不仅取决于个人学习内容的性质和数量，也和一个人的学习动机、学习态度、学习兴趣等特点以及周围环境条件有关。在学习动机方面，很多学生认为高考过了要好好放松或是认为大学的学习没有什么现实意义，因而对学习缺乏兴趣；在学习态度方面，有的学生太过于强调学习，由于学习持续时间过长，不能劳逸结合，再加上对可能取得的成绩顾虑重重，寝食难安，焦虑万分，反而形成恶性循环，造成学习上的心理疲劳；在学习方法上，有的大学生没有找到窍门，虽努力学习，却总成绩平平，久而久之，学习劲头松懈，成绩就更差了。也有许多研究指出，只要是需要紧张的注意、积极的思维和记忆的学习活动，都容易发生疲劳。不愉快的学习较愉快的学习更容易使人疲劳，学习内容的单调性也会引起心理疲劳。另外，在异常的气温、湿度、噪声以及缺氧、光线不良等外界环境条件影响下学习质量和效率也会降低。

（三）大学生学习疲劳的调适

（1）合理安排学习，调整学习节奏和方法。首先，要注意学习内容的性质和数量问题。如果每天学习的内容过难、过多，心理负担就会过重，容易引起学习疲劳。所以要合理安排各科学习时间及内容，在学习过程中要做到难易结合、有张有弛。其次，在学习方法上要注意把接受性学习转化为发现性学习。大学的学习多且杂，长时间处于被动接受状态很容易感觉疲劳，如果能够改变学习方法，有意识地去主动吸收知识，学习效果可能会更好些。例如，上课前先把要学的东西思考一遍，上课时积极提问，下课后又和同学讨论、分享等，这种互动的学习过程不仅不会使人感觉疲劳，而且对所学的知识会记得更加牢固。

(2) 转换学习环境,劳逸结合,保持轻松的学习心情。学习疲劳是可以通过学习环境的改变和适当的休息而得到缓解的。大学生长期在图书馆、教室或宿舍这种狭窄的空间环境学习,由于空气不够流通以及不同程度噪声的影响,很容易产生学习疲劳。如果能适时地走出去,找一个环境幽静且空气新鲜的地方学习,是能缓解疲劳、提高学习效率的。各种研究表明,休息也有缓解疲劳的作用,尤其是午睡,对恢复因白天活动而产生的疲劳是很有效的,所以大学生应注意养成午睡的习惯。但休息也不一定都是消极的不活动,也可以是积极的,如听一些轻松欢快的音乐、做喜爱的运动、看轻松幽默的电影等,不仅能使心情愉快,而且能有效地清除因过度学习而带来的负面情绪。

(3) 掌握预防和消除学习疲劳的方法。大学生在学习中感到疲劳时,可以采用休息与运动的方式来缓解大脑疲劳状态,在这里主要介绍一种单侧体操法。由于人脑左、右两半球功能不同,左脑偏重语言、概念、数字等逻辑推理功能,而右脑偏重音乐、空间想象等综合功能,所以研究者提出可以通过做单侧体操锻炼来消除对侧半脑的疲劳,例如,如果左半球疲劳就做右侧体操锻炼,如果右半球疲劳则做左侧体操锻炼。方法如下:首先全神贯注地站立并目视前方,左(右)手紧握拳,左(右)腕用力,屈臂,慢慢上举到最大限度后还原,重复8次;其次仰卧,左(右)腿伸直上举,然后倒向左(右)侧,但不能挨地,再还原,重复8次;再次直立,左(右)臂向左(右)侧平举后再上举,头不能动,右(左)臂上举,平举,还原,重复8次;然后侧卧,身体向左(右)倾倒,以左(右)手和左(右)脚尖支撑身体,左(右)臂伸直,呈斜侧卧姿势,屈左(右)膝以起身还原,重复8次;最后俯卧,翘起脚尖,像俯卧撑那样用腕和脚尖支撑起身体,重复8次。

(4) 懂得享受学习。大学生要学会享受学习,这样就会感觉比较轻松愉悦,不仅如此,因为具备了享受学习的能力,将来到工作岗位时,也能很快学会享受工作,这样一来,就会进入良性循环。

心理广角

伟大领袖毛泽东青少年求学时常常把书籍拿到闹市上去读,锻炼自己专心学习的意志力;伟大的革命导师列宁连坐在理发店排队等候理发时都要阅读报纸;雷锋在汽车启动前都要读一会儿名人著作,并且坚持每天写日记。著名作家托尔斯泰从六七岁开始,就养成了写日记的好习惯,把每天有趣的事记下来。九岁的时候,他专门写了《外祖父的故事》,里面记满了外祖父打仗时的非凡经历和有趣故事,他还喜欢收集激励自己的名言警句,记了满满一本,后来,收集名言警句成了他一生的习惯。托尔斯泰经常把自己关在书屋里,终日与书为伴,专心研读,然后开始自己创作。丰富而深厚的知识积淀使他的文学作品传播到世界各地,感动了一代又一代人。可以说,好习惯成就好人生。

反思体验

1. 大学学习有哪些特点?
2. 当你在学习中遇见心理困扰的时候,你会怎样调适?
3. 请反思一下自己的学习方法,有什么需要改进的吗?

心理测验

在学习过程中,时间管理是非常重要的,一个人如果没有很好的时间观念,他在学习战略上就已输给别人了,现在我们来测试下自己的时间管理能力如何?(出自张大均主编的《大学生心理健康》,清华大学出版社2007年版)

1. 指导语

请仔细阅读下面每句话,并将代表频率的数字填在每道题前的括号里,1表示"从不";2表示"偶尔";3表示"时常";4表示"总是"。

（　　）(1) 考试前我必须要"抱佛脚"。

（　　）(2) 我能够按时交课后作业。

（　　）(3) 我觉得自己每天都有充足的睡眠。

（　　）(4) 我计划好了每周与朋友们玩耍的时间,并且通常可以按原计划行事。

（　　）(5) 当需要完成一篇论文时,我总是拖延到最后几天才开始写。

（　　）(6) 我经常因为时间紧而取消其他活动项目。

（　　）(7) 我通常可以按时完成学习任务。

（　　）(8) 我经常因为不能完成老师布置的任务而找各种借口。

（　　）(9) 我对自己目前的时间规划很满意。

（　　）(10) 我心头总有事情悬着,但就是没有时间去完成它。

2. 评分标准

分数 A:将(1)、(5)、(6)、(8)、(10)题前括号里的数字相加得出总分。

分数 B:将(2)、(3)、(4)、(7)、(9)题前括号里的数字相加得出总分。

如果分数 B 大于分数 A,你可能经常拖延任务;如果分数 B 小于分数 A,说明你能够很好地管理自己的时间;如果两个分数相等,你可能偶尔会拖延任务,但还没有养成习惯。

第七章　驾驭情绪，把握快乐
——大学生情绪管理

案例导读

小花是一名大三学生，最近失恋了，却一直接受不了和男朋友分手的事实。她在这份感情上付出了很多，男朋友不仅干脆利落地提分手，而且很快就找了新的女朋友，这让她觉得自己很不幸。可是她又一时忘不了前男友，这种爱恨交织的感觉导致她情绪低落、郁郁寡欢，甚至不想去上课。这种情绪严重影响了她的正常生活，最终，她到学校心理咨询中心寻求帮助。咨询师给她做了放松训练，在舒缓了她的紧张情绪后，给她做了一个情境测试。咨询师说："假如有一天，你拿着好不容易做好的一个帆船模型出门，准备送给你好朋友当生日礼物。路过公园长凳时，你发现长凳底下有一张50元的钞票，于是你把模型放在凳子上去捡钱。可就在这时走过来一个人，他坐在了椅子上，把你的模型压碎了，这时你会怎么想呢？"小花说："我一定非常气愤，他怎么那么不小心呢，随便损坏别人的东西，太没有礼貌了！"咨询师接着说："那我现在告诉你，他其实是一位盲人，你又会怎么想呢？"小花摸摸头，想了一下说："我可能就不会那么生气了，甚至还会同情他，还好我没放什么尖锐的东西在上面，否则就要伤害到他了。"咨询师会心地一笑，说："你看，同样的一件事，你前后的情绪反应完全不一样，你觉得是为什么？""可能是因为我对这件事有了不同的看法吧！"小花说道，"现在我明白了，其实是我自己的想法让自己这么痛苦，俗话说'长痛不如短痛'，既然人家都不爱我了，分手对双方来讲都是最好的解脱，原谅了他也就放过了我自己。"

心理分析

案例中咨询师教给小花的处理失恋情绪的方法，就是我们生活中常被提到的合理情绪疗法。在生活中，引起我们情绪反应的并不是事件本身，而是我们常有的一些不合理的想法和信念，它们让我们产生情绪困扰，被情绪支配，失去理智，影响判断力，从而做出错误的选择和决定。因此，我们要学会做自己情绪的主人，学会管理和关照自己的情绪，而不是任由情绪受他人影响。

学习要点

1. 掌握情绪的构成、类型、作用。
2. 了解大学生情绪的主要特点。
3. 学会管理情绪。

关　键　词

心境　应激　激情　合理情绪疗法

第一节　打开情绪的窗户
——情绪解析

一、情绪及其构成

任何人都有情绪，快乐、悲伤、厌恶、生气、惊讶、感兴趣、恐惧等都是人的普遍情绪。虽然这些情绪之间有着明显的不同，但它们也有一些共性。

情绪包含以下三个部分。

（1）生理唤醒，即身体的变化。每一种情绪都是由内部或外部事件引发、然后将信号传送到大脑和中枢神经系统的，这些信号被传送到大脑，人就被唤醒了，其身体机能也会随着心理变化产生反应。心跳加快、手掌出汗、喉咙发干，这些都属于情绪引发的身体反应。情绪还会带来其他显而易见的变化，比如面部表情、姿势、声音和身体动作等方面的变化。在不同的情绪状态下，人的血压、呼吸、心律以及内分泌、消化系统等都会发生不同的变化。

（2）主观认知。同样的事情在不同人的不同心理状态下能引起不同的情绪体验。综合所有因素，人们能意识到自己正处在一定程度的快乐、悲伤、愤怒或恐惧中，这被称为情绪的主观认知。

（3）外部表现。人们开心时会开怀大笑，难过时会号啕大哭，生气时会暴跳如雷……这些都是情绪的外部表现。

虽然科学家们对于生理唤醒、主观认知、外部表现出现的顺序有不同的看法，但他们一致认为，情绪是由这三方面共同构成的。为了更好地理解它们之间是怎样相互作用的，让我们看看下面这个例子：老师要求李明朗读他写的报告时的情况。

信号传达到李明大脑：老师叫出李明的名字；其他的同学保持沉默；教室后面传出一阵吃吃的笑声。（生理唤醒）

身体反应：李明的嘴巴发干；心跳加快；胃有痉挛的感觉。（生理唤醒）

表现出的反应：李明面带愁容，双肩下垂。（外部表现）

认知反应：李明想到了自己以前在众人面前糟糕的表现，但同时他也非常渴望这次表现得好一点。（主观认知）

情绪：李明感到很紧张。（主观认知）

如果李明的认知反应能聚焦于过去在公开场合讲话成功的经验上，他就很可能会认为自己此刻的情绪是兴奋，而不是紧张。无论是哪种情况，李明都会根据自己的感觉做出最终的判断。即使别人认为李明可以表现得很好，他自己坚持认为当时的情形令他感到害怕，他还是会紧张。这就是为什么面对同样的事情，不同的人会因为认知反应的不同而产生完全不同的情绪反应。

二、情绪的类型

（一）情绪的基本形式

一般认为，"七情六欲"中的"七情"即喜、怒、哀、惧、爱、恶、欲。现代心理学将情绪分为四种基本类型：①快乐，是指人们努力追求某一目标，随着目标实现、紧张状态的消除而出现的情绪；②悲哀，是人们失去目标或有价值的事物所产生的情绪；③恐惧，是人们企图回避某一事物但又无能为力时的情绪；④愤怒,是人们追求某一目标,屡遭挫折,紧张状态不断积累造成的一种情绪。

(二)情绪的状态

人的情绪除了四种基本类型之外,还有三种典型的状态:心境、激情、应激。

(1)心境。心境是一种深入、持久的情绪状态,具有渲染性和弥散性。如绵绵柔情、闷闷不乐、耿耿于怀等。

(2)激情。激情与心境相反,是一种强烈的、短暂的、迅速爆发的情绪状态。如狂喜、暴怒、绝望等。

(3)应激。应激又称应激状态,是指在意料之外、紧急或危险情境下进入的情绪状态。如面对地震等突如其来的灾难,存活下来的人中很多都出现了典型的应激反应。他们害怕自己崩溃或无法控制自己;一直想着逝去的亲人,觉得很空虚,无法想别的事情;不断地期待奇迹出现,却一次次失望;对于地震相关的声音、图像、气味等反应过度;没有安全感,焦虑、失眠、噩梦连连。

三、情绪的作用

(一)自我保护的功能

人们常认为愤怒、恐惧、焦虑等负性情绪是不好的,其实,很多负性情绪与正性情绪一样是生活中必不可少的,如亲人离去时,伤心、难过、痛苦的情绪是处理与离去亲人关系的必要因素,通过这些负性情绪的宣泄表达对离去亲人的不舍,从而缓解心理负担。

(二)人际沟通的功能

我们每个人内心都期待被他人接纳和认可,为了判断自己是否被他人喜欢和尊重,我们会从他人的情绪表达中寻找蛛丝马迹。如果别人对我们微笑,表达了热情、喜悦、善意,我们会进行相应的回应;而当别人向我们表达冷漠、猜疑、排斥、偏执、嫉妒、轻视等情绪时,我们可能会同样表达厌恶、冷漠等情绪。

(三)信息传递的功能

情绪是可以传递信息的,比如,情人之间一个眼神、一个微笑就可传递爱意,知己之间一个表情就能使对方心领神会。

第二节 赤橙黄绿青蓝紫
——多彩的情绪

一、大学生情绪的特点

(一)两极性与不稳定性并存

大学生生命力和精力旺盛,有激情、有热情,充满朝气和活力,因而他们会表现出乐观、活泼、开朗等积极情绪体验。然而,虽然他们的身体已经成熟,但心理上还处于"断乳期",这给他们带来了众多的冲突与矛盾,使他们容易产生焦虑、抑郁、自卑等消极情绪。而且情绪非常不稳定。这种不稳定性表现为情绪很容易从一个极端走向另一个极端——得到支持和鼓励时,就精神振奋,在遇到挫折和打击时,就万念俱灰。在情绪支配下他们很容易做出冲动的决定,给自己和他人带来无法弥补的伤害。

（二）深刻性与细腻性并存

情绪的产生与需要是否得到满足息息相关。当需要没有得到满足时，人们容易产生抑郁、沮丧、自卑、恐惧、浮躁等负面情绪。随着自我意识的不断发展、自我审视能力的提高，以及各种需要和兴趣的扩展、外界事物与心理需要矛盾的缓解，大学生的情绪体验会变得更加细腻、敏感、深刻。

（三）复杂性与内隐性

个体的情绪体验与其外部行为表现通常是一致的，但是由于自控能力和自我意识提升，很多时候为了满足个体内部自尊和自我需要，大学生情绪的体验与外部表现并不一致，情绪具有复杂性和内隐性。

（四）差异性与阶段性

不同的大学生群体常常表现出不同的情绪特点。例如，相比男生，女生存在更多情绪问题，更容易出现抑郁、焦虑、无助等情绪。此外，由于不同年级的大学生所面临的压力和要应对的主要问题不同，所以其情绪特点也不同。大一新生的自信和自卑混杂，轻松与压力并存，情绪复杂且不稳定；大二学生情绪稍稳定，但随着他们逐渐融入大学生活，没有找到目标的人容易盲目、困顿；到了大三、大四，由于面临着未来去向的重大选择，压力大、消极情绪较多。

二、大学生常见的情绪困扰

（一）自卑

自卑是一种自我的压抑，是自尊心和虚荣心受到压抑，而又无法反抗、无能为力时所体验到的情绪。自卑的人往往会过低地评价自己，常常只看到自己的短处，无视自己的潜能，在现实生活中则可能表现为孤僻自闭、敏感、不自信、寡言少语。

（二）焦虑

美国精神病学教授布莱克曼在其著作《心灵的面具》一书中指出焦虑是一种不愉快的感受加上对可怕事件的猜想。我们处于一个瞬息万变的时代，科技的进步让我们的生活日新月异，随时发生的变化使得人们普遍存在焦虑感。

焦虑在大学生中也普遍存在。哈佛大学一项调查发现，越来越多的学生面临心理健康危机。调查称：过去的一年中，有80％的哈佛大学学生，至少有过一次感到非常沮丧、焦虑；有47％的学生至少有过一次因为太焦虑而无法正常做事。如果一个人在遇到学习成绩不理想、失恋、生活受挫、家庭发生变故等挫折后，丧失学习和工作的兴趣及动力，反应迟钝、无精打采、拒绝交际、回避朋友，并伴出现食欲减退、失眠等症状，他可能正被焦虑侵袭。

从医学角度看，适度的焦虑不是坏事，它可以视为一种忧患意识，能使人警醒，催人奋进，具有积极的意义。但过度的长期的焦虑会危害人的心理健康，不仅会对人的生活造成影响，还可能引发多种疾病。因此，如果产生了焦虑情绪，应正视事实，不要回避，反思自己的生活方式与生活处境，并积极主动地寻求解决之道。

（三）抑郁

美国精神病学教授布莱克曼在其著作《心灵的面具》一书中认为抑郁是为一种不愉快的感受加上对已经发生的可怕而糟糕的事件的看法。抑郁经常与丧失感有关，如失去亲人、被降职、失恋、生病、学业失败等。这些负性生活事件都会引发抑郁情绪,这也是人们对负性生活事件的正常情绪反应。抑郁情绪与抑郁症在本质上有很大的不同。正确区分正常的抑郁情绪和抑郁症,我们可从如下三方面入手。首先,是否与现实处境相称。正常的抑郁情绪和境遇相称,由过大的现实压力、挫折、困境等引发,它不是平白无故发生的,而抑郁症则与境遇不相称,微弱刺激就可能引起过于强烈的反应。其次,确认其持续的时间。正常的抑郁情绪有时间限度,轻微的刺激下情绪反应时间较短,严重刺激引起的抑郁情绪反应时间长,但是随着时间的推移会慢慢消失;而抑郁症的情绪反应则持续而长久。再次,确认其社会功能受损程度。正常的抑郁情绪对社会功能的影响较轻,而抑郁症患者则会受到很重的影响,重度抑郁症患者甚至会完全丧失社会功能,如无法出门、生活无法自理,更甚者还会出现妄想、幻觉等症状。

(四)孤独

美国精神分析学家埃里克森将人的一生分为八个阶段,认为每个阶段都由一对冲突或两极对立的危机组成,解决冲突(或称危机)就成为每一阶段要完成的主要任务,如果能成功地完成这一阶段的任务,则自我力量增强同时人格也更加健全,而如果不能成功地解决这对冲突,人格发展会受到阻碍。18岁到25岁这个阶段正是埃里克森划分的第六阶段成年早期,这一阶段的任务是建立亲密感以避免孤独感、体验爱情的实现。如果没有很好地完成这个任务,其后果就是孤独感会时时伴随。大学生正处于这一时期,然而由于他们还不能承担起对自己的责任,他们通过对异性的爱来获得亲密感的过程常常遭受着种种困扰。

(五)无助

美国心理学家马丁·塞利格曼用狗做了一项经典实验,他把狗关在笼子里,在笼子上安装蜂音器,只要蜂音器一响,就给予电击,狗关在笼子里逃避不了电击。多次实验后,蜂音器一响,在给电击前,先把笼门打开,此时狗不但不逃,而且不等电击出现就先倒地呻吟和颤抖,本来可以主动逃避,却绝望地等待痛苦的来临。这就是著名的习得性无助实验。随后的很多实验也证明了这种习得性无助在人身上也会发生。

大学生中很多人的无助感都是一种习得性无助感,在经受多次打击和挫折后,在情感、认知和行为上表现出沮丧、不自信、怀疑、退缩、无希望感等消极反应。如有的学生在学习中屡受挫折,总是不及格,久而久之对学习就失去了信心,产生厌学情绪,甚至对力所能及的事情也不能做好。导致这种无助感的原因有很多,大致可分为三个原因:学业不良状态的长期累积;不恰当的自我评价;不正确的归因。

想要摆脱习得性无助感,首先要充分理解习得性无助本身,同时克服自身错误认知,进行正确的归因;从小事做起,告诉自己小即是美,慢慢积累成功的体验,从而克服因经常失败而带来的痛苦。

(六)虚荣

追求卓越和成功自古以来就是人类的目标,然而如果追求卓越和成功的过程不是建立在自尊和尊敬他人的基础之上,而只是追求表面上的光彩,那就变成了追求虚荣。一味追求虚荣,会使人形成盲目自大及虚伪的性格。有虚荣心的人是不能客观认识自己的,他们往往缺乏自知之明或过高估计自己的长处。有位哲学家说过:"虚荣心很难说是一种恶行,然而一切恶行都围绕虚荣心产生,它们都不过是满足虚荣心的手段。"

(七)恐惧

恐惧是人类与生俱来的,人们远古时代就开始群居,以克服独自面对强大的野兽和不期而遇的自然灾难的恐惧。刚出生的小婴儿以啼哭来对抗脱离母体,以及面对一个陌生而未知世界的恐惧。恐惧本是人类最正常不过的情绪,它使人类更加小心谨慎,有意识地避开有害、危险的事物,以便更好地保护自己,避免挫折、失败和意外事故。恐惧的强度由轻到重可以分为担忧、忧虑、惧怕、恐慌等。恐惧如果无限扩大,无疑会产生消极作用,恐惧的强度越大,产生的消极作用就越大。

一些大学生出现了这样的情况:一般人不怕的事物或情景,他怕;一般人稍微害怕的他特别怕。这种无缘无故的与事物或情景产生的极不兼容的异常状态,就是恐惧情绪,它是一种不健康的心理,严重者可发展为恐惧症。大学生中最常见的恐惧是社交恐惧。社交恐惧的主要特点是害怕被人注视,一旦发现别人注意自己就感到不自在、脸红、不敢抬头、不敢与人对视,甚至觉得无地自容,因而不愿社交,不敢在公共场合演讲,集会不敢坐在前面。

(八)嫉妒

嫉妒和恐惧一样,也是人类的一种普遍的情绪,嫉妒不仅给他人带来痛苦和伤害,也会对自己造成损害。古希腊有位哲人说过:"嫉妒的人常自寻烦恼,它是自己的敌人。"嫉妒心理是一种扭曲的心态,妒火中烧,嫉恨难忍,嫉妒本身就是一种强大的情绪动力,它指向他人时也对自己产生冲击力,造成自身内分泌紊乱、消化功能下降、失眠、情绪低沉等,影响身心健康。嫉妒在给自己制造"敌人",用他人的优点和成就折磨自己,给自己的生活制造不平静。

我们每个人都可能会产生嫉妒的情绪,这并不可怕,但可怕的是它最不易被自我察觉,任由其发展会造成不良后果。学会处理嫉妒情绪,关键是要懂得去欣赏别人的优点与成就,而不要总充满怨怼与不平衡。一个心中怀有嫉妒的人,不会快乐,也不会积极进取,只会变得偏激而一事无成。若能对别人的长处与成就抱持一种欣赏、健康的心态,不但不会抑郁于心,还会自然而然地见贤思齐,补己之不足,让自己变成一个随和且积极上进的人。

第三节 做情绪的主人
——情绪调节

不良情绪会影响人的身心健康,如果不及时调整则可能会出现灾难性后果。能够自主调节自身的不良情绪是良好情商的表现,那如何来调节和管理自己的情绪呢?

一、合理情绪疗法

美国心理学家阿尔伯特·艾利斯认为,人在出生时就已经兼具了理性和非理性的思想,人们经常会被非理性的思想与行为所困扰。而情绪是由人的思想所产生的,也就是说不良情绪并不是由外部事件诱发的,而是由于个体对这些事件的评价和解释造成的,这些评价和解释是由个体的信念即想法决定的。所以要改善情绪,就要改变头脑中这些不合理的信念。

那么,什么是不合理的信念?它有三个特点:绝对性的要求、过分概括化以及糟糕至极。绝对性的要求是指个体以自己的意愿为出发点,认为某一事物必定发生或不会发生的信念。如"我必须获得成功""别人必须友好地对待我",持有这种信念的人的需要是根本无法满足的,而这会带来挫折感,消极情绪必然会时时跟随。过分概括化是一种以偏概全的不合理思维方式。最常见的情形是,一个面对失败的人常常认为自己一无是处、毫无价值。过分概括化的另一个方面是对他人的不合理评价,即别人稍有差错就认为他很坏、一无是处等,这会导致自己一味地责备他人,以致对他人产生敌意和愤怒等情绪。按照艾利斯的观点,以一件事的成败来评价整个人,这无异于一种理智上的法西斯主义。在这个世界上,没有一个人可以达到完美无缺的境地,所以每个人都应接受自己和他人是有可能犯错误的。糟糕至极是一种对事物的可能后果常做灾难性预期的想法。糟糕至极常常是在人们对自己、对他人及对周围环境进行绝对化要求的情况下出现的,即在人们的绝对化要求中认为的"必须"和"应该"的事情并非像他们所想的那样时,他们就会感到无法接受这种现实,因而就会走向极端,认为事情已经糟到了极点。

改变不合理信念可使用与不合理信念辩论的方法。

第一步,找出自己的思维方式、信念的不合理之处,如果这一步自己做起来很困难,建议找心理咨询师,在心理咨询师的协同下一起来完成这一步,帮助自己弄清楚为什么会变成这样,怎么会发展到目前这样子,弄清楚自己不合理的信念与自己的情绪困扰之间的关系。

第二步,告诉自己,自己的情绪困扰之所以延续至今,不是由于早年生活的影响,而是由于现在自身存在的不合理信念,对于这一点,自己应当负责任。

第三步,通过与不合理信念辩论的方法,帮助自己认清信念的不合理性,进而放弃不合理信念,达到认知层面的改变,这是最重要的一环。一般建议找心理咨询师,在咨询师的协同下一起来完成这一步。辩论中可运用"人际交往黄金法则"来驳斥对别人或自己的绝对化要求。黄金法则是指"像你希望别人如何对待你那样去对待别人",如果希望"别人必须喜欢我、接受我",设想自己"必须喜欢别人、接受别人",从而发现自己信念的不合理之处。一般来讲,这些不合理信念不会被轻易放弃,要通过不断重复的辩论,使自己感到原有的信念已经变得没有生命力了,效果才会持续。

第四步,在现实中体验与感受辩论的结论,以达到真正的改变。

在合理情绪治疗的整个过程中,与不合理的信念辩论的方法是主要的方法,它几乎适用于每一个人。其次还可以使用合理的情绪想象技术。

第一步,在想象中进入产生过的不适当情绪或自感最受不了的情境之中,让自己体验在这种情境下的强烈情绪反应。

第二步,改变自己对情绪体验的不正确认识来改变不恰当的情绪体验。

第三步,停止想象,把自己情绪的变化、是如何变化的、改变了哪些观念、学到了哪些观点写下来。

经过反复练习并记录下变化过程,从而达到慢慢改变的效果。但合理想象方法一般需要他人的辅助才有明显的效果。

二、学会正确认识自我

大学生许多消极情绪的产生往往也是由于不正确的自我认知。不能正确地了解自己、接纳自己,过分苛求自己。他们在不能正确评价自己的同时,还会不正确地批评和判断自己。挫折感、无能感、压力感、无力感等负面情绪就出现了。那如何去正确认识自我呢?

美国心理学家乔和哈里提出关于人类自我认识的窗口理论,该理论被称为乔哈里窗口理论。他们认为人对自己的认识是一个不断探索的过程。因为每个人的自我都有四部分:①公开的自我,也就是透明真实的自我,这部分自己很了解,别人也很了解;②盲目的自我,是别人看得很清楚,自己却不了解的部分;③私密的自我,是自己了解但别人不了解的部分;④未知的自我,是别人和自己都不了解的潜在部分,但是可以通过一些契机探索出来。个人要了解盲目的自我、扩展未知的自我,从而更客观地了解自己。同时通过与他人分享私密的自我,让他人能更好地了解自己,从而获得与他人的支持性关系。

(一)自我反省

大学生要经常反省自己在日常生活中的点滴表现,总结自己是一个什么样的人,找出自己的优点和缺点。自我反省是大学生自我教育、自我提高的重要途径。反省可从如下三方面入手。

(1)自己眼中的我,即个人实际观察到客观的"我",包括身体、容貌、性别、年龄、职业、性格、气质、能力等。

(2)别人眼中的我,即别人交往时,从别人对你的态度、情感反应而感知到的"我"。不同关系的人对自己的反应和评价不同,它是个人从多数人对自己的反应中归纳出的统一的知觉。

(3) 自己心中的我,也指自己对自己的期许,即理想我。

(二) 与他人分享

我们经常会容不下心中所没有的东西,如出身富裕的学生和一个出身贫困的学生,他们对于"没钱""穷"等这样的字眼的感受是不一样,前者内心因没有装载过因贫困而带来的辛酸,往往看不到后者内心对这些字眼的敏感。因此与他人分享是认识自己的另一个有效途径,通过与他人分享可以了解自己的盲区,从而与他人发展出具有建设性和支持性的关系。

(三) 学会与潜意识对话

心理学家弗洛伊德把自我分为意识、前意识和潜意识,对深埋在潜意识底下的那部分自我,可以通过与其对话来了解它们。

(1) 梦的解析。弗洛伊德认为梦不是偶然形成的联想,而是被压抑欲望的伪装的、象征性的满足。梦分为显梦和隐梦。显梦是指人们能回忆起来并陈述出来的梦;隐梦是指梦背后所隐藏的无意识动机,它表达的是被压抑的潜意识和欲望。通过分析自己的这些梦可以认识未知的自己,从而避免情绪的暗礁。

(2) 自由联想。脑子里再现什么就说什么,不受意识的引导,不管如何的荒唐、无意识都不要去评价,任由思绪发散。这需要在专业心理咨询师的协作下完成。

(3) 对日常生活的分析。弗洛伊德认为日常生活中常见的遗忘、口误、笔误、疏忽等过失现象,往往有潜意识的欲望动机,是意识与潜意识斗争的结果,它们也是通往潜意识的重要途径。

三、培养优良的个性品格

(一) 幽默

大学生在学习与生活中不可避免地会受到各种挫折和打击,情绪容易低落,当情绪染上抑郁、焦虑、恐惧等色彩时,就需要让阳光照进心里,把它们扫出心灵的大门。幽默就是这束阳光,它能扫除人际关系的紧张,缓解学习的压力,调节紧绷的大脑,放松重负的身躯。

幽默能点亮我们的生活。一名刚毕业的大学生应聘一个炙手可热的职位,简历寄去后,对方将未能录用的电子邮件发给了他。可能是由于系统错误,对方发了两封拒录信给他。他没有因为被拒绝而垂头丧气,相应地,他回了一封邮件过去,用诙谐的语气写道:"既然您对未能录用我如此遗憾,为什么不给我一次面试机会呢?"不知是不是这封信起的作用,后来他得到这个公司另一个更好职位的面试机会。幽默不仅能点亮我们的生活,用幽默去面对质疑和挑战,更能突显我们的睿智。幽默在予人放松和谐趣的同时,也能予人某种教益。有两个观光团到日本伊豆半岛旅游,路况很糟,到处都是坑洞。其中一位导游连声抱歉,说路面简直像麻子一样。而另一个导游却诗意盎然地对游客说:"诸位先生女士,我们现在走的这条道路,正是赫赫有名的伊豆迷人酒窝大道。"虽是在说同样的情况,幽默的导游却让游客的心情大不一样。

(二) 宽容

刚入校的大学生们来自五湖四海,他们性格不同,成长环境不同,住在同一个寝室难免会发生各种纠纷和矛盾。如果每一个人都试着从对方的角度去理解、去宽容,烦恼就会少很多,负面情绪也会少很多。

学会宽容,多一分宽容,宽容他人就等于宽容自己。宽容不仅是美德,更是能感化他人的武器。古希腊神话中有一位力大无穷的英雄叫海格力斯。有一天,海格力斯在山路上行走时,发现路中间有个袋子似的东西很碍脚,便踢了它一脚。谁知那东西不但没有被踢开反而膨胀起来。海格力斯有点生气,便狠狠踩了一脚想把它踩破,哪知那东西不但没被踩破反而又膨胀了许多。海格力斯恼羞成怒,操起一根碗口粗的木棒狠砸起来,那东西竟然加倍地膨胀,最后大到把路堵死了。一位圣人路过,连忙对海格力斯说:"朋友,快别动它,忽略它,离开它远去吧!它叫仇恨袋,你不犯它,它便小如当初。你的心里老记着它,侵犯它,它就会膨胀起来,挡住你前进的路,与你敌对到底!"

(三)乐观

乐观是一种积极的处世态度,是以接纳、豁达、愉悦和平常的心态去看待周边的现实世界。乐观的人能冷静、客观地面对挫折,从而不生无谓之气,不钻牛角尖。正像卡耐基所说:"如果你的思想乐观,你的生活必然快乐;如果你心存悲观,你就会认为事事悲惨;如果你觉得恐惧,就会感到鬼魅在身旁窥伺;如果你老觉得身体不舒服,就会致病;如果你认为事情不能成功,则必定失败;如果你陷于自怜状态,必定会被亲友疏离。所以当我们被恶劣情绪缠绕的时候,我们不要怨天尤人,而是要尽快地调整我们的心态,调整我们的心灵镜头焦点。"

四、简易放松疗法

目的:学会简易放松法,调整心理压力,缓解焦虑和紧张情绪。

放松训练的基本条件:精神要专一,要求自己集中精力,注意身体感受,当思维或者想象分散时,教导自己不理睬无关的刺激而重新集中注意力;要选择一个安静的场所,再找一把舒服的座椅,最好是半躺式的沙发,确保自己感觉舒适。训练时要穿宽松的衣服,排空肠胃,餐后一小时内不适合训练。

(一)方法之一:腹式呼吸放松法

采用鼻子吸气,吸入腹部。双肩自然下垂,慢慢闭上双眼,然后慢慢地、深深地吸气,吸到足够多时,憋气2秒钟,再把吸进去的气缓缓地呼出。自己要配合呼吸的节奏给予一些暗示和指导语:"吸……呼……吸……呼……"呼气的时候尽量告诉自己我现在很放松很舒服,注意感觉自己的腹部一上一下,体会"深深地吸进来,慢慢地呼出去"的感觉。重复做这样的呼吸20遍,每天两次。这种方法虽然很简单,效果却很明显。如果你遇到紧张的场合,或是不知道自己该怎么办、手足无措之时,不妨先做一次深呼吸来放松。

(二)方法二:蝴蝶拍放松法

首先双臂在胸前交叉,右手在左侧、左手在右侧,轻抱自己对侧的肩膀。然后双手轮流轻拍自己的臂膀,左一下、右一下为一轮。速度要慢,轻拍4~6轮为一组。停下来,深吸一口气,体验感觉如何。如果好的感受不断增加,可以继续下一组蝴蝶拍。在进行蝴蝶拍的时候速度要慢,就好像孩提时期母亲安慰孩子一样,轻而缓慢。通过这个动作,我们可以安慰自己,使心理和躯体恢复平静并进入一种稳定状态。

> **心理广角**

控制情绪的玻璃球

芬妮是一个脾气暴躁、容易出现情绪波动的女孩,经常因为小事和别人吵架,她的人际关系因此愈来愈紧张,结果男友也难以忍受她的坏脾气,和她分手了。终于有一天,她觉得自己已经处于崩溃边缘。她打电话向她的一个朋友詹森求救。詹森向她保证:"芬妮,我知道现在对你来说是有点糟,可是只要经过适当的调整,一切都会好转。""你现在要做的第一件事是让自己安静下来,好好地享受一下宁静的生活。"听了詹森的话,芬妮开始试着放弃先前忙碌的生活方式,好好地放松一下,休了一个长假。当她已经稳定了一段时间之后,詹森又建议道:"在你发脾气之前,不妨想想,究竟是哪一点触动了你?""你可以拥有两种思考方法:一种是让每件事情都在脑海里剧烈地翻搅;另一种则是顺其自然,让思想自己去决定。"说着,詹森拿出了两个透明的刻度瓶,然后分别装了一半的清水,随后又拿出了两个塑料袋。芬妮打开来,发现分别是白色和蓝色的玻璃球。詹森说:"当你生气的时候,就把一颗蓝色的玻璃球放到左边的刻度瓶里;当你克制住自己的时候,就把一颗白色的玻璃球放到右边的刻度瓶里。最关键的是,现在,你该学会控制自己的情绪,如果你不试着控制自己的情绪,你会继续把你的生活搞得一团糟。"此后的一段时间内,芬妮一直照着詹森的建议去做。后来,在詹森的一次造访中,两个人把两个瓶中的玻璃球都捞了出来。他们同时发现,那个放蓝色玻璃球的水变成了蓝色。原来,这些蓝色玻璃球是詹森把水性蓝色涂料染到白色玻璃球上做成的,这些玻璃球被放到水中后,蓝色染料溶解到水中,水就呈现了蓝色。詹森借机对芬妮说:"你看,原来的清水投入坏脾气后,也被污染了。你的言行举止,是会感染别人的,就像玻璃球一样。当心情不好的时候,要控制自己。否则,坏脾气一旦投射到别人身上,就会对别人造成伤害,再也不能恢复到以前。所以一定要控制好自己的言行。"

反思体验

"镜子"活动体验

1. 学生两人一组,甲学生做出各种愉快或难过的表情,乙学生作为"镜子"模仿甲的各种表情。时间为2分钟左右。

2. 双方互换角色。

3. 学生围绕刚才的活动讨论分享。

(1) 看到"镜子"的表情,你有什么感受?

(2) 情绪可传染吗?

(3) 在努力做各种愉快或难过的表情时,你的情绪有变化吗?

小结:心理学研究表明,我们假装有某种心情,模仿着某种心情,往往能帮助我们真的获得这种心情。因此,每天早上起床后我们对着镜子笑一笑,告诉自己"今天会有个好心情",往往会为我们带来一天的好心情。即使没有镜子的时候,也要让自己脸上露出很开心的笑容来,挺起胸膛,深吸一口气,然后唱一段歌曲,或吹一小段口哨,或哼哼歌,记住自己快乐的表情。

心理测验

情绪控制力测试

1. 指导语

情绪是身心健康的重要标志,一个人的情绪会影响他的身心健康状况,所以合理控制自己的情绪非常重要。请仔细阅读下面10道题,每道题都有3种不同答案,请你从中选择与自己的实际情况最接近的一种答案。在作答过程中不得漏题,在同一题上不得斟酌太多时间,请根据看完题后的第一反应回答。

(1) 你有时向自己的家人大发脾气吗?
　　A. 是　　　　　　　　B. 不一定　　　　　　　　C. 否
(2) 你经常会有难以集中注意力的情况吗?
　　A. 是　　　　　　　　B. 不一定　　　　　　　　C. 否
(3) 有时你会莫名其妙地感到伤感吗?
　　A. 是　　　　　　　　B. 不一定　　　　　　　　C. 否
(4) 在紧张的时候,你有办法减轻自己的紧张情绪吗?
　　A. 是　　　　　　　　B. 不一定　　　　　　　　C. 否
(5) 你经常因吃得太饱而感到难受吗?
　　A. 是　　　　　　　　B. 不一定　　　　　　　　C. 否
(6) 你总是能不厌其烦地向别人解释自己的过错吗?
　　A. 是　　　　　　　　B. 不一定　　　　　　　　C. 否
(7) 你总是能很细心地向小朋友说明一个难懂的问题吗?
　　A. 是　　　　　　　　B. 不一定　　　　　　　　C. 否
(8) 虽然是重复单调的工作,但你有自得其乐的办法吗?
　　A. 是　　　　　　　　B. 不一定　　　　　　　　C. 否
(9) 在遇到危险时,你会很快冷静下来,努力寻找应对办法吗?
　　A. 是　　　　　　　　B. 不一定　　　　　　　　C. 否
(10) 不高兴的时候,你就会尽量少与人接触吗?
　　A. 是　　　　　　　　B. 不一定　　　　　　　　C. 否

2. 评分标准

以上各题的答案,1、2、3、5、10题A、B、C的对应分为0、1、2分;4、6、7、8、9题A、B、C的对应分为2、1、0分,请将你的得分统计出总分。

本测试最高得分为20分,分数越高,说明你的情绪控制能力越强;分数越低,说明你的情绪控制力越差。如果你的得分在10分以下,说明你控制情绪的能力较差,经常会受到不良情绪的困扰。

第八章 建立友谊，和谐关系
——大学生人际交往

> **案例导读**
>
> 一天，某大学男生宿舍的水龙头坏了，甲便在学校系统里进行了报修，可维修师傅说下午才能过来，届时希望他们宿舍有人。甲刚好下午有事，于是把同宿舍乙的电话给了维修人员。乙下午正在上课，却莫名其妙接到了维修师傅的电话，说他已到宿舍门口，希望乙快点回来开门，否则就修不了水龙头了。乙没办法只能请假回到宿舍，结果耽误了下午的听课。晚上等甲回来后，乙非常生气地问他，为什么没有经过他的同意就把他的电话留给陌生人？甲觉得很委屈，说当时没有考虑到那么多，以为乙肯定有空，再说水龙头也不是他一个人用，他也是在为大家做好事，认为乙没必要这么较真，可是乙觉得甲没有尊重自己。就这样，公说公有理，婆说婆有理，双方争得不可开交，从此以后两人的关系变得非常冷淡，甚至一度要求调换宿舍。后来经过心理咨询师的辅导，大家都意识到了自己在人际交往方面的不足，都是以自我为中心，从自己角度看问题，不懂得换位思考，如果大家都能站在对方的角度去思考，其实问题就很容易解决，人际关系也能得到很大改善。

心理分析

案例中的甲和乙都是因为缺乏换位思考以及足够的包容心，导致双方产生了很多的误解和矛盾，这是大多数大学生易犯的错误，好在有心理咨询师的帮助，让他们能发现彼此的错误并及时改正，所以宿舍又回到以前的和谐与平静。这个案例给我们提出了一个普遍性的问题，那就是如何才能处理好大学里的人际关系。在大学校园里，同学之间生活上的相互照顾、学习上的相互帮助、生活中的相互支持、情感上的相互交流，都需要良好的双向沟通。交往能力是现代人必须具备的基本素质之一，大学生无论是在学校的学习中，还是毕业后的职业生活里，人际交往都是非常重要的。

学习要点

1. 了解人际交往、人际关系的实质与内容。
2. 明确大学生人际交往的特点。
3. 了解大学生人际关系中经常出现的问题。
4. 掌握人际关系的原则与方法。

关 键 词

人际关系　人际交往　人际交往原则　人际交往障碍

第一节　让心灵自由沟通
——人际交往概述

　　心理学家认为，人类心理的适应，最主要的就是人际关系的适应。大学生正处在学习知识、了解社会、探索人生的重要发展时期，主要活动都是在人际交往的过程中进行的。在人的一生中，没有哪个时期会像青年时期那样强烈地渴望被他人理解与接受。良好的人际关系是维护身心健康的定心丸，是促成事业通畅的催化剂，也是大学生心理发展的重要基础。

一、人际交往的含义

　　交往指人们运用语言或非语言符号交换意见、传达思想、表达感情和需要的交流过程，包括物质交往和精神交往。它是人类社会的特定现象，对于社会的发展和人的个性的成长有重要作用。交往是人类特有的需求，人只有在不断与他人交往中才能促进个性发展。

　　人际交往发生在社会活动中，是人与人之间的一种关系，这种关系借助一定的语言符号或非语言符号系统，是以满足需要为动机的一切直接或间接的信息、物质、情感等交流过程和状态。

二、人际交往的功能

（一）获取信息资料

　　这是人际交往最基本的功能。从信息论的角度看，人际交往的过程也是信息交流、信息增值的过程。在现代社会，每个人都是一个信息源，一个人的交往越广泛，信息源越多，其知识内容就越丰富。英国作家萧伯纳讲过一段名言："假如你有一个苹果，我有一个苹果，彼此交换，每人只有一个苹果；如果你有一个思想，我有一个思想，彼此交换，每个人就有两种思想，甚至多于两种思想。"人们在共同的交往活动中，彼此交流思想、知识、经验、情感等都是信息交流，人际交往就是一个不断输出信息和接收信息的过程。一个人直接从书本上获得的信息毕竟是有限的，但是，通过人际交往建立良好的人际关系后，人就能以各种方式迅速获得信息，获得的信息内容也更为广泛。这种信息交流对个体的成长是至关重要的。

（二）促进社会化

　　个体社会化是指个体在与社会互动的过程中，接受所属社会的文化和规范，从生物人转变为社会人，通过社会文化的内化和角色知识的学习，变成该社会的合格成员，并形成独特个性和人格的过程。人类是在社会实践活动中通过交往而由个体结成社会团体的，个体的社会化也必须在现实的各种社会关系体系中形成和发展，每个人的社会化进程都伴随着人际关系的逐步协调。如果人与人没有交往，老死不相往来，个体就不能转变为社会主体并结成团体，较小的团体也不可能加入更大范围的社会组织。

（三）深化自我意识

　　自我意识是对自己的身心特点、社会角色、地位、作用的认识。人的自我意识并不是自然而然地成熟的，而是通过人际交往，在与他人的比较中逐步认识自己的。人际交往实际上是人与人之间知识、经验、思想、态度的相互交流的过程。在人际交往过程中，以他人为坐标参照系，从交往对象处获取大量信息，学会评价自己与别人，从而确立自己在社会中的形象，才有可能对自我进行完善的认识。如果离开了交际对象或可供比较的对象,就失去了对照衡量自己的镜子,是不利于深化自我意识的。因此,人际交往是个体确立、深化自我意识的重要途径。

(四) 有利于身心健康

情感是人的需要是否得到满足时产生的一种内心体验。情感不是人的行为的简单伴随物,而是对人的行为产生直接影响的心理因素。人们通过人际交往,结识朋友,寻找知己,诉说喜怒哀乐,引起彼此间的情感共鸣,在心理上产生归属感、安全感、和睦感、亲密感、依恋感和幸福感等。人际交往对人的心理起到一种调节作用,经常与人交往,能丰富精神生活,满足心理需求,感到愉快、欣慰;而失去与他人交往的机会,或者很少与人交往,就会产生空虚、失落感,产生更多的烦恼与忧愁,甚至出现心理障碍,有损身体健康。生活中我们不难发现,那些交际面广的人,往往心情舒畅,快乐愉悦,身心也更健康些;反之,那些孤僻、不合群的人,往往有更多的烦恼和难以排遣的忧愁,因而也会有更多的身心健康问题。而且人们在交往中还可以获得理解、激励和友谊,缩短彼此间的心理距离,缓解恶性刺激带来的不快、紧张或恐惧。

(五) 协调社会行为

交往是人们在改造自然、认识自然中相互协作的产物。人们通过交往,相互之间进行联系和协作,能够形成一定的社会关系,结成集体。所以任何一个团体为了能够协调共同活动的需要,使成员间有秩序地活动,保持较强的内聚力,避免各种矛盾和冲突,就必须树立正确的团体目标,形成团体的共同语言、共同态度,制定一系列的团体规范和行为准则,而这一切都离不开团体成员的人际交往。要通过交往把信念传达给团体中的每个成员,促使团体成员的心理状态和行为倾向趋于一致,使之统一于团体的标准、规范。

三、大学生人际交往的特点

大学生的文化层次较高,处于世界观、人生观和价值观的确立阶段,生理和心理日趋成熟,渴望得到他人的理解,比较重感情,同时又生活在相对封闭的大学校园里,因此大学生的人际交往具有自身的特点。

(一) 交往需求迫切

大学生大都有强烈的交往愿望,渴望友情,渴望被人接近和理解。有些大学生的交往需要在日常的学习生活中得不到满足,就会转向网络,以摆脱日常生活中的孤独感、体验拥有朋友的快乐和满足。然而,仅仅网络上的交往是不够的,人要回归到现实的生活中,把在网络上与人交往的技巧运用于现实,让身边的同学、老师发现自己的闪光点,用积极的心态和行动去获得和发展所期待的友情。

(二) 理想化的交往期待

大学生的人际交往具有浓厚的理想主义色彩,他们崇尚真诚的友谊,强调平等,希望同学之间是相互合作、相互帮助、相互关心、共同进步的。一旦有不到位、不如意的地方,则认为他人不够朋友。过于理想化的人际交往期望,使现实中很多大学生无法接受人际关系的不和谐。

(三) 注重交往的情感内涵

大学生的交往注重情感内涵,讲究志同道合。与世俗的以利益为基础而形成的人际关系不同,大学生更加注重人与人共同活动中形成的情感联系。男同学更强调兴趣的一致性,女同学则更注重性情的相似性,个性相似的女生更容易建立起亲密的友谊。

(四)交往的范围和内容扩大

大学生交往范围较广。在校内,人际交往不会受到班级、年级、专业的约束,不仅有同性之间的交往,异性之间的交往也很频繁。而且随着实践活动的增多和现代化通信技术的发展,大学生已把交往领域扩大到校外乃至社会,可以说大学生的交往呈现出开放性的特点。

大学生人际交往的内容也极其广泛,几乎包括大学生活的全部。例如,情感交往、学习交往、娱乐交往等。

(五)注重横向交往,忽视纵向交往

横向交往是同辈群体之间的交往,纵向交往是与老师、家长等不同年龄层群体之间的代际交往。对大学生来说,交往最频繁的往往是同龄朋友,也就是说大学生比较注重横向的人际交往。因为同辈群体之间拥有多方面的相似性,容易相互理解,交往的自由度和选择性大。大学生对纵向的人际关系相对疏远(有时甚至是故意的),不太注意与老师的交往,除有必要的接触,一般敬而远之、故意回避。还有一些学生认为家长不能理解自己,干涉过多,思想上较难融合,存在代沟。

四、大学生人际关系的类型

(一)同学关系

同学是大学生人际交往的主要对象,同学关系是大学生人际关系的主要内容。大学校园里的同学关系总的说来是和谐、友好的,同学之间的关系有亲情化、家庭化的趋势,即在日常生活、学习中创造一种如同亲属一般和谐稳固的同学关系。

(1)同学关系亲情化。在大学校园里,常常可以看到三三两两的大学生结伴而行,有的女同学之间还手挽着手,显得十分亲热。几个同学会经常一起逛街、逛公园、吃饭、看电影、下棋、打牌。大学生十分重视同学之间的情谊,希望感受彼此之间相互帮助、相互照顾、相互倾诉的学友情谊。即使有些同学之间出现了某种隔阂和矛盾,大家也会着眼长远,有意识地去弥补。

(2)宿舍生活家庭化。很多大学生寝室成员都按年龄大小进行了排行,同寝室的几个同学就像一个家庭中的孩子,大哥、大姐、小弟、小妹,称呼十分亲昵,这有利于促进同学之间的交流。

(3)称呼亲切化。大学同学之间的称呼亲切化倾向反映出大学生对良好人际交往的渴望,更体现个人亲情性交往的倾向。例如:同学中几个关系亲近的可以用"哥们儿""姐们儿"相互称呼;在学生活动中,为了让大家多参与、多配合,组织者常用"兄弟们多帮忙"之类的话来调动大家的积极性,这时同学之间的互相配合不仅仅是"组织"层面的,更是个人感情层面的;同学之间遇到内部矛盾时,可以用"大家都是朋友"来化解。

(二)师生关系

教师与学生是大学校园里的两大基本群体,师生关系也是学生人际关系的重要内容。师生间的主要人际交往集中在教与学这两个相互渗透又相互独立的过程中。目前,大学的师生之间交往、交流都不多,关系并不密切。学生只有遇到"功课问题""学业问题",才会寻求教师的帮助,至于其他个人的心理、情绪、家庭、交友及恋爱问题等,则很少会去找教师帮助。

(三)大学校园里的学生交际圈

在大学校园里,大学生根据各自兴趣、爱好、性格,结成一个个或松散或紧密的交际圈。在这些交际

圈中,成员之间有"亲疏"之分,有好朋友与一般朋友之别。大致可分为以下类型。

(1) 学习圈。这个圈子里的大学生,有一个共同的理想,就是搞好学习。如因考研或者考某种证书,而形成的一个个学习圈。

(2) 娱乐圈。这个圈子里的大学生,都爱好某种娱乐活动,如体育运动、文艺活动、休闲娱乐等。学习之余经常在一起活动,力求把圈子的活动搞得丰富多彩。

(3) 社团圈。学生社团是大学校园里一道亮丽的风景线,是校园文化的重要组成部分。许多大学生通过社团走出校园,将自己和社会融为一体,培养了能力,增长了才干,使得各项能力都有了很大的提高。

(四) 网络人际关系

网络人际交往是人们在网络空间里进行的一种新型人际交往方式。网络人际交往给大学生的生活方式、价值观念带来的挑战和改变是前所未有的。网络人际交往的主要特点有以下几个方面。

(1) 交往角色的虚拟性。大学生以虚拟的身份在网络世界里进行人际交往。这种虚拟的角色使交往双方都没有任何心理负担,为大学生提供了一个畅所欲言、宽松自由的空间。

(2) 交往主体的平等性。网络是一个较为自由、平等的虚拟世界。无论你在现实生活中的身份是何等显赫,到了网上,同其他任何人一样无任何特权,大家都是平等的。

(3) 交往心理的隐秘性。网络人际交往虽然可以通过文字来传情达意,但这种文字交流大多是经过刻意加工的信息,交往的心理也是经过包装的,具有隐秘性。

(4) 交往过程的弱社会性和弱规范性。在现实人际交往中大家往往会十分看重交际主体的身份、职业、金钱、容貌、家世等社会特征和社会地位,而在网络人际交往中这些因素可以全然不顾;在现实交往中要遵守的一些社会规范,在网络交往中也不必遵守,只要按照网络技术要求去操作,就可顺利完成网络人际交往。这种弱社会性、弱规范性的网络人际交往,容易使一些人暂时摆脱现实社会诸多人伦关系的束缚和行为的约束,甚至放纵自己,无视道德行为规范,从而造成不良后果。

(5) 交往动机的多样性。异性间的情感交往是大学生网络交往的"主旋律"。异性效应在网络交往中不仅存在,而且表现得很明显,不少人上网聊天的潜在动机在于寻找异性。在追求休闲娱乐和心理享受的同时,也有一些人抱有伺机觅友的目的。

五、影响大学生人际关系的因素

人际关系建立的重要基础是人际吸引。一个人如果毫无吸引力,就不能引起别人的注意;如果两个人之间不能彼此吸引,也建立不起亲密的人际关系。所谓人际吸引,是指人与人之间彼此注意、欣赏、倾慕等心理上的好感,进而彼此接近以建立感情关系。人与人之间的关系的密切程度是不同的,人际关系的建立受各种人际吸引因素的影响,主要有以下几种。

(1) 仪表的魅力。爱美之心人皆有之,美的环境总会令人赏心悦目、身心愉悦。因此,人的仪表魅力也是增进人际吸引的因素之一。但在人际交往中,往往是与自己外表相差不太大的人对自己有较大的吸引力。

(2) 人际距离。俗话说"远亲不如近邻",这种由空间上的邻近而影响人际吸引的现象称为人际距离。距离越近,越容易发生人际关系。例如,同一个专业、同一个班级、同一个寝室等。相邻的二人彼此会因接近而相识,因相识而相互吸引,进而建立友谊。邻近的人最容易成为朋友,彼此相知,甚至成为意趣相投的莫逆之交。

(3) 相似或互补。人们之间的某些相似或一致的特征,如态度、信仰、爱好、兴趣等,能够促进彼此的相互喜欢。物以类聚,人以群分,人们通常欢迎与自己存在某种相似性的人,其中态度、价值观的相似尤为重要。从需要和能力看,人们往往喜欢与一些有着互补人格特征的个人相处,并建立起和谐协调的人际关系。例如,支配型性格的人往往和服从型性格的人可以和睦相处。但兴趣、爱好相似的人更容易形成密切的人际关系。

(4) 互惠和互利。人们之间的喜欢往往是互相的,也就是说,我们喜欢的往往是那些喜欢我们的人。人们不可能毫无目的地与人交往,人际关系的形成,源于内心深处对交往的渴望,这是人的一种需求——交往需求。

(5) 个性特征。个性特征与能力表现不凡的人更容易与人交往。虽然人们十分重视外表形象,但其他个人素质,诸如个性特征、能力等往往比外表魅力更重要。人际交往中,诚恳、坦率、幽默、可信赖、明智、善良等都是人们欣赏的个性特征。而人们也比较喜欢诚实、有才干、有见识和有能力的人。特别是在其他条件都相近时,一个人越有能力,人们就越喜欢他。但是,生活中,人们都有一种倾向,即人们不太喜欢那些能力超群、竞争力太强的人。虽然我们喜欢周围都是很有能力的人,但是,某人能力非凡会使我们感到不安,因为这种人看上去是不可接近、远离我们的超人,似乎会对我们造成威胁。

第二节　沟通指南针
——人际交往的原则及技巧

人际交往能力是个人的一种重要的素质,是个人能否适应社会的重要标志之一。大学生应了解人际交往的基本原则,建立健康的人际交往模式,掌握人际交往的基本技巧,努力提高自己的人际交往能力。

一、人际交往的心理效应

(一) 首因效应

首因效应又称第一印象,是指交往双方形成的第一印象往往最为鲜明和深刻,所以会对以后的认知产生很大的影响。初次见面时,对方的仪态、表情、着装、谈吐等形成了我们对对方的第一印象。第一印象一旦形成,要改变它就不那么容易了,即使后来的印象与最初的印象有差别,很多时候我们还会自然地服从于最初的印象。只有反对信息足够强大时,才可能使原有印象改变。

首因效应是一种直观的感觉,所以形成的第一印象往往不太可靠。如果只因第一印象不佳就不屑与人交往,就会陷入人际交往的误区。但首因效应是一种客观存在的心理现象,是不可避免的,它对人的印象的形成起着决定性的作用,并且在很大程度上决定交往是否继续,并会对以后的交往质量和交往结果产生影响。所以我们要重视人际交往中的首因效应,在交友、招聘、求职等社交活动中,注意仪表,衣着整洁、得体,同时应注意自己的言谈举止,提高自己的交谈技巧,掌握恰当的社交礼仪。尽量给别人留下良好的第一印象,为日后的交流打下良好的基础。

(二) 近因效应

所谓近因效应,是指在多种刺激相继出现的时候,印象的形成主要取决于后来出现的刺激,即交往过程中,我们对他人最近、最新的认识占据了主导地位,掩盖了以往形成的对他人的评价。近因效应主要产生于熟人之间,因此,也称新颖效应。首因效应一般产生于交往初期,即双方还彼此生疏的阶段,而在交往后期,双方已经十分熟悉的情况下,近因效应开始发挥作用。也就是说在与陌生人交往时,首因效应起的作用较大,而与熟人交往时,近因效应的作用则较为明显。如平时两个人关系很好,因为一件小事就反目成仇,觉得对方一无是处,平时积累下来的深厚友谊全被抛到九霄云外。而多年不见的朋友,在自己的脑海中印象最深的,往往是临别时的样子。

近因效应提示我们,在人际交往过程中,要认真对待每一次交往,重视好的结尾,否则有再好的第一印象也无济于事。我们还可以用近因效应扭转、提升自身形象。例如:分手的时候,主动向曾有矛盾的对方表示歉意;在与朋友分别时,给对方留下良好的印象和美好的祝福。这些都有利于人际关系的缓和和进一步加深。

(三) 晕轮效应

所谓晕轮效应,是指我们在对别人做评价的时候,常喜欢从好或坏的局部印象出发,扩散出全部好或全部坏的整体印象,就像月晕(或光环)一样,从一个中心点逐渐向外扩散成为一个越来越大的圆圈,所以有时也称为月晕效应或光环效应。

在人际交往中我们可以利用晕轮效应,给对方留下良好的印象,有利于人际关系的建立和发展。在多数情况下,晕轮效应常使人出现"以偏概全"的错误,导致人们做出不正确的评价。所谓"当局者迷,旁观者清",要学会倾听和接受他人的意见,尽量避免感情用事、以貌取人,学会理性地和人交往。

(四) 刻板效应

刻板效应是指在人际交往中,人们往往习惯依据经验机械地将交往对象归于某一类群体,不管他是否表现出该类群体特征,都把对该类群体的评价强加于他,从而影响正常的认知。刻板效应在人际交往中既有积极作用,又有消极作用,积极作用在于它简化了我们的认知过程,因为当我们知道某类人的特征时,往往就会根据该人所属的人群特征来推测他的典型特征。但刻板效应带来的更多是消极作用。它常使人以点代面,容易产生判断上的偏差和认识上的错觉。所以在与人交往过程中不应以对方的性格、地位等为出发点,不要戴着有色眼镜去看人。

(五) 定式效应

定式效应也称心理定式效应,是指人们在认知活动中用"老眼光"——已有的知识与经验来看待当前事物的一种心理倾向。

在人际交往中,定式效应常使我们对他人的认知固定化。例如,对老年人,我们通常会认为他们大多数守旧、僵化、落伍;对年轻人,通常会认为他们大多数不够成熟老练。心理定式效应带来的偏见和成见,会阻碍我们正确地认识和评价他人。了解了定式效应的负面影响,我们就不应一味地用老眼光来看人处事,而应学会以"士别三日,当刮目相看"的心态来对待他人。

(六) 投射效应

投射效应也叫自我投射效应。自我投射指内在心理的外化,即以己度人,把自己的情感、意志特征投射到他人身上,强加于人,认为他人也应如此,结果往往对他人的情感、意向做出错误判断和评价,歪曲他人意图,造成人际交往障碍。

简单地说,投射效应就是"以己论人"。以为别人与自己具有相同的爱好、个性等,常常以为别人应该知道自己的真实想法。"以小人之心,度君子之腹"就是一种典型的投射效应。当别人的言行与我们不同时,我们习惯用自己的标准去衡量别人,认为别人的行为违反常规。就像喜欢嫉妒的人常常将别人行为的动机归纳为嫉妒;对别人有成见的人,总以为别人对他怀有敌意;自己感兴趣的东西,认为别人同样感兴趣;喜欢议论别人的人,总认为别人也在背后议论自己等。

投射效应有时虽有利于人们相互理解,但在人际交往中更多的是主观猜测造成的误会和矛盾。所以在交往中要顾及他人的感受,应学会辩证地、理性地分析问题,一分为二地看待自己和他人,尽量避免以自己的标准去判断他人。

二、人际交往的原则

（一）平等原则

平等原则是建立良好人际关系的前提，也是人际交往的第一原则。平等包括机会面前人人平等、法律面前人人平等、真理面前人人平等、金钱面前人人平等、人格面前人人平等。这里最为重要的是人格的平等，人格的平等指尊重他人的自尊心和感情，不干涉他人的私生活，不践踏他人的人身权利。

（二）真诚原则

真诚是较受人喜爱的品质之一，是良好人际关系最重要的特点。人们喜欢与真诚的人交往，因为真诚会让人觉得安全，不必费神去琢磨对方的意图。真诚是打开人心灵大门的一把神奇的钥匙，也就是人们常说的"精诚所至，金石为开"。

（三）热情原则

心理学家发现，热情是较能打动人、对人较具吸引力的特质之一。一个充满热情的人很容易把自己的良性情绪传染给别人。卡耐基提出的"使人喜欢你的六种方法"的第一种方法就是要求我们要"献出真心"，对别人表现出热情的态度。

（四）宽容原则

在处理人际关系时，对于非原则性的事情，能忍让就忍让，得饶人处且饶人，不要斤斤计较。要能够容纳各种不同特点的人。宋人袁采说："人之性行，虽有所短，必有所长。与人交游，若常见其短，而不见其长，则时日不可同处；若常念其所长，而不顾其短，虽终身与之交游可也。"容人之言，尤其是要能容与己意见相左的人。容人之过，能够容许别人犯错误，容许别人改正错误。容人之才，不嫉贤妒能。

（五）守信原则

守信是切实履行约定和实现诺言，从而取得他人的信任。简单地说就是说到做到。孔子把诚信视为做人的根本。他提出，朋友之间要言而有信，还说"人而无信，不知其可也"。意思是说，人如果不讲信用，那他就不知道该怎样立身处世。

（六）互利原则

人们在交往中要互相考虑对方的价值和利益，满足对方的需要，使彼此都能从交往中得到精神的满足和帮助。从心理学的角度来看，交往行为的发生总是源于一定的内在动机，这个内在动机就是期望通过交往获得他人的支持。既然每个人在交往的过程中都期待获得他人的支持，那就必须要从我做起去支持别人。因此，互助是人际交往的必然要求。人际交往是一种双向行为。只有单方获得好处的人际交往是不能长久的。所以要双方都受益，不仅是物质的，还有精神的，所以交往双方都要付出和奉献。

（七）换位思考原则

人和人之间的心灵沟通在人际交往中十分重要。生活中人们常常由于种种原因而不能很好地理解别人。但当你站在别人的位置看问题时，就会了解别人的所言所行，便会觉得心理上的距离缩短了。一般而言，善于交往的人，往往善于发现他人的价值，懂得尊重他人，愿意信任他人，对人宽容，能容忍他人不同的观点和行为,不斤斤计较于他人的过失,在可能的范围内帮助他人而不是指责他人。要懂得"你要别人怎样对待你,你就得怎样对待别人";懂得"己所不欲,勿施于人";懂得"得到朋友的最好办法是使自己成为别人的朋友"。所以,在交往中,要善于从对方的角度了解对方的思想观念和处事方式,设身处地地体会对方的情感和发现对方处理问题的独特个性与方式,就会有新的见解,就能跳出个人的小圈子,不囿于自我偏颇的认识,从而真正理解对方,找到最恰当的沟通方法。这对建立良好的人际关系很重要。

(八) 适度原则

首先,交往的时间要适度。学习是大学生的主要任务,要防止把过多的精力投入到人际交往中而荒废了学业。其次,交往的距离要适度。朋友之间保持一定的距离是很有必要的,保持距离感绝不是设置心灵上的屏障或戒备防线,而是留给他人一些自由的心灵空间,距离产生美感,适度的距离有利于彼此关系的维系。最后,交往的频度要适度。有的大学生,关系好时,形影不离;一旦反目,即老死不相往来,这对双方的心理健康和人际关系发展都不利。所以在人际交往过程中应做到疏密有度。

(九) 开放内心原则

一般来说,只有真诚开放自己的内心,才能走进别人的心灵世界。当你对别人做出一个友好的行动来表示支持或接纳他时,他的心里就会产生一种压力,为保持自己的心理平衡,他便会对你报以相应的友好行为。善于与人交谈和一起娱乐、能恰当分配时间与人交往、参加集体活动等,往往会使自己取得思想上的愉悦、感情上的融洽以及人际关系的稳固。

(十) 合作协助原则

大学生生活的环境,使得彼此间的合作不可避免。特立独行的人往往会被看成"怪物",所以在做自己的事情时要考虑到他人的感受,注意自己的行为是否会影响他人。如在别人午睡时,尽量放轻动作;别人看书时,自己戴上耳塞听音乐;别人身体不适时,不要大声喧哗;同宿舍的人有亲友来访时,热情接待等。当你设身处地为别人着想时,彼此合作的桥梁自然得以搭建。大学生在与他人的竞争中,也应提倡"既竞争又以诚相助,既竞争又相互合作"。大家在友好和谐的氛围中共同进步,才有利于身心的健康。

三、掌握人际交往的基本技巧

大学生在交往中,除了掌握基本的交往原则、培养基本的交往素质外,还应讲究与人交往的方式方法。交际方法并不神秘,它仅仅是一种行为习惯。运用好的交际方法,往往能使人收到事半功倍的效果。

(一) 重视交往的第一印象

社会心理学家十分重视人际交往的最初阶段,并提出了第一印象的概念,强调在与陌生人交往中最初印象的重要性。所谓第一印象,就是人们初次相识时彼此给对方留下的特定印象,它对人们以后的交往有着重要的影响。

在初次见面前,应检查一下自己的外表,如头发是否整齐,服饰是否得体等。在交往中,要运用好自己的体态语言,注意行为举止。握手轻飘无力,目光飘忽不定,听人说话时注意力分散等,都会影响别人对你的第一印象。在与人初次见面时,除了应该注意外表和服饰外,还应表现出热情、友好,对别人感兴趣。一般来说,人们喜欢那些喜欢自己的人。表现出自信也很重要,自信给人以力量感,但自信不是自负,不能狂妄自大。另外,应懂得理解、体谅别人,明白每个人都有自己的需要、忧愁和希望。

(二)学会倾听他人讲话

一位作家说:很少有人能够经得起别人专心听讲所给予的暗示性赞美。

倾听不是被动的接收,而是有反馈的引导和鼓励。通过言语和表情告诉对方你能理解对方的描述和感受,可以使对方受到鼓舞。阐释,即把对方表达的含义用你自己的语言复述一下,是有效的鼓励技巧之一。有意识地强化某一谈话主题可以引导谈话方向,使之更符合你的需要。鼓励他人谈论他们自己、他们的感受、他们的成就,以此赢得友谊。

(三)真诚地鼓励和赞赏他人

心理学的研究发现,人们总是倾向于那些能在心理上给自己带来快乐的人。我们要得到他人的认同,首先必须学会鼓励和赞赏他人。

心理学家赫洛克曾做过一个实验,他把被试分成4个组,在4个不同诱因的情况下分别完成任务。第一组为激励组,对被试每次工作后予以鼓励和赞扬;第二组为受训组,后对被试每次工作存在的每一个问题都要严加批评和训斥;第三组为被忽视组,对被试每次工作后不给予任何评价,只让其静静地听其他两组受表扬和挨批评;第四组为控制组,让他们与前三组隔离,且每次工作后也不给予任何评价。实验结果显示,前三组的工作成绩都比控制组优秀,激励组与受训组显然比被忽视组优秀,而激励组的成绩不断提高。这个实验说明:对于工作结果及时给予评价,能够强化工作动机,对工作起到促进作用。适当表扬的效果显然比批评要好,而批评的效果要优于不给予评价。这就是著名的"赫洛克效应"。的确,一句赞美的话胜过一剂良药,真诚的赞美来自内心深处,是心灵的感应,如同和煦的阳光,能使人受到感染,甚至是一种拯救。

但赞扬的前提是能看到别人的长处。有的同学抱怨与人交往困难,其实,你只要仔细观察就不难发现别人的特长、爱好,对此加以肯定和赞誉,就会拉近你与对方的距离,从而结识到朋友。当然,赞扬必须发自内心。虚情假意,溜须拍马,只会令人反感,遭人厌弃。

(四)多谈别人感兴趣的话题

在交往中,双方的信念、价值观、态度、兴趣、爱好及背景越相似,就越能相互吸引。因为两人之间相似,会缩短彼此间的心理距离,易于产生感情上的共鸣,有一种平衡感、和谐感,在这种心理气氛中彼此会有说不完的话题。

在人际交往中,要注意找到双方共同感兴趣的话题。激发对方的热情,增加对方对你的接纳和喜爱程度。如果你的谈话内容对方一无所知或不感兴趣,他就会感到厌倦、无聊,双方就很难继续交往下去。为了结交更多的朋友,我们有必要扩大自己的知识面,培养自己多方面的兴趣、爱好。

(五)学会变换自己的角色和换位思考

每个人一生都扮演着各种各样的角色。善于变换角色、扮演好自己的每一个角色是适应社会的基本要求,也是建立良好人际关系的必备条件。变换角色就是自觉地适应环境,明白在各种具体场合下别人期望自己做什么,并努力按要求去做好。这样,不仅能建立和谐的人际关系,而且能使自己减少许多烦恼和痛苦,保持乐观、平静的心境,活得更潇洒、更自在。

所谓"换位思考",通俗地说就是"己所不欲,勿施于人""将心比心";就是每次言行前,都要设身处地想到对方的感受和难处,进而提前对自己的言行做适当的修改;就是要考虑到别人可能的反应和意见,预先调控自己的言行。

(六)学会调控情绪

不良的情绪是人际关系的污染源。生理学认为,人脑的左半球负责理性思维,右半球负责情绪反应。

当消极的情况发生时,左半球的生理效应就会干扰右半球的生理效应;左右半球处于不协调状态,思维就会遭到破坏。因此,成功的交际者必须学会控制、调节自己的情绪,保持良好的、健康的情绪状态。

(七) 讲究语言艺术

俗话说:"良言一句三冬暖,恶语伤人六月寒。"社会交往中的用语是否得当,是否合乎礼仪,对人际交往、人际关系会产生迥然不同的效果。交往中的语言艺术包括:语言要简洁、幽默;谈话的态度要友好、诚实、热情和大方;谈话的音量要根据不同语境的要求有所变化;出言不妥时及时补救、道歉;必要时,含蓄委婉地拒绝别人。

第三节 心有千千结
——大学生人际交往障碍

人际交往问题是大学生最为常见的心理问题,也是影响大学生心理健康的主要因素之一。一项对北京、山东等地1000多名大学生孤独心理及其影响因素的调查显示,有41%的大学生对"你认为自己是个孤独的人"表示认同。当被问到"你当前存在的主要的心理问题是什么"时,大学生选择最多的就是人际关系苦恼,其次才是学习上的焦虑、情绪情感问题及其他问题。当问及大学生渴望的是什么,大多数回答是"友谊"和"成功"。由此可见,大学生有很强的交往需求,渴望交往成功,渴望被人接受与理解,渴望爱与被爱。大学生常见的人际交往问题主要表现在以下几个方面。

一、以自我为中心

人际交往的目的在于满足交往双方的需要,是在互谅互让、互相尊重、以诚相见的基础上得以实现的,可是有的大学生在人际交往中往往无视他人的存在,以自我为中心,处处为自己着想,固执己见,唯我独尊,只关心自己的需要和切身的利益,强调自己的感受,漠视他人的内心想法和利益。表现为在与他人相处时,不看场合,不管他人的想法和情绪,高兴时高谈阔论、滔滔不绝,不高兴时唉声叹气或乱发脾气,不顾他人的处境和感受。这种人往往缺乏对自己的正确认识,因此永远不会与人建立深厚的、良好的人际关系。

大学生要学会与人平等相处,不去苛责别人,不要瞧不起别人,也不要冷眼看人。剔除心中莫名的优越感,多看到别人身上的闪光点,学会去体察他人的情感和心绪。在与人交往过程中注意自我的"淡化",不要事事以"我"为出发点,尽量放眼于外部的世界,心目中自我的地位放低了,也就不会过多地去计较他人的言行,慢慢地就会接受他人的批评、意见和建议。只有学会心平气和地接受他人的批评、意见和建议,勇于承认自己的错误,接受他人正确的意见,才能够正视自己的不足和缺点,充分认识到人无完人的道理,公正地评价自己,才有可能改掉唯我独尊的毛病。加强自身的学识和修养,走出狭隘的自我,使自己的心胸慢慢变得宽广,不为一点小事斤斤计较,从而得到他人的认可和接纳。

二、冲动及爱面子心理

大学生处于特定的心理发展期,自制能力相对较弱,遇到事情容易冲动,容易感情用事。大学生的许多人际冲突,都是发生在没有什么原则问题的小事情上,很难断定谁是谁非,只要双方谦让一下就相安无事了。即使自己有理,如果能忍让一点,冷静处理,也能相安无事。然而大学生往往意气用事,一时冲动,出言不逊,结果争吵起来,甚至出现流血事件,事后后悔不已。双方都在用不适当的方法维护自尊,冲动使得事情向着严重的甚至是无法收场的方向发展,于人于己都有不好的影响,破坏了自己的人格魅力。

过分顾及面子而冲动易怒,往往是因为局限于自我意识之中不能突破,只看到眼前的状况或利益,或急于证明自己而使得情绪失控。大学生要多站在对方的立场上考虑问题,学会冷处理矛盾,事后再去分辨是非,这样有利于事情向好的方向发展,有利于建立和维护良好的人际关系。

三、自我封闭心理

有些大学生在与别人交往时,不愿意对别人说出自己的真实思想和情感,在他们看来,一切都不可信,一切都那么无聊、无意义。这些人往往持一种孤傲处世的态度,过多注重自己的内心体验,表现出来的古怪行为和习惯往往令人难以理解。因为他们在心理上建立了一道屏障,把自我封闭起来,使他人无从了解,因此无法与别人沟通,从而使自己处于孤立无援的状态之中。

自我封闭型的人有时虽也愿意与他人交往,但由于个性原因无法让别人了解自己。所以要想建立人际关系,首先应学会自我开放。心理学上称此种对人开放自我的心理历程为"自我表露",而表露的程度决定了人际关系的深度。自我封闭型的大学生应学会尽量把眼光多放在外部世界,尽快适应环境,学习交往技巧,加强实践锻炼,学会表达自己的思想和想法,才有利于良好人际关系的形成。

四、猜疑心理

猜疑作为一种不良心理品质,一经产生,会带来许多危害。有猜疑心理的大学生以一种假想目标为出发点进行封闭性思考,并且很容易接受暗示,总觉得别人在背后算计自己、议论自己,对人缺乏信任,胡乱猜忌。这样的人往往心胸狭窄,爱计较,严重的还会导致心理疾病的产生。

改变猜疑心理应改变自己的处事原则,培养豁达开阔的心胸,不斤斤计较,不拘泥于小事,能够以诚待人,学会辩证地看待问题。还要提高自己的认识水平,扩大知识面,开阔视野,学会冷静地看待问题,通过调查、了解找到真实的证据,辩证地分析判断,消除猜疑心理,这样才能建立和谐的人际关系。相信自己,相信他人,是人际关系中消除猜疑心理的一个重要因素,也只有相互信任才能建立和谐健康的人际关系。

五、妒忌心理

妒忌是一种扭曲的、不健康的心理状态,有妒忌心理的人会不自觉地与周围的人进行多方面的比较,当自觉不如人时,就会产生由羞愧、怨恨等情绪相混合的复杂心理——妒忌心理。妒忌心理有两个特性:一个是指向性,妒忌的对象往往只局限于自己周围圈子里的那些比自己"能干"和"幸运"的人,表现为对他人的长处、成绩心怀不满,甚至心怀嫉恨;另一个是发泄性,除了轻微的妒忌表现为内心的怨恨外,绝大多数的妒忌都要经历从心境妒忌向行为妒忌的转变,而且只有实施了发泄性行为,才能使妒忌者得到某种心理平衡,如言语的讥讽、恶意的诽谤、喜欢在他人面前说别人的坏话、不能与别人友好相处。有的表现为攻击和损害,导致人际冲突和交往障碍。妒忌心理往往在竞争或比较受挫后产生,而虚荣心和不自信是产生妒忌心理的温床。

有妒忌心理的大学生要纠正自己的认知偏差,认识到别人的成功是自身努力的结果,而不是对自己利益的侵占,学会以宽广的胸怀包容别人。尺有所短,寸有所长,不能因为自己有所"短",就要割别人之所"长"。应以正常的心态评价他人的是非功过,把不服气的心理引导到积极的方面,通过自身的不断努力,缩小与成功者之间的差距,从而达到内心的平衡。要学会欣赏别人的优点和长处,不要用显微镜看自己的优点、看别人的缺点。学会悦纳他人,才会被他人接纳。不断丰富自己的知识,扩大自己的视野,充实自己的生活。当注意力转移之后,就不再有时间去妒忌别人。有时也要学会充分认可自己的优点,常看到自身的优点,这样会使原先失衡的心理获得新的平衡,让自己精神愉悦,妒忌心理自然就会消失。

六、自卑心理

自卑是一种因过多地自我否定而产生的自惭形秽的情绪体验,是一种过低的自我评价。自卑的浅层感受是别人看不起自己,深层体验是自己看不起自己。有自卑心理的大学生在交往中常常表现出缺乏自信,对自己的能力、品质等因素评价过低,畏首畏尾,心理承受能力低下,遇到一点挫折便怨天尤人。实际上,自卑并不一定是能力低下,主要是对自己缺乏全方位的了解,没有发现自己的优点和长处,或者总拿别人的长处和自己的短处相比,而感觉自己不如人。有的是对自己期望值过高,在交往中总想把自己的形象理想化。还有的是害怕出丑,害怕被他人拒绝与耻笑。因此自卑者在交往中常感到不安,并会因此把交往圈子限制在狭小的范围内,导致人际交往障碍。

自卑是心理暂时失去平衡的一种心理状态,因此可通过补偿的方法加以调适。重要的是要增强信心,正确对待失败。对过去的成绩做公正的分析,给自己一个正确的评价,逐渐树立信心。因为只有自己相信自己,乐观向上,并积极进取,才是消除自卑、促进成功的最有效的方法。同时要修正理想自我,面对现实,改变不合理观念。要正确认识自己。"金无足赤,人无完人",每个人都有长处与短处,学会自我鼓励与肯定,给自己积极的心理暗示,看到自身的价值,使自身的优势得以发挥。当我们认识到自身的价值后,也就容易找到心理上的平衡点了。要学习各方面知识和沟通技巧,形成个人独到的见解,使沟通变得更加自然、轻松,从而慢慢消除自卑心理。要勇于实践,勇于表达自己的观点。每个人都有自我保护的本能,都希望获得成功,但也不能因为害怕失败而畏缩不前,必须学会勇敢地去表达自己内心的想法,并且学会勇敢地去面对结果。

七、害羞心理

害羞在大学生人际交往中常常表现为表情腼腆、动作忸怩、容易脸红等,会给交往双方带来很大的心理压力,并因此限制了自己的言行。严重者独来独往,怯于交往,对交往采取回避的态度,无法充分表达自己的愿望和情感,也无法与他人进行良好的沟通,容易造成交往双方的误解,不利于良好人际关系的建立。

调适害羞心理,要树立信心,要深信"天生我材必有用",并勇于实践,多参加集体活动。学会客观地评价自己,不要拿自己的不足和别人的长处做比较,觉得不如他人,就把自己贬得一无是处。要相信自己的才能,经常想到自己的长处,学会用积极的心态看待自己的不足,不害怕别人的议论,因为被别人评论是正常的事,不必过分看重。如果能把别人的否定评价看作激励自己前进的动力,则更有利于羞怯心理的克服。大学生学习要注意扩大知识面,这样在与人交往时,就不会因知识面过窄而无话可说。在与人交往或谈话时,尽量把注意力放在自身之外的事物或谈话的内容上,而不是一心想着自身的所谓"完美表现",不再对自身过多关注,就不会再有莫名的担心。

八、社交恐惧

社交恐惧是人在社交活动中产生的一种有恐惧色彩的情感反应。有社交恐惧的人在某些特定场合或者情境下会莫名地紧张、害怕,不敢见人,与人交往时说话紧张、面红耳赤,神经处于一种高度紧张的状态,严重者拒绝与任何人发生社交联系,自我孤立,甚至抑郁消沉。

有社交恐惧的大学生不要否定、苛求自己,只要尽己所能,能做到什么地步就做到什么地步。找到在过去交往中令自己恐惧的真正原因,遇到类似的人或场景时提前做好相应准备;或写下自己惧怕的一些场景,鼓励自己去面对;或故意到人多的地方去,对来往的人流报以微笑;或找个可信赖的人说出自己的烦恼和恐惧,发泄一下不良情绪,这些都有助于恐惧情绪的减轻和消除。如果自己实在无力解决,并影响了正常生活,就要寻求专业人士的帮助。

第四节 相亲相爱一家人
——大学生宿舍人际关系

一、大学生宿舍人际关系的类型

宿舍人际关系是大学生在校期间与室友们在宿舍互动中形成的心理关系。大学校园的宿舍人际关系可以分为四类:学习竞争型、玩伴型、小群体型、对立关系型。

(一)学习竞争型

这种类型是指宿舍内全体成员认真学习、相互鼓励和合作。在宿舍中,多数成员之间的关系融洽,能经常相互沟通与合作。但也有少数成员间存在沟通与合作不多,或没有直接沟通与合作的现象。甚至还有极个别成员与他人有分歧。还有一种现象是,宿舍成员之间在表面上尚能和睦相处,在理想、信仰、世界观、人生观、价值观等方面却彼此封闭,这类人在一起不交流思想,生怕别人发现自己学习的秘密。学习竞争型的宿舍人际关系在大学里占大多数,尤其在大学女生中更为普遍。

(二)玩伴型

这种类型是指宿舍内全体成员之间关系较为融洽,经常相互结伴搞一些集体活动,以增强每位同学的责任感和荣誉感。这类学生基本上能做到相互沟通、相互合作,都有把宿舍成员之间的关系搞好的愿望。他们珍视友谊,同甘共苦,气氛融洽。在此种宿舍人际关系中,宿舍成员的学习成绩虽不如学习竞争型宿舍的成员,但宿舍成员间在认识和情感方面没有明显的对立冲突,宿舍气氛是轻松而愉快的。这种宿舍人际关系在男生宿舍中比较常见。

(三)小群体型

这种类型是指宿舍内存在一个或一个以上的小群体,小群体成员之间的相互关系与玩伴型基本相同,与宿舍其他成员的关系则同学习竞争型大体相似,彼此交往只局限在生活、学习等一些表面问题上,而不去触及思想情感和灵魂意志的深处。

(四)对立关系型

这种类型是指同一个宿舍里个别同学之间处于对立的状态。存在较多这种成员的宿舍时常笼罩在一种灰色的气氛里。宿舍成员间缺少必要的沟通和交流,经常为小事争得面红耳赤。存在对立关系型人际关系的宿舍虽然不多,但是影响不可忽视。

二、大学生宿舍人际关系的特点

（一）时空充分接近，矛盾相对集中

在时空充分接近的宿舍，个体存在的很多问题都会显现出来，从而使宿舍成员之间不可避免地产生矛盾和紧张。例如：迟睡或早起的学生与入睡困难的学生之间、乱放杂物的学生与很爱干净的学生之间、要午休和不午休的学生之间、住上铺和住下铺的同学之间等都会有一些矛盾。宿舍成员由于时空的接近和思想的暴露，会自觉或不自觉地显露出自己真实的思想和个性。

（二）小群体约定俗成的规范不易保持

正如有的同学说，自己在宿舍中经常打开水、扫地，而其他同学很少做，自己做了以后别人也没有任何表示，好像是应该做的；有的同学喜欢不打招呼就用别人的东西；还有些同学喜欢开着灯睡觉。诸如此类，虽然是小事，但日积月累就会产生矛盾和冲突。

（三）宿舍成员有极强的归属感

大多数大学生会把宿舍比作"家"，进入大学远离了能给予他们情感满足的父母、亲戚，大学生都希望"新家"如自己的家一样安宁、温馨，希望能得到尊重、理解和支持，宿舍成员能如兄弟姐妹一样互相照顾。但因为个性和阅历的差异、生活习惯和行为方式的不同，再加上缺乏社会经验、不太懂为人处世的道理，矛盾在所难免。

三、宿舍人际关系对大学心理健康的积极作用

宿舍是大学生的第一社会、第二家庭、第三课堂。它是一个小型社会，是大学生的"新家"，又是一个无形的课堂，是教材中没有，却对大学生身心健康至关重要的知识。

（一）"家"的功能

大学生从中学跨入大学，远离了父母、兄弟、姐妹，宿舍在一定程度上代替了以前的家。大学生希望在宿舍里能体会到家中的安宁与温馨。当心情烦闷或需要帮助时，能够得到舍友们像兄弟姐妹般的照顾与帮助，而且可以在宿舍的空间里展示真实的自我，因为宿舍有着家一样的安全感。由于时空上的临近性，成员之间最容易相互了解和接近，也相对更容易建立友谊，所以与其他人际关系相比有一种先天的优势，容易形成"家"的认同感、归属感。这种感觉能够起到补偿精神上的空虚、孤独与寂寞的作用，能够在很大程度上满足成员的归属感与情感需要。

（二）学习促进的作用

相互关爱、尊重和理解，彼此之间能够相互照应和鼓励的宿舍人际关系能使宿舍成员在学习、思想品德和身心健康诸方面都得到进步和发展。大家共同探讨专业学习上的难点，总结学习规律，分享学习心得。同时，热爱学习的同学对一些不专心的室友能够起到潜移默化的积极影响，带领他们一起学习。在高校，往往存在这样的宿舍，全体成员每年都能获得奖学金，或全体都能考上研究生，或全体在毕业之际都能找到理想的工作。和谐的宿舍人际关系能塑造出学习的榜样，榜样的力量能使全体宿舍成员勇往直前，克服学习中的困难，引导大家形成正确的世界观、人生观、价值观。

(三) 社会化的作用

很多学生上大学前很少住校,与其他人亲密相处的经验较少。在大学宿舍中,人与人之间的接触非常密切,然而大家来自不同的地方,生活习惯的不同,性格的不同,都很容易让大学生之间产生一些冲突和矛盾。这些矛盾需要宿舍成员慢慢适应、慢慢磨合来解决,这种磨合与相互适应的过程是学生迈向社会的重要一步。如果人际关系和谐,这种冲突与矛盾就给宿舍成员提供了一个掌握社交的机会。宿舍成员将在学习生活中学到的不同的东西,进行互相分享,就能起到事半功倍的效果,让宿舍成员更快地学会融入社会和适应社会等。

(四) 促进心理成熟

大学生正处于由依赖父母向独立生活转变的过程中。不管是在学习方式、生活方式,还是感情生活上都与以前不同,面对的是自己生活尤其是心理上的独立。而在宿舍里,如果人际关系和谐,当某个成员感到困惑时,宿舍中的和谐气氛会支持着他,让他有足够的安全感和精神支柱去完成自然调适的过程。大学生由依赖父母、老师转向独立、成熟,心理功能也能得以健康发展。

总而言之,大学生宿舍人际关系是大学生感情的归属地、学习上的加油站、社会化的催化剂、心理成熟过程的摇篮。

四、当前大学生宿舍人际关系中存在的问题及原因

宿舍人际关系对大学生的心理健康成长有着非常重要的作用,但是宿舍人际关系中存在的种种问题是阻碍大学生健康成长的主要原因之一。这些问题有很多种,如打扰了别人睡眠、打扰了别人学习、怀疑别人拿了自己东西、被人排挤等。这些人际关系问题对大学生产生的影响是非常消极的。有的大学生不愿回宿舍,有些因此心情抑郁,有些表现出强烈的攻击性,最糟的甚至可能走向轻生或者发生恶性报复事件等。究其原因,主要有以下几个方面。

(一) 自我中心思想的存在

现在大多数学生是独生子女,家庭结构单一,多数人上了中学后又没有住校,没有与很多人共居一室的经验,而这种亲密的接触很容易引发一些冲突。面对这些冲突,许多学生都会用一种以自我为中心的思想看待或者处理。如果以自我为中心的思想比较严重的话,就会出现问题。要求别人都依着你、顺着你,显然不现实,这种以自我为中心的思想是宿舍关系恶化的重要原因。

(二) 自卑与自傲心理的影响

大学生进入高校前存在许多差异,如家庭背景、原先的学习成绩、交际组织能力等方面的差异。这些差异本可以让学生相互沟通、相互学习,从而相互促进和提高。但是如果把握不当,这种多文化、多差异的接触碰撞,往往会导致学生出现一些负面心理问题,其中主要的问题就是自卑和自傲心理,从而影响宿舍人际关系。

(三) 处理人际关系技巧的缺乏

大学生刚刚由一个依赖父母、老师的中学生变为一个比较独立的大学生,会在处事方面缺乏一些基本技巧。他们更多时候是凭自己的感觉,遇到冲突矛盾时不能合理解决。例如,很多大学生感觉"很想和舍友交流,但是我不知道该说什么""当舍友对我有误会,我不知道怎么处理"等,都反映了大学生在处理

人际关系方面和在宿舍成员间发生矛盾的时候感到心有余而力不足,想改变现状,促进宿舍关系融洽,却不知道从哪里着手,结果使一些完全可以避免的矛盾和冲突变得更加恶化。

五、改善宿舍人际关系的技巧

(一) 统一作息,起居生活相互包容和理解

一个宿舍通常有三四个或五六个甚至更多的人在一起生活,宜用统一的作息时间加以调整。只有大家协调一致、共同遵守,才可以减少争执、消除摩擦,维持正常的生活秩序。如果你是"夜猫子",晚上睡得很晚,待宿舍成员都睡了,才洗漱睡觉,就容易惊醒其他人,影响别人休息。久而久之,你就会引起舍友们的反感。因此,宿舍的全体成员应当尽量统一起居时间,缩小作息差距。倘若实在有事,早起或者晚睡的成员也应尽量减少声响和灯光对舍友们的影响。

(二) 不搞"小团体"

在宿舍,应当以平等的态度对待每一个人,不要厚此薄彼,和一部分人打得火热,而对另一部分人疏远不理。有些人喜欢同宿舍成员之中的某一个人十分亲近,平时老是同这一个人说悄悄话,无论干什么事、去哪里都和这一个人在一起。这样就容易引起宿舍其他成员的不悦,认为你是不屑与其他人交往。结果,你俩的关系也许搞好了,却疏远了别人。这就不利于建立和谐的宿舍人际关系,是得不偿失的。我们不反对同某一个人建立有深度的友谊,但决不能以人际交往的广度为代价。

(三) 不触犯舍友的隐私

每个人都有自己的秘密,也有一定的好奇心。对于舍友的隐私,最好不要想方设法去探求。对方把一个领域设为隐私,对这个领域就有了特殊的敏感性,任何试图涉及这个领域的话题都是不受欢迎的。尤其应该注意的是,未经舍友同意,切不可擅自乱翻其衣物。大家要格外注意这个问题,千万不要随随便便,以为是熟人就忽略了细节。另外,同住一个宿舍,有时不小心知道了舍友的某些隐私,大家也要守口如瓶,告诉他人不仅是对舍友的不尊重,也是不道德的。

(四) 积极参加集体活动

宿舍的活动不单是活动,更是舍友之间联络感情的重要形式,应该积极参与配合。千万不要幼稚地把集体活动当作纯粹费财费力的无聊之举,表现出一副不屑为伍的样子。舍友们决定一起去干什么,大家要尊重彼此的选择。如果确实不能参加,可以把自己的想法和意见提出来,勉强参与反倒让舍友觉得你在应付了事,更不要一口回绝而影响了舍友们的兴致。可以说,集体活动的有无和多少,也从侧面反映了这个宿舍的团结程度。倘若这样的活动你总是不参加,多多少少会显得你不合群。

(五) 别人有难要帮,自己有事要求助

良好的人际关系是以互相帮助为前提的。在集体宿舍中要有良好的合作意识,因为任何时候人都难以仅凭自己的力量生活。哪怕只是些小事,相互关心帮助也可以加深友谊。平时生活学习中要给予舍友关心和帮助,当舍友遇到困难,我们应当主动伸出援助之手,那么当我们有事时,是否适宜向舍友求助呢?答案是肯定的。因为有时求助反而能表明你对别人的信任,能够融洽关系、加深感情。如果你有事需请人帮忙,弃舍友而求他人,舍友得知后反而觉得你不信任他们。其实,求助舍友,只要讲究分寸,不使他人为难,是完全可以的。

（六）不逞一时口快

"卧谈会"是宿舍的一个重要活动项目。舍友们互说见闻，发表意见，本来是件很愉快的事，但也往往会因小事而发生争执，"卧谈会"变成"口舌大战"。有些人喜欢讲别人的笑话、占别人便宜，哪怕玩笑也不肯以自己吃亏而告终；有些人喜欢争辩，试图通过说服对方来显示自己的能耐，让舍友"尊重"自己；有些人害怕被看不起，就故意在"卧谈会"中唱反调，甚至揭人之短，对他人进行人身攻击。这种喜欢逞一时口快，在嘴巴上占便宜的人实际上并不明智，会让人感觉太好胜，难以合作。你不尊重别人，别人也不会尊重你。你夸夸其谈，想处处表现得比别人聪明，最后只会引起别人的反感。

（七）尽到该尽的宿舍义务

宿舍每位成员该尽的义务，不仅限于做好自己一个人的事，也包括做好集体的事。有些人在家懒惰成性，所有的事都指望家人打理，住集体宿舍难免暴露不良习惯：衣物不注重整理，乱扔一气；对宿舍的公共卫生更是不闻不问，扫地、擦门窗等事都指望舍友来完成……没有哪一个集体会欢迎一个自私、懒惰和邋遢的人。因此，你必须尽力做好属于自己的那份事情，不要指望别人来"帮助"你，凡事要养成亲力亲为的好习惯。集体的事，要靠大家来完成，不能不做或马虎了事。

心理广角

林肯的故事

林肯在竞选总统前夕，在参议院演说时，遭到一个参议员的羞辱，那个参议员说："林肯先生，在你开始演讲之前，我希望你记住自己是个鞋匠的儿子。""我非常感谢你使我记起了我的父亲，他已经过世了，我一定记住你的忠告，我知道我做总统无法像我父亲做鞋匠那样做得好。"参议院陷入了一片沉默。林肯转过头来对那个傲慢的议员说："据我所知，我的父亲以前也为你的家人做过鞋子，如果你的鞋子不合脚，我可以帮你改正它。虽然我不是伟大的鞋匠，但我从小就跟我的父亲学会了做鞋子的技术。"然后，他又对所有的参议员说："对参议院的任何人都一样，如果你们穿的那双鞋是我父亲做的，而你们需要改善，我一定尽可能地帮忙。但有一点可以肯定，他的手艺是无人能比的。"说到这里，所有的嘲笑化作了真诚的掌声。有人批评林肯对待政敌的态度："你为什么试图让他们变成朋友呢？你应该想办法打击他们、消灭他们才对。"林肯温和地说："我们难道不是在消灭政敌吗？当我们成为朋友时，政敌就不存在了。"这就是林肯"消灭"政敌的方法：将敌人变成朋友。他两度被选为美国总统，今天，在以他的名字命名的纪念馆的墙壁上刻着这样一段话："对任何人不怀恶意；对一切人宽大仁爱；坚持正义，因为上帝使我们懂得正义；让我们继续努力去完成我们正在从事的事业，包扎我们国家的伤口。"

反思体验

大学生交往行为技能自助训练

一、与陌生人的交往训练

（一）目的

学习交谈的经验，包括语言和非语言的经验，具体体验人际交往中出现的各种问题及应对方式。

(二)具体操作

在社交场合,遇到陌生人时你可以用下列方法结交新朋友。

(1)主动打招呼,介绍自己。

(2)坦白地说出自己的感受。"我很怕难为情""这里许多人我都不认识",这比拘谨、冷漠好得多。

(3)从周围环境中找到与人交谈的话题,如谈当时的情景或活动。

(4)友好地以对方为话题,奉上几句赞美。如"哇,你的发型很漂亮"。

(5)提出问题。许多难忘的谈话都是从一个难忘的问题开始的。

(6)留心倾听。不倾听就不能真正地交谈。

(7)表示对对方正在做的事感兴趣。如邻座正在看书,你可以说:"我听朋友说起过这本书,到底怎么样?"

(8)给对方一些东西。如在旅游车上借报纸、杂志给邻座。

二、交往形象训练

(一)目的

通过训练提高自己对人际交往的认识,从不同的方面去揭示人生的道理,看到人性的本质特征,从而认识人际交往的复杂性,并不断提高人际交往的能力。

(二)具体操作

(1)每人分若干张白纸,相熟的人分成4~5人的小组。

(2)每人先用一些时间思考自己的人际交往的心理特点,写在第一张纸上。如善解人意等。

(3)请思考同学眼中的你,他们会选用人际交往的哪些词来形容你,写在第二张纸上。

(4)再思考师长眼中的你,他们会选用哪些词来描述你与人相处的特点,写在第三张纸上。

(5)在小组讨论中,可把大家的描述放在一起(不写自己的姓名)每人轮流抽出一张来读,请大家猜猜写的是谁,像不像?哪里像?哪里不像?

(6)对自己不满意的人际交往形象,请组员帮助看看该如何克服。对写得较准确的人,组员认同率高的,如三张纸上的内容,组员都猜中是谁的,要给予鼓励,并请他谈谈自己此时此刻的感受。

三、说服训练、角色扮演

(一)目的

一个人的成长与事业的成功都是从沟通开始的。通过沟通中的语言、非语言训练增进友谊,把握交往中恰当的语词、语气、语调及行为表现,使对方理解你的心情和用意,实现互相沟通。

(二)具体操作(说服训练)

1. 准备

请同学们分组就某一劝说的情景进行讨论,然后分组轮流扮演角色,各组同学观摩后点评。

2. 情景1

某大学生为一服装公司进行"大学生校园服饰调查"做调查员,采用即答即收式问卷方法。因此,调查员要到校园里说服正在上自习的同学协助自己完成任务。填写调查表是义务性的,而调查的时间正值大学英语四级考试前夕,调查员应该用怎样真诚、得体的语言和非语言动作来表达自己的意图,说服对方帮助自己填写调查表。

3. 情景2

假如你是一个学生社团的负责人,你的一个非常得力的助手,给你的支持很大,但因他的人际关系不太好,与其他同学闹了一些矛盾,为此他郑重地提出了辞职的请求,你怎样说服他不走呢?

要求在角色扮演中,扮演被劝说者的,不被真情打动,不要轻易允诺。每组分别准备,分别表演,指导者组织大家观摩后点评。

(三)具体操作(角色扮演)

(1)宣布确定的四组对话。

甲:你好。

乙:你好。

甲:今天天气真好啊!

乙:嗯,不错。

甲:你今天有空吗?

乙:有什么事?

甲:我想……

乙:……

(2)宣布要求。参加者必须是一男一女组成一组;参加者用不同的语气和动作重复表达这四组对话。每一组参加者要用四种身份来表演:一种是正常的朋友;一种是想确定恋爱关系的朋友;一种是有成见、见面就讨厌的人;一种是公安人员与小偷。

(3)组成评分小组,宣布评分标准。

(4)表演特殊要求。组织者可以按本章第三节介绍的指定做法,如对话有委婉、含蓄、诙谐、蛮横、训斥等各种语气,动作方面要求不同的身份有不同的身段、动作、姿态等。

(5)操作:找到配合对手,组成小组(每两人一组);各组练习;准备好的小组先上场表演,其余人围圈观看;每小组表演四种不同的人物;裁判宣布评分结果,选出最佳表演者;大家谈表演的感受与体会。

心理测验

人际关系综合诊断量表

这是一份人际关系行为困扰的诊断量表,共28个问题,在每个问题上,选"是"的打"√",选"否"的打"×"。请你认真完成,然后看后面的评分、计分办法和对测验结果做出的解释。

1. 关于自己的烦恼有口难言。
2. 和陌生人见面感觉不自然。
3. 过分地羡慕和妒忌别人。
4. 与异性交往太少。
5. 对连续不断的会谈感到吃力。
6. 在社交场合感到紧张。
7. 时常伤害别人。
8. 与异性来往感觉不自然。
9. 与一大群朋友在一起,常感到孤寂或失落。
10. 极易受窘。
11. 与别人不能和睦相处。
12. 不知道与异性相处如何适可而止。
13. 当不熟悉的人对自己倾诉他的生平遭遇以求同情时,自己常感到不自在。
14. 担心别人对自己有什么坏印象。

15. 总是尽力使别人赏识自己。
16. 暗自思慕异性。
17. 时常避免表达自己的感受。
18. 对自己的仪表(容貌)缺乏信心。
19. 讨厌某人或被某人所讨厌。
20. 瞧不起异性。
21. 不能专注地倾听。
22. 自己的烦恼无人可倾诉。
23. 受别人排斥与冷漠对待。
24. 被异性瞧不起。
25. 不能广泛地听取各种意见、看法。
26. 自己常因受伤害而暗自伤心。
27. 常被别人谈论、愚弄。
28. 与异性交往不知如何更好地相处。

评分标准：打"√"的给1分，打"×"的给0分。

测查结果的解释与辅导

如果你得到的总分是在0~8分，那么说明你在与朋友相处上的困难较少。你不存在或较少存在交友方面的困扰，你善于与朋友相处，人缘很好，获得许多人的好感与赞同。

如果你得到的总分是在9~14分，那么说明你与朋友相处存在一定程度的困难。你的人缘很一般，换句话说，你和朋友的关系并不牢固，时好时坏，经常处在一种起伏波动的状态之中。

如果你得到的总分是在15~28分，那么说明你在同朋友相处时的行为困扰较严重；分数超过20分，则表明你的人际关系的行为困扰程度很严重而且在心理上出现较为明显的障碍。你可能不善于交谈，也可能是一个性格孤僻的人，不开朗，或者有明显的自高自大、讨人嫌的行为。

第九章　玫瑰芬芳，情窦初开
——大学生性及恋爱心理

案例导读

小敏是某大学一名大三女生，她刚入大学时，由于远离父母，内心非常孤独，再加上自己独立生活能力以及人际交往能力较差，和室友的关系非常紧张。这时同班一名男生对她表示了好感，不仅每天给她发短信嘘寒问暖，节假日还会送她鲜花和卡片，甚至当她与室友闹矛盾的时候，该男生也挺身而出帮她处理纠纷，小敏一下子感觉自己好像回到了父母身边，对男生特别依赖。很快两人就发展成男女朋友关系。可是当她发现男友竟然还背着她与前女友藕断丝连时，她的精神支柱彻底崩塌，两人三天两头地吵架，男友实在忍受不了，提出分手，小敏更是不依不饶，觉得自己在这份感情里付出了这么多，没想到男友如此绝情，甚至想到自杀，闹到双方父母都来学校处理问题。最后在心理咨询师的调解下，男生向女生承认了错误，转到另一个班级，而小敏也放下这段感情重新开始大学生活。

心理分析

相关调查显示，女生和男生在恋爱前后情商是不一样的，在谈恋爱前，一般女生的情商要高于男生，而一旦进入恋爱和婚姻后，情况就会发生改变，男生的情商要高于女生。这是因为一旦发生了亲密接触，女性会对男性产生高度依赖心理，甚至丧失判断能力，有时情愿牺牲自己。而男孩在得到一个女孩之后，就不会再有以前那么强烈的欲望了，反而会更加理智。丧失理智的痴情是痛苦的根源，许多女孩为此备受折磨，分手也是必然结果。

学习要点

1. 了解爱情的实质和内涵。
2. 掌握大学生恋爱的心理特点。
3. 理解大学生的性心理发展特征和偏差。
4. 学会正确的恋爱心理和性观念。

关　键　词

爱情　恋爱　性心理

第一节 爱情花开
——认识爱情

青年男女步入青春期后,生理发育逐渐成熟,性欲意识也越来越强烈,开始有恋爱需求是可以理解的。但是大学生的社会心理并未完全成熟。他们的社会责任感、道德观念、恋爱态度、对恋爱与学习关系的处理等都是不成熟的。因此,了解爱情的本质与种类,了解性的本质与恋爱的关系,是每一个进入恋爱期的大学生都应该学习的必修课。

一、爱情的含义

个体心理学的创始人阿德勒认为:"爱情,以及它在婚姻中的圆满,都是对异性伴侣最亲密的奉献,它表现在心心相印、身体的吸引,以及生儿育女的共同愿望中。我们很容易看出:爱情和婚姻都是合作的一面——这种合作不仅是为了两个人的幸福,而且是为了人类的利益。"

人本主义心理学家罗杰斯认为:"爱是深深的理解和接受。"

社会心理学家马斯洛认为:"爱的需要涉及给予和接受爱,我们必须懂得爱,必须能教会爱、创造爱、预测爱。"

什么是爱情?从社会学和心理学综合角度来看,爱情是青年男女基于一定的社会关系和共同的生活理想,在各自内心形成的对对方最真挚的倾慕,并渴望对方成为自己终身伴侣的最强烈的感情,是两颗心相互向往、吸引并达到精神升华的产物,是人类特有的一种高尚的精神生活,是人际吸引最强烈的形式,是身心成熟到一定程度的个体对异性个体产生的有浪漫色彩的高级情感。其特点如下。

(1) 成熟性。爱情是个体身心发展到相对成熟阶段时产生的情感体验,幼儿没有爱情体验。

(2) 高级性。爱情是一种高级情感,不是低级情绪。

(3) 生理性。爱情有生理基础,包括性爱因素,不是纯粹的精神上的依恋。

(4) 利他性。爱情的基本倾向是奉献。衡量一个人对异性有无爱情,强度如何,可以通过其"是否发自内心,帮助所爱的人做其期待的所有事情"这个指标来衡量。

二、爱情与喜欢的区别

社会心理学家鲁宾对爱情与喜爱的联系与区别进行了系统研究。他认为,爱情不是喜欢的一种特殊形式,喜欢与爱情是两种既相互关联但又各不相同的情感。的确,生活中"我喜欢他(她),但不爱他(她)"的现象经常发生。

喜欢包含两个主要因素:一是相互吸引的双方对事物有共同的理解;二是主体对所喜欢的对象有积极的评价和尊重。而爱情有如下三个主要因素。一是依恋,卷入爱情旋涡的恋人在感到孤独时,会极度需求恋人的陪伴和宽慰;而别人不会有同样的慰藉作用。二是关怀与奉献,恋人之间会高度关怀对方的情感状态,认为使对方快乐和幸福是自己的责任,并对对方的不足表现出高度宽容。在爱情关系没有受到他人威胁时,表现关怀与奉献的一方认为自己的行为往往有纯粹无私的崇高感。三是亲密,被爱情所裹挟的恋人,不仅对对方高度信赖,并且有特殊的身体接触的需要,恋爱之初,这种身体接触需要是泛化的高度依恋需要的反映,在一定意义上,它很像高度依恋母亲的幼儿对母亲爱抚的需要。

通常情况下,一个成熟的青年人可以明确区别自己对别人的喜欢与爱情之间的区别,但刚刚进入青春萌动时期的少年男女,不能很好区分依赖、尊重、喜欢与爱情,因而常常会把对自己偶像的崇敬、尊重及对长者的依赖、喜欢的情感与爱情混淆在一起。

三、爱情的生理、心理基础

生理成熟为大学生恋爱提供了生物学基础,但心理与社会性成熟是恋爱的必要准备。

(一)爱情产生的生理基础

爱情产生的生物学基础是生理的成熟。青年期始于青春期,个体在此期间达到生理性成熟并具备了生殖能力。青年期的第一性征是生殖器官的不断发育导致性成熟。第二性征是和性器官无直接关系的性成熟征兆。包括生理变化、皮肤变化、声音变化等。不同个体的生理成熟差异较大,但大学生整体上性器官与性功能可以达到完全成熟。

(二)爱情产生的心理基础

大学生的自我意识进一步加强。恋爱是大学生强烈自我意识的重要表现途径,爱情是大学生成长中重要的自我证实与自我实现。在恋爱这个特殊时期,恋人的评价占有绝对优势。在大学生自我意识逐步形成与完善的时期,个体在恋人眼中成为最重要的"镜中我",这将影响着自我意识的完善与发展。一般而言,自我意识发展水平较高的学生,有着正确的自我评价,在爱情中能够把握自己、了解自己,也容易把握爱情;而自我意识发展水平较低的学生,自我、自尊与自信的建立相当程度上依赖于恋人的评价。当拥有爱情时,认为自己是世界上最幸福的人;而当爱情远去时,容易自我怀疑、自我否定甚至自我抛弃。

大学生的性意识进一步强化。与中学时代朦胧异性情感相比,大学生对异性的好感变得清晰而直接,他们会使用多种策略与异性相处,特别是对于自己钟情的异性,大学生会大胆而有策略地表达自己的爱情。在中国传统文化中,性意识的表达不被积极倡导,性的冲动与对异性的渴慕不被重视。性意识的发展带来性驱力的增强,合理的抑制与适当的满足是个体心理发展的重要前提。值得重视的是,随着大学生性意识的发展,受不良社会文化的影响,一些大学生在性观念上采取过于宽容的态度甚至陷入情感消费主义的误区,这会对大学生日后的婚姻爱情生活造成消极影响。

大学生的自我控制力加强。自我控制力是心理发展的重要指标。大学生抽象思维能力的空前发展与自我控制力的提高,使他们在爱情面前能够克制自己的欲望和感情。

四、恋爱对大学生心理发展的利与弊

恋爱作为大学生情感发展历程中的重要体验,会对大学生产生积极或消极的影响。一方面,它能帮助大学生的心理发展走向成熟;另一方面,它又会带给大学生各种心理问题。可以说,从心理的角度看,恋爱对大学生是一把双刃剑,既有有利于心理成熟健全的一面,又有危害大学生心理健康的一面。

(一)恋爱有利于大学生的心理成熟

(1)从性心理发展的角度看,性冲动必须得到合理的控制和宣泄,才有利于身心健康。恋爱是大学生释放日益强烈的性冲动的重要途径。通过恋爱接触异性,可以使大学生不再感到性压抑的紧张,从而合理地释放性冲动,获得身心愉悦感。

(2)从性意识发展的角度看,性意识的发展必须经过恋爱阶段才能逐步完善。只有在与异性的深层接触中,大学生才能真正认识到男性与女性的气质和含义,从而在性角色上把自己与他人区别开来。

(3)从自我意识建立的角度看,恋爱可以使大学生逐步建立完整的自我意识。因为恋爱时两人人格会进行深层接触,在此过程中,对方像一面镜子刻画着自己的形象,并鞭策自己不断完善自我。大学生的自我概念会因受到对方的影响而发展，自我意识也将在此过程中不断完善。

（4）从人际交往能力发展的角度看，恋爱中两人的深层交往，必然遇到人际交往过程中的一般问题，还需处理情感纠葛中的一系列问题，这将大大提高大学生的人际交往能力，为日后适应人际交往打下良好的基础。

（二）恋爱危害大学生的心理健康

（1）恋爱需要时间和精力，若处理不好恋爱与学业的关系，则会影响、耽误学业，增加大学生的心理负担。

（2）恋爱具有排他性，若处理不好恋爱与友谊的关系，将会产生人际关系的烦恼，影响情绪，以至影响生活。

（3）初恋、热恋在心理紧张量表上是分值很高的事件。过度兴奋将加剧心理紧张。处在恋爱中的大学生会为一些小事而极度兴奋或极度烦恼，这都会造成心理紧张，心理持续的高度紧张对心理健康是不利的。

（4）恋爱的进一步发展还可能带来一些其他问题。如婚前性行为的增加将造成大学生心理失调或心理负担过重。失恋将给人带来极大的痛苦，使大学生身心受到沉重的打击。

鉴于恋爱对青年心理发展的双重影响，大学生在谈恋爱前就必须根据自己的心理发展和心理素质特点权衡利弊，慎重地做出决定。

五、爱情的成分与种类

斯滕伯格认为，爱情由三个成分构成：激情、亲密和承诺。

"激情"指情绪上的着迷状态，这源于他人的魅力与性吸引力。体现为个人对他人强烈的情感表达，由于他人强大的吸引力，对他人产生强烈的、着迷的想法。在激情的驱动下，许多人产生了与对方形影不离、朝夕相处、谈话和亲密接触的持续的欲望，在激情关系中的人们常常会全身心地投入，有时导致不计后果的行为。

"亲密"指心理上的喜欢的感觉，重视彼此的喜欢、理解与期待。亲密之爱是一种真正喜欢对方并渴望与对方建立更有凝聚力的和谐关系，会把自己的生活以坦诚、不设防的方式与对方共享，信任、耐心和容忍是其重要的特性。一对伴侣真诚地喜欢对方就会发展他们自己的沟通风格，熟悉彼此不完美的、特别的性格，这些在初期强烈的激情之爱的吸引下很少被注意到。他们互相关心，善待对方，满足彼此的需要和欲望，相互尊重在真正亲密关系中是重要的。亲密没有激情强烈，但能促进人们相互亲近，让人们感到温暖，它使爱情得以天长地久。

"承诺"指心里或口头表达的对未来关系的预期，旨在发展稳定的关系。承诺与时间有直接关系，它不仅是做出爱一个人的决定，还包括强烈的维持长期爱情的愿望，感人的爱情不能缺少内心的表白和海誓山盟。在承诺构建的爱情关系中双方生活在相对稳定、持续和确定的情感气氛中，努力巩固他们的联盟，成为不可分离的伴侣。他们互相尊重彼此的隐私，让伴侣融入自己的社会关系。在这种承诺关系中信任和奉献常常藏在心中，他们从不利用他人的弱点，他们了解在日常生活中冲突在所难免，但并不觉得这会伤害他们，遇到分歧时他们依然互相信任，并通过协商解决他们的分歧。

爱情中这三种成分的不同关系构成了七种爱情形式（见图9-1）。

（1）喜欢式爱情：主要是亲密，没有激情和承诺，如友谊般的关系。

（2）迷恋式爱情：主要是激情，没有亲密和承诺，如初恋。

（3）空洞式爱情：以承诺为主，缺乏亲密和激情，纯粹为了结婚的爱情。

（4）浪漫式爱情：有激情和亲密，没有承诺。

（5）伴侣式爱情：有亲密和承诺，没有激情，多见于成年婚后伴侣。

（6）愚蠢式爱情：有激情和承诺，没有亲密，如一见钟情。

（7）完美式爱情：激情、承诺和亲密俱有。这是一种非常完美的爱情形式。

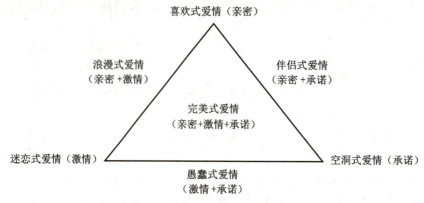

图 9-1　斯滕伯格的爱情三角模型

斯滕伯格认为真正的爱情是一个等边三角形，是激情、亲密和承诺三者的完美组合。然而，完美式爱情是一种理想，现实中的情感历程很少是完美的，有一些还是有缺陷的。斯滕伯格的爱情三角形理论的意义在于告诉人们什么是理想的爱情，从而让那些陷入情感困惑的人们去判别自己的情感生活，为情感生活提供一个理智的参照。

第二节　培育幸福花朵
——大学生恋爱特点及能力提升

一、大学生恋爱的特点

不同年龄、不同群体的恋爱都有其自身特点，大学生群体也不例外。

（一）恋爱的普遍性

大学生年龄大多在 18 岁至 23 岁之间，其生理发育已基本成熟，虽然身高、体重、内分泌等尚在不断变化中，他们大都想接近异性、拥有意中人。这一时期大学生容易产生情窦初开的恋爱心理。在大学这个对恋爱限制相对较宽松、学业负担较轻的环境中，大学生很容易被有好感的异性所吸引，并与其建立恋爱关系。

（二）恋爱的浪漫色彩浓厚

大学生在恋爱中，往往沉浸在彼此的爱慕之情与探讨人生哲理的层面，很少或者根本不讨论结婚成家、生儿育女等具体问题。这是由大学生的客观条件限制所决定的，在上学期间，他们的工作岗位尚未确定，经济上还没有独立能力，要依靠国家、父母或者其他亲人的资助，才能维持学业和生计，就是说他们还没有完全成为社会上定义的成人角色。这和已经走上工作岗位的青年的恋爱不同，他们的恋爱是选择配偶的过程，恋爱-婚姻-家庭是个整体，他们在明确了恋人关系之后，过不多久就会开始商量确定结婚日期、筹办婚礼等具体事项，双方的矛盾往往是在这些实质性的问题上暴露出来。而大学生谈恋爱一般接触不到也考虑不到这些实质性问题。大学生恋爱的这种浪漫色彩掩盖了实际存在着的矛盾，因此，大学生的恋爱基础不够坚实，一旦遇到问题，如毕业在不在一地工作等，恋爱关系就容易破裂，这是大学生恋爱成功率较低的重要原因之一。

(三) 恋爱的自主性较强

在大学里,男女大学生对平等权利与平等价值观的追求特别突出,反映在恋爱问题上,就是倾向于自己做主,个性特点强,不信奉什么既定模式。走上工作岗位的青年明确恋人关系前一般要征求长辈或同事的意见;明确恋人关系后,双方家长会密切来往。大学生则不大相同,由于异地求学、在学校住宿等客观原因和认为自己已经成人、不需要家长参考等主观原因,自己看准了就去追求,甚至确定关系后家长都不知道,而且不少是瞒着家长进行的。

(四) 恋爱的盲目性较大

一些大学生只注意恋爱过程,轻视恋爱结果。有些大学生把在校期间谈恋爱作为一种取得生活经验的实践活动;也有的大学生对异性有好奇之心,不懂究竟爱什么、为什么爱,把恋爱当作一种情感体验,借此寻求刺激,满足精神享受;一些大学生是为了充实课余生活,排除寂寞,填补空虚,把恋爱当作一种消遣文化。

(五) 恋爱的公开性强

受到西方文化和生活方式的冲击,传统观念覆盖下的两性关系的帷幕被撩开。过去许多高校明文规定禁止大学生谈恋爱,而且大学生谈恋爱也很讲究东方式的含蓄和深沉,因而谈恋爱属于"地下活动",恋爱双方既不愿让其他同学知道,更不希望让老师知道。现在,校方虽没有明确赞同,但态度较过去有所放宽,大学生的恋爱活动便由"地下"转为公开。不仅不怕别人知道,而且一些人有故意让人知道的心态。

(六) 恋爱的情感随意性强

现代大学生谈恋爱一扫传统的含蓄、内在、深沉的形式,在公开场合下,手拉手,肩并肩,整日形影不离。有的大学生甚至对婚前性行为持认可或宽容态度,由此还造成了某些严重后果。这些恋爱中的随意行为不仅对他人造成很坏的影响,而且影响了大学生自身的正常学习和身心健康。

(七) 恋爱受挫折能力较弱

大学生受个性不成熟、生活经验不足、考虑问题过于单纯等诸多因素的制约,在追求爱情的过程中遇到各种波折是在所难免的。其中失恋是一种较为严重的挫折,大学生心理承受能力较弱,失恋后往往会有一些不正常的举动。感情遭遇挫折后经历一个时期的心理阴暗期是正常的,绝大多数大学生通过找朋友倾诉或理性思考,对自己和对方采取宽容的态度,尊重对方的选择。但仍有一部分学生摆脱不了"情感危机",有的失去信心,放弃对爱情的追求;有的一蹶不振,沉沦自弃,认为一切都失去了意义,以致悲观厌世;有的视对方如仇人,肆意诽谤,甚至做出极端行为伤害对方。因失恋而失志、失德者,虽属少数,但影响很恶劣。

二、大学生恋爱的心理原因

大学生生理上已经进入性成熟期,心理上也渴望进入恋爱阶段,必然会逐渐萌发出恋爱意识,并在其整个精神世界中占据主要而突出的地位。

(一) 情感需求

大学生对自我形象的认知逐渐清晰,自我意识日益增强,有与异性交往的渴望,而恋爱则是满足其情感需要的一种重要方式。另外,大学生远离父母和家乡,孤独在外地求学,时常会感到空虚寂寞。于是,通过恋爱对象来抚慰心灵,寄托感情,排遣寂寞,填补内心空白,便成了恋爱心理形成的重要因素。

(二) 从众心理

一些男女大学生虽暂时没有谈恋爱的需求,但看到同宿舍和同班的同学谈恋爱,就会激发起恋爱意识和行为。如果找不到合适的对象,或没有人向其求爱,孤独感、危机感、失落感就会涌现,造成心理压力。

(三) 攀比心理

大学生的年龄、经历和文化水平等大体相当,他们在生活中的许多方面是相似的,并且由于大学生心理发展还不成熟,在做出决定之前往往不慎重考虑,常常为了攀比,满足虚荣心而行动。有些大学生认为谈恋爱是能力和魅力的象征,为了证明自己的魅力而去恋爱,"有人爱"似乎是证明自己价值的标准,在大学里找不到恋人的话,就会被瞧不起,或被认为是无能者,这导致他们会积极寻找恋爱机会和恋爱对象。同时,为了互相攀比而找对象,却没有考虑双方的志趣、性格是否相投,这样的恋爱通常难有好的结果。

(四) 好奇心理

未知的事物总是神秘的。大学生对爱情好奇,对异性好奇。对未经历爱情的大学生来说,恋爱是刺激的,充满着极强的诱惑力。大学生正处在修正自我和发现自我的年龄段,好奇心会促使其寻找恋爱机会,尝试恋爱。

(五) 赌徒心理

明知道爱情无果,还是愿意豪赌一把,对爱情的"一厢情愿"让他们无视现实的残酷,过分相信"真爱无敌",故称为"赌徒心理"。很多人说,大学爱情是"柏拉图式"的爱情,纯洁而没有半点杂质,这种观点,将爱情的力量看得过于伟大。不少大学情侣对爱情的执着令人"称奇",对爱情的期望值也颇高——永不分离、终成眷属等。大学生的冲动和对未来的憧憬,让他们有时候更加忽略现实,不顾一切地投入到爱情中去。

(六) 玩耍心理

有些大学生谈恋爱只是玩玩而已,图个开心,没有抱希望,没有任何幻想,因此即便分手也不会太伤心。这看似比较明智,实则愚昧。真心谈恋爱者虽然投入很多,但至少收获了真正的爱情,而抱着这种玩玩心理的人,只是收获了暂时的满足而已。有这种心理的人恋爱不是为了得到爱,而是想要性或者虚荣心的满足,甚至为此不择手段。

(七) 逃避心理

有些大学生为了逃避残酷的现实而滋生恋爱的想法。现在的很多大学生深知社会竞争的残酷,因而寄情于网络游戏、爱情中,逃避现实,以此满足自己的自豪感、荣誉感,将其从困顿、乏味的现实生活中解脱出来。

三、大学生恋爱的类型

从大学生恋爱心态的角度,大学生恋爱可分为以下几种类型。

(一) 比翼双飞型

这类恋爱关系中的大学生基本上具备成熟的人格,有正确的恋爱观,能够以理性引导爱情,正确处理恋爱与学习、感情与爱情、情爱与性爱的关系。双方有共同的理想和生活信念,互敬互爱,心灵相通,并有心理协调能力和必要的处理爱情与事业关系的自觉性。他们恋爱动机正确,感情纯挚。恋爱双方相互帮助,互相鞭策,比翼双飞。恋爱双方不仅把爱情视为人生最美好的感情,而且把幸福的爱情转化为促进学习和工作的动力。在恋爱中,能够理智地控制爱情的发展,互相关心,共同体会彼此奉献和给予的快乐,内心充实。双方都有较强的进取心和自控力,有共同的理想抱负、价值观念,把事业的成功作为爱情持久的目标,不仅把恋爱看成人生的快乐,而且能把幸福的爱情转化为学习和工作的动力。他们有一定的责任心,认为恋爱应该以真情实感为基础,并常常能对一份感情真诚付出,善始善终,因而这种爱情也是比较稳固、持久而又真实的。

(二) 生活实惠型

毕业去向是大学生最为关注的问题之一。恋爱不可避免地会涉及毕业动向的问题,同时,家庭条件和对方的发展前途也是各自关注的必要问题。一些大学生彼此间的爱慕与向往也许并不强烈,但是有明确的生活目标。他们是有为未来生活打算的,是有为了未来的婚姻和生活做准备的。大三是这类学生谈恋爱的高峰期。他们认为这时处朋友、谈恋爱、相互了解,信任程度高。这种爱情是理智的、现实的,这时确定恋爱关系引起的争议也比较少。

(三) 寻求功利型

此类型的恋爱把爱情建立在对方家庭的社会地位、经济条件上或以自己父母的社会地位和家庭的优越条件为资本,待价而沽;或是基于就业、出国或追求物质利益的目的,为自己搭一个桥,对对方有所需求。这些大学生不惜以谈恋爱为代价,借爱情的外壳从对方那得到好处,爱情的目标不是对象本人,功利色彩浓重,这种所谓的爱情是经不起考验并且常常是难有好结果的。

(四) 情感需要型

此类型的恋爱只为了交异性朋友,寻求解脱和慰藉,把恋爱作为一种感情上的补充。这类恋爱往往是毫无真情基础可言的,纯粹是为排遣自身寂寞感和填补内心空虚,利用与异性接近的感官刺激,达到排解孤独的目的。这种类型的恋爱观是极自私的,具有自欺欺人的色彩,到头来只会伤人伤己。

(五) 空虚无聊型

这类学生和情感需要型的学生相似,但有些许不同。情感需要型的学生多数是大一新生,他们是对大学生活感到茫然,需要爱情来帮忙适应。而空虚无聊类型的学生则多是大二及以上的学生,他们已经适应了大学生活,但是仍然感觉空虚。他们在精神上不太充实,同性朋友较少,时常感到孤独、烦闷,为了弥补精神上的空虚,急欲与异性朋友交往,"恋爱"成为一种近景性的精神需求。双方为填补内心的空白而谈恋爱,没有明确的目的,好谈好散,情感淡漠。在一段时间里,异性的神秘和初恋的芬芳或多或少地可以搪塞内心的空虚,能获得一丝安慰,时间一长,依旧感觉空虚。

(六) 虚荣从众型

在一些高校,恋爱成为一种时尚。一些大学生交朋友不是为了谈恋爱,而是为了满足个人的虚荣心。另外一些大学生由于受到身边已恋爱同学的影响,加快了求爱的脚步。出于这种目的的恋爱,由于缺乏认真的态度,常常是跟着感觉走,把谈恋爱看作是一种精神上的补偿,这种恋爱带有很大的随意性。这种类型的恋爱观也暴露了一些大学生的自私性和幼稚性,他们仅仅是为了随波逐流,把爱情错误地当成炫耀的资本,这种爱情只能说是"滥情"。

(七) 追求浪漫型

一些大学生情感比较丰富，罗曼蒂克式的爱情对他们有着强烈的吸引力，恋爱的美好让人向往，他们对浪漫爱情的追逐和窥探心理日趋强烈。他们并非不尊重爱情，而是觉得花前月下的刺激比爱情的责任和义务更富有色彩和韵味。与这种色彩和韵味相比较，人物自身的品质被淡化。他们追求和接受爱情时，对爱情的缠绵悱恻有较深的体验并乐在其中，时时沉浸在两人的世界里，忘却了集体，甚至忘却了学业。此类恋爱有较简单的行为动机，但缺乏一定的恋爱心理准备。

(八) 盲目被动型

有些大学生并没有充分的恋爱心理准备，虽然有对恋爱的幻想，但由于学业等方面的顾忌而比较保守，对异性有爱意也从不表露出来。然而一旦有人对这类人发动进攻，他们便会被动地接受突如其来的恋爱。他们不清楚自己是否真正需要爱情，夹在往常的保守原则与恋爱的时段性快乐的矛盾中盲目地被人牵着走。这样的爱情显得意义不大，充其量只能算是人的感情需要被满足而已。

四、大学生恋爱的心理困扰及其调适

寻求爱情的茫茫道路上，既充满了期待，也会遇到不同坎坷，爱情困扰是大学生常见的现生理问题。

(一) 暗恋

暗恋是一种单相思，是心理失去控制的情感表现，青春期男女在相遇时出于对方的容貌、才华、品德、行为、经济社会条件等而产生爱慕，于是单方面点燃爱情之火。单相思还会使人产生爱情错觉，错误地认为对方对自己有意，或者把双方正常的交往和友谊认为是爱情来临。因此，陷入单相思的人，常常想入非非，自作多情，把对方的言行举止误解为向自己示爱的信号。一旦发现对方并无此情，便会蒙受失恋的痛苦，日思夜想，影响健康，甚至导致精神疾病。

单相思最大的心理误区是过于美化暗恋对象，将其看成十全十美的。这种暗恋心理是认知和情感的失误，如果处理不当，对自己今后的恋爱和婚姻生活都有消极的影响。因此，陷入单相思的大学生要及早止步，另做选择。要想克服单相思的爱情错觉，重要的是正确理解爱情的深刻含义，同时用理智驾驭情感，尊重对方的选择，不可感情用事。

(1) 客观评价对方。客观评价对方可以起到熄灭单相思之火的作用。客观评价对方，摘掉对方头上的光环，寻找对方的缺点；客观评价自己、暗示自己："我比她（他）有优势，她（他）不一定是最好的。"相信自己的能力，提高自信心。

(2) 勇敢地表达爱慕。找合适的机会将爱慕表达出来，如果遭到拒绝可以进行积极自我暗示："我虽然遭到拒绝，并不能证明我不行，是她（他）没有眼光，没有发现我的优点，我的勇气可嘉，肯定有更好的知己等着我。"

(3) 放弃虚幻的爱情，爱与被爱的双方都有选择的权利，尊重对方的选择，长痛不如短痛，不要穷追不舍。

(4) 广交朋友。广泛与同学进行交往，在友谊中寻求感情满足。

(5) 转移注意力。用取代转移法把注意力转移到其他的兴趣爱好上面，如画画、打球、唱歌等。

(二) 遭拒

求爱遭到拒绝的烦恼是大学生恋爱心理常见的问题之一。尤其是初恋，与对方相遇时的感觉是这样的美好而单纯，于是往往迫不及待、无比强烈地想要开始与之建立恋爱关系，但将这种爱表达给对方后，不一定得到对方认可和接受,这可能使你感到失落,第一次尝到"爱"被拒绝的滋味。这种失落来自对方对自己的不认可,自信心可能因此受到打击。当爱遭到拒绝时,可以采取以下方法进行心理调适。

(1) 校正认知偏差。首先要明确,爱情是相互的,每个人都有爱与不爱的自由;未能得到一个人的爱,不等于得不到其他异性的爱。其次要确信,作为年轻人,完全有权利向自己所爱的人表露自己的感情。这一行为是正当的、正常的,没有人会因此而歧视自己。遭到拒绝不是一件丢人的事。再次要正确评价自己。每个人的形象,绝不可能由某一个人来认定。只要你有自信,对生活学习不懈怠,愿意与更多的同学交往,自会有人欣赏你。最后要冷静地思考一下,自己到底喜欢他(她)什么,其中是否出现了"晕轮效应",将他的优点扩大化了。

(2) 心理换位。运用换位思考,假想遭拒的是别人,我们应该怎样去安慰他?然后试着说服自己。一个快乐的人首要特点就是自信。自信不是天生的,而是在我们的生活经验中逐步培养起来的。

(3) 合理宣泄。可以运用情感倾诉的方法,适当宣泄沉积在心中的郁闷。如果实在难受,可到一个空旷的地方大声吼出自己的痛苦;寂寞时,和好朋友们聊天,倾吐心中的不快。

(4) 转移注意。全身心地投入学习,积极参加运动和娱乐活动,尽量让自己生活在集体之中,扩大与同学交往的范围,淡化对方在自己心目中的地位。这样可以逐渐发散不良情绪,重新认识自我价值。

(5) 调整心态。可以与对方做一般朋友,保持友谊关系,避免尴尬相处。可以给自己拟订一个与对方接触的计划,先进行一些主动问候,再从容大方地共处。

(三) 失恋

失恋是指一方否认或中止恋爱关系。恋爱失败和失恋是两个不同的概念。前者指恋爱关系的否定,它表现为两种形式,一是恋爱双方都不满意,彼此同意分手;二是恋爱的一方已无情意而提出与对方分手,另一方却仍情意绵绵,沉湎于对恋情的怀念之中。失恋就是恋爱失败的第二种形式。从心理角度来看,失恋可以说是大学生较严重的情感挫折之一,会引起一系列不良心理反应。有一些失恋者不能及时排解这种强烈的不良情绪,导致性格反常、忧郁、自卑,严重者甚至会采取报复乃至自杀等方式来排解心中的郁结。失恋后的心理调整的关键在于对自我现状的认知和对自我情感的认知,主要心理调适方法有以下几种。

(1) 矫正认知偏差。首先要认识到每一个未婚青年都有追求爱情的权利,也有接受爱情和拒绝爱情的权利。恋爱受挫是常有的事,失恋不能失志,失恋不能失德。其次要认识到恋爱是双方的事情,绝不能强求。最后要认识到一个人的价值是多方面的,要善于升华,比如以事业成功体现生命价值,多找自己的优势和长处,增强自信心,相信会找到更好的意中人,最终肯定能获得真正的爱情。

(2) 逆向思考。想要恋爱取得成功,除了要具备社会公认的良好品质、观念以外,还有许多特殊的心理要求,如双方性格和谐、志趣相同、价值观一致等。如果这些方面发生矛盾,会使恋爱不能进行下去。但是不必过于痛苦。不妨反过来思考一下,如果勉强凑合下去,造成以后感情不和,爱情又有什么幸福可言?失恋固然不是幸事,然而不能做到志同道合、个性契合,及早分手也并非坏事。

(3) 情感调节。运用情感升华、感情宣泄和情感转移来进行情感调节。情感升华是把自己的一些想要进行不良行为的欲望,导向比较积极的方向,并使之有利于社会和本人。

(4) 丢弃自卑。失恋并非羞耻之事,但有些失恋者认为失恋是耻辱的,是被对方"涮"了,从而感到脸上无光,产生强烈的自卑感,甚至因此离群索居。其实任何事情的发展都面临不同的结果,恋爱也是一样。恋爱一次就成功固然可喜,但这毕竟是可能性的,不是必然性的。所以在你准备谈恋爱那天起,就要做好谈不成的心理准备,失恋也在情理之中,是无可非议的。

(5) 自我安慰。失恋后,有时可以适当运用挫折合理化心理做感情转移。一是"酸葡萄"心理,即缩小或否定他人的优点,而强调其各种缺点。就像狐狸吃不到葡萄而说葡萄酸一样,通过找出对方的一些缺点,来打破理想化倾向,修补心灵上的创伤。二是"甜柠檬"心理,罗列自己的优点以恢复自信,减轻痛苦。当然,自我安慰是消极的方法,如果失恋后听任这两种心理支配,不能接受现实,那就还没有从根本上解决问题。

(四)恋爱纠葛

大学生在恋爱过程中会碰到很多麻烦,如自己并不爱对方,对方却拼命纠缠;双方很谈得来,但又常常发生争吵;自己喜欢的异性却喜欢别人等。恋人之间的矛盾和猜疑、三角恋、父母的反对或周围人的非议等都是引发恋爱纠葛的因素。如何处理爱情纠葛呢?

1. 学会拒绝

在恋爱过程中,当需要拒绝时,要考虑以下两个方面。

(1)态度明确。当对方追求你,你却觉得对方并非你所爱的人时,要理智地拒绝。这时对方的爱恋或追求才开始,感情并没有深入发展,你必须态度明确、果断,不要含糊,不要使对方产生爱情错觉,要让对方彻底死心。但也应该注意拒绝的艺术,做到既拒绝又不至于伤害对方,保护对方的自尊。

(2)时机和方式恰当。当恋爱进入心理碰撞阶段后,发现对方并不是你心目中的她(他),也需理智地拒绝。但此时的分手是痛苦的,容易造成不良后果,因此,拒绝时更应慎重考虑,注意选择合适的时机和方式。拒绝的态度需要明确,不能留有余地,不要给对方以幻想。要清醒地分析对方可能会出现的情绪和行为,并做好应对准备。拒绝会使对方激动、气愤、发怒,都是可以理解的,你应保持冷静,避免激烈交锋,更不要轻视他(她)、刺激他(她),还可请要好的同学和朋友帮助做工作,以免他(她)产生报复或自伤行为。

2. 学会处理争吵

没有人真正喜欢和恋人吵架,争吵既无助于矛盾的消除,又会伤感情。激烈的争吵所导致的负面情绪,还会危害人的身体健康。但恋人之间的争吵是不可避免的,需要妥善处理。处理不好,会伤害彼此的感情;处理得好,可以增进相互了解,增进感情。争吵也是恋爱的艺术,但需要注意以下三点。

(1)理智沟通。恋爱双方要从内心确立这样的观念:人与人之间的矛盾、冲突可以依靠理智加以调和、消除,不是无法解决的。因此,当恋人之间发生矛盾时,要尽量限制在理智可以主导的争论范围内,避免演化为以情绪为主导的争吵。如果你能够冷静地倾听对方、让对方充分地表达,并且能设身处地理解对方的动机、想法和情绪,那么你就掌握了主动。在争吵中,你可以坚定自己正确的方面,又承认自己确实存在的局限及失误之处。在言语上尽量准确、具体地描述自己的见解、动机和情感体验,批评对方时有理有据,对事不对人,语言委婉。这样才能创造出一种平等的、互相尊重的、不为争面子而为了真正解决问题的氛围,双方才能尽快沟通、和解。

(2)主动妥协。双方在经过一番争论之后,要提出可行的解决办法。这个办法应当最大限度地有利于双方、被双方所接纳。双方的所有要求与愿望并不能总是全部得到满足,在满足一些的同时不得不放弃另一些。恋人之间要学会放弃,本着务实的态度容忍小部分利益或优势的丧失,保证大部分的利益在新的关系中得以保存。这种相互间的妥协非常必要。而且恋人之间争吵时,主动妥协往往会使对方心软,争吵可能很快就能平息。

(3)注意保密。既然两人相爱,争吵又是在"两人世界"中进行的,争吵后就应注意保密。切忌向同学和朋友炫耀以满足自己的虚荣,这样容易引发对方的不满。

3. 处理"多角恋爱"

多角恋爱是同时与数个异性建立恋爱关系,企图同时占有数个异性的感情,玩爱情游戏。多角恋爱历来被认为是典型的爱情不专一、朝三暮四、视爱情为游戏的行为,把自己的幸福建立在牺牲他人感情基础之上。不管从哪个角度来讲,多角恋爱都为社会和道德所不容许,且可能产生种种不良后果。那么,多角恋爱的当事人应当如何正确对待这个问题呢?

从被恋角色看,被恋者正处于多角恋的旋涡正中,其是否具备良好的心理品质和行为方式是至关重要的,有两个或两个以上的异性同时爱着自己,或先后向自己求爱,说明你是一个幸福者,有选择爱情的神圣权利,应当从多方面对这些追求者进行了解、比较,并尽快地予以抉择。在抉择之前,对多个异性要保持不超过友谊的关系。如果与一个异性相处已有一段时间,彼此已有了一定的了解,建立了一定感情,此时在你的生活中又出现另一个人,对比之下,你才明白与前者之间的感情不是爱情只有友谊。那么这时候用不着被"喜新厌旧"的说法束缚,不要犹豫徘徊,你有权利做出选择。这时候,良心自责、感情内疚也无济于事。长痛不如短痛,应尽快做出抉择。问题的关键是要断绝与其中一个的关系,待到他(她)情绪较为平静之后,再与另一个发展恋爱关系。

从竞争者角色看,当发现自己站在了危险的"多角区"时,要宽容地理解:一个好姑娘、一个棒小伙有几个异性追求者,不足为奇,她(他)可能难以取舍,不易定夺,自己则应当抓住机遇去"自由竞争",去表现自己的思想、才能、气质、风度、自信和宽容大度,以争取她(他)下决心选择自己。如果竞争"赢"了,要特别小心地对待"失败者",要予以同情和理解,甚至可以高姿态地向"失败者"表示歉意,一定不要加剧别人的心灵创伤。如果成了竞争的"输家",你要正视现实:自己与对方没有缘分,就不要再强求。应当尊重所钟爱的人的选择,尽快从竞争中撤退。

(五)网恋

互联网是当今世界最快捷便利、省时省钱的交流与沟通平台,通过互联网人们可以随时随地跨越时空进行倾诉和交往。网络的主体性、虚拟性、隐蔽性及便利性使得一些大学生钟爱网络交流。许多远隔万里的男女在网络空间通过指尖点击相识相知,倾心交流,心心相印。但是由于网络的虚拟性和欺骗性较大,网恋也存在着一些问题,一些人被骗财骗色,甚至丢掉性命。

(1)网恋具有虚幻性。网恋与现实生活中的恋爱相比,有许多不同之处。网上交友这种方式具有虚拟性,它与现实相隔,常常会导致"见光死"的结局。网恋毕竟不同于通过见面、书信、电话等交流方式进行的现实恋爱,后者尽管不像前者那样有更多的想象空间和对异性产生的神秘感,但它是令人感到踏实的。

(2)网恋具有游戏性。网恋的成功率很低。双方交朋友只是通过对方的语言、自己的直觉和想象而产生信任感,而这种信任感往往是靠不住的。网恋语言时常成为独自狂欢的游戏语言,对之后的现实恋爱生活极为有害。

大学生网恋的任何一种类型,几乎都具有一个共同点:抛弃了"恋爱是为了缔结婚姻"的观念,把网恋视为一种游戏和在网上进行情感交流的一种方式。心理学家指出,大学生网恋很容易上瘾,而一旦上瘾就会沉湎其中不能自拔,把网上爱情视为生活的唯一追求。网恋会严重影响学习,而且容易使他们减少与老师、同学之间的交流。不愿意参加集体活动,性格变得孤僻,甚至造成人格分裂。

第三节 "潘多拉"的诱惑
——大学生性心理及其困扰

大学生正处于性生理基本发育成熟、性心理也渐趋成熟的时期。在这一时期,自身性生理反应的体验、大众媒介有关性爱方面内容的渲染,加上多种因素的影响和制约,大学生中出现了较多与性有关的问题,产生了各种与之相关的心理困扰或心理障碍。这给大学生的心理健康及学习和生活带来了消极影响。大学生应对此有正确的认识和了解,积极进行心理调适,使身心健康发展。

一、性心理及其发展阶段

性心理是与情感心理和道德心理相关联的一种心理,是在性生理的基础上,与性特征、性欲望、性态度、性行为等有关的心理状况和心理过程,是一个人正常心理的重要组成部分。它包括认识自己的性别角色、与异性交往的态度、性观念等方面。性心理的发展通常划分为以下三个阶段。

(一)异性疏远期

这一时期也称为性发育早期、性紧张期。随着第二性征的出现,少男少女对自身生理上发生的变化感到茫然,对两性关系似懂非懂,对性知识、性行为一知半解。在与异性的交往中羞涩、忸怩和不自然,所以常常会选择避开与异性交往,本能地对异性暂时疏远,甚至对异性反感,女生表现得尤为明显。

(二)异性接近期

在完全进入青春期后,随着性生理的发育加上生活阅历的增加,大学生对异性有了进一步的了解和认识,对性意识的情感体验也开始有了新的变化。他们渴望了解异性,渴望接近异性,希望与异性交往。喜欢幻想,喜欢看爱情小说,喜欢与异性在一起活动,喜欢在异性面前表现自己,力求成为异性眼中有吸引力的人。此时,两性之间的畏惧感、陌生感消失,有着强烈的相互吸引和接近愿望。但由于缺乏接近异性的经验,不知如何表现自己,大学生往往会通过狂热追星来释放出自己内心对异性的渴慕之情。

(三)异性恋爱期

这一时期也称为性发育晚期、两性恋爱期。大学生逐渐把对异性的情感纳入恋爱的轨道,对恋爱的理解和认识更加深刻,对恋人的寻觅更加迫切,对异性的态度也逐渐客观。此时,大学生尽量在异性面前展示自己的长处与才华,把对异性的泛化爱慕和好感集中到某一个特定的异性身上,开始更多地与自己喜欢的异性单独在一起。但由于受社会文化的影响,男性在恋爱的表达方面更加主动、大胆、直率,而且热情奔放;女性则更加含蓄、深沉、妩媚,略带羞涩和矜持。

二、大学生性心理的发展特点

大学生性生理发育基本成熟,但是由于他们涉世未深、社会知识经验较少、自我意识的发展还不完善,他们在性心理发展上存在非均衡性、矛盾性及男女性意识和性审美上的差异性。

(一)性心理的本能性和神秘性

大学生的性心理基本上还是一种生理急剧变化的本能表现,缺乏深刻的社会内容。相当一部分大学生,尤其是低年级大学生,对异性产生的兴趣、好感、爱慕还是基于异性的吸引,而缺少责任、安全等社会内容。其性心理主要还是生理发育成熟带来的本能反应。随着社会观念的多元化发展,传统的性道德观念受到了强烈冲击,再加上影视、报刊、网络等传播媒体对性的渲染,大学生对性不再感到陌生,但是仍然缺少正确和科学的认识,性在一定程度上还是具有神秘感和朦胧感。大学生由于性生理和性心理日趋成熟,希望与异性交往,他们喜欢探索异性的心理秘密。正是在此基础上,在朦胧纷乱的心理变化中,大学生的性意识逐渐强烈和成熟起来。

(二）性意识的强烈性和表现上的文饰性

大学生在性意识上对异性有强烈的兴趣,他们十分重视自己在异性心目中的形象,十分看重来自异性的评价,并常按照异性的要求和希望来进行自我评价和塑造自己的形象。但表面上又表现出拘谨、羞涩、冷漠等态度;心里对某一异性很感兴趣,表面上却表现出无动于衷。这种矛盾心理使他们产生种种冲突与困惑。同时,尽管大学生对性问题和异性都很关注、很敏感,但在行为上表现得拘谨、羞涩和冷漠,具有明显的文饰性。

(三）性冲动与性压抑并存

大学生正处在青年期的鼎盛时期,是人一生中性能量最旺盛的时期,他们渴望与异性交往,但是由于性心理的不成熟,尚未形成正确的性爱观和性道德观,自控力较弱,因而他们的性心理容易受到外界的不良影响而躁动不安,形成错误的性认知和性爱观,有的会发生性过失行为或性犯罪行为。与此相反,一些大学生由于性能量得不到合理的疏导、升华导致过分性压抑而产生各种各样的性心理障碍,如过度手淫、性强迫症、偷窥、恋物癖等。

(四）男女大学生性心理的差异性

大学生的性心理存在差异,在对异性的感情上男大学生一般表现为外显和热烈,女大学生往往表现得含蓄而内敛;在内心体验上,男生更多的是新奇、喜悦,而女生常常表现出惊慌、羞涩和不知所措;在表达方式上男生通常比较主动,而女生则表现得较为被动。此外,在对待性冲动方面,男生的性冲动易被性视觉刺激唤起,而女生则易在听觉、触觉刺激下引起性兴奋。不过,这种差异近年来有缩小的趋势。如在表达方式上,女生较为主动的情况也是越来越常见。

中国是一个传统伦理观念占主导的国家,一个人从出生开始就接受来自家庭、学校、社会的道德教育,形成了有中国传统特征的性道德观和价值观,大学生的性心理发展主流上是正常的、健康的。大多数的大学生能较好地调节性欲望和性冲动,表现出符合社会规范的性行为,能较好地对待两性交往。但是,较之其他方面的心理发展,大学生在性心理发展过程中还存在较多的问题,由此引发诸多的困惑、烦恼和适应不良等。

大学生性心理健康问题集中表现在对性缺乏科学的、健康的认识态度,性价值观模糊,对自身的性生理、性心理感到困惑、不适应,对自身的性本能、性冲动存有不安和压抑等情绪。

三、大学生常见的性心理困扰

(一）性体相的困扰

已经进入青春期的男女大学生的体相发生了很大的变化。几乎所有的男生都希望自己身材高大,体魄健壮,音调浑厚,拥有男性磁力,以吸引女性的注意;而女性也几乎都希望自己容貌美丽,身材完美,音调柔和,来显示女性魅力,以吸引男性的关注。然而,这些希望只是我们心目中的理想情况,绝大部分大学生都不会拥有这样一副近乎完美的体相。因此,有些大学生为自己的身材太矮或太胖而自卑,甚至有些大学生为自己的声音不符合心意而出现烦恼。

(二）遗精恐惧和月经焦虑

遗精是指男性在无性交状态下的射精现象,是青春期男子常见的正常生理现象,"精满则自溢",是性成熟的标志。由于受传统观念的影响,不少人认为遗精会失去身体的精华、伤元气、肾亏。因而一有遗精,有些男生便感到焦虑不安、惊恐失措。这种不良心态和情绪,严重影响了大学生的正常学习、生活和身体健康,容易产生不良后果。

月经来潮是女性进入青春期的标志,是正常的生理现象。但女性的月经期及来月经的前几天是女性生理曲线的低潮期,身体的耐受性、灵活性下降,易疲劳、感冒。同时,有些女性容易产生情绪波动;如果遭遇较大的压力,甚至会引起痛经、闭经。因此,女大学生经期的生理和心理卫生是一个不容忽视的问题。

(三)性幻想与性梦

性幻想是指个体在某种特定因素诱导下,自编、自导、自演与性行为的内容有关的心理活动过程。这是青春期常见的一种自慰行为,是一种正常的、普遍的心理反应。当大学生与异性交往的强烈渴求不能在现实中实现时,性幻想就有可能发生。性幻想又叫性的白日梦。这种白日梦可以导致生理上的性兴奋,偶尔也会出现性高潮,这在一定程度上可以缓解人们的性需求。有学者调查发现,70%的男女大学生都曾有过性幻想。但是,性幻想不能过头,如果成天沉溺其中,甚至把幻想当成现实,那就会成为病态,就会有碍于大学生的健康成长。

性梦是指在睡眠状态中所做的以性内容为主的梦。性梦的内容十分广泛,甚至包括清醒时做不出来的性行为。性梦的发生原因是青春期开始前后,人体内的性激素迅速增加,大脑中调节性活动的神经中枢日渐成熟,性梦就是伴随着性心理活动的增多而产生的。处于青春期的男女,做性梦是很正常的,人们通过梦的方式部分获得自己白天被社会规范限制的性冲动的满足,从而缓解性紧张。

有关调查显示,有85%的男生和51%的女生做过性梦,这是正常的生理、心理现象,大部分人都有过类似的经历。

(四)性自慰

性自慰是指用手或工具刺激生殖器而获得性快感、获得性满足的行为。自慰在青春期男性中较为多见。自慰是一种性冲动的发泄方式,一种性的补偿行为。但大学生中有许多人对自慰持有不正确的认识。一般来说,适度自慰不影响性功能,也不影响未来的生育功能。自慰的危害不在于自慰本身,而在于对自慰的担忧、恐惧、羞愧和罪恶感。但是,自慰无罪无害,并不意味着自慰是必需的,更不是说自慰可无度。"纵欲伤身",过度自慰对身体也会造成一些不良影响。如对生殖器的过度刺激可能会习惯性地形成局部的感觉麻痹,使少数人性唤起难度增大。此外,有的大学生自慰时不注意卫生、方法,还容易导致性器官感染或受损,给未来正常性生活埋下隐患。

(五)婚前性行为的烦恼

爱情是情爱和性爱所构成的复杂综合体。大学生的爱情中,有一些亲昵的举动可以理解,而性冲动往往就是在这种肌肤之亲的行为中爆发的。如果不善于控制自己的性冲动,就会发生婚前偷吃禁果的性行为。在婚前性行为的问题上,男女生的态度可能会有差别,男生想更进一步,而女生则会考虑到后果而比较保守,这时候男女双方很可能会在这件事上产生一些冲突和矛盾。因此,大学生的恋爱,重要的一环便是对亲昵行为的适可而止,可以开诚布公地讨论婚前性行为的危害,本着尊重对方和自己的态度,解决好独处时过分亲昵这一问题,从而避免难堪的局面发生。

大学生恋爱中的性行为,对男女双方都可能带来危害,并不利于身心发展。为了对恋人、家庭、社会和后代的健康负责,热恋中的大学生一定要自尊、自重、自爱,理智地对待婚前性行为。

第四节　绽放青春的玫瑰
——培养健康恋爱行为及性心理

一、培养健康的恋爱心理与行为

（一）树立正确的恋爱观

（1）提倡志同道合的爱情。在恋人的选择上最重要的标准应该是志同道合，即二人的思想品德、事业理想和生活情趣等大体一致。理想的爱情应该是理想、道德、义务、事业和性爱的有机结合。一般情况下，异性感情是沿着熟人—朋友—好朋友—知己—恋人这一顺序发展的，当一个被确定的意中人成为自己心中任何人都不能代替的角色时，爱情就可能降临；在与其分享快乐和痛苦、共同成长的过程中，爱情就会产生和发展。

（2）摆正爱情与学业的关系。大学生应该把学业放在首位，摆正爱情与学业的关系，不能把宝贵的时间主要用于谈情说爱而放松了学习。学业是大学生价值感的主要支柱。当大学生把爱情视为生命的唯一时，爱情就是一株温室中的花朵，娇弱美丽却经不起任何的打击。当爱情成为个人存在的唯一价值时，她（他）本人就会失去人格的独立和魅力，也很容易失去被爱的理由。

（3）懂得爱情是相互理解、相互信任，是责任和奉献。理解对方就要为个人和对方营造一种轻松和快乐的氛围，没有人希望爱情只是为了被约束；相互信任是自信的表现，不相信自己值得别人去爱的人，别人会全心全意爱他（她）吗？责任和奉献反映了一个人的道德修养，它是获得崇高的爱情的基础。

（二）发展健康的恋爱行为

（1）恋爱言谈要文雅，讲究语言美。交谈中要诚恳、坦率、自然，不要为了显示自己而装腔作势，矫揉造作；不能出言不逊，污言秽语，举止粗鲁；要相互了解，但不要无休止地盘问对方，使对方自尊心受损。否则只会使之厌恶，伤害感情。

（2）恋爱行为要大方。一般来说，男女双方初次恋爱，在开始时常感到羞涩与紧张，随着交往的增加会逐渐自然与大方。这个时期要注意行为举止的检点。有的人感情冲动，过早地做出亲昵动作，使对方反感，影响感情的正常发展。

（3）恋爱过程中双方要平等相待，互相尊重。不要拿自身的优点去比较对方的不足，以此炫耀和抬高自己，戏弄和贬低对方。也不宜想方设法考验对方或摆架子，这些都可能挫伤对方的自尊心，影响双方的感情。

（4）善于控制感情，理智行事。对于恋爱中的性冲动，一方面要注意克制和调节，另一方面要注意转移和升华，比如参加各种文娱活动，把恋爱行为限制在社会规范内，不致越轨，要使爱情沿着健康的道路发展。

（三）培养爱的能力与责任

（1）迎接爱的能力。迎接爱的能力包括施爱的能力和接受爱的能力。一个人心中有了爱，在理智分析之后，要敢于表达、善于表达，这是一种爱的能力。一个人面对别人的示爱，能及时准确地对爱做出判断，并做出接受、谢绝或再观察的选择，这也是一种爱的能力。缺乏这种能力的人，或是匆忙行事，或是无从把握。大学生要具有迎接爱的能力，应懂得爱是什么，有健康的恋爱价值观，知道自己喜欢什么，需要什么，适合什么；应对自己、对他人、对万事保持敏感和热情；应主动关心他人、热爱他人。

（2）拒绝爱的能力。对于自己不愿或不值得接受的爱应有勇气拒绝。拒绝爱要注意以下两个方面。

一是在并不希望得到的爱情到来时,要果断、勇敢地说"不",因为爱情来不得半点勉强和将就。如果优柔寡断或屈服于对方的穷追不舍,发展下去对双方都是不利的。二是要掌握恰当的拒绝方式,虽然每个人都有拒绝爱的权利,但是珍重每一份真挚的感情是对他人的尊重,也是一种自尊,同时是对一个人道德情操的检验。不顾情面,处理方法简单轻率,甚至恶语相加,会使对方的感情和自尊心受到伤害,这些做法是很不妥当的。

(四)发展爱的能力,培养爱的责任

马卡连柯说:"爱的力量只能在人类非性欲的爱情素养中存在。他的非性欲的爱情范围愈广,他的性爱也就愈为高尚。"发展爱的能力,并不是非要具体到对某一异性的爱,可以是更广泛意义上的爱。我们的亲人、同学、朋友、祖国和人民,都值得我们去热爱。发展爱的能力,就是要培养无私的品格和奉献精神,要培养善于处理矛盾的能力,有效地化解、消除恋爱和家庭生活中的矛盾纠纷,为恋人负责,为社会负责,才能拥有幸福美满的婚恋。

(五)提高恋爱挫折承受能力

大学生的恋爱受多种因素的制约,因此,在追求爱情的过程中遇到各种波折是在所难免的。前面所提到的单相思、爱情错觉、失恋等恋爱心理挫折对大学生的心理承受能力就是一种考验。如果承受能力较强,就能较好地应对挫折,否则就有可能造成不良后果。因此,提高恋爱挫折承受能力对大学生的心理健康是非常重要的。当爱情受挫后,要用理智来驾驭感情,通过增强理智感,分析原因、总结经验教训,寻找解决问题的方法和途径,在新的追求中确认和实现自己的价值,从而提高自己的心理承受能力和思想水平。

二、选择伴侣的正确标准

(一)生物因素

生物因素包括年龄、身体健康状况、身高和外貌等。恋爱双方年龄不宜相差过大,年龄相差过大可能会带来性爱不和谐、低质量的生育和心理上的冲突,使婚姻之树难以常青。恋爱双方要没有妨碍对方和可能遗传的疾病,要有双方都能认可的身高、外貌等。

(二)经济因素

经济因素包括生活中应该有起码的保障,两人对钱财的态度和收支的方式应该一致或相近。但考虑到经济因素,并不意味着谁有钱就与谁交往。

(三)社会因素

社会因素包括双方的家庭情况,父母的婚姻是否幸福,是不是有道德的人,对方的童年是否幸福,是否受过正常的教育,双方的生活经历是否相似等。与一个人结婚,就要接受这个人的背景和周围的人。婚姻不仅是两个人的结合,更是两种生活的融合。

(四)心理因素

心理因素包括双方的品德、性格、情感、兴趣、习惯、业余爱好等是否相似、一致或互补。人们都爱各方面与自己相似的人,包括容貌相近的人。相似表明两个人有更多的一致性,容易形成统一的结合点或轴心,能够相互肯定和支持。互补也很好,如果彼此能互相满足需要和补偿自己的不足,双方都感到从对

方那里得到的收益大于从其他异性那里取得的,那么就能奠定爱情和婚姻关系得以长久维持下去的基础。在心理因素方面,特别应注意:考察对方有无同情心和自尊心,性格是否健全。

(五)价值观因素

人与人相处最核心的问题是价值观念是否一致,有无难以消除的原则性意见分歧,解决问题的原则和方法是否相同。

有人追求精神上的满足,希望对方有强烈的事业心、两人有共同的理想和信仰。有人追求感官上的刺激,希望对方长得漂亮。有人追求实惠,希望对方有地位,经济条件好,能够帮助自己解决困难,承担家务。有人追求个性完美,希望对方正直、诚实、勤劳和善良。

总之,人们所说的缘分,无非是恋爱双方在上述五个方面的社会总量相等。两个人主观上互相爱慕,客观上又互相适合,能够使爱情得到持续补充的能量,如果不断更新、开拓爱情的新内容,就能使婚姻美满幸福。

但是,社会总量相等的观点只能用于最初的选择之中,不能贯穿于婚姻生活的全过程,不可随时随地,永久地制约着两个人之间的感情。婚后不要讨论彼此职务高低、成就大小、能力强弱、收入多少,否则会使婚姻生活充满紧张不安。

三、培养健康的性心理

(一)掌握科学的性知识

大学生应该对"性"有一个科学的认识。性是一门综合性的科学。它包括性生理学、性心理学、性社会学、性伦理学、性美学等。大学生应当努力学习和掌握性科学知识,避免性无知,消除把性仅看作是生物本能的片面认识。

性不仅仅是一种生物本能,一个人对待性的态度还反映出其人格的成熟程度。人自身的尊严感和对他人是否尊重,都会在两性关系中充分体现出来。

(1)要自爱自信。大学生要认同自己的性别角色。性别角色意识是一个人社会化成熟与否的重要体现,是心理健康的重要标志。世界是两性的和谐统一,男性和女性在生理和心理上有各自的特点和性别魅力。现代大学生应当在生物生理、社会心理和文化、经济、社会参与以及政治上,进行合乎科学、合乎道德、合乎时代要求的全面角色认知,发展出适应时代要求的优秀个性特点。

(2)要对性行为负有社会责任感。性行为涉及许多社会责任问题。性行为可能给另一方造成心理和肉体上的伤害,可能产生第三个生命。这将意味着会影响另一个人的生活,也将影响你自己的生活。每一个成熟的大学生都应当了解个人性行为给他人、自我和社会带来的后果。要尊重他人,尊重自我,对自我的行为负起责任。大学生要增强自己的性道德和性法律意识,用道德和法律规范自己的性行为。

(3)要培养良好的意志品质。大学生控制自我性心理的能力,在一定意义上是由个人意志力的强弱决定的。意志作为达到既定目的而自觉努力的一种心理状态,具有发动和抑制行为的作用。有的青年人有很强的性冲动,在外界性刺激的作用下,会急于寻求性的满足。但是,人不同于动物,人有意志力,人可以抑制和调整自我的冲动。那些放纵自己的人往往缺乏坚强的意志力。为了自己长远的幸福和个人的发展,应当努力培养自己良好的意志品质。

(二)进行自我调节

每一个大学生都应该懂得:应该尊重他人的存在价值;应该以希望他人对待自己的方式去对待他人;自尊与自重应该建立在良好的人格标准基础上,即责任心、诚实、善良,并对自己的道德能力有信心。性欲是正常的和健康的,而且,性欲是可以控制的。

悦纳自己的性体相,可以从以下方面着手。①积极改善可塑造的部分。例如男生的可塑部分为体型、吸引力,要想体形健美,可长时间坚持锻炼;增强吸引力,从完善内在入手,让自己变得宽容、大度、智慧、幽默等。②乐观悦纳不可塑造的部分。人的一些生理特征受先天遗传影响很大,很难改变,对此要乐观悦纳。

心理广角

失恋博物馆

世界上第一家失恋博物馆,是萨格勒布博物馆,坐落在克罗地亚首都萨格勒布市上城。拥有世界各地失恋者捐赠的展品1000多件。2011年被授予"欧洲最有创意博物馆奖"称号。2012年被列为萨格勒布市必参观地方第三名。

博物馆创办人之一格鲁比希奇在接受记者采访时说,从这些来自世界各地的展品中可以看出,尽管存在文化、习俗和宗教等方面的差异,但人们珍惜爱情,追求幸福的心是相通的。格鲁比希奇说,尽管展品是情侣们分手后的遗存,但它们保留了我们生命的印迹,收藏起来是对美好感情的回味,分享经历是走出伤痛的一种方式。因此,"我们可以称它为爱情博物馆,只是表达的方式不同而已"。说起来,这座博物馆也是失恋的产物。格鲁比希奇和他的女友韦斯蒂卡相恋4年后分手,在商量如何处置这段曾经美好的感情"遗产"时,萌生了创办博物馆的想法。于是他们从最初向朋友、后来向公众收集物品,逐渐发展到如今的规模。失恋博物馆内的藏品包括情书、订婚戒指、按摩油、小轮摩托车以及恋情过后留下的空酒瓶等。每件展品旁边都有捐赠者写下的说明文字,以解释此件展品的来源和意义。最让人感动的展品是一段视频,一位斯洛文尼亚老太太讲述了一段珍藏了60多年的爱情。那是在1942年,德国人占领了她的家乡马里博尔。在偷偷为被监禁的人送食品时,她接到一个士兵递出的纸条,上面有他家的地址。之后由于一直担心他的下落,她往这个地址寄了一封信。第二年春天,她收到了这个士兵从奥地利战俘营写来的信。从此她不断给他写信,鼓励身处逆境的他坚持下去,等待转机。1945年8月,士兵突然来到她家。在一棵栗子树下,士兵问她愿不愿意跟他回老家贝尔格莱德,因为他爱上了她。然而她拒绝了。临别时,士兵送给她一枚拿破仑金币,失望地回到家乡,为了忘却她很快就结婚了。60多年后,老太太回忆说,"虽然我们只相处了几个小时,但我一直不能将他忘怀。结婚时我把他送的金币打成了一枚戒指,从此天天戴在手上。"尽管各自有了家庭,他们依然像朋友一样通信,交流各自的境况,直到2005年士兵去世。

其实,恋爱和失恋都是再平常不过的事情,也许刻骨铭心,但请一定要对过去释怀。因为爱情是两个人的事情,你可以努力,但不是说,你努力了就一定会有结果,因为你并不能左右另一个人。所以,无论你多么在乎这段爱情,如果另一个人坚决要离开你,请尊重他的选择。并且请你记住,你已长大成人,不能听凭痛苦的折磨,你完全有力量走出一段无益的关系。向失恋博物馆捐赠物品其实就是失恋的人的一种告别仪式,更是一种纪念,当走出这里后,你就变成一个全新的自己!

反思体验

1. 爱情和喜欢有什么区别?
2. 爱情产生的基础是什么?
3. 斯腾伯格的爱情三角理论的主要观点是什么?你如何看待这个理论?
4. 谈谈正确的恋爱观?
5. 如何培养爱的能力?

心理测验

大学生恋爱观心理自测表

指导语：每一个问题的下面，都有四种不同的选择，请你在符合自己想法的那一选项上打上"√"，每题只选一个。

1. 你想象中的爱情是
   A. 具有令人神往的浪漫色彩
   B. 能满足自己的情欲
   C. 使人振奋向上
   D. 没想过

2. 你希望同你恋人是这样认识的
   A. 在学习和工作中逐渐产生爱情
   B. 青梅竹马
   C. 一见钟情也未尝不可
   D. 随便

3. 你对未来妻子的主要要求是
   A. 别人都称赞她的容貌
   B. 善于理家
   C. 顺从你的意见
   D. 能在多方面帮助自己

4. 你对未来丈夫的主要要求是
   A. 有钱或有地位
   B. 为人正直有事业心
   C. 不嗜烟酒，体贴自己
   D. 英俊有风度

5. 你认为完美的结合应是
   A. 门当户对
   B. 郎才女貌
   C. 心心相印
   D. 情趣相投

6. 你认为巩固爱情的最好途径是
   A. 满足对方的物质要求
   B. 柔情蜜意
   C. 对爱人言听计从
   D. 完善自己

7. 在下列格言中，你最喜欢的是
   A. 生命诚可贵，爱情价更高
   B. 爱情的意义在于帮助对方，同时也提高自己
   C. 有福同享，有难同当
   D. 为了爱，我什么都愿意干

8. 你希望恋人同你在兴趣爱好上
   A. 完全一致
   B. 虽不一致，但能互相照应
   C. 服从自己的兴趣
   D. 互不干涉

9. 当你发现恋人的缺点时，你的态度是
   A. 无所谓
   B. 嫌弃对方
   C. 内心十分痛苦
   D. 帮他（她）改进

10. 你对恋爱中的曲折怎么看
    A. 最好不要出现
    B. 自认倒霉
    C. 想办法分手
    D. 把它作为对爱情的考验

11. 你对家庭的向往是
    A. 能同爱人天天在一起
    B. 人生归宿
    C. 能享天伦之乐
    D. 激励对生活的新追求

12. 自己有一位异性朋友时，你将
    A. 告诉恋人，在其同意下继续交往
    B. 让恋人知道，但不能干涉

C. 不告诉他（她）　　　　　　　　　　　D. 告诉与否看恋人的气量而定

13. 另一位异性比恋人条件更好，且对自己有好感

A. 讨好对方，想法接近　　　　　　　　B. 保持友谊，说明情况

C. 持冷淡态度　　　　　　　　　　　　D. 听之任之

14. 当你迟迟找不到理想的恋人时

A. 反省自己的择偶标准是否实际　　　　B. 一如既往

C. 心灰意冷，甚至绝望　　　　　　　　D. 随便找一个

15. 当你所爱的人不爱你时

A. 愉快地同他（她）分手　　　　　　　B. 毁坏对方名誉

C. 千方百计缠住对方　　　　　　　　　D. 不知所措

16. 你的恋人以不道德的理由变心时，你会

A. 报复　　　　　　　　　　　　　　　B. 散布对方的缺点

C. 只当自己没看准　　　　　　　　　　D. 吸取教训

17. 当发现恋人另有所爱时

A. 更加热烈地求爱　　　　　　　　　　B. 想法拆散他们

C. 若他（她）们尚未确定关系就竞争　　D. 主动退出

评分表如下，按照评分表（见表9-1）给每题打分，再加总分。

表9-1　大学生恋爱观心理自测评分表

题号	选项			
	A	B	C	D
1	2	1	3	0
2	3	2	1	1
3	1	2	1	3
4	0	3	2	1
5	1	1	3	2
6	1	0	2	3
7	2	3	2	1
8	1	2	0	3
9	1	0	2	3
10	1	2	0	3
11	2	1	1	3
12	3	2	1	1
13	0	3	2	1
14	3	1	0	1
15	3	0	1	1
16	0	1	2	3
17	1	0	3	2

结果分析:总分在46分以上,说明恋爱观正确;42~46分,说明恋爱观基本正确;42分以下,说明恋爱观需要调整。

如何区别友谊与爱情

通过下面的测试可以了解自己到底是喜欢还是爱。

【测试1】

下面有13个句子,在符合你的情况的句子前打"√"。

1. 当我和他(她)在一起时,我发觉好像两人都有相同的心情。
2. 我认为他(她)非常好。
3. 我愿意推荐他(她)去做为人尊敬的事。
4. 依我看来,他(她)特别成熟。
5. 我对他(她)有高度的信心。
6. 我觉得大部分人和他(她)相处,都会对他(她)有很好的印象。
7. 我觉得和他(她)很相似。
8. 我愿意在班上或团体中,做什么事都投他(她)一票。
9. 我觉得他(她)是许多人中,容易让别人尊敬的一个。
10. 我认为他(她)是十二万分聪明的。
11. 我觉得他(她)是我认识的所有人中,非常讨人喜欢的。
12. 我觉得他(她)是我很想学的那种人。
13. 我觉得他(她)非常容易赢得别人的好感。

【测试2】

下面有13个句子,在符合你的情况句子前打"√"。

1. 他(她)觉得情绪很低落的时候,我觉得很重要的职责就是使他(她)快乐起来。
2. 在所有的事件上,我都可以信赖他(她)。
3. 我觉得要忽略他(她)的过失是一件容易的事情。
4. 我愿意为他(她)做所有的事。
5. 我对他(她)有一种想占为己有的想法。
6. 若我不能和他(她)在一起,我会觉得非常不幸。
7. 当我感到孤寂,首先想到的就是要去找他(她)。
8. 在世界上也许我关心很多事,但最重要的事就是他(她)幸福不幸福。
9. 不管他(她)做什么,我都愿意宽恕他。
10. 我觉得他(她)的幸福是我的责任。
11. 当我和他(她)在一起时,我发现自己什么事都不想做,只想用眼睛看着他(她)。
12. 若我能让他(她)百分之百信赖我,我觉得十分快乐。
13. 没有他(她),我觉得难以生活下去。

测试1和测试2中符合你的情况的句子分别有多少?如果测试1中符合你的情况的句子多于测试2,那么你对对方喜欢的成分多于爱,你们之间是友谊而非爱情;反之则是爱情而非友谊。

第十章　逆风展翅，历练人生
——大学生压力管理与挫折应对

案例导读

小琳是某大学一年级学生，刚进入大学时她非常兴奋，觉得过去苦读书的日子终于结束了，她可以在大学尽情地做自己想做的事情。于是她参加了各种社团，甚至还竞争当上了班委，从此她忙于各种社团活动和班级事务。渐渐地她发现自己上课提不起精神，由于经常熬夜工作，她已经没有精力应付学习了，后来有一些课她就干脆逃课不去上了。在一次校园活动中她认识了英俊帅气的男生小轩，随着近距离的接触，她发现自己爱上了他。当她向小轩表白时，小轩却拒绝了她，原因是小轩有自己喜欢的女生。对于这样一个结果小琳始终无法接受，她觉得小轩是爱她的，为了打动他，她每天都在小轩宿舍门口等他，陪他上课、吃饭、上自习。一个学期快过去了，小轩不仅没有答应她，还成了别人的男朋友。从此以后小琳开始精神萎靡，天天在宿舍打游戏。

当期末考试成绩出来的时候，小琳惊呆了，自己竟然挂科了三门，她从曾经的学霸一下变成了学渣。班主任发现她成绩不理想后也建议她暂时把一些社团的职务退掉，认认真真把精力放在学习上。从此以后，小琳陷入了深深的自责和痛苦之中，变得更加封闭自己，就像完全变了一个人似的。

室友们发现她的情况后也很担心，报告给了学院的心理辅导员，心理辅导员通过走访宿舍和谈心谈话的方式了解到她的情况，并说服她去学校心理中心找心理咨询师，同时也积极和她的家长沟通，希望家长能帮助和开导孩子。在学院、家长和心理中心老师的帮助下，小琳终于明白在大学除了要培养各种能力外，学习还是要放在首位，而且一定要合理分配好自己的时间，处理好学业、生活和情感之间的矛盾。经过一年的心理咨询，她慢慢地从一连串的挫折中走了出来，变得更自信、更成熟了。

心理分析

压力和挫折无处不在，特别是大一新生，刚入学时，由于周围环境发生了很大的改变，他们容易在专业学习、生活适应、人际关系、情绪情感上出现挫折而体验到较大的压力。其实压力并不可怕，可怕的是当你跌倒的时候你以为自己没有力量站起来而变得颓废，其实只要你一次一次地尝试，一次次地努力爬起来，希望就永远都在。就像案例中的小琳，虽然遭遇了学习和情感上的挫折，曾一度变得很迷茫，好在有同学和老师的帮助，让她重新认识了自己，找回了自信。

所以我们在面对压力和挫折时，如果能勇敢面对和积极应对，冷静下来客观分析，设法排除障碍，以积极、乐观的心态去面对磨难，心怀希望而不是绝望，那压力和挫折就可能会变成动力。

学习要点

1. 了解什么是压力源。
2. 常见的压力反应。
3. 如何管理和疏导压力。

关 键 词

压力源　压力反应　心境　应激　激情　合理情绪疗法

第一节　慧眼识"压"
——无处安放的压力

一、压力

什么是压力，压力下会出现什么反应？这些反应会给我们带来什么？

想象如下的情境：深夜你一个人独自走在黑暗的小巷里，在巷子的中间，你发现一个高大魁梧的身影，手里提着一根大棒拦住你的去路，而你又没有退路可走。除了想到"我真倒霉"之外，你的身体内部发生了什么变化？

你的心脏会剧烈跳动，心跳开始加速；呼吸加快，似乎不能自控；开始出汗；肌肉紧张……一系列的变化在你体内发生。沃尔特·坎农将这些压力反应定义为战或逃反应。当遭遇威胁的时候，或就地参加战斗或逃跑，你的身体都会为之做好充分的准备。在巷子里，你要为进一步的行动唤醒身体机能，所以这些反应都是必需的；然而你很快会发现，当持续地面临这样的反应时，我们的健康将会受到威胁。

对压力源及压力反应有所了解后，我们就可以给压力下定义。

(1) 压力是一种反应。这是给压力反应的定义，压力下我们会出现各类反应，具体如下。

① 压力的心理反应。压力的心理反应涉及知、情、意、个性各方面，如应激的情绪反应——焦虑、恐惧、抑郁、愤怒等；应激的认知反应——认知能力和自我意识变狭窄、注意力不集中，判断力下降等。

② 压力的行为反应。个体在面对压力时较易出现的行为反应有逃避与回避、退化与依赖、敌对与攻击(伤人和自伤、失助与自怜、物质滥用)等。

③ 压力的心理行为综合反应。压力的心理行为综合反应会经历从弱到强阶梯发展的三个阶段：亚健康；崩溃；延缓应急反应。亚健康，又称第三健康状态，表现为慢性疲劳和精力低下等系列综合症状。崩溃，是由强烈心理应激而带来的一种无助、绝望的情感体验。延缓应激反应，又称创伤后应激障碍，是指在应激事件后一段时间才严重影响患者的心理和社会功能的精神障碍。

④ 压力的躯体反应。压力的躯体反应以神经解剖学为基础，涉及神经、内分泌和免疫三条中介途径，最终可涉及全身各个系统和器官。

此外，汉斯·薛利将压力反应分为三个阶段：警戒反应阶段；抗拒阶段；衰竭阶段。在警戒反应阶段个体发现了事件并引起警觉，同时准备战斗；在抗拒阶段个体全力投入对事件的应对，或消除压力、或适应压力；而在最后的衰竭阶段，个体消耗大量生理心理资源，最后筋疲力尽。

(2) 压力是一种刺激。这是给压力源的定义，即将压力指向引发的对象或外界对自己提出的要求，前者如"我的老板就是压力"，将压力指向引发的对象，后者如"压力就是有太多事情要干，但是时间太少"。

压力的来源大体有如下几类。

① 生物性压力源：躯体创伤或疾病、饥饿、性剥夺、睡眠剥夺、噪声、气温变化。

② 精神性压力源：错误的认知结构、个体不良经验、道德冲突、不良个性心理特点。

③ 社会环境性压力源：纯社会的问题；由自身状况造成的人际适应问题。

综合以上论述，我们可以得出压力的定义，首先，压力是一种交互过程。压力是刺激、对刺激的感知以及所引起的反应之间的交互作用，如"压力是想到要在全班发言时身上的肌肉紧张"。这个过程包括将刺激感知为威胁，以及随后激活的适应性的压力反应。

其次，压力是一种整体现象。压力是个体生理、社会、精神、情绪、智力、环境或职业满足感的一部分，如"压力是当学生在控制自己的生活时感到无助"。这一观点的研究者所持的其实是一种整体健康观，将压力看作一种整体现象，从生理、社会、智力、情绪、精神、环境或职业这六方面进行考察。

二、挫 折

心理压力产生的原因是复杂的，每一个人的压力都有所不同。挫折是压力产生的很重要的原因。

人生不如意事十之八九，人生在世总会遇到不顺心的事情，有的能向挫折发起挑战，百折不挠，直到达到目标。而有的则会心灰意冷，丧失斗志，一蹶不振，更有甚者会出现精神失常。

（一）挫折反应

挫折反应是指主体在现有的挫折认知下，对于自己的需要不能得到满足而产生的情绪和行为反应。个体受挫后的反应总体上可以分为非理性的情绪化反应和理性的行为反应。

1. 非理性的情绪化反应

受挫后最先产生的是非理性的情绪化反应，挫折感受出现后，主体的主要表现为焦虑、攻击、固执、退化、冷漠、逃避、自杀等。

调查表明，一个人受到挫折后，最常见的情绪化反应就是攻击，对引起挫折的对象的直接或间接攻击。直接攻击是指直接指向引起挫折的对象，间接攻击是指由于不可控或其他原因不能直接对使其受挫的对象进行攻击，转而将目标指向自己或他人。指向自己时，会采取如轻生、自责、自虐等形式打压自己。

退化也是个体遭遇挫折后常见的反应。所谓退化，是指一个人在受挫后出现与自己年龄、身份很不相称的幼稚行为，如需要没有满足就大哭、大闹、耍赖、任性等。这实际上是一种防御应对。如果以成人的应对方式面对挫折，就会产生心理上的紧张、焦虑和不安。为了避免出现这种情况，受挫者会放弃已经习得的成年人的正常行为模式，使用早期孩童般的应对方式，从而减轻内心的压力。

自杀是受挫后最极端的应对方式，自杀行为往往发生在那些缺少社会支持的个体身上。面对家庭矛盾、失恋、人际关系问题、学习困难、考试或晋升失败等挫折，他们很容易对自己丧失信心、自怨自艾，给自己的生活染上了一层灰蒙蒙的色彩。这层色彩让其与外界的人和物分离，造成很多现实问题，如人际关系不良、自我评价过低等，使自己成为迁怒的对象，伤害自己甚至自杀。

2. 理性的行为反应

遇到挫折后保持冷静，面对现实审时度势，采取积极进取的态度对待挫折，这样的应对行为称为理性的行为反应。理性应对要矢志不渝地坚持自己的目标。理性应对并不等于盲目追求那些自知不可能达到的目标,而是要根据自身的情况及时调整目标。

(二)挫折的类型

对挫折进行分类,可以依据多种标准,根据人生的发展阶段,可分为童年期挫折、青年期挫折、中年期挫折、老年期挫折;根据挫折的来源,可以分为客观因素造成的挫折(如天灾、自然环境因素等)、主观因素造成的挫折(如个人经历、能力、性格等)和社会因素造成的挫折(如社会、家庭、学校等);根据挫折的程度,可分为重要挫折和一般挫折;根据挫折的内容,可分为工作挫折、情感挫折、人际挫折、学习挫折、婚恋挫折等;根据挫折的持续时间,可分为短暂性挫折和持续性挫折。

三、大学生常见的压力和挫折来源

(一)学业压力和挫折

学习是大学生的天职,也是大学生群体生活中主要的压力和挫折来源。

大学生初入大学,面临着与高中完全不同的学习环境。是否能及时调整自己的学习方式,快速适应新的学习环境,是考量大学生能否适应大学生活的一个重要标准。随着专业课程越来越多,如果大学生对专业学习不感兴趣,学习动力不足,学习目标不明确,遇到学业方面的挫折的概率就很大。大学生的学习压力除了专业学习外,还有众多考试的压力,如考研、考证等。尤其是对于考研,很多人会纠结和矛盾,"要不要考研?""考不上怎么办?"考研之路本就艰辛,犹豫不决、摇摆不定必然会对考研有不利的影响。

(二)情感压力和挫折

大学生的情感方面的压力和挫折主要来源有两个方面:家庭中与父母的关系和恋爱中与恋人的关系。父母总会以他们的经验教育子女,以他们曾受过挫折的教训,告诉子女应该怎么做才能少走弯路、少受挫折。然而正是这些在父母看来是为了大学生好的"应该""应当",甚至是"必须",让大学生觉得被管束、不自由。很多大学生认为父母根本不知道他们需要什么、想要什么,无法和父母进行有效的沟通。大学生感受着父母给的压力,承受着不能达到父母期望的挫折。大学生的情感压力和挫折还有一个重要方面是恋爱,尤其是单相思和失恋会给大学生的身心带来较大的影响。

(三)经济压力和挫折

大学生自身没有经济来源,大部分的支出都来源于父母。家庭的经济能力如果不能够给其提供保障,会给他们带来压力和挫折。尤其是具有高自尊需要的大学生,他们的内心敏感而自卑,特别不希望别人看不起自己,加之现实的经济困境,很容易感受到由于家庭贫困带来的挫折。随着时下大学生攀比心理日益显著,这必然会给当下大学生的健康成长带来负面影响,尤其会对贫困生群体造成很大的心理阴影。大学生作为一个身心尚不成熟的群体,炫耀性消费是他们实现"自我价值"最直接的手段。虽然有一部分大学生会出于攀比等原因而大手大脚,增加了自己和家庭的经济负担,在盲目的消费中迷失自己,但大部分大学生考虑到自己家庭的经济情况会节制消费,而且会通过自己的努力学习,获得学校的奖学金和各种助学金,积累着成功和自信。

(四)就业压力和挫折

近年来,在校大学生人数大量增加,大学生就业压力陡增。过去的大学教育是精英教育,培养的大学生是社会中的佼佼者。虽然现在大学招生数量增加,但我们的教育理念依然是过去的精英教育,没有适时转向能力型的大众教育。现在市场上的人才结构是白领过剩、蓝领短缺,缺乏技能型、应用型人才,而学科型、科研型人才相对过剩。目前,高校人才培养模式与市场需求不一致,造成大学生就业相对过剩。此外,一些大学生的就业期望会远高于实际情况,这会给大学生带来更大的就业压力和挫折。

(五)人际关系压力和挫折

大学生处于人生中精力较旺盛的时期,思想活跃、精力充沛、兴趣广泛,其人际交往的需要特别强烈。他们希望通过人际交往去认识世界,获得支持和信赖。然而在人际交往中会出现交往不顺利、受挫,致使心情沮丧的情况。在大学里有一类整天迷恋游戏的学生,他们在游戏世界中不能自拔,忽视与同学、朋友、老师之间的人际互动。久而久之,他们在处理现实人际关系时经常会遇到压力和挫折。

(六)身心疾病压力和挫折

大学生处于人生发展中的黄金时期,身体和精力都比较好,他们通常没有身体健康上的烦恼。然而,一旦有了较重大的身心疾病,就较易感受到挫折。特别是在人际交往中往往会自怨自艾,消极被动,痛苦不已。其实如果他们能积极应对,主动求医诊治,用乐观、豁达的心态处之,事情就会朝着良好的方向发展。

第二节 越挫越勇
——压力疏导与挫折应对

一、压力疏导

一次心理培训中,老师拿起一杯水对着台下的听众问道:"你们觉得这杯水有多重?"台下的听众纷纷开始猜测。有的说20克,有的说500克。最后老师说道:"这杯水的重量并不重要。重要的是你拿多久?拿一分钟,各位一定都觉得没问题;拿一个小时,可能觉得手有些酸;拿一天,可能得叫救护车了。同一杯水,你拿得越久,就觉得越沉重。这就像我们承担着的压力一样,如果我们一直把压力放在身上,到最后就会觉得压力越来越沉重而无法承担。我们必须做的是放下这杯水,休息一下后再拿起这杯水,如此我们才能拿得更久。我们要将承担的压力适时地放下并好好地休息一下,然后再重新拿起来,如此才可承担得久。"

如果我们一直把压力放在肩上,不管是否能够承受,到最后我们都会觉得压力越来越沉重而无法承担。但如果我们能够学会管理压力,及时疏导,就能将压力控制在我们的掌握范围之内。

(一)有效管理时间

首先,学会对那些过分的要求说不。当说"不"时,不要编造借口。如果有理由拒绝就要把理由告诉别人。表达时要简洁明了,一语中的。没有必要为自己找借口,你有充分的权利说"不"。其次,不要做超出能力甚至超出可能的事情。在同一时间完成几个任务会使人的注意力在几个目标之间转移,这会给人的精神造成更大的压力。再次,不要使拖延成为习惯。拖延最常见的原因是当事人觉得工作太多、时间太少,而要完成的工作又太难,所以就不愿意开始。解决的方法是把任务分解,这个任务就变得容易了许多。最后,要学会将自己每天的任务依其重要性及紧急性排序。反省自己的行为,是不是经常陷入那些不重要但是很紧急的事务之中? 如果是这样,说明时间管理方面的潜力还有待提高。

(二) 化解冲突,增进交流

人是社会性动物,离群索居会使个体产生巨大压力。因此消除冲突压力的一个重要因素是有一个稳定且可支持的人际关系。在战争中,同一组士兵并不经常待在一起,而且不断有新兵加入,士兵们经常从一个地方转移到另一个地方,这些因素使得士兵之间有一种隔离感,彼此缺乏信任感,他们中罹患溃疡病的概率非常高,而溃疡病的主要诱发因素是压力。团体相对稳定,成员间能够建立起信任和亲密感,会使他们免于受到与压力相关的病症的折磨。

然而我们周围难免会有一两个很难相处的人,与他们相处会让我们感到紧张、不快乐、难受,甚至是恐惧。首先,要学会接受与自己不同的人,看到对方与自己的不同,也看到对方的优点。其次,积极想象与他交谈,想象交谈的内容要有明确的话题,多次练习后,找个适当机会与其进行实质性交谈。学会与这类棘手人物交流的方法,可以减少内心的焦虑和紧张。

(三) 学会自我放松训练

1. 腹式呼吸减轻压力

我们大部分人在呼吸时只利用肺的一部分,为了起到减压作用,我们必须学会让整个肺部参与到呼吸中来,学会怎样从下至上使肺充满。具体步骤如下:①找一个安静的地方,尽量排除其他干扰;②躺下或者坐下,先调整呼吸,想象看到自己的肺;③慢慢吸气,在呼气时提胃;④让肋骨伸展、肩膀抬起,让空气从下至上完全进入肺部,默数10秒钟或者更长时间;⑤呼气时肩膀放下,肋骨收回,用腹部肌肉慢慢将胃拉回来,将肺部底端的所有气体排出;⑥重复这一活动3～5分钟,每天坚持做几次。

2. 冥想

冥想有许多形式,其中一种容易学习的冥想是放松反应。放松反应需要安静的环境、精神的准备、被动的态度、舒适的姿势。

(1) 安静的环境。你可以在任何地方进行冥想,你可以在户外,如草地、小溪边或者是森林里,你也可以在室内,坐在地毯上或椅子上,但一定要安静,不能被打扰或干扰。

(2) 精神的准备。精神的准备是指将注意力聚集到一个集中点,集中点可以是物体、呼吸或重复的声音、词、短语。如果选择集中于呼吸、声音、词、短语,在冥想时闭上眼睛有助于集中注意。将呼吸与反复的声音、词、短语匹配,如吸气时可轻声喊出"咿",呼气时可轻声喊出"喔"。在精神准备阶段少分心是成功的冥想的关键。

(3) 被动的态度。在冥想时不要过于担心自己的表现,不要过于担心分心,如果分心出现,不要紧,认识到分心,然后再集中。

(4) 舒适的姿势。在进行冥想时你不需要坐成盘腿的姿势,但尽量做到不被束缚,脱掉紧身的衣服,换上宽松、舒适的衣服,让自己感觉很放松和舒服。

具体操作如下:以舒适的姿势安静坐下;闭上眼睛或者注视集中点;完全放松从头到脚的肌肉;轻松、自然地呼吸,每次呼吸时重复你的声音、词、短语;持续10～20分钟,可以看表,但不要用闹钟来结束;保持被动的态度,分心时回到集中点。

3. 锻炼

锻炼有两个基本的类型:有氧锻炼和无氧锻炼。有氧锻炼持续时间较长,需使用大的肌肉群,不需要吸进比平时更多的氧气,包括慢跑、骑自行车、长距离游泳、散步、跳绳等。无氧锻炼持续时间较短,全身使劲,平时吸入的氧气量对于活动的强度来说是不够的,包括快跑、短距离游泳等。这两种锻炼对于管理压力和消解压力都是有效的,它们可以帮助我们进行身体活动,同时让我们的注意力从压力源上转移。

4. 瑜伽与伸展

瑜伽之所以能减压是因为它需要在宁静的环境和心境下,配合全身舒缓的伸展动作来进行,它不像健美操、形体操等项目需要剧烈运动,也不需要用力拉伸身体的韧带,几乎没有受伤的可能。减压瑜伽不仅可以调整身体的柔软度,更是对呼吸、心情的一种梳理调节。

二、大学生挫折应对

(一)树立正确的挫折观,应对挫折,战胜挫折

在现实生活中,挫折无处不在、不可避免,但是对待挫折的态度可以选择。有的人总认为生活中的挫折、困境、失败都是消极的、可怕的,受挫后往往悲观抑郁,甚至丧失了生活的勇气。有的却截然不同,他们不会被挫折打败,面对挫折时选择从积极、乐观的角度去看待。事实上,一个人经受一些挫折并不完全是坏事,它可以成为自强不息、奋起拼搏、争取成功的动力和精神催化剂。生活中许多优秀人物就是在挫折磨炼中成熟,在困境中崛起。相反,一个人如果不经历困难和挫折,总是一帆风顺,就会如同温室里的花朵,经不住风霜雨雪的考验,很容易被一时的挫折所压垮。因此可以说,挫折也是一种机会,只要能保持积极乐观的人生态度坦然面对挫折,树立战胜挫折的勇气和信心,就能适应变化的环境。

(二)冷静思考,积极行动

面对挫折要冷静,冷静下来后,给自己提出以下四个问题:我的挫折和烦恼是什么?我能怎么办?我要做的是什么?什么时候去做?或者可以这样想:究竟发生了什么问题?问题的起因何在?有哪些解决的办法?我用什么办法解决问题?当一个人能够冷静地提出问题并寻求解决问题的方法的时候,他就开始向新的高度发展了。

(三)合理运用心理防御机制

弗洛伊德认为,由于本我在不断地释放冲动,这种本能紧张会一直存在,在这些外部刺激的作用下,自我完整性受到威胁。自我的作用是控制本我的冲动,协调外部刺激,如果自我完整性受到侵害,个体心理就会处于危险状态。正如鸡蛋有一层外壳,保护其不受外界的攻击,心理也是如此,个体会建立起一种防御机制对自我进行保护。防御机制是一系列应对挫折的策略,用来保护脆弱的自我,把感受到的挫折最小化。弗洛伊德提出了如下防御机制:拒绝、压抑、投射、合理、反向作用、退化、替代、升华和幽默等。这些防御机制有些是积极的,有些则是消极的。个体要发挥积极主动性,有意识地运用心理防御机制,进行积极的自我心理调节。积极的心理防御机制有如下几种。

(1)转移。转移注意力,暂时摆脱烦恼。如做另一件有意义的事来忘掉它,想些高兴的事来自我安慰等。

(2)宣泄。如找个好朋友倾诉一下或进行心理咨询。

(3)认同。让自己以成熟的人自居,认定自己同他人一样,立志追求真善美,并确信自己对社会也是有价值的,借此提高个人自我价值,提高自信心。

(4)想象。结合自身在人生旅程的位置,不断憧憬未来,对自己提出更高的动机需求。但又不醉心于幻想,而要立足于现实,珍惜生命的分分秒秒,追求自己生命的价值。

（5）升华。把原始的不良动机、需要、欲望投射到劳动、学习、文体活动中,抛开杂念与烦恼,执着地追求正当的目标,使精神升华。这是应对挫折最积极的态度。成长的力量不在别处,就在我们身上。

心理广角

从前有一个经理,他把多年以来所有积蓄全部投资在一项小型制造业上,由于战争爆发,他无法取得他的工厂所需要的原材料,只好宣告破产。金钱的丧失、工厂的倒闭,使他大为沮丧,他认为是自己害得一家人生活没有着落,于是他离开妻子儿女,成为一名流浪汉。过去的一幕幕时常在他的脑海里上演,由于他老是徘徊在过去,不肯为今后的生活打算,日子过得越来越艰难,他甚至想要跳湖自杀。

一个偶然的机会,他看到了一本书,这本书的内容是告诉人们在生活、工作上遇到挫折以后,如何重新恢复信心,这本书给他带来勇气和希望,他决定找到这本书的作者,请作者帮助他再度站起来。于是,他四处打听,终于找到了作者,作者听完他的故事后,却对他说:"我已经以极大的兴趣听完了你的故事,我希望我能对你有所帮助,但事实上,我却绝无能力帮助你。"经理的脸立刻变得苍白,默默地待了几分钟,然后低下头,喃喃地说道:"这下完蛋了。"作者停了几秒钟,然后说道:"虽然我没有办法帮你,但我可以介绍你去见一个人,他可以协助你东山再起。"刚说完这句话,经理立刻跳了起来,抓住作者的手,说道:"看在老天爷的份上,请带我去见这个人。"

于是作者把他带到卧室的一面高大镜子前,用手指着说:"我要介绍的就是这个人。在这世界上,你只有靠这个人的帮助才能够东山再起。但是你必须安静地坐下来,好好地看清楚他,彻底认识他,否则你只能跳到湖里去。因为在你没有充分认识他之前,你都是个没有任何价值的废物。"他朝镜子向前走几步,用手摸摸他长满胡须的脸孔,对着镜子里的人从头到脚打量了几分钟,然后退几步,低下头,开始哭泣起来。等了一会儿,他就走了,也没对作者说什么。

几天后,作者在街上碰见了他,有点不敢相信自己的眼睛:他的步伐轻快有力,头抬得高高的,从头到脚装扮一新,看来是很成功的样子。经理很兴奋地说道:"那一天我离开你的办公室时还只是一个流浪汉,我对着镜子找到了我的自信。现在我找到了一份年薪3000美元的工作。我的老板先预支了一部分钱给我的家人,我现在又走上成功之路了。"他顿了顿,又风趣地对作者说:"我正要前去告诉你,将来有一天,我还要再去拜访你一次。我将带一张支票,签好字,收款人是你,金额是空白的,由你填上数字。因为你使我认识了自己,幸好你要我站在那面大镜子前,把真正的我指给我看。"

反思体验

1. 你在想什么呢?观察你的想法和感受,并把它们写下,同时也写下与它们相对应的问题、事件、忧虑或者苦恼。然后再来看看你的列表,并就每一个情境写下至少一个积极的方面。该练习的目的在于养成这样的习惯,即在事情不尽如人意的时候,引入积极的想法和体验。

2. 请尝试列举你生活中常见的压力源以及你的压力反应,学习本章前你是如何疏导你的压力的?学习本章后,当遇到压力时,你又打算如何疏导?

心理测验

你是否具有过度压力?

1. 两个非常了解你的人正在谈论你,下面的哪一条是他们最有可能用到的语句?

A. ××这个人很合群,似乎没有什么事情可以让他感到心烦意乱
B ×××很不错,但是你跟他谈话时要精力集中
C ××的生活中总有一些地方显得不对劲
D 我发现××近来喜怒无常、捉摸不定
E 近来我很少看到××很开心

2. 下列哪些是你生活中的普遍特征?
① 感觉自己做事情总是出错,或者自己总是不满意
② 感到做事情是别人强迫的,而不是自愿完成的
③ 感觉自己消化系统好像出了问题
④ 夜晚总是失眠
⑤ 时常感到自己头昏眼花、心跳过速
⑥ 没有剧烈活动、气温也不高时经常浑身冒汗,到医院检查身体也没有异常
⑦ 在拥挤的环境中惊慌不安
⑧ 感到自己疲惫不堪、心力交瘁
⑨ 有强烈的失望感
⑩ 对琐碎的小事极度烦躁不安
⑪ 晚上无法放松自己
⑫ 半夜和凌晨经常被惊醒
⑬ 难以做出决定,总是犹豫不决
⑭ 对别人的指责感到无能为力
⑮ 即使对很容易成功的事情也缺乏足够的热情
⑯ 不愿意会见生人,也不愿意尝试新的体验
⑰ 别人提出要求时不会说"不"
⑱ 经常担心别人指责自己的所作所为
⑲ 感到所承担的任务超出了自己的能力范围
⑳ 一旦事情进展不顺利,会立即坐立不安
㉑ 总担心有什么潜在的危险要发生
㉒ 觉得学习就是为了生存,没有什么乐趣可言
㉓ 经常暗自怀疑自己的工作能力
㉔ 对周围很多人都耿耿于怀
㉕ 背部和颈部经常会出现不适感
㉖ 早晨上课时,总觉得不是很情愿

3. 你比以前更乐观还是更悲观?
A. 更悲欢　　　　　　　B. 大约一样　　　　　　　C. 更乐观

4. 你喜欢看体育比赛吗?
A. 否　　　　　　　　　B. 是

5. 你能在周末睡觉而不产生负罪感吗?
A. 否　　　　　　　　　B. 是

6. 在合理的范围内,你能把想法告诉您的老师、同学或者自己的亲人吗?
A. 否　　　　　　　　　B. 是

7. 在生活中什么人为你做决定?

A. 其他人 B. 你自己

8. 在学习中受到批评时,你通常
A. 轻度沮丧 B. 中度沮丧 C. 非常沮丧

9. 你每天完成学习任务后对取得的成绩感到满意吗?
A. 只是偶尔 B. 有时 C. 经常

10. 你是否觉得多数时候都没能解决与同学间的冲突?
A. 否 B. 是

11. 你必须完成的学习任务量是否超过了限定的时间范围?
A. 偶尔 B. 有时 C. 经常

12. 你对学习的要求有清楚认识吗?
A. 几乎没有 B. 有时 C. 多数时候

13. 你认为自己有足够的时间处理私事吗?
A. 否 B. 是

14. 假如你想商量自己的问题,你能找到一个有同情心的人吗?
A. 否 B. 是

15. 你是在实现人生目标的固定轨道上吗?
A. 否 B. 是

16. 你对学习厌倦了吗?
A. 很少 B. 有时 C. 经常

17. 你是否总想着学习?
A. 在某些时候 B. 几乎所有的日子 C. 几乎从未有过

18. 你觉得自己的能力和学习成绩被恰当评价了吗?
A. 否 B. 是

19. 你觉得自己的能力和学习成绩被恰当奖励了吗?
A. 是 B. 否

20. 你觉得老师
A. 积极帮助你学习 B. 极力限制你的学习

21. 如果十年前你就会知道自己的学习像现在一样,你会认为
A. 完成了期望 B. 超出了期望 C. 没有达到期望

22. 假如你必须把喜欢自己的程度划分为5(最喜欢)到1(最不喜欢)的5个等级,你的等级是什么?
A. 5 B. 4 C. 3 D. 2 E. 1

一、评分标准

1. A 0分 B 1分 C 2分 D 3分 E 4分
2. 每个小问题回答"是"得1分
3. A 0分 B 1分 C 2分
4~7. A 0分 B 1分
8. A 2分 B 1分 C 0分
9. A 0分 B 1分 C 2分
10. A 0分 B 1分
11. A 2分 B 1分 C 0分
12. A 0分 B 1分 C 2分

13~15. A 0分　　　　B 1分
16. A 2分　　　　B 1分　　　　C 0分
17. A 0分　　　　B 1分　　　　C 2分
18~19. A 0分　　　　B 1分
20. A 1分　　　　B 0分
21. A 0分　　　　B 1分　　　　C 2分
22. A 0分　　　　B 1分　　　　C 2分　　　　D 3分　　　　E 4分

二、结果解释

0~15分：压力在你的生活中不是问题。生活的历练或个人天生的素质使你对压力具有非常强的免疫力。面对巨大压力，你总能够沉着应对，也不会出现不良反应。

16~30分：这是个中等程度的压力。对你来说，你也许更多地体验到的是生活和学习的充实，不是过度的压力。但是，这种状态如果持续时间过长，你会因为时刻紧绷的神经而厌倦这种生活方式，随后就会出现慢性的压力反应症状。因此，对于这一得分范围的人来说，如何缓解压力还是值得注意的。

30~45分：压力对你来说，显然是个问题，采取措施的必要性是显而易见的。你在这种压力程度下工作的时间越长，解决它的困难就会越大。

46~60分：这个程度上的压力算是一个非常突出的问题了，必须立即采取措施。你可能正面临精疲力竭的阶段，你感到自己时刻都会有崩溃的可能。压力对于你来讲必须被缓解。如果有可能，你应该求助于专业人士进行详尽的咨询和治疗。

第十一章　虚拟世界，网络人生
——大学生网络心理及调适

案例导读

薛某来自农村一个贫困家庭，以优异的成绩考入某名牌大学。刚入学时，她意气风发，决定要干出一番成就。可是她发现身边很多同学都有自己的特长，而自己除了读书什么都不会，特别是在与人相处方面出现很多问题。眼见着离自己当初的期望越来越远，她开始逃避现实，沉迷到网络小说当中，在这个虚拟的世界里，她找到了快乐感和满足感。渐渐地，她对网络的使用和网络小说越来越痴迷，与同学交流越来越少，性格也变得非常内向。一旦回到现实世界，她就变得情绪低落、自卑、心烦意乱、空虚绝望，甚至对外界所有的事情都失去了兴趣。她开始经常逃课。辅导员和同学多次劝导都无效，最后只能通知家长将她送到医院去诊断。诊断结果显示，薛某是网络成瘾且中度抑郁，后来不得不休学回家治疗。

心理分析

薛某由于在大学的学习和生活中达不到自己的期望，出现了失落和不满情绪，同时自身又缺乏一定的约束力，导致沉溺网络，对网络产生了依赖。如今互联网已成为大学生获取信息、沟通交流的重要手段和工具，但很多学生在面对网络中复杂多样的信息和现象时，缺乏自主性和有效的选择性，从而容易在网络中迷失自己而无法自拔。因此，要加强学生网络思想教育的心理疏导，让迷失网络的学生找到直面现实困难的勇气和力量，帮助他们走出网络虚拟的"避难所"，回归现实的真实世界。

学习要点

1. 了解常见网络心理特征及网络心理需要。
2. 管理网络行为。
3. 预防网络成瘾。

关　键　词

网络心理　网络成瘾

第一节　魔鬼与天使
——认识网络及网络心理

一、网络生活的心理体验

大学生群体是一个有高度精神需求的群体，互联网恰好给了他们这样一个平台，从互联网中他们可以获取丰富的精神食粮。网络空间因其能带来特有的心理体验而让大学生特别钟爱。约翰·舒勒对人类在网络空间中独特的心理体验进行了归纳，并总结出以下几点。

（一）有限的感知经验

相比现实中的交流，网络中的交流是人-机转换后的互动，缺乏个体间真实感受的传递。网络生活中的互动无法像现实生活那样展开个体的感知系统，去接收大量的非语言信息。网络交流中主要通过文字来传递信息，而我们大量的情绪信息却无法传递，感官无法获取其他非语言情绪信息，从而造成感觉经验的缺失及限制。

（二）灵活而隐匿的个人身份

不同于现实世界面对面的交流，网络上的交流个体可以随时更改自己的性别、姓名、身份和年龄。一旦觉得不想和对方交流了，随时可以把对方拉入黑名单；如果感觉到对方的不敬，可以立刻给予回击，而不用担心对方知晓你的身份而给予你报复。网络的这一特性，给很多的犯罪分子制造了犯罪空间，大学生如果没有足够冷静的头脑和防范的意识，很容易遭遇网上诈骗等不法行为。

（三）平等的地位

不管你在现实生活中的身份如何，你都可以在互联网上与任何一个你想交流的人平等互动。在互联网上，人与人之间的交往是平等的，没有现实社会中的各种约束和限制，并不存在等级的高低和贵贱之分。

（四）超越空间界限

互联网大大缩短了人与人之间的空间距离，人们可以通过各种不同的方式，在不同的空间里，和不同的人进行交流。这使得网络交往所涉及的层面更广，而这在现实中是难以做到的。

（五）时间延伸和浓缩

网络使人们交流信息的速度大大加快了，但与此同时，人与人之间的交流有滞后性，表现为交往双方在收到信息时不需要马上对信息做出反应，人们可以有思考的余地，可以有更多的时间充分地考虑如何回复。具体的反馈时间取决于人们所采用的交流工具和交流的需要，因而也就具有了更多的弹性。

（六）永久的记录

网络上的各种交往信息都会被记录下来，包括时间、地点、人物以及整个交往的过程，这与现实交往有很大的区别。人们可以通过查阅记录的信息来回顾人们在各个时段的交往。

（七）易于建立大量的人际关系

在现实的人际交往中，人与人之间所保持的空间距离的远近直接反映了彼此相互接纳的水平。而在网络空间的人际交往中，双方的空间距离远远大于实际距离，距离远再加上身份的虚拟性，交往者会感到与对方交流要比办公室同事等"身边人"安全得多。这样就容易形成比现实生活中更丰富和多样的人际关系。

（八）变化的梦幻般体验

网络空间中的虚拟现实技术提供了不同于现实的体验。

（九）黑洞体验

黑洞是指一个宇宙恒星体在湮灭过程中出现的一种反能量现象。恒星原本是释放能量的，可是当这个星体行将就木之时，它会坍缩聚集，形成一个超高密度的类星体。按照万有引力定律，这个坍缩的星体就要"拼命"地吸引一切物质，包括光线。当周围光线都被它吸收殆尽的时候，这个类星体就成了所谓的"黑洞"。而当一个人在很多事情上都不太顺利，为了逃避就很容易到网络里去寻求安慰。久而久之，随着"网络引力"的逐渐加强，他可能不知不觉地被"网络黑洞"吸了进去。进入"网络黑洞"的体验就是失去了时空感，因为网络中是没有时空的，所以很多人会昼夜不分地上网，直到出现情绪低落、身体免疫力下降、胃口不好、消化系统失调等，才开始担心和害怕。

二、大学生网络心理

（一）积极心理需求

（1）求知求新的需求。网络是一个开放的信息源，多种文化、思想交汇于此，为大学生追求开放性和多元性提供了平台。大学生非常渴望了解多元和精彩的世界，课堂上的知识无法满足他们对世界的探究，而网络以其信息传播快速、内容新颖、容量庞大、互动性强、传播广等优势极大地吸引着大学生的好奇心，引起他们的兴趣和关注，充分地满足他们的求知欲。

（2）满足归属和爱的需求。根据美国社会心理学家马斯洛的需要层次理论，人具有生理、安全、归属和爱、尊重、自我实现的需要。大学生在寻求归属和爱的需要时常常会遇到阻碍。归属和爱的需要是从有效的人际关系中获得的。网络世界里从事社交活动的工具多种多样，让人际交流变得简单、快捷。尤其是平时比较内向、缺少关爱的大学生，会深感孤独和无聊，在网上他们可以交到很多朋友，可以毫无保留地说出自己的烦恼，可以畅所欲言，如果遇到困难，会有许多人献计献策，使他们感到现实生活中体会不到的温暖，充分满足自己的归属和爱的需要。

（3）自由平等参与的需要。在网络这个虚拟空间里，现实社会的种种等级限制都消失了，只要参与进来，任何人都是互联网的"主人"，都可以在网上按自己的意愿做自己想做的事。

（二）消极心理需求

（1）猎奇心理。猎奇心，实际上是人们对于未知事物的好奇。网络世界里能最大限度地满足人们的好奇心。猎奇心理很可能畸形发展，尤其是对于大学生群体来说，他们往往会出于好奇或冲动在网络中刻意寻找一些新奇的不良信息，对自己和他人造成负面影响。

抖音网络平台上线没多久，就全线爆红，许多视频轻轻松松就获得了百万评论、千万播放量。人们有时刷着视频,不知不觉一个小时就过去了。根据 2018 年 4 月初企鹅智酷发布的《抖音 & 快手用户研究报告》,抖音大约 22% 的用户每天使用该应用程序超过 1 个小时,而且沉浸度非常高。

为什么像抖音这些网络平台总是让人欲罢不能?抖音的时长设计是 15 秒,从工程心理学角度来分析,刚好是人的专注力最集中的时长,如果太长,注意力的聚焦度就会减弱,而 15 秒的时间,刚好能够让人形成片刻的印记,产生强烈的愿望,想要再看一遍或者看下一条。短短的 15 秒,正好为你创造了一个虚拟空间,来消磨你的零碎时间。我们对新奇事物的敏感度越来越高,越来越没有耐心去静静阅读。试问你有多久没有好好看完一本书,或者仔仔细细研究一篇长文了?我们变得只喜欢在微信、头条、微博上走马观花,看看热点,翻翻评论,感叹一番。当我们不再深度阅读时,我们的思维就得不到激活,脑细胞就得不到锻炼。长此以往,人的肉体或许还活着,思维却正在通往奴役之路上狂奔。

(2) 逃避心理。逃避心理就是回避心理,即在现实生活中,自己与社会及他人发生矛盾和冲突时,不能自觉地解决矛盾、冲突,反而躲避矛盾、冲突的心理现象。有些大学生连续数小时上网,希望借助网络来躲避学习和生活中的烦恼。久而久之,他们在现实生活中也倾向于采用回避的方法处理一些事情,办事拖拉,学习效率低下,难以保持正常的人际关系。

(3) 宣泄心理。网络和网络游戏,可以让人暂时放下现实的压力,宣泄工作、学习中积累的负面情绪,还能让熟悉的朋友之间增加一种认同感。然而以这种方式培植的自尊感、成就感是虚幻的,它容易挫败人们处理现实问题的自信,进而形成新的心理封闭。这种虚拟的网络社交从表面上看似乎减少了人的孤独感,联络了社交感情,宣泄了负面情绪。实际上,沉迷于虚拟社交的人,很容易患上虚拟社交依赖症。

(4) 虚拟的自我实现心理。由于网络世界的实时性,大学生可以在瞬间满足其社会需要,而在现实世界里,必须经历一定的过程和耐心的等待。在游戏中,他们可以扮演各种角色,把握角色的命运,一夜之间就成为"盖世英雄"或是"商界奇才"。他们中很多人或是因为学习成绩不好,或是现实中人际关系不良,或是自觉能力平平无法在学校里受到关注,经常受到家长的斥责、老师的批评和同学的不屑。然而,上网玩游戏,不断"练功升级",可以让他们体验到心理的快乐与满足,体验到成功,体验到来自他人的认同。

三、大学生网络心理问题的表现

(一) 不良的自我认知

自我认知是个体对自己存在的知觉,包括对自我的社会行为、心理状态和社会角色等的认识,自我认知是人社会化生存的一个重要条件。网络对大学生自我认知的异化突出表现在两个方面。一是对大学生社会角色的异化。在网络中,大学生可以不考虑现实的身份、地位而将自己塑造成各种理想的社会角色,扮成艺术家、作家、商人,甚至一人兼具多重身份,虚拟角色互换现象非常普遍;在面对现实时,他们又要进行虚拟与现实的角色互换。多重角色转换过频,就会逐渐混淆虚拟与现实,以虚代实,对自己的现实社会角色认知错位,出现心理危机。二是对大学生个体能力认知的异化。网络能够很容易地满足人对事物的征服欲望,大学生在网络中塑造的自我往往比现实中的自我强大,使自我处于一种虚拟力量膨胀的状态,使大学生对自己的真实能力产生错觉;当回到现实时,他们遇到类似情境便会自觉不自觉地以超我方式行事,使虚拟的自我与现实的自我无法重合,甚至发生冲突,出现人格异常。

(二) 攻击性倾向

网络虚拟交往具有匿名性和隐蔽性,网络中有一句名言:"在网络中,没有人知道你是一条狗。"有些大学生在网络中常常抱着一种"反正没人知道我是谁"的侥幸心理,在言行上往往表现得直接、尖刻,攻击倾向明显。这种随意攻击他人的行为形成习惯后,就会降低对现实中攻击性言行的敏感度,易忽视自己的行为给他人造成的身体或心理伤害,敌对地看待周围的人,任意地发泄情绪。这种行为特征一旦在大学生人格中沉淀、固着下来,就会形成攻击性人格,影响大学生的正常人际交往。

(三) 人际交往障碍

从心理学的角度来看,良好的人际交往有助于人格的健康发展。对于大学生来说,建立良好的同伴关系,积极参与社会实践,是发展自己人际交往能力的必要环节。沉溺于网络虚拟交往的大学生,终日与机器打交道,在网络上投入的时间和精力远远多于参与现实社会活动的时间与精力。这样他们就很少与同学、朋友、亲人进行面对面交流,逐渐形成对网络的依赖心理,当他们在现实生活中遭遇挫折时,也会忽略同现实生活中活生生的人进行沟通,甚至有意逃避现实,而选择到网络中寻求安慰。久而久之,大学生在进行现实的人际交往时就会感到不适应,出现紧张、孤僻、冷漠等人际交往障碍。

(四) 道德责任感缺失

道德责任感是个体对自身在社会交往和自我发展中所应承担的道义责任的一种意识,一般依靠个体内心对现行道德观念的认同而产生的自我约束和外在的社会舆论压力来实现,而这两种途径的约束力在网络环境下都被大大削弱。网络中的交往是匿名的,个体面对的是机器,看不见对方受伤和痛苦的表情,体验不到自己的不道德行为对他人的伤害,缺乏对现实道德情感的感受,内心的自我道德约束感弱化了。再加上网络超越了现实的物理空间,现实社会的道德约束无法延伸到虚拟空间中,这就使得任何网络交往行为都可以超越社会道德规范的制约,个体通常不会把自己的网络行为同个人现实的责任和义务联系起来。由于网络行为缺乏与现实行为相同的道德体验,长此以往,很容易导致现实道德责任感的缺失。

(五) 情感淡漠

由于网络的虚拟性,很多人在网络和现实生活之间出现了"网我"和"真我"两种行为模式,并且这两种行为模式有时还完全不同。大学生还处于心理发展的年龄阶段,抗挫折能力较差,遇到挫折时容易丧失自信心,从而无法对自己做出正确评价。网络这个虚拟世界给他们提供了一个设计自我、加工自我,借以找回自信心的平台,部分大学生沉迷其中无法自拔,逐渐减少了与亲人、朋友、同学的接触,情感淡漠,自我中心意识膨胀,行为主体变得封闭、冷漠,产生孤独、苦闷、压抑等不良心理,严重影响身心健康。

第二节 想说"舍"你不容易
——告别网络成瘾

一、网络成瘾的定义

"网络成瘾"是由美国精神病学家伊万·戈登伯格博士首先提出的,他当时使用了网络成瘾症(internet addiction disorder,IAD)这一表述,其后不同学者对网络成瘾称谓的表述存在一定的差异,目前有代表性的提法还有病理性网络使用(pathological internet use,PIU)、病态性网络使用(problematic internet use,PIU)、网络行为依赖(internet behavior dependence,IBD)、在线成瘾(online addiction)等。1997年,伊万·戈登伯格将"网络成瘾"改为"病理性网络使用",并将其定义为因为过度使用网络所导致的沮丧或者身体、心理、人际关系或社会功能的损害。

国内专家对网瘾有两种不同的观点。一种观点是"习惯说"。持这种观点者认为,网瘾既不是心理疾病,也不是生理疾病,而是一种比较偏激的爱好。青少年上网成瘾,只是行为习惯上出现了偏差,只要适当矫正,完全可以引导他们戒除网瘾。给网瘾青少年打针吃药,是不负责任的做法。很多学者不赞成给网瘾青少年使用治疗精神抑郁症的药物,原因是担心这种药物会刺激学生的大脑神经,留下后遗症。另一种观点是"疾病说"。持这种观点者认为,网络成瘾不只是一种心理疾病,准确地说是一种内分泌紊乱的精神类疾病。患有"互联网成瘾综合征"的患者,与酒瘾、毒瘾等患者一样,其心理都是病态的。因此,为根除网瘾,必须以药物治疗为基础,再通过心理治疗,把孩子们错误的心理发展引导到正确道路上来。

二、网络成瘾的诊断标准

在1997年多伦多和1998年旧金山两届美国心理学会年会上,有关学者专门讨论了IAD的诊断标准。目前,研究界较认同的是美国金伯利·杨教授设计的测评方法。其标准如下。

① 互联网使用成为生活的中心,对网络有一种心理依赖感,不断增加上网时间。
② 需要增加互联网的使用,从上网中获得愉快和满足,下网后则感到焦躁不安。
③ 不能成功减少、控制、停止互联网的使用。
④ 停止或减少互联网的使用会产生无聊、抑郁和气愤等负面情绪。
⑤ 在线时间超过预期计划。

此外,以下三项标准应该至少满足一项才可以被诊断为互联网成瘾。
① 重要人际关系、工作、职业、学习遭到破坏,否认过度上网有害。
② 向别人隐瞒自己卷入互联网的程度,每周上网至少5天,每次至少4小时。
③ 通过使用互联网逃避现实问题,以上网来逃避现实烦恼。

三、网络成瘾的类型

(一) 网络色情成瘾

网络色情成瘾指上网者迷恋网上的色情音乐、色情图片、色情影视、色情笑话、色情文学作品、虚拟性爱等。此类成瘾者沉迷于观看、下载和交换色情作品。

(二) 网络交际成瘾

网络交际成瘾指上网者利用各种聊天软件、网站的聊天室或者专门的交友网站、多人用户游戏等进行虚拟人际交流。具体表现为使用者深陷网恋、网络黑客联盟、网络游戏群体等在网络交往基础上形成的各种网络群体而不能自拔。

(三) 网络信息成瘾

由于网络的广泛性和开放性,网上信息可以说是应有尽有。有的网民会不停地浏览网页,观看并收集各种无关紧要的、无用的或者不是迫切需要的信息,导致信息崇拜和信息焦虑或者超载,对海量的信息形成难以摆脱的依赖。

(四) 计算机成瘾

计算机成瘾是指沉迷于电脑程序性游戏以致影响了正常的学习和工作。一般的电脑程序都带有游戏,如常见的扫雷、纸牌、弹球等,一般都设有级别,每完成一次电脑都会自动给出分数,给出英雄榜上的排名。这实际上是一种虚拟的奖励,但是很多人都愿意重复被表扬的行为。

四、网络成瘾的成因

(一) 内在生理原因

根据有关学者的研究,网络成瘾行为与六种不同的神经递质有关。目前,研究比较多的是去甲肾上腺素和多巴胺。对大学生年龄阶段和生理特点进行分析可以得出,大学生极易冲动,在网络刺激下,大脑神经中枢持续处于高度兴奋状态,引起肾上腺素水平异常增高、交感神经过度兴奋、血压升高。这些改变可引起一系列复杂的生理和生物化学变化,尤其是自主神经紊乱、体内激素水平失衡,会使免疫功能降低,诱发种种疾患,如心血管疾病、胃肠神经官能症、紧张性头疼、焦虑、忧郁等。另外,长时间上网会使大脑中的多巴胺水平升高,这种类似于肾上腺素的物质短时间内会令人高度兴奋,但其后则令人更加颓废、消沉。负性情绪状态,如抑郁、不适感、焦虑的增加与多巴胺的水平降低有关。成瘾行为可能与多巴胺神经递质的恢复、消除焦虑情绪、重新体验快感有关。

(二) 人格因素

有研究结果显示,中度至重度的抑郁水平与网络成瘾存在相关性。有些研究者还认为网络成瘾者具有抑郁、害羞、社交恐惧、自我控制失调、注意缺失等心理疾病,缺乏自尊、缺乏动机、急于寻求外界认可、害怕被拒绝等可能是促成网络成瘾发生的原因。谢延明在研究中也提到,"网络成瘾者往往具备某些特殊的人格特征,而且,大多数在成瘾之前可能患有其他心理障碍,特别是抑郁和焦虑"。大学生群体恰恰就是上述人格因素比较集中的一类社会群体。

有英国学者认为,病理性使用互联网的个体自我评价较低,存在一定的社会功能缺失。这是因为自我评价较低的个体在现实中不能得到他人认同,但在网络上,个体易找到与自己有相同体验或与自己有相同特征的团体,在团体中他们可以通过与他人分享经验和倾诉消极情绪,找到支持和认同。而且,网络交往不用局限于他人评价或异样目光,这在很大程度上强化了青少年的网络行为。同时,研究者认定:在网络使用和孤独感之间存在某种正相关。而且更多的人认为,情绪稳定性低的人更孤独,倾向于更多地使用网络服务,而不是使用网络让人更孤独。孤独的人自尊感较低,获得的社会支持较少,这种低自尊的状态通过影响孤独感间接影响网络成瘾状况。

(三) 网络本身的特性

网络本身的特性也是使人成瘾的因素。例如,网络的虚拟性容易让人对色情成瘾。网络的虚拟性和隐蔽性为浏览色情信息、图片、色情作品等提供了天然的屏障。网络的交互性为青少年网民提供了同步通信环境,容易让青少年交际成瘾。同步性的聊天或者网络游戏具有的即时性使个体的行为立刻得到回应,这本身就是对该行为的一种强化。非同步的论坛也容易让大学生着迷,大学生可以就自己感兴趣的话题加入不同的论坛进行平等的交流,还可以根据自己的需要建立论坛,不少大学生就是在发帖和跟帖的过程中对网络上瘾的。

(四) 家庭环境

良好的家庭环境是青少年健康成长的重要保证。家庭中人与人的关系和谐,气氛轻松,平等相待,互相尊重、谅解、帮助,既有分工又能合作等,都是健康家庭所必需的。一个在冷漠、争吵中长大的孩子,很可能会情感缺失、冷漠、孤独、害羞等。当前,我国青少年大部分都是独生子女,加上家庭结构不是很稳定,这在一定程度上也造成了青少年的网络成瘾行为。青少年如果得不到完整的父爱和母爱,就会影响到情感和人格的健康发展,导致网络依赖。

五、网络成瘾的治疗

(一)扬的认知行为疗法

美国的金伯利·杨认为,考虑到网络的社会性功能,很难对网络成瘾采用传统的介质式干预模式。借鉴对其他成瘾症的研究和他人对IAD的治疗效果,他提出了自己的治疗方法。

(1)反向实践。了解患者原来使用网络的具体习惯,使其打破原有的习惯定式,采用新的方式上网。

(2)外部阻止物。把患者必要做的事情作为促使其停止上网的外部监督力量。

(3)制定时间表。要求患者制定在线时间表,采用逐步缩短在线时间的方法。为保证其能够坚持,可以根据患者本人喜好进行适当的强化激励,将上网时间逐步减少至一个合适的水平。

(4)节制。如果某种特殊运用被证实是导致节制失败的原因,就该终止特殊运用,减少打开电脑的次数,使之经常处于关机状态。

(5)提醒卡。让患者随身携带两张卡片,一张写着由于网络成瘾带来的后果,一张写着减少上网时间后带来的变化,随时拿出来提醒自己,通过多次反复强化来拒绝过度上网的选择。

(6)个人目录。让患者列出自己因上网失去或忽视的活动,并按重要性等级排出顺序,以提高他们对现实生活的关注。

(7)支持小组。由于很多患者在现实生活中有情感缺失的问题,要根据他们不同的背景让其参与到不同的社会团体中去,使其得到来自现实生活的帮助。

(8)家庭治疗。对由于过度使用网络而使婚姻和家庭关系受到负面性影响和破坏的患者来说,家庭治疗是必需的。

(9)解决现实问题和困难。澄清网络成瘾背后的潜在问题。患者应该问自己,是什么原因使自己逃避现实生活。在此基础上积极面对问题并寻求解决途径,即使暂时不能有效解决,积极面对本身也可以为今后解决问题做好心理准备。

(二)丹尼丝·戴维斯的认知行为疗法

丹尼丝·戴维斯把治疗分为七个阶段,完成整个治疗过程需要11周,从第5周开始给患者布置家庭作业。他强调要弄清患者上网的认知因素,让患者暴露在他们最敏感的刺激面前,挑战他们的不适应性认知,逐步训练他们上网的正确思考方式和行为。

(1)定向。让患者了解网络成瘾的性质、产生原因等,详细列出戒断网瘾要达到的具体目标。

(2)规则。与患者讨论在治疗期间必须遵循的基本规则,包括一些与上网行为有关的具体要求。

(3)等级。帮助患者制订计划,以消除与上网体验相联系的条件强化物。

(4)认知重组。重新建构对由于使用网络而产生愉快感受的认知评价。

(5)离线社会化。让患者学会在现实生活中有效地与他人交往。

(6)整合。与患者讨论上网时的自我和离线后的自我有什么相同和不同之处,帮他们发现理想自我,并使他们意识到上网只是探查自己理想自我的一种正常方式,引导患者在现实生活中把上网和离线的自我结合起来,形成完整的自我。

(7) 通告。与患者共同回顾整个治疗过程,与他们讨论在这段时间中所学到的东西、在治疗过程中已经达到的具体目标以及他们的症状已经减轻了多少等。

(三) 团体辅导

目前,越来越多的研究人员认为,团体治疗对网络成瘾有更大的改善作用。华东师范大学的杨彦平等人对网络成瘾青少年进行了相关的团体辅导治疗,采取的是认知-行为模式。

首先,要使小组成员了解团体心理辅导的意义,然后从认知的角度鼓励小组成员就网络依赖的问题进行主题交流和讨论,使他们了解自己的成瘾状况,看到自己的问题,并希望解决它。要从认知的层面出发,与成员共同寻找产生问题的原因和关键阶段,进而根据自己的现有依赖程度确定改变的目标,拟订评估策略,制订行动计划。另外,根据网络成瘾形成发展和变化的原因,给予具体的实施指导,并由团体内部发展监督评价机制,对每个成员的行为变化给予反馈、指正以及适当的奖惩。在实施过程中,制订了"现状了解—问题分析—尝试训练—反馈调整"这样一个干预计划。其训练方法主要为选择被试、训练场地、内容等,找寻目标,建立社会支持。

(四) 药物治疗

研究表明,网络成瘾可导致抑郁、焦虑,因此防治这些心理因素(如抑郁、网络使用习惯)是很有必要的。我们可通过使用抗焦虑类、抗抑郁类精神药物缓解患者的不良情绪,为心理治疗创造有利条件。当前,药物干预加心理疏导已作为一种综合治疗手段在临床中得到广泛应用。但是需要指出的是,采用药物疗法对人体的神经系统有副作用,其有效性和带来的副作用还有待于进一步研究和实践的证明。而且就我国目前的情况来说,网络成瘾者大部分为青少年,药物疗法不完全适合我国的国情,所以在采用这种方法时一定要谨慎。对于出现严重的抑郁症、神经失调症等症状的部分重度网络成瘾者可以适当采取此方法,但要把握好度。

第三节 编织健康"网"生活
——网络的正确使用

一、正确认识网络,养成良好的使用习惯

(一) 网络的正面影响

(1) 网络提供了求知学习的新渠道。目前,在我国教育资源不能满足所有学生求知需求的情况下,网络提供了求知学习的丰富资源,让我们在任何时间、任何地点都能接受新知识,学到很多的知识和技能。这对于学生来说无疑是一种很有助力的途径。

(2) 开拓青年学生的全球视野,提高学生综合素质。上网使学生的视野和知识范畴更加开阔,从而有助于他们世界意识的形成。同样,网络又有利于提高学生综合素质,通过上网,可以培养他们和各式各样的人交流的能力;通过在网上阅览各类有益图书,学生可以触类旁通,提高自身素养。

(二) 网络的负面影响

(1) 对于学生的"三观"形成构成潜在威胁。学生很容易在网络上接触到资本主义不良的宣传论调、文化思想等,使其思想陷于极度矛盾、混乱中,其世界观、人生观、价值观极易发生倾斜,从而滋生全盘西化、享乐主义、拜金主义、崇洋媚外等不良思潮。

（2）网络改变了学生在工作和生活中的人际关系及生活方式。学生在网上公开、坦白地发表观点意见，要求平等对话，对权威提出挑战，同时容易形成一种以自我为中心的生存方式，造成集体意识淡薄，个人自由主义思潮泛滥。

（3）网络的隐蔽性，导致很多不道德行为和违法犯罪行为增多。一方面，很多人浏览黄色和非法网站，利用虚假身份进行恶意交友、聊天；另一方面，网络犯罪增多，例如传播病毒、黑客入侵、通过银行和信用卡盗窃、诈骗等。这些犯罪主体中的青少年，大多数动机单纯，有的甚至只是为了"好玩""过瘾"和"显示才华"。另外，有关网络的法律制度不健全也给违法犯罪活动以可乘之机。

（三）遵守网络道德规范，养成上网的良好习惯

良好的上网习惯是全方位的，包括时间、地点、频率。养成一个合理的上网习惯，有助于管理自己的上网行为，从而形成科学、合理的网络生活。

（1）不要沉浸于网上聊天、游戏等虚拟世界，不浏览、制作、传播不健康信息，不使用侮辱、谩骂语言聊天，不轻易和不曾相识的网友约会，尽量看一些对自己的日常学习生活有益的东西并且一定要注意保持自制力。

（2）在上网之前，最好能拟一个小计划，把要做的事情先写下来，一件一件地去做。

（3）网络中学会五个拒绝：一是拒绝不健康心理的形成；二是拒绝网络侵害；三是拒绝不良癖好、不良行为；四是拒绝黄色、暴力的毒害；五是拒绝进入不健康的网站。

总之，网络作为大学生学习和生活中一个重要的工具，它可以给身心带来娱悦，释放一定的情绪。认识网络，学会正确地使用网络，提高网络认知能力，才能有效地驾驭和利用网络，使其为自己的成长服务。如果对网络没有正确的认识，一味无节制地依赖网络，则很容易迷失在网络中无法自拔。

二、提升道德水平，遵守网络道德

（1）不沉迷于色情网站。色情网站提供的几乎都是淫秽内容，违反国家的法律、法规，违反社会公德，这些内容很容易使浏览者产生性兴奋和性冲动，让人对性爱产生不良的理解，从而产生过分的性需求，对大学生的毒害非常大。

（2）不侵犯他人隐私信息。个人隐私权作为我们的基本权利，应得到充分保障。但在网络时代，个人隐私受到威胁。在网上肆无忌惮地发布他人隐私，是对他人权利的严重侵犯。在网络上尊重他人隐私，也就是尊重自己的隐私。

（3）不侵犯他人知识产权。在信息化的时代里，在网络里借用、复制他人成果变得更加方便和快捷，使得侵犯知识产权成为严重的社会问题。大学生应该学会尊重他人的劳动成果，不随便复制、借用他人成果，如果引用他人成果，一定注明出处。

（4）不发布不良信息。在网络上发布虚假信息，制造谣言，扰乱社会公共秩序，造成社会人心动荡的，严重者要受到法律的惩治。

三、合理规划，享受网下时间

（1）培养多种兴趣爱好。兴趣是我们拥有快乐生活的重要前提，兴趣让我们的生活丰富多彩，在校大学生可以培养自己的兴趣爱好，如运动、棋艺、绘画、舞蹈、音乐等，让没有网络的生活一样精彩。

（2）积极参与活动。大学不同于高中，成绩不是唯一的评价标准，多才多艺的人会受到认可，人际交往广泛的人也会受到认可。大学生应积极参与社团活动，提升自身的组织和团体协调能力，获得个人成

就感,使生活充实而有意义。

(3) 增进现实交流。大学生与他人建立起有意义的人际关系,需要通过现实的交流。可以每天抽出一点时间,与同学聚焦于有意义或感兴趣的话题,谈学习、谈理想、谈自己的规划,积极交流各自的心得和体会,可以获得归属感和满足感。

(4) 加强体育锻炼。每天坚持锻炼一小时,做一些有氧运动,有助于身心健康,宣泄不良情绪,维持心理平衡,提高生活质量。

心理广角

十一种最新、最常见的电信网络诈骗手法及防范措施

1. 扫描二维码方式植入木马诈骗

"扫描二维码,领取购物红包",不法分子通过诱使事主扫描二维码,使其进入含有木马病毒的网站或者是下载含有木马病毒的APP。不法分子通过木马截取手机短信,更改支付宝密码,窃取事主支付宝内的余额。

2. 短信链接"钓鱼"网站方式植入木马诈骗

引诱事主点击短信中的链接,通过从后台下载木马程序或链接"钓鱼"网站的方式获取事主手机中的通信录、短信、银行卡、支付宝信息等实施诈骗。

3. 利用改号软件冒充公检法等机关诈骗

以法院传票、信息泄露、涉及洗钱等为由,使用改号软件伪装政法机关办公电话,冒充警察、检察官、法官实施诈骗。

4. QQ聊天诈骗

利用木马程序盗取对方QQ密码,截取对方聊天视频等资料后,冒充该QQ账号主人对其亲友或好友以患重病、出车祸等紧急事情为名实施诈骗。

5. "机票改签/航班取消""网上购物退款"

这两大类电信诈骗案的最大迷惑之处在于,诈骗分子往往对事主最新的网购订单或者机票行程资料一清二楚,所以很容易让人相信对方是电商或者航空公司的官方客服,从而根据对方指示错误操作网银或ATM,或者点击对方提供的"钓鱼"链接。事主被盗取电商账号密码后,诈骗分子会立即将账户资金转走。

6. 网络虚假投资诈骗

犯罪分子以某某证券公司名义通过互联网、电话、短信等方式散布虚假个股内幕信息及走势,获取事主信任后,又引导其在自身搭建的虚假交易平台上购买期货、现货,从而骗取股民资金。

7. "猜猜我是谁"诈骗

犯罪分子获取事主的电话号码和姓名后,打电话给事主,让其"猜猜我是谁",再根据事主所述冒充熟人身份,并声称要来看望事主。随后,编造其被治安拘留、交通肇事等理由,向事主借钱。很多事主没有仔细核实就把钱打入犯罪分子提供的银行卡内。现该类诈骗已升级为"冒充学校领导""冒充中纪委工作人员""冒充班主任"等诈骗。

8. 淘宝刷信誉诈骗

犯罪分子在网上发布刷淘宝信誉的兼职广告,引诱事主在其提供的淘宝店拍下某订单,并承诺事主付完款后把订单款和佣金一并打回到事主账户内,但事主付完款后犯罪分子一次又一次称其接着再拍才能返还订单款,从而诈骗事主。

9. 中奖诈骗

犯罪分子通过QQ、短信等方式向事主发送中奖提示信息,并利用在互联网上设置的虚假网站诱导事主误入中奖陷阱,诈骗分子以让事主缴纳税费、公证费、手续费等各种名目而实施汇款骗局。

10. 伪冒银行或其他金融机构工作人员诈骗

犯罪分子冒用银行或其他金融机构名义及商标标识,通过互联网、微信、QQ等社交网络渠道发布虚假信息,自称为银行或其他金融机构工作人员,宣称可以提供银行或其他金融机构的贷款、信用卡、借记卡等服务,诱使事主向其支付"服务费""保证金""关联金""佣金""制卡定金""中介服务费"或其他类似名目的费用。

11. 伪冒网银升级、实名补录诈骗

不法分子利用银行号码发送"密码器过期""实名补录"的有关信息,并提供虚假的网站链接。当持卡人信以为真,登上该网站,输入相关身份证号、网银用户名、密码、动态口令等信息后,卡内存款随即会被转走。

反思体验

如何控制上网时间

1. 步骤1:确定上网目标

每次上网前,静心抽出几分钟想一想上网要做什么。

2. 步骤2:将目标分层次

将目标逐级分解,哪些目标最重要,哪些次要,哪些不重要,哪些紧急,哪些不紧急,哪些可做可不做。依据目标的重要性和紧急程度依次完成上网任务。

3. 步骤3:限定上网时间

假如设定的上网时间为1小时,可以设置闹钟提醒或在电脑上设置上网时长提醒等来控制上网时间。

心理测验

网络成瘾自评量表见(表11-1)是从国外引进的一种自评量表,它的考量因素包括上网者所用时间、网络中人与人之间的亲密感、无意义的网络信息(电子邮箱)查询以及上网对工作、学习、生活不同程度的影响,同时关注由此引发的情绪的不稳定状态。本测试共有20个项目,为1—5级评分,总分越高说明网络成瘾越严重。

表 11-1 网络成瘾自评量表

	1	2	3	4	5
1. 你的上网时间是否常常超出原先计划的时间?	否	很少	有时	大多数	经常
2. 你不顾学业而将时间都用来上网吗?	否	很少	有时	大多数	经常
3. 你觉得上网时的兴奋感更胜于情侣之间的亲密感吗?	否	很少	有时	大多数	经常
4. 你常会在网上交新朋友吗?	否	很少	有时	大多数	经常
5. 你会因上网时间而遭到他人的抱怨吗?	否	很少	有时	大多数	经常

续表

	1	2	3	4	5
6.你会因上网花费过多时间而产生学习和工作上的困扰吗?	否	很少	有时	大多数	经常
7.你会不由自主地检查电子邮箱吗?	否	很少	有时	大多数	经常
8.你会因为上网而使工作表现(或成绩)不理想吗?	否	很少	有时	大多数	经常
9.当有人问你在网上做什么的时候,你会有所防备或隐藏吗?	否	很少	有时	大多数	经常
10.你会因为现实生活纷扰不安而在上网后感到欣慰吗?	否	很少	有时	大多数	经常
11.再次上网前,你会迫不及待地想提前上网吗?	否	很少	有时	大多数	经常
12.你会觉得少了网络,人生是黑白的吗?	否	很少	有时	大多数	经常
13.当有人在你上网时打扰你,你会叫骂或是感觉受到妨碍吗?	否	很少	有时	大多数	经常
14.你会因为上网而牺牲睡眠时间吗?	否	很少	有时	大多数	经常
15.你会在离线时间对网络念念不忘或一上网便充满"遐想"吗?	否	很少	有时	大多数	经常
16.你上网时常说"再过几分钟就好了"这句话吗?	否	很少	有时	大多数	经常
17.你尝试过缩减上网时间却无法办到吗?	否	很少	有时	大多数	经常
18.你会试着隐瞒自己的上网时间吗?	否	很少	有时	大多数	经常
19.你会选择将时间花在网络上而不想与他人出去走走吗?	否	很少	有时	大多数	经常
20.你会因为没上网而心情郁闷、易怒、情绪不稳定,但一上网就"百病全消"吗?	否	很少	有时	大多数	经常

评分标准及意义如下。

0~23分:正常。上网者仅仅将网络作为获得信息或休闲的一种工具,网络仅仅作为一种生活手段出现在生活中,不存在对网络的精神依赖行为。

24~49分:有轻度上瘾症状,但没有形成网络依赖。上网者在上网时间的把握上有时候稍微滞后,但总体上仍能够自我控制。

50~79分:中度成瘾。网络使用后已经出现一些社会适应问题,比如对时间控制减弱,网络耐受性增强,人际关系趋向敏感,生活秩序正被打乱,情绪开始出现一些较为明显的不稳定特征,正面临来自网络的问题。

80~100分:重度成瘾。上网者已经完全被互联网所控制,网络成为上网者的精神寄托场所。在网上用户长时间感受巅峰体验,在网下则长时间陷入抑郁、恐慌、悔恨等多种负面情绪体验,上网者的社交功能正在逐步退缩。网络活动已经引起严重生活问题的程度,需要很强的意志力甚至需要求助于心理医生才能恢复正常。

第十二章　走出困境，迎来希望
——大学生心理危机应对及生命成长

案例导读

小芳是一位大三女生，在高中期间谈了一个男朋友，两人已交往了四年多，虽然男友在另一个城市读书，不能经常在一起，但两人的感情一直很好。前不久，男友突然提出分手，使她十分痛苦，感觉整个世界都崩塌了，生活也失去了方向。为了挽留这份情感，她跑去了男友所在的城市，向他表达了自己的感受，谈到了自己的规划，并表示愿意毕业后跟随男方工作，等等。但男友拒绝了，说已经不再爱她。回来后，她依然不能接受分手的事实，便发短信告诉男友，要么不分手，要么她就去死，并发了一张割腕的照片给对方。男友非常害怕，立刻联系到学校的班主任，幸运的是，班主任找到小芳谈心谈话，缓解她的压力，同时建议她去学校的心理咨询中心寻求帮助。经过几次咨询，小芳认识到了生命的意义，重拾了信心，终于从失恋的痛苦中走了出来，恢复了正常的学习生活。

心理分析

这是一名把生命和生活的意义寄托于爱情的女生。她曾经的人生目标就是毕业后能和男朋友一起，她奋斗的支柱就是爱情。当男友突然提出分手后，她感觉自己的精神支柱完全坍塌，失去了前进的动力，一下子找不到人生的意义。幸运的是，她及时得到了帮助，认识了生命和生活的意义，重拾了生活的信心，恢复了正常的学习生活。

学习要点

1. 了解大学生心理危机的特征、产生原因及类型。
2. 了解心理危机中个体的反应及其应对方法。
3. 正确认识生命。

关　键　词

心理危机　生命

第一节 心灵的困惑
——大学生心理危机概述

联合国专家预言,从现在到 21 世纪中叶,没有任何一种灾难能像心理危机那样带给人们持续而深刻的痛苦。心理危机的产生、发展及激化是一个复杂而微妙的心理过程,几乎每个成长中的个体都不同程度地经历过心理危机,但心理危机并非必然导致极端行为。大多数时候,心理危机带给我们的只是暂时的不适。实际上,没有人可以和心理危机绝缘,即便是心理素质健全、受过良好心理训练的人都不可能终生免于心理危机的困扰。

一、什么是心理危机

危机有两个含义,一是指突发事件,如地震、水灾、空难、疾病暴发、恐怖袭击、战争等,二是指人所处的紧急状态。当个体遭遇重大问题或变化并感到难以解决、难以把握时,平衡就会打破,正常的生活受到干扰,内心的紧张不断积蓄,继而出现无所适从甚至思维和行为的紊乱,进入一种失衡状态,这就是危机状态。这种状态是人们面对重要生活目标时产生的阻碍,这个阻碍在一定的时间内使用常规的方法不能解决。这种状态是一段时间的解体和混乱,在此期间可能有多次解决问题的失败尝试。

二、大学生心理危机的特征

(一)突发性

危机常常是出人意料、突如其来,而且具有不可控制性。大学生的年龄一般都在 18~25 岁之间,正处于青年初期,其身体发育逐渐成熟,具有了成年人所具备的生理特征。同时,大学生心理发展处于不成熟向成熟发展的过渡阶段。随着年龄的增长、知识的增多、经验的积累和阅历的丰富,其感性和理性认知逐渐趋于成熟,能自觉通过自我观察、自我总结等手段审视自身的优缺点,以寻求合理的角色定位。但由于自身心理的不成熟和不稳定性,大学生仍然缺乏对自我、对社会的评价能力和自我调适能力,某些积极的个性品质在特定情境下易于导向某些消极的表现,大学生的心理呈现出积极与消极、自负与自卑并存的矛盾与冲突,任何一个小小的问题如果不能得到及时干预和化解,都可能引发严重的心理危机甚至导致悲剧性后果。大学生的激情犯罪与冲动自杀多与此特征相关。

(二)潜在性

大学生心理危机并非以直接爆发的方式体现,而是潜藏于个体内心,当遭遇特定应激事件时,就容易引发心理危机。

大学生心理危机与成长的每一个阶段、每一次进步息息相关,如果缺乏危机和挑战,即使年龄与日俱增,心理发展也不会获得同步的深化与成熟。在成长的每一刻,成长的力量都与危机的力量相伴共生,正是潜在的危机推动个体积极关注自我,获得成长的力量。危机与成长的力量相互较量、此消彼长。在正常情况下,成长的力量占上风,但面临特定的情境时,潜在的危机就发生了。正如平静大海下掩藏着暗潮一样,危机的累积与渐进是一个潜在、量变的过程,一旦演化为质变,就是成长的机遇或者更大的危机。

(三) 交互性

大学生心理危机往往是多种因素共同作用下的结果，经济状况、学业期望、情感归属、人际关系等交织在一起，在遇到特定的生活事件时，这些交互因素便会浮出水面，引发心理危机。大学生需要获得爱情、学业、专业技能、事业进步等方面的满足，实现人生主要的生活目标，同时他们也要承受巨大的压力，需要对爱情、工作和生活方面的问题做出明智的决策与承诺，而其中许多人此前并没有相关的经验。因此，当矛盾与冲突、选择与机遇、个人情感与职业发展等任务同时摆在大学生面前时，由于个体本身心理的不成熟，容易引发各种心理危机。

(四) 时代性

大学生心理危机与时代特点有高度的相关性。改革开放以来社会的每一次变迁，无不引发大学生心理的巨大变化。在当今社会变革深化、人才竞争激烈和素质教育进一步发展的社会背景下，大学生面临的各种压力明显增大，由此引发的心理问题不断增多。特别是近几年来我国的社会状况发生了复杂而深刻的变化、经济快速发展，生活节奏加快，在应对繁忙的学习、生活和复杂的社会环境时，大学生常常会因为难以适应和不会自我调节而产生各种心理矛盾和冲突，甚至会产生心理障碍和心理疾病。当代大学生的心理危机，在一定程度上反映了时代、社会对大学生的要求和考验，大学生心理危机也就因此而打上很深的时代烙印。

三、大学生心理危机的影响因素

心理危机到底是怎么产生的呢？大学生心理危机的产生并不是由某单一因素决定的，而是多个因素相互作用的结果。

(一) 个体对事件的知觉

对某一事件的认知和主观感受，在个体决定自身行为的性质和程度中起着重要作用。认知方式限制了人们探索压力条件的信念，极大地影响了人们对他人的知觉、人际关系及对采取不同类型的精神治疗手段的反应。如果个体对事件的知觉是符合通常预期的、合乎逻辑的，则问题解决的可能性会大大提高。

(二) 社会心理支持

人的本质是社会化的，他依赖周围的人提供的内在、外在的评价而存在。对大多数个体而言，获得确定的评价的意义非常重要。大学生尤其需要有来自亲人、朋友、同学等多方面的心理支持资源，这是他们应付心理压力时的重要社会心理支持资源。然而很多大学生并没有这样的支持资源，或者有心理问题也不愿意向身边的人倾诉、求助，这种重要的支持资源一旦丧失或没能发挥作用或支持失当，面对压力的大学生将变得无比脆弱、失衡并进一步产生危机。

(三) 应付机制的形成

人们通过日常生活，学会了运用各种手段去应付焦虑和减少紧张，并逐步形成了应付压力的模式。那些被人们运用过的有效的应付办法会被纳入他们的生活模式中，并逐渐形成了人们解决压力时的一套有效的应付机制。相反，如果没有恰当的、有效的应付机制，个体的压力或紧张持续存在，危机便会随之产生。

（四）个体的人格特征

危机人格理论认为，心理危机还受个体的人格特征的影响，容易陷入危机状态的个体在人格上具有的特异性有：注意力明显缺乏，看问题只看表面，看不到本质；社会倾向性方面过分内倾，这种人格特征使个体遇到危机时往往瞻前顾后，总联想不良后果；在情绪情感上具有不稳定性，自信心低，独立处理问题的能力差；解决问题时缺乏尝试性，行为冲动欠理性，经常会有毫无效果的反应行为。

（五）重大生活事件的影响

重大生活事件（如亲人去世、父母离异等）对人的冲击力往往很大，再加上大学生心理的不成熟，还没有形成完善的应对模式，因此，当大学生面对重大事件时，很容易产生心理危机。

（六）人际交往障碍

当代大学生普遍比较关注自我，独立生活能力较差，进入大学新环境后，不同地域、不同家庭背景、不同成长经历的同学，其生活习惯、性格、兴趣的差异也很大，不可避免地容易产生摩擦和冲突。另外，现在的大学生谈恋爱现象很普遍，但由此引发的情感纠葛问题也很多。如果处理不当，也会导致心理失衡，心理危机就很容易发生了。

四、大学生心理危机的类型

人的一生中会出现不同类型的危机，对危机类型进行区分，有助于我们采取更有效的方式应对危机。一般认为，心理危机主要分为三种类型。

第一种，发展性危机。这是个体在正常成长和发展过程中，因急剧的变化或转变所产生的异常反应。就大学生而言，入学不适应，大学毕业时没有找到满意的工作，考试不理想，不喜欢所学的专业，评优、班干部落选等这些在人生发展中遇到的危机均为发展性危机。当大学生遇到这样一些发展中的困难或阻碍时，便会产生压力，并逐渐转化为危机。

第二种，境遇性危机。指个人遇到罕见、超常、无法预测和控制的突然性事件或境遇时所产生的心理危机。如交通事故、突发的绝症、自然灾害等。

第三种，存在性危机是指面对一些人生重要而根本的人生问题，比如关于人生的目的、责任、独立性、自由和承诺等出现的内部冲突和焦虑。存在性危机可以是基于现实的，也可以是基于深层次的关于人生意义的追问与思考。在中学时代，学生学习的一切动力来自考大学，当上大学目标实现后，目标的丧失带来了新的困惑。一个沉溺于网络的大学生，自己也知道这样浪费时间且没有任何意义，但不能自拔，无力改变现实，于是产生了深深的焦虑与自责。他们开始思考人生本原的问题，如：人为什么活着？人生的意义是什么？等等。这些都属于存在性危机，是潜藏于内心、伴随个体的终身课题。

五、心理危机高发的大学生群体

不同的人群具有不同的行为模式和心理类型，把握不同人群的特征，是认识不同人群基本的社会学理论方法。在大学校园中，存在着贫困生、独生子女、新生、毕业生、学业困难生、有心理问题的学生等不同的群体，他们往往需要更加有效的危机干预。

（一）贫困生群体

随着社会的变革、高等教育体制的改革，大学校园里出现了一个特殊的群体——贫困生。1999年高校大规模扩招,推出了教育成本分担机制,贫困大学生的人数逐渐增加。社会经济能力的差距,使大学校园里这一特殊的"弱势群体"背负着沉重的生活负担和心理压力。"贫困生现象"已引起了政府及社会各界的高度关注。但高校的贫困生问题并非单纯的经济纾困问题,贫困生因经济窘迫而产生的思想上、心理上的问题,更需要引起高度重视。了解贫困生的心理活动,研究其心理特点,有助于帮助他们摆脱困扰,树立学习和生活的勇气。一般说来,贫困生普遍存在以下不良的心理状态:自卑心理严重,自我保护意识强烈,往往习惯于把自己封闭起来。

(二)独生子女群体

独生子女群体是我国逐步实行计划生育政策形成的。20世纪90年代末,第一批独生子女陆续进入大学,成为我国大学生中的特殊群体。这一人群从一出现便牵引着众多的目光,成为各方关注的焦点。与非独生子女相比,独生子女身上具有明显的时代特征,他们乘着改革开放的春风、沐浴着慈爱的阳光雨露、汲取着充足的养分而茁壮地成长起来。随着计划生育政策的进一步落实,独生子女逐渐成为大学生中的主体。由于与非独生子女在生存状态等方面存在一定差异,这一群体也就形成了普遍存在的人格特征和心理行为特点,如过分依赖、以自我为中心、情绪控制能力弱以及心理承受能力差等。

(三)新生群体

经过了高考的洗礼,大学新生以优胜者的姿态迈入了大学校门。他们对大学生活充满了好奇和憧憬,头脑中编织着诗情画意般的梦想。然而他们并未完全意识到,从中学到大学是人生的一大跨越,在这一大跨越和转折点上,有很多的人生课题摆在他们面前。大学新生大多十八九岁,这一时期正是青年人生理、心理迅速发展变化的时期,身心发展极不稳定,极易受到外界环境变化的影响。当最初的新鲜感和激动情绪慢慢趋于平静,正常的学习生活开始之后,就会出现"理想真空带"与"动力缓冲期",使他们心理冲突和动荡加剧,很容易陷入心理危机。

(四)毕业生群体

大学毕业生是大学生中压力较大的一个群体,建立自己的生活模式、规划职业生涯是毕业生刻不容缓的任务。对于他们中的大多数而言,十几年的校园生活即将告一段落,他们面临着许多人生的转变和抉择,求学与求职的冲突、与同窗四载的同学分离、激烈的就业竞争、对社会的适应等课题纷纷摆在他们面前,使他们承受着极大的心理压力。其中,择业过程中的种种心理不适对毕业生产生的困扰尤其巨大。毕业生就业制度改革虽然为广大的大学生提供了公平竞争和施展才华的机会,但也给更多大学生带来了巨大的心理压力。高校扩招以后,我国大学毕业生的供给持续增长,人数的增长必然带来就业环境的巨大改变,大学生已从"精英就业"步入"大众就业"时代。而与之相对的是,大学生的就业期望值仍然普遍偏高,这使一部分毕业生产生了严重的心理失衡。此外,对自身定位不准等原因,也使大学生就业的心理问题激增。

(五)学业困难者群体

与小学、中学教育相比,高等教育更为提倡以学生全面素质的提高为培养目标,但就目前状况来讲,学业成绩仍然是考查大学生优秀与否的重要砝码,竞选、评选、免试研究生、求职等无一不与学业成绩相挂钩,成绩不良意味着重修、补考甚至退学,这就使学业困难学生成为大学校园里一个值得关注的群体。以往对学业困难者的研究多集中于中小学生,针对大学生的研究比较少,但近年来大学生中频频发生的由于学业成绩不良而导致的自杀事件引起了我们的警醒,关注学业困难的学生的心理问题刻不容缓。

一般说来,高校的学业困难群体大致可分为六类:第一类是学习动机不足或缺乏的学生,这类学生普遍认为考上大学就完成了自己的使命,学习靠外在压力的驱动,如父母的期望、老师的督促等,上大学后不愿再为学习而付出努力,得过且过,不求优秀,但求过关;第二类是来自中西部贫困地区的大学生,这部分学生与其他地区的学生相比底子薄、基础弱,尽管学习刻苦努力,但成绩提高不明显,在基础课如数学、英语学习方面尤为突出;第三类是对所学专业兴趣不足者,这部分学生对所学专业缺乏兴趣,厌学心理严重,对专业学习产生心理抵抗,导致学业困难;第四类为学习方法不当导致的学业困难,这类学生是大学学习的不良适应者,始终找不到适合自己的学习方法;第五类是沉迷网络游戏等有问题行为的学生,这部分学生自制能力差,整天萎靡不振,沉溺于网络,贻误了学业;第六类为学习能力不足者。

(六) 有心理问题的学生群体

毫无疑问,有心理问题的学生是心理危机的高发群体。一般而言,多数大学生的心理问题是发展性的,与大学生的学业发展、个性塑造、品质培养、社会适应等有关,这类问题通常会随着大学生的成长而自愈。少数大学生的心理问题是障碍性的,如神经官能症、人格障碍等,这些需要专业的心理治疗。还有一类是介于正常心理与异常心理之间的过渡性问题或边缘性问题,这些问题可以通过心理咨询得以解决。

此外,普遍意义上的优秀学生,也就是老师眼中的"三好生"往往存在"优秀学生心理综合征"。其主要表现为,过分追求完美,不允许自己失败,他们过分关注自己的消极面,在自我评价和认知上过分关注弱点,对挫折与失败承受能力低,对他人的评价过分关注,苛求他人等。

大学生的心理危机往往是多种因素共同作用下的结果,由心理问题引发的心理危机背后都有极其复杂的原因。因此,虽然我们列出了大学生心理危机的易感群体,但现实生活中,一个人身上常常交织着各种群体的问题。关注这些群体特征的目的在于建立健全心理危机的预防机制,有效减少与防止心理危机的发生。

第二节 点燃生命的希望
——大学生危机识别及应对

一、心理危机中个体的反应

人在危机状态下会产生一系列的情绪、认知、心理和行为反应,这些反应是相互作用、互为因果的。了解心理危机中个体的反应,有助于识别处于危机中的个体,并对其进行及时、有效的调节和干预。

(一) 情绪反应

危机中,个体情绪反应一般有焦虑、恐惧、抑郁、愤怒、沮丧、紧张、绝望、烦躁、害怕等。

(二) 认知反应

危机中,一个人的认知反应会发生两极分化。有的个体会积极思考,调整自己的认知,运用理性情绪调节自我,达到自我成长。而有的个体会关注于负性情绪,以致思维狭窄、陷入管状思维,也就是我们常说的"钻牛角尖"。

此外,情绪和认知之间存在着相互影响的关系。愤怒、恐惧和抑郁情绪反应破坏人的心理平衡,而心理平衡是准确感知、记忆和逻辑思维的前提。因此,在危机中,人的认知功能会遭到严重损害,甚至造成认知功能障碍。有时负性情绪反应同认知功能障碍间会形成恶性循环,从而使人陷入难以自拔的困境。

(三) 心理行为反应

危机中个体的心理行为反应是个体为减轻痛苦感而采取的一种防御机制,大致可分为三类:第一类是积极的反应,包括坚持、升华等,这些反应有助于恢复个体心理平衡,准确地评定事件的性质,做出合理的判断与决定,尽快走出危机;第二类是消极的反应,包括否认、攻击、逃避、退缩等,这些反应虽然可以暂时缓解内心的冲突和紧张,但不利于问题的解决,妨碍个体正确应对危机,甚至会给身心健康埋下隐患;第三类是中性的反应,包括转移、反向、压抑、倒退、合理化、投射等。产生何种类型的心理行为反应与个体的个性特征、适应能力和以往的生活经历等有关。

1. 升华

升华是一种最富于建设性的行为反应,它把社会所不能认可的目标、欲望或情绪等转化为高级的、有益于社会并被社会所接受、赞赏的形式,同时,本能冲动也能同时得以满足。

2. 补偿

补偿是指个体意识到自己在某方面有缺失或某一目标难以实现,而重新确立目标或把注意力转向其他方面,以其他方面的成功来获得心理上的满足感。补偿行为的积极与否取决于所选目标的性质,如果新确立的目标是合理的、符合社会道德规范的,则认为补偿行为是积极的;反之,则是消极的。如一名大学生遭遇失恋打击后,发愤学习,成绩遥遥领先,补偿了因失恋带来的自尊心和自信心的受挫;而另一名大学生却同样因为失恋而整天沉迷于网络,在虚拟世界中寻求心理上的满足感。

3. 合理化

合理化又称文饰作用,指在追求目标受挫后,用一种自认为站得住脚的理由来为自己掩饰和辩护,是一种自我安慰的心理行为反应。

4. 转移

转移是指将针对某一对象的某一种无法实现的情感、意图转移到另一个对象上或转移为另一种情感以减轻心理压力。如一大学生在课堂上被老师批评后感到很窝火,但又不能当场反驳,回到宿舍便把气撒在舍友身上。

5. 压抑

压抑是指将意识所不能接受的、使人感到困扰或痛苦的思想、欲望或经验予以选择性遗忘,但这种遗忘只是将某一事件或情绪推到无意识的深层,并没有彻底忘却,以后在某些情境下,被压抑的事件便又回到意识中来,这就是所谓的"压抑回归效应"。压抑虽然能够暂时减轻紧张、焦虑等不良情绪,但不利于问题的最终解决,过度压抑对身心危害极大,个体可能会出现人格改变,或患严重的心理障碍和躯体疾病。

6. 宣泄

宣泄与压抑正好相反,是指通过各种途径把积郁在内心的不良情绪释放出来,从这个意义上来讲,宣泄比压抑更为有益。但宣泄行为的积极与否在于所选择手段的正当与否,手段正当,则宣泄行为是积极的;反之,则是消极的。例如,大学生通过记日记、向好朋友倾诉、从事体育运动等社会所接受的方式来进行宣泄,这是允许并且是值得提倡的;但如果宣泄的手段失当,如自虐、破坏公共财物、对他人采取攻击性行为等,则是非常有害的。

7. 幻想

幻想指个体为了摆脱现实的痛苦,对原有观念或现象的改造与加工,其内容超过了客观现实可能的范围,个体从想象的虚幻情境中寻求心理满足。正常人总能把自己的想象与幻觉和现实区分开来,但假如把幻想与现实相混淆,或者沉溺于幻想中不能自拔,那就是一种精神疾病的表现。如有的大学生在现实生活中屡屡受挫,便从网络游戏的虚拟成功中寻求内心的满足,长此以往,将不利于身心健康发展,形成不良的行为反应。

8. 否认

否认是指否定或不承认某种客观存在的现实,以暂时减轻内心的痛苦和不安。如一名刚入大学的新生得知自己深爱的父亲因车祸突然去世,他始终都不相信父亲已经永远离他而去,在昏天黑地的恸哭后,他每天都给父亲写信,相信奇迹会出现。这是典型的否认反应,这种反应能够在事件突发时缓解心理冲击力,避免极其强烈的刺激给人身心造成的伤害,但过度的否认也有可能延误解决问题的最佳时机或减缓个体对突发事件的心理适应和恢复过程。

9. 逆反

逆反又称反向,一方面是指个体不敢正面表露自己的真实动机,为了防止动机外露,而有意识地采取与自身动机方向相反的行为;另一方面是指个体与社会要求相对抗的行为。持逆反心理的人往往为了解除内心的不满,会采取一些不符合社会规范、不被允许的行为,产生一些反社会性行为。长期存在的逆反心理会从根本上扭曲自我意识,使动机与行为脱节,造成心理失常。

10. 倒退

倒退也称退行,是指个体在面临压力、冲突、焦虑、紧张时,返回到其早期发展的安全阶段,表现出与自己的年龄、身份极不相称的行为,借以避免目前的冲突、焦虑和紧张。例如,一女大学生与同宿舍同学吵架,像个孩子般哭泣,直到宿舍同学道歉为止。这实际上就是运用儿童的行为反应达到自我保护的目的。

11. 逃避

逃避又称回避,是大学生在危机状态下比较常见的心理行为反应。逃避是指个体在遭受刺激时,不敢直接面对自己所预感的应激情境,而躲到自认为比较安全的环境中去。为避免失恋的打击,逃避情感;为避免考试失败,选择放弃考试等都是逃避的体现。

12. 物质滥用

物质滥用指个体长期或过量使用某些物质,无法减量与停止,对个体的社会与职业功能产生伤害,包括药物依赖、吸烟、酗酒、长期或过量服用某些刺激性食品等。大学生中比较常见的有吸烟和酗酒。所谓"借酒消愁愁更愁",物质滥用可能会带来感官系统的暂时满足,但会严重损害大学生的身体健康。

13. 攻击

攻击是危机中常见的一种不良情绪引发的行为反应,可分为直接攻击和转向攻击。直接攻击是指一个人受到挫折后,把愤怒的情绪直接发泄到使之受挫的人或物上,某大学生造谣室友一案就是由心理危机所引发的直接攻击行为。转向攻击是指把愤怒的情绪指向其他不相干的人或物身上去,在这一点上,某大学生用硫酸泼熊是典型的案例,他把自己发泄的目标转向了动物园中无辜的狗熊。

14. 自杀

自杀是主体蓄意或自愿采取各种手段结束自己生命的行为，是危机严重到个体无法忍受的地步而采取的一种极端的行为反应。由于生命的不可逆性，大学生自杀给社会、家庭造成的损伤是不可估量的。

二、心理应激反应历程

心理学的研究发现，当人遇到重大的危机事件时，心理应激反应会经过四个阶段，这四个阶段一般会维持在6～8周。

第一阶段叫冲击期，人会因为惊慌、害怕而出现判断力下降或脑袋一片空白。

第二阶段是防御期，人会本能启动内在的保护机制以便恢复现实的认知功能。

第三阶段是解决期，人会开始接受现实，并寻求各种资源以解决目前的困境。

第四阶段是成长期，多数人在经历了灾难性的危机后会变得更理性，但也有少数人因应对失败而出现心理危机。

三、完善自我应对危机

危机降临时，是任何人都无法阻挡的，但是当我们拥有了强大的心灵，再难的路也会走过去，再高的坎也会迈过去。应对危机，需要我们从完善自我做起。下面是完善自我的八大主题，也是我们应对危机的最强武器。

（一）认识你自己——自我意识的完善

大学生处于青春期，生理、认知、情感各方面发生了深刻的变化，开始关注自我，开始发现、体验自己的内心世界，这需要大学生能够客观正确地评价自我、悦纳自我，实现理想我与现实我相统一。

案例：大一和大二上学期，我学习成绩优秀，各方面都不错。但是在大二下学期，谈了半年的男朋友和我分手了，他很优秀，他妈妈反对我们交往，觉得我个子矮。此事过后，我特别自卑，不知道该怎么办，许多职业限制身高，找对象也不容易。我整天胡思乱想，没有心思学习，也不愿与人交往，成绩也从前五名跌到了十几名。我现在决定考研，可有时候又在想，我的个子这么矮，即便是拿到硕士学位又能怎样，公务员不能考，老师不能当，所以老是学不进去。

分析：失恋这件事导致这个女孩对自我产生怀疑，并且直接影响到了学业，甚至让她对今后的就业、生活等方面产生了迷茫和自卑。造成这种问题的关键在于这个女孩缺乏对自己全面客观的认识，个子矮是自己的一个客观存在的生理状况，但是一个人获得学业、事业方面的成就，获得亲情和爱情等，和个子高矮是没有直接因果关系的，因此，对这个女孩子来说，她应该接受自己个子矮，但更要看到自己身上别的闪光点。

（二）我要飞得更高——适应能力的提高

适应能力是指一个人面对新的或变化了的环境时，在心理上进行自我调节，实现内部心理状态和外部环境的动态平衡，以使自己拥有适应外界环境的能力。在大一新生中，很多心理危机的产生都与适应不良有关。

案例：大学一年级快过去了，我依旧没有从想家的阴影中走出来，常常坐在教室里想到妈妈就有想哭的冲动，从学校的饮食到气候，从与舍友关系到人际关系，从学习方式到大学教学，我觉得都不适应。我以前从没有住过校，生活自理能力也不强，大学生活让我感到很难，不知道今后三年如何度过，看到别的同学将自己的生活、学习、社会活动打理得井井有条,我恨自己无能。

分析:这是一例典型的大学生适应不良现象。解决的方法为:需要这位同学把离开家开始独立生活当作自己成长的一个挑战,从解决好自己的日常生活起居开始,慢慢训练自己的生活自理能力,再主动融入同学中,向一些适应能力强的同学学习,增强自己的社会适应性。

(三)做生活的主人——勇敢面对挫折

一个人的人生道路是由顺境和逆境组成的,即使身处再完美的社会环境,个人的生活道路也不会总是一帆风顺。一般而言,顺境能使人感到愉快,有利于个人知识才能的发挥和成就的取得,对人的成长有利,但若一味陶醉于顺境而不思进取,放弃主观努力,即使环境再优越也难以有所成就。逆境虽然是人生发展的不利因素,但是它可以磨炼人的意志,催人奋发向上。逆境给予我们每一个人的不仅是困难和挫折,也常给我们以有益的启迪,因此我们应该从失败中找出原因、总结经验,在承受和克服挫折的努力中,发现自身的不足,完善自己,开辟通向成功的道路。

案例:我是一名在顺境中长大的孩子,父母宠爱、老师关爱、同学欣赏,生活对我展开的都是笑脸。但高考给了我沉重的打击,骄傲而自信的我在高考中一败涂地。我痛定思痛,收拾旧河山,坐到了高考补习班的教室,将失败咽进肚子里,憋着一口气努力学习。在来年的高考中,我虽然考取了大学,可我突然对失败变得敏感了。在大学里,我勤奋学习,不是因为爱学习,而是害怕失败,我变得输不起了。我不参加社团活动,不是因为不喜欢参加,而是害怕能力不足而被淘汰。我也不去追求自己喜欢的女孩,不是因为不爱她,而是害怕被拒绝而受伤。

分析:这名同学生活一直一帆风顺,在经历了高考的挫折后,对挫折有了恐惧感,害怕失败,于是选择了逃避竞争。其实,挫折也是成长,在面临挫折时,更为重要的是认识挫折对成长的重要性。我们应该珍惜每一次挫折经历并从中吸取有利于自己成长的经验,保持对生活的信念与战胜挫折的勇气,做生活的强者。

(四)成为你自己——培养良好的人格

人格也叫个性,是伴随人一生并不断发展的心理品质,它由气质和性格两部分组成。人格不能简单地被评价为优或劣,不同的人格有不同的特点。大学生要正确认识和对待自己的个性,发现其中的优势和劣势,克服消极因素,发扬积极品质,形成良好的个性。

案例:就从我的性格说吧,我的性格偏内向,主观上我渴望静,但如果现实中真让我静下来,我会对这种静有所恐惧。我喜欢做的一件事就是找一个要好的朋友,在漆黑的夜晚,互相说些什么,倾诉什么,哪怕时间永远就这样停滞不前,但事后我总觉得自己虚度了光阴,为自己感到心痛,时常抱怨自己不够努力。小的时候,我的朋友不多,许多人都歧视我、嘲笑我,童年时被人嘲笑的场景至今历历在目,直到现在我也经常被人作为取笑的对象。在我的梦中及潜意识中总有这样的一个场景:我与几个同学坐在各自的位置上,他们都在嘲笑我,用冷冷的眼睛看着我。现在每当有人嘲笑我时,我也不想说什么,我知道他们说几句就完了。但我真的不清楚别人为什么要这样对待我,是因为我语言表达不够清楚,还是因为我喜欢在别人面前袒露自己,让人觉得我太过愚蠢、太过厌烦呢?我应该怎么做呢,怎样才能使自己在别人面前脱胎换骨呢?

分析:在进一步的沟通中心理老师发现,这位女大学生是一个珍惜友谊、单纯善良的女孩子,同学们也很接纳她、喜欢她。但她为什么会有被别人歧视和嘲笑的感觉呢?问题的实质在于她不能够完全接纳自我。比如在宿舍谈话时,她常常会问一些幼稚的问题,同学们感觉她很单纯、不成熟,不像大学生,这让她觉得大家是在嘲笑她。回顾她的成长史可以发现,父母从小对她的教育非常严格,甚至有些苛刻,对她的肯定与表扬也经常用否定的语气表达,这使她形成了自卑的个性。在心理老师的帮助下,她开始进行自我反思和自我调整,逐渐接受了自己的个性,慢慢地,她的心情也变得开朗起来。

（五）爱与成长——确立健康的恋爱与性观念

爱情是人世间最美好的感情，爱与被爱都是一件极为幸福的事情。爱与性的关系极为密切，真正的性是建立在爱情基础上的，是灵与肉的完美交融。真正的爱情不仅仅是花前月下、耳鬓厮磨，更是相知相伴、同舟共济、互相激励和进步。爱不仅仅是享受，更是付出与责任。

案例： 我和他是高中同学，像所有的爱情故事一样，他对我很好，我的车子坏了，他要么载我回家，要么就陪我修车，还打电话到我家和他家通知一声，以免父母担心。他知道物理是我的弱项，就回去把他做过的题目都分类整理出来，写好要注意的地方给我复习。有一次，下雨我没带雨披而他带了，他要给我穿，我不肯要，我们便一块儿淋雨回家。虽然现在想来当时不免冲动和任性，但是真的很快乐呀。好多好多的事，我是开心的，可我把快乐放在了心里，我还是那个说话有威信力的班长，他还是那个聪明的学习委员。快乐的日子总是短暂的，很快就要高考了，我们一同填报同一个城市的大学。然而，我落榜了，我的日子变得灰暗，一个暑假闷在家里，我们虽然见了几面，但我都没有话说，因为这是我没有想到过的结局，我无法预知自己的未来。他上了大学，我开始了"高四"生涯。我也常常怀念我们一起度过的快乐时光，因为自卑，我没有勇气给他写信。而他也没有再联系我，甚至连电话也没有。我知道自己的心里是爱他的，但从来没有表达过。直到后来，他说："我以为你根本就没有注意我，你是美丽的公主，而我不过是平凡的人。"这时，我才明白，因为年轻，我们已经错过。

分析： 这是一段没有开始就已经结束的恋情。她在其中陶醉、感受着，却一直没有表达。爱首先是自我成长，是一个人心智的成熟，两颗成熟的心碰撞才能撞出幸福的爱。爱也是能力，一种爱自己和爱他人的能力，是相互接纳、相互包容、相互理解、相互尊重。案例中的女生将所有的感受都珍藏在自己心中，不让对方觉察，遗憾地错过了一段美好的恋情。

（六）自我与他人——建立良好的人际关系

人是社会性动物，每个人都是错综复杂的社会关系网络中的一个节点，每个成长中的大学生都希望自己生活在良好的人际关系氛围中。的确，健康的人际关系可以为我们提供丰富的社会支持资源，特别是在危机状态下，社会支持资源可以帮助我们有效地应对危机，获得成长。而心理危机往往与缺乏相应社会支持资源有关。因此，如何与别人保持良好的人际关系，是值得大学生学习与思考的。良好的人际关系背后是一个人开阔的心胸。人当有容人之量，能够设身处地与人真诚交往，能够换位思考，具有同情心，良好的人际关系自然就会形成。自我心理开放度是人际交往中非常重要的一点，在人际交往中首先要不吝惜你的付出，当你向别人敞开心扉时，才会有人走近你。

案例： 人际关系是我最大的苦恼。我也不知道是自己的性格所致还是其他的原因，同班同学尤其是和我不熟的同学对我的评价是又冷又傲。但我觉得自己是很平易近人的，而且我对别人的友好也是发自内心的，从没有耍过小心眼，但为何我的真情大家总是不懂？在入党人选的推荐中，我的成绩在班级排第一，所以拥有参选资格，但因为在同学的投票选举中差3票没过，所以失去了机会。在今年评优中，我的成绩班级排第二，发展素质综评年级第一，但在民主测评中我得分很低，又失去了评选校级优秀学生的机会。因为这些，我一度陷入痛苦和失落中，当时有很多关心我的朋友和老师开导我，让我用平和的心态来对待这些，不要患得患失，从自己身上找不足。我知道自己肯定有不足，但我也深深体会到人际交往的不易，我如何才能赢得大家的信任呢？

分析： 在小组辅导中，班级同学说她与大家有距离感，只顾自己的学习与发展，而在与同学交往方面几乎不投入精力，大家对她不是不认可，而是不了解，大家不能把信任放在一个并不了解的人身上。看得出，这位优秀学生并没有关注同学对她的感觉并主动与同学交往，她将自己所有的时间都用在发展自我上，比如忙于参加各种社团活动中，在宿舍待的时间很短，与同学们交谈很少，真正的沟通与交流就更少了。因此，学生干部和优秀学生，尤其要关注与同学的关系，用心与大家沟通交流，才能建立良好的人际关系。

(七) 做情绪的主人——情绪管理

大学生正处于生理、心理及思想变化时期,心理状态及情绪容易动荡不安,缺乏社会生活的磨炼,情绪控制力较低。不良情绪会妨碍人的身心健康,并且极易产生过激行为。因此,大学生应了解情绪的类型及发生机制,明确情绪对日常生活和身心健康的影响,反省自己的情绪表现,学会自我情绪调节和管理的技巧,保持良好、健康的情绪状态。大学生要根据自己的实际情况,寻找适合自己的情绪调节方法,防止不良情绪的蔓延,为自己创造良好的心理空间。

案例: 我是一个情绪波动非常大的人,高兴时兴高采烈,悲伤时悲痛欲绝,更麻烦的是,我总不能控制自己的情绪,常常无缘无故地将脾气发到同学身上,有时甚至是自己特别亲近的朋友。每当发完脾气我就非常后悔,可下一次还是不能很好地控制自己,我也不知道该怎么办。

分析: 这是一名情绪型的学生。我们从一个具体事例入手对该同学进行了心理辅导,如同学在午休时间接电话,他对同学发脾气,心理老师和他一同回忆他自己当时的情绪反应,探讨情绪化背后的心理原因。通过分析,事情逐渐变得明朗:在家里他是长子,备受关注,他的每种情绪反应都能得到积极回应,因为脾气大,家里人都很迁就他。进入大学,第一次住校独立生活,由于脾气大,同学们不愿意与他交往,更不用说成为朋友。他开始进行反思,明白很多时候发脾气是非理性的行为,逐渐认识到自己这种情绪的害处,并进行积极的管理。

(八) 做真正的人——树立正确的人生观、价值观

人生观是对人生目的和意义的总的看法和根本态度,它主要解决人为什么活着、怎样活着等人生目的和价值的问题。价值观是个体以自身需要为尺度,对各种事物和现象的价值进行认识和评价时所持的基本观点。大学生人生观和价值观主体上是积极向上的,然而受多元文化和价值观的影响,很多大学生变得茫然甚至迷失,表现出不知所措、内心空虚、随波逐流、缺乏动力与追求、沉溺于网络等。人生观和价值观错位导致的极端个人主义、利己主义和功利主义的蔓延,使恶性危机如自伤和伤人事件发生的数量呈上升趋势。

第三节 直视骄阳
——生命的意义与超越

我们每一个人在生命进程中的每一个阶段可能会有完全不同的处境。身处顺境时,一路春风,就容易自我陶醉;身处逆境时,则垂头丧气,自暴自弃。殊不知,好花不常开,好景不常在。人活一世,即便不是多灾多难、险象环生,也不会总是一帆风顺,顺境与逆境会交替出现在人生的各个不同阶段。不论是顺境也好,逆境也罢,一定要珍惜生命,积极把握自己人生的航向。

一、何为生命

(一) 什么是生命

《辞海》中对"生命"一词的解释是:由高分子的核酸蛋白体和其他物质组成的生物体所具有的特有现象。与非生物不同,生物能利用外界的物质形成自己的身体和繁衍后代,按照遗传的特点生长、发育、运动,在环境变化时常表现出适应环境的能力。

生命构成了世界存在的基础,世界正是因为有了生命才精彩。而在所有生命体中,人是所有生命现象中独特的存在。生命现象主要包括新陈代谢、生长、发育、遗传、变异、感应、运动等。

生长、发育和新陈代谢是生命的最基本的过程,是其他一切生命现象的基础。

(二)生命存在的形态

人的生命存在有生物性、精神性和社会性三种形态。

(1)生物性的存在。

人是生物性的存在,生物性是人生命的最基本的特性,是人的生命的社会性、精神性存在的基础和前提。人作为一个自然生理性的肉体生命而存在,人的生长和发展就必然要服从生物界的法则和规律。所以,衣食住行、吃喝拉撒、生老病死是每一个人都具有的,也是每一个人无法逃避的。

(2)精神性的存在。

人之所以为人,就在于人活着不仅仅是为了满足自己的生理需求,还要追求超越生物性存在的精神性存在。人要规划自己的人生,创造自己的价值,指导和提升生物性的存在。正是有了生命的精神性的存在,才使人的生命有了人文意义和价值,有了理性的意蕴和道德的升华。

(3)社会性的存在。

每个人要想生存下去,就必须参与和融入社会活动中,在与人的沟通、交往和互动中延续自己的生命,追求自己生命的意义,实现自己生命的价值。正是这种社会性存在使人能够面对千差万别、千变万化的社会生活,能够使自己有一种生命的智慧和坚定的信念,使人能以一种豁达的胸怀和安然的态度面对有生有死、有爱有恨、有聚有散、有得有失的有限人生和无奈命运。

(三)生命的特征

(1)生命的完整性。

人的生命是一个复杂、矛盾的有机体。它不仅包括自然生命,还包括后天形成的精神生命,它是理性的同时又是感性的,它是生理、心理、社会的综合体。生命是复杂的整体,有各方面的需要。但是,生命的各部分并不是独自存在,相反,它们共同存在一个生命体内,生命体以完整的形式共同活动,生命的各个部分相互影响、共同发展。生命的完整性还表现在生命是一种"绵延",是一个过程。我们不可能说此时的生命、彼时的生命,生命是一个全程,而这一全程必定包含着昨天、今天和明天,生命的超越性使生命总是面向未来,而记忆与体验使生命总是挽留过去。生命不可能单独地分离出它的昨天、今天和明天,它是一个整体的过程,是一种融合的前进过程。

(2)生命的自主性。

人的生命具有开放性和不确定性,"自然没有做出关于他的最后决定,而是在某种程度上让他成为不确定的东西。因此,人必须独自地完善他自己"。面对这种不确定性,人的生活道路只能由人自己去筹划、去选择、去确立,人正是通过自主的活动,促成了自我的发展。所以,人的生命是自为存在,是自己创造的,因而也是自由的。任何压抑生命自主和自由的行为,必然违背生命的特性,是对生命的摧残。

(3)生命的超越性。

生命的超越性表现在生命主体的主观精神和表现主观精神的物质世界上,也就是说,最根本的超越方式主要是在两个层面上发生的:一是外在超越,二是内在超越。外在超越就是人对现实环境的改造,表现为人创造出更多东西彰显人的生命,通过改造现实环境,不断扩大人的生存空间等。内在超越是对自我的超越,主要是人在意识、精神范围内实现的超越,这种超越正体现了人的理想性、幻想性和自由性。人的超越性源于生命的有限性,正因为生命的有限,所以才促使人超越有限,追求无限。人生来是一种不完美的生物,博尔诺夫在《教育人类学》中指出,正是由于要通过较高的能力来弥补现存的缺陷,人成了"不断求新的生物",成了虽不完美,但因此而能不断使自己完美起来的生物。而人的这种不断超越自我的"较高的能力"来自人的精神,人的精神以思维、语言、文字为活动方式和表现形式,因此精神可以在一定程度上超越现实,独立、自由地活动,这就决定了精神所指向对象的多种可能性和无限性。人能够意识到自我,并能反思自我。当人们意识到自己生命的有限和当下生命的不完美时,就会支配自己的生命活动,使生命从不完美导向完美,从有限引向无限。正因如此,人的生命才可以不断地、最大限度地自我发展、自我完善、自我实现。

(4) 生命的独特性。

尼采认为,个人都有自己独特的生命风格。这就是说,具有独特风格的个体的存在本身就是它自己的证明。而个体生命的这种独特性是它自己存在的理由和根据。弗洛姆说:"人只有实现自己的个性,永远不把自己还原成一种抽象的、共同的名称,才能正视整个人类普遍的经验。人一生的任务恰恰是既要实现自己的个性,同时又要超越自己的个性,达到普遍的经验这样一个充满矛盾的任务。"正如世间没有两片完全相同的树叶,世界上也没有两个绝对完全相同的人,即便是孪生兄弟,相同的遗传基因也会因后天生活、环境、教育和实践活动的不同而有不同的发展,形成不同的个性。所以,在时间和空间的纵横扩展中,每个人都以其独立的个性存在着,都是作为无可替代的独立个性存在着。人正是在这种既实现自己的个体生命,又超越自己的个体生命的过程中而不断地走向成长、走向发展、走向完善的。

(5) 生命的不可逆性。

从胚胎起,生命便一直生长、发育,以迄衰亡。它绝不会时间逆流、返老还童。

(6) 生命的不可再生性。

生命对任何人来说都只有一次。世间常说,"人死不得复生",便道出了这个真理。

(7) 生命的创造性。

生命的意义与价值并不在于复制同样的生命体,其意义在于创造属于人的甚至超越人的生命的价值。如果人只因循着固有的法则,则将永远无法逾越人所自限的生命法则,人也将自困于人所自限的生命法则。因此,生命的价值,在于能突破生命的框限,从有限走向无限,从刹那走向永恒,将生命置于更高的境界。而所谓的创造性,则在于摆脱制式的思考法则,使自己可以自由地、毫无拘束地创新。就生命的本质而言,自由的目的,就在选择符合生命本质的事物,因此,自由的真正诠释不是无所拘束或为所欲为,而是在维护生命尊严与价值的前提下的有所为,由于生命所拥有的特质中就含有超越自己的能力,而超越自己,本就是生命的特性之一。

(四) 生命的意义

生命的意义是关于生命的积极思考,是个人正在努力实现的自己给予高度评价的生命目标。具体来说,包括个人存在的意义,寻求和确定有价值的目标,并去接近这些目标。

人与动物的最大不同就在于人会寻找生命的意义,人会问:为什么?我是谁?自己有何价值?人生的意义是什么?

赫塞说过:生命究竟有没有意义,并非我的责任,但是怎样安排此生却是我的责任。因此,人生最珍贵的宝藏是自己,人生的最大事业是经营自己,人生最大价值与生命的意义就是追求不断的自我发展与成长。

(1) 永不放弃生的希望。

早上,一个伐木工人照常去森林里伐木。他用电锯将一棵粗大的松树锯倒时,树干反弹重重地压在他的腿上。剧烈的疼痛使他觉得眼前一片漆黑。此时,他只知道,自己首先要做的是保持清醒。他试图把腿抽出来,可办不到。于是,他拿起手边的斧子狠命地朝树干砍去,砍了三四下后,斧柄断了。他又拿起电锯开始锯树。但是,他很快发现:倒下的松树呈45度角,巨大的压力随时会把电锯条卡住;如果电锯出了故障,这里又人迹罕至,别无他路。他狠了狠心,拿起电锯对准自己的右腿,自行截肢……伐木工人把腿简单地包扎了一下,决定爬回去。一路上,他忍着剧痛,一寸一寸地爬,一次次地昏迷过去,又一次次地苏醒过来,心中只有一个念头:一定要活着回去。

当人们意识到死神正一步步向自己走来,最先垮下来的或许就是精神。但伐木工没有表现出恐慌,他展现给人们的是一个对生命充满希望的个体形象。

（2）认识自我的潜能。

一个农民看到儿子开的那辆轻型卡车突然间翻到了水沟里,他大为惊慌,急忙跑到出事地点。当他看到水沟里有水,儿子被压在车下面,只有头露出水面时,他毫不犹豫地跳进水沟,双手伸到车下,把车抬了起来。另一位跑来救助的工人帮他把失去知觉的儿子从下面拽了出来。当地医生很快赶来了,经检查,发现农民的儿子只划破一点皮,没有其他损伤。此时,这个农民觉得奇怪了,刚才抬车时根本没想自己是否能抬得动,由于好奇,他又去试了一下,这次却根本抬不动那辆车了。

生命能够承受多大的重量,生命有着怎样的韧性,我们想过吗？

生命是坚强的,它能够在死神面前毫无惧色,依然灿烂；但它又是脆弱的,脆弱得可能在一瞬间就消失了。生命或者说命运,对每个人都是公平的,关键看你如何面对。我们要善待别人,善待自己,珍爱所拥有的一切。

（3）生命的向往。

一个贫穷的牧羊人领着两个孩子放羊,弟弟望着天上飞过的大雁说："我们要是像大雁会飞就好了,就可以飞到天堂看妈妈啦。"父亲说："只要想飞,就能飞上天！"弟弟学大雁飞,没有飞起来,哥哥也试了试,没有飞起来。父亲为了鼓励两个孩子,也试着飞了几次,结果同样也没有飞起来。父亲说："我老了,你们还小,将来经过努力,你们一定能飞起来！"后来,经过努力,他们果然飞上了蓝天,他们就是——美国的莱特兄弟。

我们总是在河的此岸观望彼岸,在现在观望未来。所有向往是美好的,代表着对生命的希望。身处黑暗中,希望是一盏灯,能指引你走出生命的隧道。

（4）超越生命。

一次地震后,一位父亲失去了他所有的亲人,于是,这位父亲加入了抗震救灾的队伍。每次,只要听见地下有声音,他就会跑过去,不论情况有多么危险,他都会去救。许多人说他是因为失去了亲人,控制不了情绪,想去死。但是事实上,他这样做是在与死亡做斗争,每当他救活一个人,他就打败了死神,让更多的人活了下来。

树,砍断了枝条又能再生；草,烧了又能再长,只要它们的根还存在。小小的植物也包含强烈生命力,那我们还有什么理由去浪费生命、虚度年华呢？

二、珍惜生命,与爱同行

生命只有一次,它的诞生交织着无尽的奥妙与不易,而它的存续,则彰显着不凡和美好。生命的每一个瞬间都充满了诱惑的音节,无论陌生或是熟识,无论是刻意还是偶然,无论伟大或是渺小,无论富有还是贫穷,无论在任何角落,只要你用心聆听生命的音符,它就会以无尽的美好回馈于你。要让我们的生命力旺盛、长久、具有建设性,我们就必须拥有自己的生命智慧——关于如何面对生与死的智慧。

（1）生命不可重复,转瞬即逝。

每个人都不可能拥有两次生命,我们必须辩证地看待生死。一个人即使很有头脑,很有本领,但是他最重要的事情,还是把自己拥有的这一生过好。生命就像一个大舞台,当我们登场时,就尽量将角色演好,当到了我们演出结束的时候,就该高高兴兴地走下舞台,让新的演员登场,好好地活,一辈子就已足够。

（2）忽略生命中的不完美。

在一个人的一生当中,重要的生命课题就是学会爱惜自己,先学习爱惜与欣赏自己,然后再去接纳和容忍一切不完美的事情,才能培养爱护与尊重生命的意识。如何爱惜与欣赏自己？一个人应该持有宽广与包容的胸怀,学会接纳与顺应先天发育上的许多限制,明白自己是先天遗传与后天努力共同造就的产物,要先接受自己的外表,才可能进一步反思、改变自己的价值观,完成自我超越。

生活中,我们要时刻提醒自己不要贪婪地追求不切实际的东西,要接受做事情过程中的小缺憾,不能因为完成得不好就全盘放弃,即使生活没有满足我们的完美愿望,也要相信生活本来就是这样的,没有必要责怪生活,该责怪的是我们对生活的片面认识。要明白真实的世界是不完美的世界。在敢于应对挑战的人那里,真实的世界恰恰是一个多姿多彩的世界,总能找到希望。

(3) 掌握生命理念,把握成功。

追求成功是人们自我价值的体现,一些杰出的人之所以能取得成功,是因为他们用生命的理念武装自己,他们总是用尽全力过好每一天,把自己唯一的生命安排得井井有条,最终获得成功。

(4) 正视死,重视生。

正如一位大师所言:我们越拖延对死亡的正视,就越对它感到无知、恐惧和不安。我们越想逃避那种恐惧,它就会变得越可怕。根据弗洛伊德的理论,人有趋乐避苦的天性。因此,对于能够唤起痛苦的东西,人们总是不想去面对,但是,许多问题,越是不去面对,在潜意识中对人的伤害反而越深。

(5) 用责任唤醒自己。

我们面对逆境、承受不幸时,都会产生绝望的情绪,这个时候我们要想想从我们出生那一刻起,生命里就承载了家人对我们的无限期望,所以我们的生命不仅仅是属于我们自己,还属于家人和社会。当你有极端的念头的时候,请你想想身边的亲人和朋友吧,尤其是你的家人和父母,他们在任何时候都用他们的方式爱你、呵护你,你是他们心里的宝贝。要提醒自己,作为父母的孩子,你是否尽到了为人子女的责任,作为社会的人,你是否尽到了服务大众的义务,想想那没有完成的责任,它往往能够把你从绝望中拯救出来。

(6) 学会寻求帮助。

有人选择逃避等不理智行为,是由于过于内向和拘谨,将自己的心扉紧闭,但凭自己个人的能力,不能应付一些问题,反而会被这些问题压垮,而事后往往会非常后悔自己当初的做法,因为他忽略了朋友、亲人都是自己的支持资源。觉得自己撑不下去的时候,我们就要学会向他人请求支持。不要太要强,不要觉得这样做是脆弱与无能的表现,任何一个人都有脆弱的一刻,这并不丢脸。你这样做,恰恰是证明了你的勇敢和成熟。

除此之外,心理咨询机构也是一种很重要的社会支持资源,也可以给我们提供支持和帮助。在遇到困难的时候,我们善于利用周围人的支持,通过和朋友亲人交流能让我们获得温暖,获得解决困难的勇气和力量。

第四节　带你走进心灵港湾
——江西财经大学心理危机干预工作

一、江西财经大学心理健康教育与咨询中心简介

江西财经大学心理健康教育工作始于20世纪90年代末期,最初是在学校离退休人员工作处的倡议下由关心下一代工作委员会(以下简称关工委)发起,由关工委及校医院的同志担任学校心理咨询的工作。2002年,学校党委发文,设立心理咨询室,并挂靠人文学院。2004年,心理健康教育与咨询中心正式在人文学院揭牌。2008年9月,心理健康教育与咨询中心从人文学院独立出来,并挂靠学工处思政科。2009年12月,学校党委发文成立"心理健康教育与咨询中心"(以下简称中心),中心为校二级机构,正处级建制,挂靠学工处。中心曾先后获评全国大学生心理健康教育工作优秀机构、全省高校心理健康教育与咨询工作评估优秀学校、江西省高校心理健康教育与咨询示范中心、校巾帼标兵岗等。

目前,江西财经大学心理健康教育与咨询中心已有专、兼职心理咨询师23名,拥有多间个体心理咨询室和团体心理辅导室,同时配备了宣泄室、箱庭治疗室及音乐放松室。多年来,江西财经大学的心理健康教育工作经历了由自发到有组织、由兼职到专职、由简单运作到制度化开展工作的历程。最近几年,中心在同学当中产生了很好的影响,每年来咨询室寻求帮助的学生在千人次左右,学生已经把心理咨询当作一件非常正常和有意义的事情看待。

在实践过程中,江西财经大学心理健康教育摸索出"四位一体,十队同行"的心理健康教育模式,从整体上提高大学生心理素质;建立"五级预警"干预系统,预防大学生心理危机;设立"点线面"三级结合的工作机制,保障心理健康教育的有序开展;开创"四大特色"活动,进一步倡导健康理念;拥有"一报一网一社团",全面宣传及普及心理健康知识,以"重在预防、立足教育"为宗旨,以提高学生心理素质为重点,创新工作方式,打造"五心"工程,逐步形成了一系列有特色、有创新的工作方法,助力学生健康成长。

二、工作媒体简介

(一)《心海导航报》

这是一份由中心主办的报纸,中心成立了《心海导航报》编辑部,编辑部负责文章的编辑和报纸的排版。编辑部每年从新生中招募编辑,欢迎新生同学加入这个队伍。《心海导航报》的内容,既有心理咨询中心的动态新闻,也有江西财经大学大学生心理康促进协会(以下简称校心协)及各学院心协的活动纪实。报纸还考虑到了广大学生的需求,开设了专版刊登同学们的文章,不管是散文、诗歌、小小说,还是杂文,只要是能给大家带来启发、有积极向上意义的文章,都会择优刊登,并颁发稿件录用证明。同时,报纸还会针对时事热点,以及大学生心理发展等方面相关问题,刊登心理老师的点评文章及各种带有指导教育意义的心理文章。

(二)心灵花园网站

网站的版块内容丰富,既有实时的新闻报道,也有许多专业知识的版块,如中心动态、心理协会、心理科普、心理咨询、活动拓展、心海导航等,内容充实,功能齐全,致力于与广大同学共同学习共同成长。(网址:http://stuaff.jxufe.edu.cn)

(三)"酱菜校心协"公众号

公众号里面的内容形式多样,有特色活动、中心师资、心理校园、预约指南、学院风采、朋辈倾听等版块,不仅丰富了学生的心理知识,还为同学提供了网络预约指南。

(四)江财心理自助QQ群

考虑到有些同学不愿意直接面对咨询师,中心搭建了江财心理自助QQ群,咨询师24小时在线帮助同学们解决在学习和生活上遇到的各种心理困扰,及时处学生遇到的心理危机,守护学生心理健康和生命安全底线。

三、心理咨询内容简介

大学时期是学生学习和发展个人潜能的大好时机,也是学生健康成长、完善自我的黄金时期。心理健康是大学生学习和生活的基础,在我们的生活中难免会碰到各种危机和困扰,当你受到委屈、心情烦躁、人际失和、考试不佳、学习出现问题的时候,欢迎你走进心理健康教育与咨询中心,这里将成为你战胜心理困扰、走出心理误区、找回失去的快乐的心灵家园。

中心有经验丰富的心理学专业的教师和心理咨询师,他们会倾注自己的爱心和热情来帮助你,无条件地倾听你的诉说、保守你的秘密,帮你早日摆脱心灵的困扰。

服务范围:心理测验、自我认识、人际交往、情绪管理、学习辅导、生涯发展、团体训练、恋爱与性心理、择业心理、环境适应、心理疾病排查等。

服务宗旨:倾听你的心声,分担您的烦恼,助您健康成长。

四、心理咨询的步骤

(一)第一步:预约时间和老师

学生咨询前需先进行网络预约,通过电脑或手机浏览器访问江西财经大学主页的"智慧江财"进行登录,登录后搜索心理健康平台并进行预约。如有预约困难,可以关注"酱菜校心协"公众号,进入"心理校园",找到预约方法。

(二)第二步:准时赴约

咨询时间确定后,请你准时赴约。准时赴约不仅是对咨询老师尊重的表现,也是你认真对待自己的标志,是咨询老师判断你是否适合接受心理咨询的评价指标之一。

一般而言,一次心理咨询的时间为50~60分钟。即使你迟到了,咨询老师也不会轻易延长咨询时间。当然,你也不必到得太早,即使你提前到达,咨询也将在约定的时间开始。通常在约定的时间之前10分钟左右到达比较合适。

因为每次咨询的时间有限制,所以最好先想好开头说什么。咨询时开门见山,几句话就进入主题。不要顾虑重重,说话拐弯抹角,尽量做到有问必答,以便咨询老师准确分析、判断你的问题。

(三)第三步:敞开心扉,自助成长

在咨询过程中,把心理老师看作一个特别亲密的朋友,尽可能反映自己的真实情况,不要虚假陈述,比如修改事情的真实经过、掩饰自己的真实感受等,这将会妨碍咨询老师对你的问题做出准确的判断。

不必担心咨询老师会泄密,我们会尊重您的隐私权,对你所说的内容予以绝对保密。因此,面对心理老师,应尽可能地敞开心扉,真实地陈述自己的问题。

(四)第四步:坚持咨询

不要希望一次咨询就"根治"问题。心理问题不是一夜形成的,它的解决也往往需要一个过程,那种希望"一点通""仙人指路"的走捷径想法是不现实的。心理老师布置给你的"家庭作业"或提出的建议,你要认真去做,才能达到咨询的效果。如果心理老师建议你接受长期咨询,请你务必坚持接受咨询,不能半途而废。

五、学校心理危机干预流程

中心接到心理危机学生的求助后,由学院填写心理危机学生反馈表,咨询师通过约谈,对心理危机学生进行初步评估,开具高危学生情况告知单或学生转介医院通知单,为学生到医院看病开通绿色通道。同时学院要联合家长签订家校安全协议书,中心安排专人定期回访高危学生。危机干预流程如图12-1所示。

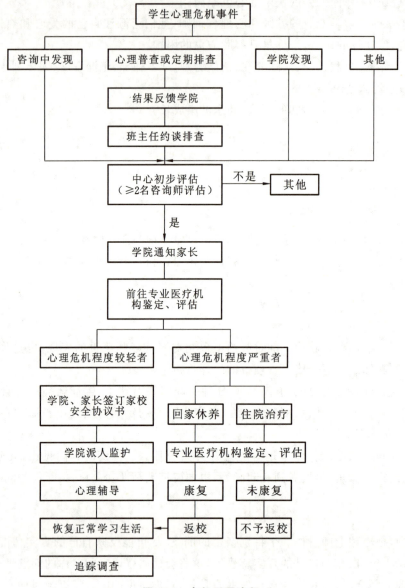

图 12-1 危机干预流程

六、校心协简介

校心协始建于 2002 年。在校党委、校学工处的关怀和心理咨询中心老师的指导下,它是以宣传和普及心理健康知识,提高学生心理素质,服务同学,创造美好人生为宗旨的学生社团,是江西财经大学最具影响力的社团之一,是江西财经大学五级心理健康保健网络之一、"十佳社团"之一。

心协宗旨:放飞心声,传递梦想,真诚沟通,助人自助。

心协主要职责:面向全校学生开展心理知识教育和宣传普及活动。

心协直接归属学校心理咨询中心指导,具体工作脉络如下:心理咨询中心—校心协—各学院心协—各班心理委员。

校心协现设有办公室、编辑部、宣传部、活动部、素拓部共五个部门,以《心海导航报》、心理花园网站为主要宣传阵地,以大型心理活动为核心手段,坚持每月例会制度,保质保量完成《心海导航报》定期发行;定期开展不同风格的心理活动,如 3 月 25 日的"寝室文化艺术节"、5 月 25 日"我爱我"心理健康宣传周、"心理素质拓展大赛"、"团体心理辅导"、"朋辈倾听支持"等经典活动。

近年来,心协成功举办了多届"校园心理情景剧大赛""十佳心理委员大赛""心理健康形象大使大赛""心理微电影""心理微视频"等大型活动,为学校心理健康工作做出了重大贡献,多次被评为江西财经大学"优秀社团""最具魅力社团",给我校社团活动注入了"心"活力和生机,在众多社团中树立了典范!

七、特色心理健康教育活动简介

(一)校园心理情景剧大赛

自2007年以来,在心理咨询中心的指导下已成功举办多届校园心理情景剧大赛。大赛以班级为单位出演节目,采用心理情景剧这种表演方式鼓励学生参与活动,在参与中体验人生、感悟真理。演员是观众,观众也是演员,通过舞台演出自己的故事,释放自己,给人启发,从而达到提高心理素质的效果。(参与方式:班级表演、学院比赛、全校总决赛;参与时间:每年10月至次年5月)

(二)团体心理辅导

团体心理辅导是一种在团体的情境下协助个体开发心理潜能或解决心理障碍的心理辅导方式。通常包括一两名领导者和多名团体成员,由几次或十几次团体聚会或活动组成。在团体活动中,领导者根据团体成员问题的相似性,通过团体内的人际互动,引导成员共同讨论大家关心的问题,彼此启发反馈,相互支持鼓励,增进成员对自己的了解和接纳,增进成员对他人心理的认识,促使成员调整和改善与他人的人际关系,学习新的良好行为方式,提高成员的社会适应性和促进成员的人格成长。(参与方式:参与一期约需两个月时间,主动报名,自愿参与;参与时间:每学期举办四期,欲报名参加的同学请关注"酱菜校心协"公众号)

(三)心理素质拓展大赛

2011年江西财经大学承办了江西省的心理素质拓展大赛,2012年举办了学校首届大学生心理素质拓展大赛。这种带有趣味性的比赛深受同学们的喜爱,它不仅可以锻炼心理素质,更可以凝聚人心,打造团队,让比赛的成员之间倍感亲切,培养了彼此间深厚的友谊。比赛以学院为单位,每学年举办一期,10人为一个队伍,比赛一般设6个项目,从袋鼠跳、七人八足、有轨电车、空中接龙、穿越电网、翻越毕业墙、不倒森林、鼓舞飞扬等项目中选择。

(四)十佳心理委员大赛

通过大赛选拔出形象气质俱佳、口才较好、有特长、对心理学有一定认识和了解的学生作为心理健康教育的后备力量。同时让他们将在比赛中收获的知识、感悟的精神和积极生活的理念辐射到寝室、班级、院系,带到生活中影响周围的人。

其次,通过竞赛的形式,丰富选手的心理学知识,锻炼选手的心理素质,同时使组织者与观摩者也从比赛中受益,进而使更多江财学子对心理学有更深的了解。

因为坚持,所以我们期待;因为专业,所以我们发展。一路走来,江西财经大学心理健康教育与咨询中心经历风风雨雨、喜怒哀乐,在喜悦和汗水中成长。关注、期待的目光会让我们坚持下去、不断努力,愿我们能成为大家的心灵家园,愿我们在校的大学生过得更加健康和快乐。

心理广角

独木桥的走法

弗洛姆是美国一位著名的心理学家。一天,几个学生向他请教:心态对一个人会产生什么样的影响?他微微一笑,什么也不说,就把他们带到一间黑暗的房子里。在他的引导下,学生们很快就穿过了这间伸手不见五指的神秘房间。接着,弗洛姆打开房间里的一盏灯,在这昏黄如烛的灯光下,学生们才看清楚房间的布置,不禁吓出了一身冷汗。原来,这间房子的地面就是一个很深很大的水池,池子里蠕动着各种毒蛇,包括一条大蟒蛇和三条眼镜蛇,有好几只毒蛇正高高地昂着头,朝他们"滋滋"地吐着信子。就在这蛇池的上方,搭着一座很窄的木桥,他们刚才就是从这座木桥上走过来的。弗洛姆看着他们,问:"现在,你们还愿意再次走过这座桥吗?"大家你看看我,我看看你,都不作声。过了片刻,终于有3个学生犹犹豫豫地站了出来。其中一个学生一上去,就异常小心地挪动着双脚,速度比第一次慢了好多倍;另一个学生战战兢兢地踩在小木桥上,身子不由自主地颤抖着,才走到一半,就挺不住了;第三个学生干脆弯下身来,慢慢地趴在小桥上爬了过去。"啪",弗洛姆又打开了房内另外几盏灯,强烈的灯光一下子把整个房间照耀得如同白昼。学生们揉揉眼睛再仔细看,才发现在小木桥的下方装着一道安全网,只是因为网线的颜色极暗淡,他们刚才都没有看出来。弗洛姆大声地问:"你们当中还有谁愿意现在就通过这座小桥?"学生们没有作声,弗洛姆接着问:"你们为什么不愿意呢?"学生心有余悸地反问:"这张安全网的质量可靠吗?"弗洛姆笑了:"我可以解答你们的疑问了。这座桥本来不难走,可是桥下的毒蛇对你们造成了心理威慑。于是,你们就失去了平静的心态,乱了方寸,慌了手脚,表现出各种程度的胆怯——心态对行为当然是有影响的啊。"

其实人生又何尝不是如此呢?我们在面对各种挑战时,也不是没有把整个局势分析透彻,而是把困难看得太清楚、分析得太透彻、考虑得太详尽,才会被困难吓倒,举步维艰。倒是那些没把困难完全看清楚的人,更能够勇往直前。如果我们在通过人生的独木桥时,能够忘记背景,忽略险恶,专心走好自己脚下的路,我们也许能更快地到达目的地。

反思体验

1. 什么是心理危机?心理危机中个体的反应包括哪些?
2. 结合自己的实际情况,谈谈当代大学生如何应对心理危机?
3. 如果你身边的人有轻生的想法,你会怎样帮助他?

心理测验

耐力测试

从一个人应对危机和压力的耐力可以看出其处理危机的能力,你的耐力如何呢?请测一测。

1. 碰到令人担心的事

   A. 无法着手工作　　　　　　　B. 照干不误　　　　　　　C. 二者之间

2. 碰到讨厌的对象时

   A. 感情用事,无法应对　　　　B. 控制感情,应付自如　　　C. 二者之间

3. 失败时
A. 再不想干　　　　　　　　B. 努力寻找成功的机会　　　　C. 二者之间

4. 学习进展不顺利时
A. 焦躁万分,无法思考　　　　B. 可以冷静地想办法　　　　　C. 二者之间

5. 学习中感到疲劳时
A. 脑子不好使了　　　　　　B. 能够继续坚持　　　　　　　C. 二者之间

6. 学习条件恶劣时
A. 无法学习　　　　　　　　B. 克服困难、创造条件　　　　C. 二者之间

7. 感到绝望时
A. 不想再干工作了　　　　　B. 能够振奋精神　　　　　　　C. 二者之间

8. 碰到难题时
A. 失去信心　　　　　　　　B. 开动脑筋　　　　　　　　　C. 二者之间

9. 接受很难完成的任务时
A. 顶回去　　　　　　　　　B. 千方百计干好　　　　　　　C. 二者之间

10. 困难落到自己头上时
A. 嫌恶之极　　　　　　　　B. 努力克服　　　　　　　　　C. 二者之间

计分规则及结果解释如下:选 A 计 0 分,选 B 计 2 分,选 C 计 1 分,统计总分。

总分 17 分以上,说明你有较强的耐冲击能力。

总分 7～16 分,说明你对某些特定的应激源抵抗力水平薄弱,需要再努力锻炼,提高抗冲击能力。

总分 7 分以下,说明你对应激源的耐冲击能力差,当前压力水平高。如果自觉无法应对,就需要寻求亲人、老师、同学、朋友的支持。

第十三章　拥抱生命，体验幸福
——走进积极心理学

案例导读

有这么一则故事，某个人生前善良且热心助人，所以他在死后，升上天堂，做了天使。他当了天使后，仍时常到凡间帮助人，希望感受到幸福的味道。一日，他遇见一个农夫，农夫的样子非常苦恼，他向天使诉说："我家的水牛刚死了，没它帮忙犁田，我怎么下田作业呢？"于是天使赐他一头健壮的水牛，农夫很高兴，天使在他身上感受到了幸福的味道。又一日，他遇见一个男人，男人非常沮丧，他向天使诉说："我的钱被骗光了，没盘缠回乡。"于是天使给他银两做路费，男人很高兴，天使在他身上又感受到了幸福的味道。又一日，他遇见一个诗人，诗人年轻、英俊、有才华且富有，妻子貌美而温柔，但他过得不快活。天使问他："你不快乐吗？我能帮你吗？"诗人对天使说："我什么都有，但只欠一样东西，你能够给我吗？"天使回答说："可以，你要什么我都可以给你。"诗人直直地望着天使："我要的是幸福。"这下子把天使难倒了，天使想了想，说："我明白了"。然后天使把诗人所拥有的都拿走了。天使拿走诗人的才华，毁去他的容貌，夺去他的财产和他妻子的性命。天使做完这些事后，便离去了。一个月后，天使再回到诗人的身边，他那时饿得半死，衣衫褴褛地躺在地上挣扎。于是，天使把他的一切还给他。然后，又离去了。半个月后，天使再去看看诗人。这次，诗人搂着妻子，不停地向天使道谢。因为，他体会到幸福了。

心理分析

究竟什么是幸福，目前为止还没有定论。每个人由于生活环境、文化教育水平以及社会影响的不同，对幸福观的理解和认识也各有不同。但是这并不妨碍我们将幸福作为生活追求的最高目标。如果被问到幸福对你来说意味着什么，很多人会不由自主地想，幸福意味着有一个理想的工作、很好的薪水、幸福的家庭、很多朋友等。正如我们在案例中讲的那样，得到曾经失去的东西，其实也是一种幸福。

学习要点

1. 了解什么是幸福，如何培养幸福感。
2. 了解什么是乐观、什么是希望，如何提升乐观。
3. 了解感恩和宽容的定义，以及如何提升宽容水平。

关 键 词

幸福　乐观　希望　感恩　宽容

第一节　积极的情感
——何谓幸福？

一、什么是幸福

积极心理学运动兴起之后,"幸福"逐渐进入心理学家关注的范围。研究者发现,"幸福是什么"这一问题对每个人来说都有不同的答案。有些人觉得幸福就是兴高采烈、开开心心,另一些人觉得幸福代表着平静和安宁。苏格拉底认为,真正的幸福并非发生于外部,而是根源于内部的知识与道德。雨果却认为,人生至高的幸福,便是感到自己有人爱。马克思在谈到幸福时,用了"斗争"一词。

由于这些分歧的存在,心理学家最终决定以个体的主观判断为标准来界定幸福,即幸福就是评价者根据自己的标准对其生活质量进行的综合评价。这一观点得到了大多数人的普遍认同,并将其定义为"主观幸福感"(subjective well-being,简称 SWB)。

美国心理学家塞利格曼提出了一个幸福的公式：

$$总幸福指数 = 先天的遗传素质 + 后天的环境 + 你能主动控制的心理力量$$

总幸福指数是指较为稳定的幸福感,不同于暂时的快乐和幸福。生活中我们经常会有暂时的快乐,如看了一部喜剧电影,或者吃了一顿美食,但这种暂时的快感不是我们所说的幸福感。我们所说的幸福感是指令你感到持续的、稳定的幸福的感觉,主要包括你对现实生活的总体满意度和你对自己生命质量的评价,是指你对自己生存状态的全面肯定。比如,你认为你自己感到"非常幸福",这实际上是与其他人相比,你感觉非常幸福。一个人的总体幸福取决于三个因素：先天的遗传素质、后天的环境、个人能主动控制的心理力量。

二、幸福感的来源

(一) 健康与幸福

有人把健康比作 1,而把其他事物如财富、成功、名誉、爱情、美貌等都比作 0,只有 1 存在时,其他的加上去,才会成为 10、100、1000……但如果没有健康,其他的获得再多,也还只是 0。

人类的幸福只有在身心健康的基础上才能建立起来。如果你此刻正卧病在床,是不可能觉得自己很幸福的。

随着我们对自身认识的增加,我们愈加感受到,我们的身心并不是两个互相分离、相互独立的系统,而是不可分割的相互作用的统一整体。当生活的压力过大时,我们心理的负荷就会达到一种临界水平,我们不但要承受心理的压力,还会产生身体上的疾病。所以可以说,我们生活得越幸福,我们就会越健康,而与此相反,我们生活得越不幸福,我们也就越有可能患上疾病。

在成功学盛行的今天,年轻人都认为自己处于精力充沛、拼命赚钱的好时光,所以终日生活在忙碌之中。生活品质都不是很高,结果健康出现问题,不得不放弃工作和生活。

"人生所拥有的健康远胜于黄金,因为强健的体魄是超越一切的财富。"健康是幸福的基石,是一切生活目标的原点。如果没有健康,一切都黯然失色,生活乐趣全无,何谈幸福？

健康并不是一切,但是失去健康,就会失去一切。

(二) 金钱与幸福

人们评价一个人的幸福感时,最习惯用的一个指标就是——他有多少钱。但有钱就等于幸福吗？研究表明,"金钱等于幸福"无法得到证实,经济发展水平和社会幸福水平相关程度并不大。纵向地看,随着经济的发展,社会幸福水平并没有明显提高;横向地看,世界上人民自我感受最幸福的国家不见得都是收入水平最高的国家。丹麦人和荷兰人很幸福,波多黎各人和墨西哥人也一样地幸福。一些经济发达国家的社会幸福水平反而低于经济发展中国家。例如,日本的经济发展水平比菲律宾高很多,无论是政治环境还是在国际社会中的地位都要高很多,但大量研究都表明,菲律宾人可能普遍比日本人幸福。

不难看出,人们的主观幸福感并没有随着财富的增长而提升。一些百万富翁并不快乐,中彩票也不能使人长久地幸福,但同时,还存在一些"快乐的穷人"。有作家曾写道:"只要幸福住在里面,简陋的柴门又如何,朴素的茅屋又如何!幸福的笑容从没因身份的尊卑贵贱失去它明媚的光芒。我们跨越山川大漠,摸爬滚打追求的是幸福本身,而不是幸福座前的金樽、手中的宝杖。幸福比金子还珍贵,这是生活教会我的真理。"

这些结论似乎与我们头脑中已有的生活观念不大相符,因为当我们平时问大多数人:"没钱你能幸福吗?"几乎所有的人都是摇头或干脆笑笑不置可否。如果问:"什么最能改善你的生活质量?"绝大多数的人的回答是"金钱"。为什么会出现这种不一致?这主要是因为金钱在我们的日常生活中扮演了太重要的角色,尤其对于一般人来说,我们总是通过金钱这个中介来获得我们想要的东西,金钱在我们这个社会几乎具有一切物品的属性,这就使得金钱的作用被夸大了。但这并不是说金钱对我们的幸福就一点也没有影响,一般认为,金钱与主观幸福感之间存在一个确定的阈限。在这个阈限之内,金钱对主观幸福感的影响较大,如果超过这个阈限,金钱对主观幸福感就不会产生什么大的影响,或根本产生不了任何影响。

塞利格曼等心理学家从各个国家抽取了1000人的样本进行主观幸福感的调查,发现了人的幸福感与购买力的关系。

总体上说,国民经济总产值与幸福感存在正相关关系,人均收入越多,人们越幸福。但是,当人均总产值超过8000美元的时候,幸福感与经济的相关性就很微弱。富有的瑞典人比保加利亚人幸福,但是,生活在美国或者是意大利的人,则与瑞典人在幸福感上没有什么实质性差距。

但是也有一些经济收入与幸福感不相符合的情况,巴西人、阿根廷人的幸福感或生活满意度比根据其收入预期的要高出一些,俄罗斯和东欧国家的人的幸福感则比根据其实际的经济收入水平预期的要低一些。而幸福感与收入反差最大的是日本,其国民收入水平很高,但幸福感不太高。根据塞利格曼的观点,财富只在缺少时才对幸福有较大影响,一个特别贫穷的人不会感受到幸福,可当财富增加到一定水平后,财富与幸福的关联度也会变小。即便是福布斯排行榜中的前百名、身价125亿美元的富翁,也只是比中等收入的人稍微幸福一点而已。

那么世界上最贫穷的人的幸福感和生活满意度如何呢?调查表明,最贫穷的人的生活幸福感并不是特别低,他们的幸福感比中等收入的人只是稍微低一些。贫穷不一定会使人精神上感到痛苦,贫穷更是一种社会病。这是就业、教育和经济发展不平衡导致的,与心理不健康关系不大。

(三)成功与幸福

现代社会,人们都渴望成功、追求成功,理所当然地认为成功是人生最重要和直接的目标。许多人下意识地认为,成功和幸福的关系还不简单吗?成功了才有幸福,不成功的人哪有幸福感而言?这是一种不正确的看法。其实成功并不等于幸福。成功的人生不一定是幸福的人生,但是幸福的人生一定是成功的人生。

有些人付出了自己的体力、智慧和努力,他们如愿以偿地取得了成功,在外人眼中,这些人是十分值得羡慕的。但是事实上,其中很大一部分人表面上事业有成,内心却感到匮乏。有的在感情生活上不如意,与妻儿形同陌路;有的疾病缠身;有的连友谊、亲情也因为金钱而失去。他们内心痛苦,甚至不知道自己这样忙碌有何意义。于是在很多年之后,他们终于认识到,成功与幸福的关系并不像想象的那样密切。

所谓成功,是指实现了既定目标,实现了某种愿望。成功更多是从结果来定义的,比如,你想挣钱发财,结果你的投资得到了回报,你挣钱的目标实现了;或者你的目标是发表论文,经过你的努力,你的论文发表了。成功是指你的努力有所回报,你的投入产生了效益。你名利双收,比没成功的人更有运气。

成功可以从客观指标上来界定,而幸福则是身体和心理的一种快乐感受,你身心舒适和自由,你摆脱了需要的限制,无忧无虑。幸福更多的是从主观感受状态来定义的,是可遇不可求的。幸福是你与心上人一起散步的时刻;是你逃避了城市的汽车流,呼吸着山林的新鲜空气的时刻;是你在海边消磨着时间,晒着太阳的时光;是睡梦中的微笑;是全身心投入地看电影……幸福是放松的身心感受,是一种安逸的经验。幸福是情绪自然的流放和内心深处的涌动。幸福与否只有自己知道。

成功是一种追求,是主观的紧张和激动,是焦虑地期盼和精心地策划,是受交感神经直接支配的过程,表现为心跳加快;幸福是一种被动的感受,是下意识的放松,是包容和忘却,是受副交感神经支配的过程。

成功的机会有限,世界上的资源也有限,而人人都想成功,所以成功成为一种博弈,你的成功意味着别人的失败,你拥有了资源意味着别人失去了资源。但是,幸福的机会是无限的,内心的感受和幸福的能量也是无限的,你幸福了,并不意味着别人的幸福失去了,相反,还能通过影响别人的心情,让周围的人更加幸福。可人们对于自身的幸福往往视而不见,更倾向于羡慕别人的成功。

没有成功是不能的,但没有幸福是万万不能的。我们要成功,但我们更要幸福。两者本来并不矛盾,一心追求成功或者害怕落后会使我们远离幸福,无视本能的感受。

当然,高质量的生活应当包括成功和幸福两个要素,最好一个都不少。在追求成功的同时,我们能否适当停下来听一听内心的呼唤呢?能否调整心态,松弛一下呢?能否以一个追求幸福的态度来对待人生、对待成功呢?人生的最高目的可能不是成功,而是幸福。

成功并不是生活的目的,而只是达到幸福的手段之一。当我们把成功当作生活的唯一目标时,就只能看到它对身心健康的损害。生活中有不少成功的人并不幸福,有的人整日受功利推动,一门心思追求成功,焦虑不安、忧心忡忡。就算他们成功了,又会马上设立下一个更高的目标。这样的人只有成功的激动,而享受不到松弛的快乐。而一些平凡无奇、踏实生活的人,却能生活得幸福快乐、安逸满足。

当然,这并不是说成功和幸福背道而驰,并不意味着如果我们想要幸福地生活,就必须放弃在生活的各个领域获得成就。这两者并不矛盾,通过努力都是可以实现的。我们最大的希望当然是将成功和幸福都抓在手中,成功而幸福地活着,那么在追求成功的路上,我们是不是也该适时放松自己,享受生活,对创造和维持幸福也付出足够的关注?

三、快乐三要素

积极心理学首先要回答的问题是:什么最能让我们感到快乐?研究结果可能会令人感到惊讶:财富、学历与青春对快乐的帮助都相当有限;婚姻的影响好坏参半;反而是亲情友谊,更能让我们快乐。塞利格曼在《真实的快乐》一书中指出,快乐由三项要素构成:享乐(拥有灿烂的笑脸)、参与(对家庭、工作、爱情与嗜好的投入程度)、意义(发挥个人长处,达到比我们个人设定的更高的目标)。三项要素之中,享乐带来的快乐最为短暂。塞利格曼说:"这一点值得大家注意,因为有太多人以追求享乐为生活的目的,但是参与和意义却远比享乐重要。"

四、幸福的方法

(一) 喜欢自己,相信自己

自卑的人不可能经常体验到快乐和幸福,乐观而自信才是每个人持久快乐的基础。

如果一个人在内心对自己持否定的态度,认为自己不好,那即使他有金钱和地位,也没有办法得到真正的快乐和幸福。这也就是一些有钱人觉得生活并不幸福的原因之一。相反,如果你肯定自己,相信自己,在任何情况下都不对自己丧失信心,就不会对自己的生活不满意。

不管你是家财万贯还是一贫如洗,不管你是位高权重还是普通平凡,不管你是一帆风顺还是困难重重,你的心中都应有一个坚硬的盾牌,保护你的心灵不被坏情绪所侵袭。历史上的许多著名人物都经历过大起大落,但他们都能从容面对,这是因为他们充分肯定自己。

有些人习惯于贬低自己,这不仅打击了自己做事的自信心,还会扼杀自己的独立精神。如果你整天萎靡不振、躲躲闪闪,不敢正视生活,不管走到哪里都不敢面对别人的视线,总是觉得自己做得不好,那么你又怎么能够发现和享受生活中的乐趣呢?

只有喜欢自己、相信自己,始终充分欣赏自己的生活,诚恳地面对生活,才能获得真正的幸福。

人的性情具有稳定性。对于一个习惯于自我贬低的人来说,要改变自己的观念其实是一件很困难的事,不过并非完全不可能。

很多经验和证据都告诉我们,行为对态度有一定的支配作用。我们可以有效利用这一原则。如果你想要在某些方面改变自己,如变得自信、快乐,那么一个有效的方法就是假装自己是一个乐观、自信的人,每天起床后就去做自己想做的事。

我们可能也有过这样的经验,当你心情烦躁时,有朋友打来电话,你不得不装出一副很高兴的样子跟朋友聊天,但奇怪的是,当你挂掉电话之后,你烦躁的心情好像就变得没有那么严重了。因此,我们可以试着先改变自己的行为,尝试用这样的方式去引导以前那个自卑、忧郁的自己,从而改变对自己的态度。

(二)有效沟通,改善关系

高质量的人际关系跟个人的主观幸福感息息相关。有爱、有家、有朋友,这样有安全感的人生必然能带来巨大的力量,足以让你分享喜悦或化解忧伤。

那么,我们要如何做,才会对改善人际关系有所助益呢?

一方面,我们可以积极增加社会交往,多与他人进行信息交流和情感沟通。在沟通过程中,尽可能采用积极的沟通方式,如提供信息、面带笑容等,减少消极方式的使用,这样才能提高交往沟通的有效性。

另一方面,培养自己良好的内在品质和品性。社会心理学家建议,要想维持和提高自己的持久吸引力,培养自己的良好品质和品性是一个非常重要的条件。人与人之间要建立真诚友好的朋友关系,归根到底取决于个人的优良品质。在研究中我们发现,真诚是让人备受欢迎的最为重要的特质之一。所以,以诚待人,以心待人,才会拥有良好的人际关系。

(三)调整作息,保持健康

在追求幸福的道路上,做一个健康的人是最基本的目标。

生活方式是自己可以选择的,选择一种健康的生活方式比请一名私人医生的作用更大。要善待自己的身体,养成良好的生活方式。例如,每天保证6~8小时的睡眠;每周保证有一天能够完全抛开工作,让自己彻底放松下来;保持合理的膳食结构,为身体提供足够的营养;尽量远离烟酒这类公认的对健康无益的物品。

做一个健康的人,还有一点不能忽略,就是定期参加体育锻炼。不妨关掉电视,离开电脑,放下手机,去享受户外的阳光。适量的运动是身体健康的必需要素。一定量的有氧运动能加快我们身体的新陈代谢,有利于更好地排出毒素。运动还能排解负面情绪,使我们保持更加良好的心态。

（四）有所爱，有所好

一个人生活着，有所爱有所好，才能使自己的生活充满乐趣。西方有位作家曾经说过："不论你爱好什么都可以，但你总得有所爱好。"因为你有所爱好，精神才会有所寄托，心灵才有所附着。

我们身边常常会有这样的人，他们在工作之余便无所事事，要么对着电脑枯坐一整晚也不知道自己干了什么，要么就在麻将桌上消磨空闲时间，但其实他们自己也觉得打麻将很无趣。于是他们经常诉说生活的苦闷和烦恼，大呼生活无聊又无趣。

由此可见，如果心灵毫无寄托，就难免深感寂寞，也无法避免忧闷，幸福感自然也就消失不见了。

人生几十年，虽不算太长，但也并不算太短。这一段时间，我们可以自由支配，当然最好的情况是快乐地迎接每个日子。但要如何去做？需要你能够将你的心灵寄托在某种事物上。从那里，你就能获得生命的意义，明白你在这个世界上不是空虚地白走一趟，你的心中便会感到无限的快乐。

你的工作可以是你的爱好，也不妨在工作之外再增添一项爱好，那生活岂不是更加愉快？就像社区门口修鞋的老鞋匠，他工作的时候，伴着那钉锤的叮叮声响，他还听着自己喜欢的戏曲，有时还跟着轻轻哼唱两句，尽管他收入微薄，但那种饱满的精神、愉悦的心态，又何尝不令人羡慕？

引申阅读

幸福的汽水

那年，沃尔森双喜临门，在他的金融投资机构正式挂牌营业的同时，他还举行了盛大而隆重的订婚仪式。仪式上，有朋友问他："沃尔森先生，今天是你有生以来最幸福的日子吧？"沃尔森听后微笑着摇头说："不，我最幸福的日子是26年前的那个圣诞之夜！"原来，出身美国密西西比州黑人区的沃尔森，是一名地道的穷小子。小时候，他的最大梦想就是能喝上一瓶神奇的汽水。那些有钱的小朋友们买了汽水，都会兴高采烈地站在大街上，美滋滋地喝上一口，然后长长地喷出一个响亮的"咯"……为此，小沃尔森羡慕得要死，他拼命地帮妈妈干家务，希望有一天妈妈能奖励他一瓶这样的汽水。就在小沃尔森8岁那年的圣诞之夜，当钟声敲响的时候，妈妈变魔术般地把一瓶汽水递到了小沃尔森面前。小沃尔森一下子惊呆了！随即，他兴奋地接过汽水瓶，转身跑出了屋外。在街上，小沃尔森像刚刚攻下一座城池的勇士，在众多小朋友的欢呼声中，高傲地举起那瓶汽水，然后慢慢地放到唇边，美美地喝了一口。随着一股酸酸甜甜的液体涌入喉中，沃尔森微闭上眼睛，张开嘴，等待着那个"咯"从嗓子里喷出……可是等了好半天，他的嗓子里一点响动都没有。他疑惑不解，又喝了两口，还是没有任何反应。"假的，是假的啊！""找讨厌的老皮特退货去！"在小朋友的怂恿下，沃尔森气鼓鼓地找到卖汽水的老皮特。老皮特接过汽水瓶看，对小沃尔森说："孩子，这个汽水瓶的确是我的，但它只是个空瓶儿。两天前，你的妈妈来向我询问汽水的味道时，顺便要走了这只空瓶。"听了老皮特的话，小沃尔森全明白了，这瓶"汽水"原来是妈妈自己制作的啊！当小沃尔森手里拿着喝剩下的半瓶"汽水"回到家时，妈妈正坐在油灯下替人做着手工活。见小沃尔森进来，她忙问："儿子，汽水的味道好喝不？"沃尔森立刻装出一副非常惬意的样子，说："当然，味道好极了，'咯'喷得可响呢！""真的吗？"妈妈笑了，笑得是那样甜美！此时的小沃尔森被一种巨大的幸福感所笼罩，于是，他当着妈妈的面，喝了一大口"汽水"，然后拉着长声儿，响亮地喷出一个"咯"……对于沃尔森来说，一次次的成功和拥有，只不过是荣誉和满足的不断升华。而8岁那年的圣诞之夜，却令他幸福终生。因为妈妈亲手制作的那瓶"汽水"，虽然只是用廉价的白醋和糖精制作的，却是人世间最真实的味道、最纯朴的亲情。

第二节 积极的人生观
——乐观和希望

> **案例导读**
>
> 在巴黎举办的一场大型音乐会上，人们正如痴如醉地倾听著名的小提琴家欧尔·布里美妙绝伦的演奏。突然，正全神贯注的布里心头一颤——他发现小提琴的一根弦断了。但迟疑没有超过两秒，他便像什么事情都没有发生似的，继续面带微笑地一曲接一曲地演奏。观众们和布里一起沉浸在那些优美的旋律当中，整场音乐会非常成功。终场时，欧尔·布里兴奋地高高举起小提琴谢幕，那根断掉的琴弦在半空中很醒目地飘荡着。全场观众惊讶而钦佩地报以更为热烈的掌声，向这位处变不惊、技艺高超的音乐家致以深深的敬意。面对记者的"何以能够保持如此镇定"的提问，欧尔·布里一脸轻松道："其实那也没什么，只不过是断了一根琴弦，我还可以用剩下的琴弦继续演奏啊。这就是我们熟悉的许多遭受不幸的人生，依然可以是美丽无憾的。"布里睿智的回答与他卓然的表演一样精彩——"只不过是断了一根琴弦"，向世人传递的是从容，是乐观，是洒脱，是心头不肯失落的信念，是命运在握的强者充满自信的宣言，是坦然前行的智者面对岁月中那些风雷电雨自豪的回应。

心理学家研究发现，人们好像在用两种完全不同的思维来看待身边已经到来的或者将要到来的所有事物。有的人好像生来就拥有一种积极的视角，能从身边的琐事中找到各种乐趣，使自己更加快乐。他们热爱生活，活在当下的每分每秒，即使面对突如其来的打击，他们也总能从中看到希望，好像在他们的生命中，灿烂的阳光总能冲破命运的黑暗乌云，让潜藏在角落里的机会和潜能显露到他们的面前。与此同时，也有另一种人生活在我们身边。他们脆弱、敏感，总是有些闷闷不乐。很多平常的事情在他们眼中也有如灭顶之灾。哪怕一点点小事，也很容易让他们感到生活无望。这样的人很容易能量不足，没有自信心，甚至会削弱他们身边的人的精神力量。以塞利格曼为代表的心理学家们发现了这两种人之间的巨大差异，开始了对"悲观"和"乐观"的研究。

一、什么是乐观？

（一）你怎么看待未来？

你觉得自己明天会过得怎样？会比今天更好吗？还是比今天差一点儿？十年后呢？对于这些问题，不同的人的回答有很大的差异。斯彻尔等人认为，乐观是一种与个体未来定向密切相关的认知，是对未来的总体期望。这种期望具有跨时间和跨情境的稳定性，是一种内化的期望，会成为一种稳定的人格特质。

1. 期望—价值模型

教师布置了一份作业给你，要求你本周内上交。你手上还有一些别的任务，会怎么对待这份作业呢？一般说来，你会估量一下这份新作业的难易程度。如果这份作业是可能完成的，你自然会尽量排出时间，努力搞定它；相反，如果这份作业难以完成，你不擅长，时间也不够了，你就会懈怠一些。

期望—价值理论强调个体的期望,认为只要个体预期最后的行为结果是成功的、是可以实现的,那么个体就会付出努力去克服困难;而当个体怀疑行为结果是不能实现的时候,个体就会倾向于放弃这种行为。个体的情感体验也会随着期望的不同而有所变化。如果期望目标是可以实现的,个体会体验到积极的情感;相反,如果期望目标不能实现,个体就会体验到消极的情感。

2. 气质乐观

个体对未来有关个人生活和社会方面积极和消极事件发生的可能性和价值进行的主观评定,能够在很大程度上影响个人的行为。

斯彻尔认为,乐观的人对未来积极事件的发生抱有期望,用通俗的语言来描述,就是很容易"看到生活好的一面"。气质乐观者会基于对未来的积极期望,产生动力,驱使自身不断坚持努力。气质乐观理论将人视为连续体,一端是乐观者,通常认为好事会发生;另一端是悲观者,一般认为坏事会发生。由于人们可以表现出较为稳定的乐观或悲观倾向,研究者认为乐观人格倾向是一种比较稳定的人格特质,这种特质是个体对自己的一种重要而又健康的自我暗示。

当遇到压力事件时,气质乐观者更容易采用积极的应对方式,如寻求社会支持、积极再定义压力事件、利用爱好或兴趣转移注意力等;失恋时,气质乐观者更容易从挫折中走出来,并愿意继续相信真爱的存在;面对亲人去世时,气质乐观者更可能意识到生命的脆弱,会将重心放到当下,认真过好每一天;考试失败,气质乐观者容易恢复信心,从头再来;遇到灾难时,气质乐观的人能够更快地从伤痛中恢复过来,战胜心理创伤。

(二) 你怎么解释过去?

塞利格曼的《学习乐观》一书在1998年就被引入我国,书中详细地讲述了塞利格曼如何在实验室中观察到习得性无助,再将习得性无助与人类的抑郁症联系起来,书中还详细地阐释了如何提升乐观。

1. 如何解释生活中的疑问

生活中充满了各种各样的疑问:为什么这一次考试我失败了?为什么我新买的高跟鞋这么不合脚?为什么今天好朋友没有叫我一起吃饭?为什么我的好朋友能够很容易找到工作,我却不能?

塞利格曼认为,乐观就是将事物进行积极归因的一种倾向,他将这种倾向称为乐观归因风格(optimistic explanatory style)。他研究发现,哪怕遭遇的是同一件不愉快的事情,不同个体可能会对这件事情进行截然相反的归因。归因有"内部—外部""稳定—不稳定""特定—普遍"三个维度。塞利格曼认为,将事件原因归于外部的、不稳定的和特定的因素时,就是乐观的;相反,归于内部的、稳定的和普遍的因素,就是悲观的。

乐观主义者和悲观主义者,无论遇到好事还是坏事,他们的归因方法几乎完全不同。乐观主义者在遇到好事的时候,通常采用内部、稳定、普遍的归因,提高自我效能感;遇到不好的事情时,往往做出的是外部、不稳定、特定的归因,稳定自我评价的水平。而悲观主义者刚好相反。

2. 什么时候会习得性无助

人类身上普遍存在着习得性无助的现象。当个体认为面临的情境是不可控的,不管自己如何努力都不能对结局产生影响时,个体很容易产生消极的认知,体验到无助、无望、抑郁等消极情绪,放弃努力。

塞利格曼认为,习得性无助就是由三个相互联系的方面组成的:不可控环境、伴随性认知、放弃反应。

① 不可控环境:在该情境下,所有的行为都不能改变结果,这个结果不受行为的控制。

② 伴随性认知:个体认识到任何积极的行动都不能控制其结果。

③ 放弃反应:继续用无助的心态来看待以后发生的事情,感到了自卑,缺乏自信,放弃努力去避免类

似的事情发生。

塞利格曼提出,这种习得性无助导致了一种认知定式,让人们确信成功与否与自己的能力无关。失败是情境注定的,成功也是情境注定的。因此,即使获得了成功,他们也很难从中获得自我效能感等积极的反馈信息。

(三)提升乐观的方法

1. 积极幻想

大部分人,特别是健康的人,都倾向于用乐观的方式认识自己、世界和未来。想要获得对自我和世界的积极看法和认识,可以从以下三方面进行积极幻想。

(1)自我拔高。

大多数人都不能接受自己的才能和品质只处于一般水平,他们通常拔高地认识和评价自己过去的行为、个人品质和自我,认为自己是超常的和独特的。

(2)自我控制能力。

人们对自身的控制力有着积极的认知。他们坚信自己可以让事情向好的方向发展,或是自己能够极大地左右正在进行中的事情。

(3)对未来保持乐观。

未来意味着什么?青春的消逝?健康的衰退?智力与才能的不足?一些亲人朋友的离世?更多人乐观地认为未来比现在更美好。

积极幻想对我们生活的帮助是毋庸置疑的,它让我们更加自信,更加有希望,也促使我们采取更多的行动,让生活更美好。

2. 自我安慰

(1)选择性注意和良性遗忘。

选择性注意是指人们关注与自己有关的积极事件,而对与自己有关的消极事件视而不见。良性遗忘是指人们很难回忆起与自己有关的消极消息,而对自己与有关的积极消息却历历在目。

(2)降低事物重要性。

个体发现并接纳了自己某方面的不足,同时将其重要性降低至可以容忍的限度。例如一个成绩不及格的人,可以认为自己虽然在学习方面的能力不足,但更重要的是,他有一群好朋友。这样的自我评价能增强自我效能感。

二、什么是希望?

(一)希望的定义

在希腊神话中,希望是人世间最美好的事物,是拯救人类的唯一事物。无论人世间有怎样的灾难,人们遭受了怎样的生活磨难,只要手中还握有这可贵的希望,都能够自我激励去与命运抗衡。美国堪萨斯大学的里克·斯奈德教授是积极心理学专业中希望领域公认的理论创建者,他把希望定义为:在成功的动因(指向目标的能量水平)与途径(实现目标的计划)交叉产生体验的基础上所形成的一种积极的动机状态。这个定义包含三方面含义。

(1)目标:你是否拥有有意义的目标呢?

无论目标是长期或者是短期,高希望特质的人总是拥有有意义的目标。

(2)路径意识(达到目标的途径):你是否知道如何才能达到你自己的目标?

想要达到目标,行动的计划是必不可少的。高希望特质的人总会制订相关的计划来实现自己的目标,当一个方法无法成功时,他们也总能够寻找到其他适宜的方法来继续向目标前进。

(3)动力意识(积极的自我暗示):你是否有足够的动机?

高希望特质的人能够给自己源源不断的动力去实现目标,他们会告诉自己"我能行"!这个动力能够促使他们不断地行动,遇到阻力时能为他们提供灵感,并且一直激励他们不断寻求突破直至达成目标。

(二)希望的作用

世界上有很多名人都曾身处逆境,但是不放弃希望,最终获得成功。

大量科学研究已经表明,希望在实现个人目标和价值时有着重要的作用,对生活有着积极的影响。充满希望的病人比其他病人恢复得更好更快;充满希望的员工能给组织带来更多效益;充满希望的领导能够激发下属的工作潜能,使他们更积极努力地工作。总之,拥有希望的人会更有目标,更坚韧,也更容易获得饱满的情绪。

西方有句谚语:"Where there is life, there is hope."。有人将其翻译为"有生命就有希望"。充满了希望的个体势必想有所作为或努力,势必会为目标努力与坚持。心理学家穆勒认为,希望是人们基于对美好状态或美好事物的预期和描绘而带来的一种自我提升或者一种从困境中自我释放的感觉,是一种个人感觉自己可胜任、可应对的能力感和心理上的满意度,一种人们对生活的目标感、意义感的体验以及对生活中充满无限的可能性的感觉。

引申阅读

一个男孩,1951年诞生在纽约的"地狱厨房"区,并在这里长大。这个区位于曼哈顿西边,是蓝领人群的居住地。这里的孩子长大后,往往只能成为警察、建筑工人或是码头装卸工,要不然就是罪犯。然而,这个区又与百老汇相隔不远。男孩从小就憧憬着能登上大舞台,成为一名演员。但是,对于他这样一个在贫民区长大的孩子来说,无异于痴人说梦,他只能将这个"不切实际"的抱负深深埋在心底。当他17岁到演艺班学习时,他谁也没有告知,甚至对他的女友也守口如瓶。但是,男孩悄悄地努力着、坚持着。刚开始,他通过演戏一共才挣了200美元。为了心中的希望,他搬到了好莱坞,靠开出租车和到酒吧当款待员维持生计。他的父亲劝他说,别想入非非了,找一份正式工作,别忘了你已经有了太太和女儿。但是,他仍旧坚持他的选择。1983年,他的弟弟在一次抢劫案中被杀。他搬回老家,埋头写作,并把他对生活的艰辛和失去亲人的苦痛倾注到自己的作品中。1988年,他的一部话剧在百老汇的一个小剧场上演了,后来又搬上了银幕,他慢慢有了些名气,便又搬回了好莱坞。但到2022年,他再次失去了工作,没有了生活来源。这时,他的一位导演朋友给他打来电话,请他帮忙写一部反映"9·11事件"之后人们生活的电影。两人开始编写剧本,完成之后,却不被任何一家制片厂看好。人们认为,这个作品与时代格格不入,太陈旧、太写实了,他却认为这个剧本能带给人们更多的警醒和反思。于是他连续寻觅着,甚至为了筹钱卖掉了房子。最终,他找到了一家独立制片厂,厂家情愿试一试。在这期间,经费极其有限,他不得不削减自己的工资以支撑下去。2005年5月,一部名为《撞车》(又译《冲击效应》)的剧本开始在剧场上演,大获成果。2006年,根据这部剧本改编成的电影获当年奥斯卡6个奖项的提名,最终赢得了3项大奖:年度最佳影片奖、最佳电影剪辑奖、最佳原创和电影剧本奖。他就是罗伯特·莫里斯克,55岁这年,他一夜成名。

(三)希望的提升

我们能提高自己的希望特质吗?怎么做才能够提升我们的希望水平呢?

下面,重点介绍希望疗法。

1. 希望疗法的含义

希望疗法融合了认知行为疗法、叙事疗法和问题解决模式,能够帮助我们树立清晰的目标,并找到多种达到目标的路径,激励自己去追求目标,并把障碍看作应当面对的挑战。希望疗法需要我们关注影响希望的三个成分,并基于个人经验对三个成分都进行评价。

(1)目标。主要包括:这个"希望"对我个人而言,到底有多少价值?目标是否可以达到?我现在在达到目标的什么位置?

(2)路径意识。表现为:能够找到多少方法达成这个希望?加强对自身能力的信念和认知。例如内部语言"我一定能够找到解决方法的"。

(3)动力意识。表现为:激励个体朝着目标前进。

2. 希望疗法的基本干预过程

(1)灌输希望。讲述自己生活中的重要事件,从希望的角度来整合、梳理并重新解释这些事件。探索自己的希望特质的发展历程,分析构成希望的三个成分,揭示存在哪些积极因素,又有哪些阻碍自己的因素。

(2)确立目标。探索自己的兴趣和价值观,制定具体清晰的积极目标。

(3)加强路径意识。将较大的目标分解为较小的目标,提高自己寻找具体途径的能力;想到替代方法,提高自己在受阻时积极寻求问题解决方法的能力。

(4)加强动力意识。回顾成功经验,增强自我效能感并改变其归因方式,促进积极思维等。

第三节 积极的关系
——感恩和宽容

案例导读

霍金是一个懂得感恩生活、乐观不屈的人。霍金从小就拥有对自然科学的强烈兴趣,在大学时代(当时还没患病),他就意识到,肯定会有一套能够解释宇宙的万物理论,并陶醉于对其的思索之中,把它当作自己的信仰,并具有极强的使命感。在他21岁得知自己患上了不治之症后,霍金也消沉过一段时间,极度失望时,他做了一个梦,梦见自己努力去帮助一些人们。医生当时预测他最多只能活2年,但2年过后情况并不是非常糟糕。后来他又想到了以前曾和自己住在一个病房的男孩,那个男孩第二天就死去了。霍金似乎明白了什么,他觉得自己还不算倒霉,不应该就这样放弃,自己17岁就考上剑桥大学,拥有异乎常人的头脑。

患病后,霍金为了家庭,为了自己的理想,果断地"站了起来",继续自己的研究。他在个人传记中谈到,他并不认为疾病对他有多大影响,他每天都陶醉在自己的世界之中,努力不去思考自己的疾病。同时,他又努力证明自己能够像正常人那样生活!霍金在自己的生活中,只要能做到的事情绝不麻烦别人,他很憎恨别人把自己当作残疾人,他说:一个人身体残疾了,决不能让精神也残疾。

> 霍金的意志力是非常坚强的,同时他又是一个对生活很有主见的人。他对生活永远充满了乐观和幽默的态度。在他患病后,曾有6次近距离地和死神交手,但他都顽强地活了下来。
>
> 有一次,霍金演讲结束后,一位女记者冲到演讲台前问道:"病魔已将您永远固定在轮椅上,您不认为命运让您失去太多了吗?"大师的脸上充满了笑意,他用还能活动的3根手指,艰难地叩击键盘后,显示屏上出现了四段文字:"我的手指还能活动;我的大脑还能思维;我有终生追求的理想;我有爱我和我爱的亲人和朋友"在回答完那个记者的提问后,他又艰难地打出了第五句话:"对了,我还有一颗感恩的心!"现场顿时爆发出了雷鸣般的掌声。
>
> 积极心理学倡导积极的人际关系,而积极人际关系的核心内容之一就是感恩。东西方文化中都把感恩作为交往中的美德之一。

我国自古以来就倡导感恩,从"鸦有反哺之义""羊知跪乳之恩"到"滴水之恩,当涌泉相报",从"谁言寸草心,报得三春晖"到"衔环结草,以恩报德",都表现了我们中华民族的感恩品德。

哲学家西塞罗曾经说:"感恩不但是一切美德中最伟大的,而且是其他美德存在的基础。"因为感恩在人际交往中无处不在,亲子之间需要感恩,朋友之间需要感恩,情侣之间也需要感恩。感恩不但可以促进人际关系的稳固,更能使人们在人际关系中体验到幸福。感恩存在于生活中的很多地方,人们对感恩并不陌生。那么到底什么是感恩?我们又该如何感恩呢?

一、感恩

(一) 什么是感恩

英文中,感恩(gratitude)一词源于拉丁词根 gratia,意为优美、高尚、感谢,衍生出来的意思就是带着善良的心、慷慨的心做事,感受给予和获得之美。

很多心理学家从不同的角度对感恩的定义进行了不同的描述。总结起来,感恩就是对外界(超自然界、自然界、人)的积极刺激进行感知后,产生的持久的、稳定的感谢状态,并诱发了积极的关系,而且这种状态和关系具有泛化的性质。

如果我们在接受别人恩惠的时候,发自内心地表达出感恩,这种情感就会被别人感知到,从而更加愿意对我们施惠,我们本身也从中得到了益处,同时更愿意对别人进行施惠。这种良性的循环一旦建立,人们之间的关系就会发展得更好,更能被社会认可,整个社会也会更加和谐,我们的主观幸福感也会随之增强。

因此,我们应该抱着感恩的心去面对别人、面对社会。但是,我们如何知道自己是不是有感恩之心呢?怎样才能知道我们的感恩程度呢?积极心理学家发明了感恩测量,如果你想知道自己的感恩程度,可以了解一下。

感恩问卷:请从1—7中选择一个数字,来表示你同意下面7个选项描述的程度。1—7表示从非常不同意到非常同意。

(1) 在生活中,我有很多的人或事要感谢。
(2) 如果我把我觉得需要感谢的所有人或事列出清单来,那一定是一张非常长的单子。
(3) 当我审视这个世界的时候,我觉得我没有多少需要感恩的人或事。
(4) 我对很多人都怀着感恩的心。
(5) 随着年龄的增长,我发现我会更多地去感激那些曾经成为我生活中一部分的人、事、处境。
(6) 我要经过很长时间的检验和审查才会感谢某人或者某事。

计分标准:1代表1分,2代表2分,以此类推,满分为42分。第三题和第六题反向计分,即1分代表7分,2代表6分,以此类推。得分在28分以上的感恩程度很高。

(二) 如何感恩

1. 感恩需要先知恩

在感恩教育中,最重要的一点是发现恩情,感受别人对我们的帮助。我们只有感知到别人对我们的恩情,才会触发我们的感恩之情。因此,要去细心观察、用心感受生活中点点滴滴的恩惠,感受这种恩惠背后的情感力量。

2. 感恩需要榜样示范

心理学家班杜拉的社会学习理论指出,人们是通过观察别人的行为及行为带来的结果来学习的。人们会因为重要社会关系中个体的行为而产生一定的模仿心理。即便个人没有完全表现出和那个人一样的行为,但是在潜意识中也会受其影响。

有人说,榜样的力量是无穷的。如果我们在大学生群体里面经常树立一些道德楷模、感恩模范,或是经常宣传一些模范的事迹,就能对他们产生很好的教育意义。每年的"感动中国年度人物"就是很好的榜样。广东律师田世国为了回报母爱的恩情,在老母病危时瞒着她捐出了自己的肾脏,换回了母亲的生命;徐本禹为了回报社会对他的恩情,在大学毕业后毅然离开城市繁华,走进穷乡僻壤的破草棚,给求知若渴的孩子们送去了知识。

徐本禹说:"希望我们每一个人都能做一个感恩的人,去帮助每一个需要帮助的人。"社会上有很多这样的榜样,我们要做的就是发现他们、宣传他们,倡导大家向他们学习。

一则广告中,一位妈妈在给儿子洗完脚之后,又去给自己的母亲洗脚,孩子偷偷看到了,感受到了这种感恩母爱的感情和行为,有样学样地打了洗脚水给自己的母亲洗脚。这则广告打动了无数人,同时树立了一个很好的榜样。

3. 感恩需要知行合一

陶行知曾经说过:"教育要通过生活才能发出力量而成为真正的教育。"在感恩教育中,多实践才是真理。感恩会因为别人的感知和反馈而得到强化。我们应该去实际体会如何感恩,体会感恩给我们带来的积极体验。这种体验往往会产生意想不到的效果。有时候,哪怕点滴之恩,对我们来说或许都是雪中送炭。这时,如果我们感激别人,哪怕只是一句简单的"谢谢",都会使双方沉浸在感恩所创造的氛围中。

4. 感恩需要氛围

人类社会中,一旦形成感恩的氛围,后来的人就会按照这个氛围里面的规则做事,如果他违规了,他就会被视为非群体人员,从而失去团体的归属感,这是任何一个人都不愿意的。所以,感恩的氛围与个体表达感恩有着高度的相关性。

总而言之,感恩的教育要通过生活中点滴的体察和良好的氛围共同作用。每个人对感恩的体会或者说感恩的对象都不一样,所以要因人而异,这样才能使每个人都懂得感恩,也就能更好地影响他人。

感恩是我们每个人生活中不可或缺的阳光雨露。无论你是何等的尊贵或是怎样的卑微,无论你生活在何地,有着怎样特别的生活经历,只要你常常怀着一颗感恩的心,就必然能养成诸如温暖、自信、坚定、善良等美好的处世品格。自然而然地,你的生活中便有了一处处动人的风景。

引申阅读

百善孝为先

18岁那年,一个男孩因为行凶伤人,被判了六年。从他入狱那天起,就没人来看过他。母亲守寡,含辛茹苦地把他养大,想不到他刚刚高中毕业,就发生这样的事情,让母亲伤透了心。他理解母亲,母亲有理由恨他。

入狱那年冬天,他收到了一件毛线衣,毛线衣的下角绣着一朵梅花,梅花上别着窄窄的纸条:好好改造,妈指望着你养老呢。这张纸条,让一向坚强的他泪流满面。这是母亲亲手织的毛线衣,一针一线,都是那么熟悉。母亲曾对他说,一个人要像寒冬的蜡梅,越是困苦,越要开出娇艳的花朵来。此后的四年里,母亲仍旧没来看过他,但每年冬天,她都寄来毛线衣,还有那张纸条。为了早一天出去,他努力改造,争取减刑。果然,就在第五个年头,他被提前释放了。

他背着一个简单的包裹,里面是他所有的财物——五件毛线衣,他回到了家。家门挂着大锁,大锁已经生锈了,屋顶也长出了一尺高的茅草。他感到疑惑,母亲去哪儿了?转身找到邻居,邻居诧异地看着他,问他不是还有一年才回来吗?他摇头,问:"我妈呢?"邻居低下头,说她走了。他的头上像响起一个炸雷,不可能!母亲才40多岁,怎么会走了?冬天他还收到了她的毛线衣,看到了她留下的纸条。

邻居摇头,带他到祖坟。一个新堆出的土丘出现在他的眼前。他红着眼,脑子里一片空白。半晌,他问妈妈是怎么走的?邻居说因为他行凶伤人,母亲借了债替伤者治疗。他进监狱后,母亲便搬到离家200多里的爆竹厂做工,常年不回来。那几件毛线衣,母亲怕他担心,总是托人带回家,由邻居转寄。就在去年春节,工厂加班加点生产爆竹,不慎失火。整个工厂爆炸,里面有十几个做工的外地人,还有来帮忙的老板全家人,都死了。其中,就有他的母亲。邻居说着,叹了口气,说自己家里还有一件毛线衣呢,预备今年冬天给他寄出去。

在母亲的坟前,他捶胸顿足,痛哭不已。全都怪他,是他害死了母亲,他真是个不孝子!他真该下地狱!第二天,他把老屋卖掉,背着装了六件毛线衣的包裹远走他乡,到外地闯荡。时间过得很快,一晃四年过去了。他在城市立足,开一家小饭馆,不久,娶了一个朴实的女孩做妻子。

小饭馆的生意很好,因为物美价廉,也因为他的谦和和妻子的热情。每天凌晨三四点钟,他就早早起来去采购,天一亮就把所需要的蔬菜、鲜肉拉回家。由于没有雇人手,夫妻两个人忙得像陀螺。因为缺乏睡眠,他的眼睛常常是红红的。不久,一个推着三轮车的老人来到他门前。她驼背,走路一跛一跛的,用手比画着,想为他提供蔬菜和鲜肉,绝对新鲜,价格还便宜。老人是个哑巴,脸上满是灰尘,额角和眼边的几块疤痕让她看上去面目丑陋。妻子不同意,因为老人的样子看上去实在不舒服。可他却不顾妻子的反对,答应下来。不知怎的,眼前的老人让他突然想起了母亲。

老人很讲信用,每次应他要求运来的蔬菜果然都是新鲜。于是,每天早晨六点钟,满满一三轮车的菜准时送到他的饭馆门前。他偶尔也请老人吃碗面,老人吃得很慢,很享受的样子。他心里酸酸的,对老人说,她每天都可以在这儿吃碗面。老人笑了,一跛一跛地走过来。他看着她,不知怎的,又想起了母亲,突然有一种想哭的冲动。

一晃,两年又过去了,他的饭馆成了酒楼,他也有了一笔数目可观的积蓄,买了房子。可为他送菜的,依旧是那个老人。

又过了半个月,突然有一天,他在门前等了很久,却一直等不到老人。时间已经过了一个小时,老人还没有来。他没有她的联系方式,无奈之下,只好让工人去买菜。两小时后,工人拉回了菜,他仔细看了看,他心里有了疙瘩,这车菜远远比不上老人送的菜。老人送来的菜全经过精心挑选,几乎没有干叶子,棵棵都清爽。

只是,从那天后,老人再未出现。

春节就要到了,他包着饺子,突然对妻子说想给老人送去一碗,顺便看看她发生了什么事。怎么一个星期都没有送菜？这可是从没有过的事。妻子点头,煮了饺子,他拎着,在附近反复打听一个跛脚的送菜老人,终于在离他酒楼两个街道的胡同里,打听到她了。

他敲了半天门,无人应答。门虚掩着,他顺手推开。昏暗狭小的屋子里,老人在床上躺着,骨瘦如柴。老人看到他,诧异地睁大眼,想坐起来,却无能为力。他把饺子放到床边,问老人是不是病了。老人张张嘴,想说什么,却没说出来。他坐下来,打量这间小屋子,突然,墙上的几张照片让他吃惊地张大嘴巴。竟然是他和妈妈的合影！他5岁时、10岁时、17岁时……墙角有一只用旧布包着的包袱,包袱皮上绣着一朵梅花。他转过头,呆呆地看着老人,问她是谁。老人怔怔地,突然脱口而出:儿啊。

他彻底惊呆了！眼前的老人,不是哑巴？为他送了两年菜的老人,是他的母亲？

那沙哑的声音分明如此熟悉,不是他母亲又能是谁？他呆愣愣地,突然上前,一把抱住母亲,号啕痛哭,母子俩的眼泪沾到了一起。不知哭了多久,他先抬起头,哽咽着说,看到了母亲的坟,以为她去世了,所以才离开家。母亲擦擦眼泪,说是她让邻居这么做的。她做工的爆竹厂发生爆炸,她侥幸活下来,却毁了容,瘸了腿。看看自己的模样,想想儿子进过监狱,家里又穷,以后他一定连媳妇都娶不上。为了不拖累他,她想出了这个主意,说自己去世,让他远走他乡,在异地生根,娶妻生子。得知他离开了家乡,她回到村子,辗转打听,才知道他来到了这个城市。她以捡破烂为生,寻找他四年,终于在这家小饭馆里找到他。她欣喜若狂,看着儿子忙碌,她又感到心痛。为了每天见到儿子,帮他减轻负担,她开始替他买菜,一买就是两年。可现在,她的腿脚不利索,下不了床,所以,再不能为他送菜。

他眼眶里含着热泪,没等母亲说完,背起母亲拎起包袱就走。他一直背着母亲,他不知道,自己的家离母亲的住处竟如此近。他将母亲背回家里,母亲在他的新居里住了三天。三天,她对他说了很多。她说他入狱那会儿,她差点儿气得去见他父亲。可想想儿子还没出狱,不能走,就又留了下来！他出了狱,她又想着儿子还没成家立业,还是不能走;看到儿子成了家,又想着还没见孙子,就又留了下来……她说这些时,脸上一直带着笑。他也跟母亲说了许多,但他始终没有告诉母亲,当年他之所以伤人,是因为有人侮辱她,用最下流的语言。在这个世界上,怎样骂他打他,他都能忍受,但绝不能忍受有人侮辱他的母亲。

三天后,她安然去世。医生看着悲痛欲绝的他,轻声说:"她的骨癌看上去得有十多年了。能活到现在,几乎是个奇迹。所以,你不用太伤心了。"他呆呆地抬起头,母亲,居然患了骨癌？他打开那个包袱,里面整整齐齐地叠着崭新的毛线衣,有婴儿的,有妻子的,有自己的,一件又一件,每一件上都绣着一朵鲜红的梅花。包袱最下面,是一张诊断书:骨癌。时间,是他入狱后的第二年。他的手颤抖着,心里像刀剜一样地痛,父母的爱是永远的！子女的孝也应该永远！百善孝为先！

二、宽容

> "一只脚踩扁了紫罗兰,它却把香味留在那脚跟上,这就是宽容。"
> ——安德鲁·马修斯《宽容之心》

案例导读

在音乐界,李斯特的大名几乎无人不晓,这位浪漫艺术大师的演奏技巧、弹琴艺术似乎具有一种魔力。他将钢琴的技巧发展到了无与伦比的程度,还首创了背谱演奏法。他有着超群的即兴演奏才能,因此得到了"钢琴之王"的美称。同时他又是一位才能卓著的作曲家,创造了交响诗体裁,树立了与学院风气、市民风气相对立的浪漫主义风格,创作了著名的《浮士德交响乐》《匈牙利狂想曲》《但丁交响曲》等。李斯特6岁起学习钢琴,曾师从于著名的钢琴家车尔尼,11岁时举行了演奏会,轰动了维也纳的音乐界。一次,在他的演奏会观众中出现了一位全聋的老人。这位老人虽然无法听见李斯特的演奏,但他的心灵似乎感受到了这位少年天才的魅力,于是老人在演奏会结束之后,热情地搂住这位"神童",亲吻了他的额头。这位老人正是音乐大师贝多芬,而这一新闻则上了当时欧洲的各大报纸,使12岁的李斯特一时名扬全欧。天赋加上自身的勤奋,成就了一代音乐大师,可就是这样一位集万千宠爱的音乐界天才,他在面对普通民众时并不是恃才孤傲,而是以一种平和宽容之心对待。

功成名就的李斯特一天路过德国的一个小镇,恰逢小镇里一位钢琴师将要举行演奏会,而演奏会的海报上公然写道,钢琴演奏会的女钢琴师是著名钢琴家、作曲家李斯特的学生。李斯特甚感奇怪,因为他不记得自己教过这样一个学生。为了弄明白这件事,他找到了这位女钢琴师的住处,亲自登门拜访。那位女钢琴师是一个青年人,见到李斯特后她大惊失色,浑身颤抖,脸色苍白,好半天才抽泣着述说了自己艰苦的孤儿身世,冒充李斯特的学生完全是为了生计。她跪在李斯特面前,请求宽恕。恍然大悟的李斯特并没有生气,他把姑娘扶起来,和蔼地对她说:"让我们来看看有没有可以补救的办法。"姑娘看李斯特这么和蔼可亲,激动得不知说什么好,李斯特要她把晚间演奏的曲子弹一遍给他听,并且边听边给以指点。李斯特的平易近人消除了女钢琴师的紧张和恐惧,带着对李斯特的无限崇敬,她全神贯注地弹起了自己的曲目。结果,她演奏得十分出色。李斯特满意地点了点头,他热心地为她纠正了几处处理不当的地方,并进行了一些指点。然后,李斯特微笑着对女钢琴师说:"现在,我不是教过你弹琴了吗?今后,你就是我的学生了,你可以放心大胆地打我的招牌。"一席话令女钢琴师感动万分。最后李斯特爽快地说:"晚上你大胆地上台演奏吧!现在你已经是我的学生了。为了证明这一点,你可以向剧场经理宣布,晚会增加一个节目,是由你的老师——我,为我的学生演奏的。"音乐会如期举行。临近结束的时候,听众突然欢呼起来,原来,弹奏最后一支曲子的不是学生,而是老师李斯特。

李斯特宽容别人,不计别人过错,使自己和别人都得到快乐,同时也为自己赢得别人的尊重。大师之所以是大师,除了专业领域的精湛技艺之外,还有一份做人的宽容。

宽容是人性中一种非常美好的品格。它是一种非凡的气度、宽广的胸怀,是对人对事的包容和接纳;宽容是一种高贵的品质、崇高的境界,是精神的成熟、心灵的丰盈;宽容是一种仁爱的光芒、无上的福分,是对别人的释怀,也是对自己的善待;宽容是一种生存的智慧、生活的艺术,是看透了社会人生以后所获得的那份从容、自信和超然。

古今中外,宽容都是受到人们赞美和歌颂的。《左传》中便有"宽以济猛,猛以济宽,政是以和"的说法来宣扬宽容;清朝爱国将领林则徐也曾经说过"海纳百川,有容乃大;壁立千仞,无欲则刚",这不仅表现出他个人的心胸气概,更反映出了人们对于宽容的重视;鲁迅"度尽劫波兄弟在,相逢一笑泯恩仇"更是体现了一种大度、一种淡然。

宽容不仅是中华民族自古以来的美德,也是西方国家所大力推崇的珍贵品质。法国著名作家雨果就曾经说过:"世界上最宽阔的是海洋,比海洋更宽阔的是天空,比天空更宽阔的是人的胸怀。"俄国著名诗人普希金说过:"没有宽宏大量的心肠,便算不上真正的英雄。"纪伯伦也说过:"一个伟大的人有两颗心:一颗心流血,一颗心宽容。"可见,无论是哪个国家、哪个时代的人,都把宽容作为一个出色的、健康的人的评判标准了。

大量研究发现,宽容作为一种积极心理,在我们生活的很多地方都起着有益的作用。如果我们能了解宽容、体会宽容,慢慢地养成宽容之心,我们的世界将会非常美好,我们的心境也将会非常平静。下面就让我们走进"宽容"的殿堂,体会其中的奥秘与神奇吧。

(一) 什么是宽容

20世纪90年代,积极心理学界才真正将宽容纳入自己的科学研究范畴之中,此后出现了很多与宽容相关的研究结论。诺斯认为,宽容是个体克服了对冒犯者消极的情感和判断,并以同情、仁慈和关爱来对待对方的过程。该定义是从情感和认知角度描述宽容的。随后,恩莱特等人提出,宽容包括认知、情绪、行为三个方面的内容。同时,心理学家将宽容分为两种类型,即人际宽容和自我宽容。

1. 人际宽容

人际宽容即我们日常中所说的宽容。恩莱特等人认为,宽容是个体在受到不公正的对待后,对冒犯者消极的认知、情绪和行为反应消失,并出现积极的认知、情绪和行为反应的过程。当个体选择宽容时,会产生综合的心理变化:①情感方面,愤怒、憎恶及怨恨、悲伤等消极情绪逐渐被中性情绪取代,最终转化为积极情感,如同情心和爱心;②认知方面,个体不再做出谴责性的判断和持有报复的念头,而是表现出积极的思维活动,如祝福对方或尊重对方;③行为方面,个体不再去从事报复性的行动或做出此类提议。迈库罗认为,宽容体现了人们受到冒犯后动机向亲社会性方向的转化过程。这种改变有两个内容:一是报复和回避动机的减少,二是对冒犯者善意动机的增加。

格特曼在1993年曾做过一项研究来解释宽容的动机结构。在研究中,他要求夫妻双方在面临冲突时对对方的情感做出评估,这个评估的内容被归类为三个情绪反应范畴:第一是积极的情绪反应,包括友好、爱以及建设性倾向;第二是觉察到受伤害的攻击,其情感反应主要表现为内心受到伤害,感到无辜、恐惧或焦虑;第三是正义的愤慨,包括愤怒、轻蔑或考虑到报复。经过分析发现,后面两类与人际互动有关的消极情绪与两种影响人们做出冒犯行为的动机系统相对应:第一种是感知到受伤害的攻击,其对应的动机是在人际行为和心理上避免与冒犯者发生互动(即回避动机);第二种是体验正义的愤慨,其对应的动机为寻求复仇(即报复动机)。但还有第三种重要的积极情绪反应,它与以减少伤害或攻击为特点的仁爱动机相对应。三者混合成一种独特的心理状态,决定着行为的选择。当前两种消极动机(即回避动机和报复动机)增加时,仁爱动机就会相应减少,这将会推动个体倾向于做出复仇选择。而如果第三种动机增加,则会令个体更可能选择宽容。举例来说,当处在这种关系中的被冒犯者报告说,他不能够宽容冒犯一方的伤害行为时,那么回避和报复这两个动机就会显现出来,推动个体朝向导致人际关系遭受伤害的消极方向改变,导致对冒犯者的回避和复仇行为的增加。相反,当被冒犯者报告说自己已经宽恕对方了,这个积极动机便是在驱使个体朝向与冒犯者建立建设性积极关系方向发展。由此可见,宽容本身并不是一种独立的动机,而个体会在遭受冒犯之后,受到自身的亲社会动机影响而选择宽容,这体现了人性的仁爱性。

拜特森从亲社会行为的角度对宽容进行了解析,"我们对他人的关心通常是因为我们能够体验对他人的同情,并能够借助同情去处理与他人的冲突"。在人际关系心理学中,这种亲社会心理包括适应性调节以及自我牺牲两个部分。自我牺牲是指个体能够超越直接的个人需要而倾向于思考他人利益,并看重人际关系的价值。宽容、同情、适应性调节和自我牺牲的共同特征在于,个体在行动中可能需要做出一定努力,这种努力会对建立或恢复与他人的积极关系有益。

2. 自我宽容

宽容的另一种含义指向对自我的态度和情感。毛格在1992年指出，除了人际宽容之外，还有自我宽容也值得研究。鲍尔则进一步提出："自我宽容是当事人由自我疏远的状态转向自我亲近、自我接纳的过程。"之后，恩莱特在1996年对自我宽容的定义进行了更新，即"个体在面对自己已经认识到的错事时，愿意放弃对自己的不满，并给予自己同情、宽大和关爱"。这个定义揭示了自我宽容的整个过程：①有一个"错事"发生；②个体对自己有消极的情感反应；③个体自我接纳并改善自己的行为。

赫尔等人总结了自我宽容与人际宽容的区别。首先，在人际宽容中，伤害的形式只能是行为；而在自我宽容中，除了行为，思想、欲望和感觉都能对自己造成伤害。其次，在行为标准上两者有区别。自我宽容的个体会确定某种标准，只有达到这种标准，个体才会宽容自己；而在人际宽容中则不需要这种标准。再次，对象上有区别。在人际宽容中，受害者逃避、报复与善待的对象都是他人；而自我宽容中的对象都是自己。最后，个体在没有自我宽容时，可能采取很极端的行为；而没有人际宽容的后果可能比较平和，但有人际关系的危机。

（二）宽容的作用

宽容作为人类的积极品质之一，有利于化解人与人之间的冲突，提升人的心理健康和幸福感。

1. 宽容与敌对情绪的缓和

宽容有助于降低个人的敌对情绪。有研究者指出，与敌对情绪状态比较低的人相比，具有长期的、慢性的高敌对情绪状态的人会更加频繁地回想起被冒犯的情境，而且在思想上会产生更多对冒犯者施加报复的观念。虽然其结果并不一定导致直接的报复行动，但是会导致回避行为增加。当我们宽容某个曾经伤害我们的人时，它应该同时包含减少伤害对方和减少与对方的回避状态。不过，从治疗的角度来看，如果我们协助个体减少对对方的回避行为，也就在实际上帮助个体缓解了自身的敌对情绪状态。因此，缓和敌对情绪也就自然成为宽容治疗研究中的一个重要命题。

2. 宽容与积极人际关系的恢复

许多研究者发现，人们通常更倾向于宽容那些与自己关系比较亲密的人，而对于与自己距离比较远的或是陌生人则比较难宽容。迈库罗在1998年曾通过路径分析法发现，人们不仅会因为人际关系亲密、投入及满意程度的影响而做出宽容行为，而且，宽容也会反过来导致个体与冒犯者之间的关系距离缩短。因此，愿意宽容冒犯者的人通常也会更容易与冒犯者重建友谊；相反，那些对曾经伤害过自己的人不能做出宽容行为的人，也往往更会令彼此间的关系伤害进一步加剧，最终导致这种关系的完结。换句话说，宽容在维护良好人际关系的同时，也能维护和促进自身的健康状态。

3. 宽容与身心健康

大多数心理学家认为宽容是一种自我保护机制，宽容有助于个体释放愤怒与仇恨等消极情绪，有助于个体做出亲社会行为，减少攻击行为，有助于个体建立和维护与他人良好的人际互动，有助于改善和恢复已经破裂的人际关系，有助于个体增加希望、提高自尊、保持平和的心境，而这些都将最终有利于个体的身心健康。宽容干预在临床上能有效地缓解患者的抑郁、自责、后悔、内疚、愤怒、焦虑和恐惧等情绪问题，甚至可以减轻癌症患者的心理压力。这也从另一个角度证实了宽容与健康的内在关联性。

引申阅读

林肯小时候家境困难，他12岁的时候不得不终止学业，去做了一个伐木工人。那时候伐木工人工资很低，而且是手工劳作，工作效率很低。伐倒木材后，工人们就在木头的尾部用墨水写上自己名字的第一个字母，表示这根木头是自己所伐的，然后再去向老板要钱。但是有一天林肯发现自己辛苦砍伐的十多根木头被别人写上了字母。林肯生气极了，回家对继母黛丝说："一定是那个叫亨德尔的家伙干的。我去他们家找他理论去。"

继母看着林肯说："孩子，你先别急。听我给你讲个故事。"于是黛丝平静地讲了起来："从前有一大片森林，那里有一个善良的人，名叫斑卜，他以打猎为生，经常在密林中安装捕兽套子。由于他安装的地方是野兽们经常出没的路线，所以几乎每天都有收获。有一天他又去收套子，却发现套子上只有猎物脱落的毛，而猎物已经被别人取走了。斑卜很生气，但又不知道是谁干的，他想留个条子，可是不会写字。于是他就在纸上画了一张很生气的脸，放在套子上。第二天他又去收套子，发现套子上有一大片树叶，树叶上画着一个大圈，圈里有房子，房子旁边还有一只狂吠的狗。斑卜不知道是什么意思，他想：为什么别人拿走了我的猎物还要画图呢？他觉得应该和这个人见面说理，于是他就画了一个正午的太阳，还有两个人站在捕兽套边。第三天中午他又来到了这里，看到有一个浑身插满了野鸡毛的印第安人在那里等他。他们彼此语言不通，只能通过手势来对话，印第安人用手语告诉斑卜，这里是他们的地盘，你不可以在这里装捕兽夹。斑卜也打手势说：这里是我装的捕兽夹，你不能拿走我的果实。两个人的模样都很古怪，相互看得直乐。斑卜想，与其多一个敌人，还不如多一个朋友，于是他就大方地将捕兽夹送给那个印第安人了。这样大家就相安无事了。后来有一天，斑卜打猎时遇到狼群追赶，被迫跳下了悬崖，等他醒来的时候，发现自己正躺在印第安人的帐篷里，伤口上还有印第安人给他擦的药。此后他就成了印第安人的好朋友，和他们生活在一起，共同打猎。"黛丝讲完了故事，微笑着看着林肯说："你说斑卜做得对吗？""他做得很好，这样就少了敌人，多了朋友。""那么你宁愿要朋友还是要敌人呢？""当然是朋友了。"林肯毫不犹豫地说。"对呀，孩子。你要学会宽容别人，这样才能使自己的路越走越宽广。要不然，你在社会上就会到处树敌，很难成功。"林肯很懂事地点点头。日后，林肯总统的办公室里挂着这样的条幅："宽容比批评更能改变人。"而这种宽容的精神，正是源自继母的教导。

（三）如何提升宽容水平

既然宽容是一种积极的情绪和行为，我们怎么才能让自己更容易宽容别人和自我呢？这个问题也是很多积极心理学家研究的重点。

恩格里斯在总结前人对宽容研究的基础之上，尝试建立了宽容干预模型。该模型共包含四个阶段，每一阶段又由若干环节组成，细致地描述了宽容一个人可能会经历的心理过程，如下所示。

1. 体验伤害的阶段

（1）检验心理防御机制。

（2）正视愤怒，目的是释放而不是隐藏愤怒。

（3）在适当的时候体验羞愧。

（4）觉察到自己对伤害事件的过度关注。

（5）觉察到自己对所受伤害的回想。

（6）意识到将自己的不幸与冒犯者的"幸运"做比较。

（7）意识到伤害对自己造成的影响是永久的。

(8) 觉察到自己"公正世界"的信念应有所改变。

2. 决定宽容的阶段

(1) 意识到现有的应对策略对当前的情境不起作用。
(3) 将宽容作为一种选择。
(2) 做出宽容的承诺。

3. 实施宽容的阶段

(1) 将冒犯者置于当时的情境中,对其过错进行重新认知。
(2) 对冒犯者共情。
(3) 觉察到对冒犯者的同情。
(4) 承受痛苦。
(5) 收获成果。

4. 深化的阶段

(1) 思索经历磨难和给予宽容对人生的意义。
(2) 意识到自己也有得到他人宽容的需要。
(3) 认识到他人也会受到伤害。
(4) 认识到自己也会因此而树立新的生活目标。
(5) 意识到对冒犯者的消极情绪逐渐减少、积极情绪逐渐增加,能使自己得到内心的释然。

该模型的第一阶段侧重于对心理的分析,它着重讲述哪些情绪、想法和行为可能困扰个体,这有助于加深我们对这些因素的理解。其余三个阶段为促进宽容的阶段。首先,引导个体树立宽容意识;其次,改变个体对冒犯者的消极认知,促进个体的共情;最后,促使个体真正地宽容冒犯者。当然,每个宽容者并不一定要经历上述所有过程。上述过程是逻辑上的顺序而不是心理上不变的顺序。不同个体之间存在着差异,在不同阶段有的个体会出现倒退或跳跃现象。

大量研究表明,基于该模型的宽容干预能有效改善个体的心理状态,促进个体宽容。

(四) 宽容与信念

宽容自己与宽容他人不仅是亲社会情感引起的动机和行为的改变,也是一种高级的人生信念。所以宽容的培养离不开信仰教育或信念教育。

宽容是从更高的角度对个人恩怨的一种领悟,它要求我们从历史和同情心的角度看问题,是一个化解仇恨的好方法。在实践宽容的过程中,人们往往从善良、人的不完美的立场看问题,人的情绪是平和的,看到的都是人性中的积极方面。

宽容可能激发更多的宽容,被理解、被宽容的人会努力反省自己的过错与性格的弱点。宽容是一个积极的心理品质,也是一种战胜消极心理的强大力量。有时,我们虽然意识到宽容的必要性,但从情感上还是没有力量和勇气来实践宽容,毕竟我们在情感上习惯了不宽容。所以,宽容精神必须与信仰教育联系起来,把它作为一个带着感情的认知,而不是一个道理来认识。

反思体验

1. 你幸福吗?我们应该怎样追求幸福?
2. 怎样才算是一个真正快乐的人?

3. 如何提升自己的乐观水平？
4. 你学会了感恩吗？如何让自己更加宽容？

心理测验

自我状态宽容量表

下面有17个描述，请你根据每个描述符合你的程度打分，1为非常不符合，2为有点不符合，3为有点符合，4为非常符合。

1. 当我觉得我做错了的时候，我会同情我自己。
2. 当我觉得我做错了的时候，我会否定我自己(R)。
3. 当我觉得我做错了的时候，我会接纳我自己。
4. 当我觉得我做错了的时候，我会不喜欢我自己(R)。
5. 当我觉得我做错了的时候，我会显得很可怜。
6. 当我觉得我做错了的时候，我会显得很释然。
7. 当我觉得我做错了的时候，我会惩罚我自己(R)。
8. 当我觉得我做错了的时候，我会批评我自己(R)。
9. 当我觉得我做错了的时候，我相信我是可以被接纳的。
10. 当我觉得我做错了的时候，我相信我是很好的。
11. 当我觉得我做错了的时候，我相信我是讨厌的(R)。
12. 当我觉得我做错了的时候，我相信我是可怕的(R)。
13. 当我觉得我做错了的时候，我相信我是体面的。
14. 当我觉得我做错了的时候，我相信我是堕落的(R)。
15. 当我觉得我做错了的时候，我相信我是值得被爱的。
16. 当我觉得我做错了的时候，我相信我是一个坏人(R)。
17. 当我觉得我做错了的时候，我相信我是可恶的(R)。

请将后面带有字母R的题目的分数反转（即1变成4,2变为3,3变为2,4变为1），然后将17道题的分数加起来。如果你的总分在50分以上，则你的宽容度在一般人以上。

第十四章 团队合作，共创佳绩
——大学生团体心理素质拓展及实务

案例导读

江西省某高校的心理课程包含了课程讲授、视频教学、素质拓展等部分，其中素质拓展授课是学生最感兴趣并积极参与的部分，因为这个课程不仅能使学生提升自身心理素养，将其所学心理知识运用于实践中，还能在模拟的社会情境里，为学生提供体验特定社会生活的机会。

心理分析

团体心理素质拓展由于符合学生合群、爱模仿、易受别人影响、从众性强的特点而受到学生欢迎，同时它是一个安全的多维人际互动环境，是一个模拟的社会，为青少年学生提供了体验特定的社会生活的机会。他们在素质拓展活动中可以放心地进行新行为演练，而不必担心受到伤害，也可以借助团体的影响力来学习某种生活经验或改变某种不良行为，并获得团体生活经验，避免直接在社会中锻炼新行为时易受到的打击。除此之外，团体心理素质拓展能充分利用教育资源，解决辅导教师与学生由于人数比例悬殊而造成的顾此失彼问题，在辅导过程中，学生会得到辅导教师和团体成员多方面的帮助和感情支持。

学习要点

1. 了解团体心理素质拓展的界定、特点、意义。
2. 掌握团体心理素质拓展的部分实务。

关 键 词

团体　素质拓展

第一节　美丽心旅程
——心理素质拓展基本知识

一、心理素质拓展的界定

心理素质拓展，是体验式学习的一种，又称为拓展训练、素质拓展训练、户外拓展训练、体验式培训、户外训练等。在我国香港被称作"外展训练",在日本被称为"冒险集体疗法"。

心理素质拓展训练是由哈恩创建的一种体验式的培训。它是通过引导参与者亲身实践一些特定的任务或活动项目,并对其完成项目事件、过程、结果的情况进行考察,同时提出问题并进行反思、找原因,再制定方案,最终归纳提炼。通过独特的体验式培训项目帮助大学生激发潜力,增加班级活力、创造力和凝聚力,进而达到提升心理素质的目的。训练目标由开始单纯的体能、智能训练扩展到人格训练、心理训练等。

国内有学者认为,心理素质拓展训练是一项集娱乐和教育于一体的运动。作为一种教育模式,它以户外活动的形式为主,通常利用自然环境,通过精心设计的活动让参与者进行体验,从中感悟出活动所蕴含的理念,通过反思获得知识,改变行为,实现可趋向性目标,侧重于对心理健康和社会适应能力的培养。

我们认为,心理素质拓展是一种以提高心理素质为主要目的、兼具体能和实践的综合素质教育,它以运动为依托,以培训为方式,以感悟为目的。它与传统的知识培训和技能培训相比,少了一些说教和灌输,多了一些运动中的体验和感悟。心理素质拓展能激发青少年学生的个人潜能,培养其乐观的心态和坚强的意志,提高沟通交流的主动性和技巧性,树立相互配合、相互支持的团队精神,极大增强合作意识,从而达到提高学生心理素质的目的。因此,这种培训方式成为学生学习生活经验、体验社会教育、形成正确价值观等教育目标的一个重要途径,是素质教育中不可缺少的一项。

二、心理素质拓展的特点

(一)学生是主角

心理素质拓展训练的整个过程中,学生一直是活动的重心,学生通过自己身体力行来感受活动的意义,并从中悟出道理。培训师的讲解都是基于所有学生的回顾和反馈展开的,而不是单向地阐述。这样的学习方式有效提高了学生的投入程度。

(二)简单游戏中蕴含深刻道理

心理素质拓展所采用的活动看上去都非常简单,其实这些项目中绝大多数都经过了心理学、管理学、团队科学等领域几十年的论证,能够让个人心理素质和团队质量都得到提升。

(三)参训者情感距离被迅速拉近

参加心理素质拓展的队员通常被分成若干个小组,每个小组通过培训师的调动充分融合,许多活动项目需要大家忘我地合作才能完成。队员之间建立的感情纽带就如同军营的战友情和学校里的同窗情,这种感情使得他们之间的距离被迅速拉近。

(四)投入为先

心理素质拓展的所有项目都以体能活动为切入点,从而激发参与者的认知活动、情感活动、意志活动和交往活动。项目有明确的操作过程,要求学生全身心投入,这样才能获得最大价值。

(五)挑战自我

心理素质拓展的项目都具有一定的难度,主要表现在对学生心理素质的考验上,需要学生向自己的能力极限发起挑战,跨越"心理极限"。

(六)高峰体验

在克服困难、顺利完成训练项目要求以后,学生能够在内心深处体会到胜利感和自豪感,获得人生难得的高峰体验。

（七）自我教育

教师只需要在课前把课程的内容、目的、要求以及必要的安全注意事项向学生阐述清楚,活动中一般不再进行讲述,也不参与讨论,充分尊重学生的主体地位和主观能动性。即使在课后的总结中,教师也只是点到为止,主要让学生自己来讲,从而达到让学生进行自我教育的目的。

（八）人性化

心理素质拓展是心的旅程,它重视心灵的感动和感悟。

（九）自然化

心理素质拓展旨在让学生与大自然互动,通过自然的学习方式,达到自然的个性成长。

三、心理素质拓展的优点

心理素质拓展训练不同于体育活动,虽然两者主要都以户外活动为载体,但无论是训练目标,还是训练手段,都存在着较大的差别。体育活动是以身体锻炼和竞技为核心目的,而心理素质拓展训练则强调学员心理素质的提升。从训练手段而言,心理素质拓展训练通常以限时完成任务为标准,要求团体成员共同解决问题,而体育训练则以重复性强化训练为主要形式。

心理素质拓展训练也不同于娱乐,尽管心理素质拓展训练也具备较大的趣味性。娱乐的一个突出特征是没有明显的目的,目的是得到心理上的某种满足感。而心理素质拓展训练的某些项目恰恰是以克服心理障碍、完成心理挑战为目标的。

心理素质拓展训练不同于传统的培训,它需要轻松自然的户外环境、开放接纳的心理状态、真实模拟的情境体验,能让学员体验到与以往不同的共同生活经历。与传统的室内训练不同,拓展训练借助自然地域,通过学员亲身体验,定向设计情景模拟项,以评估学员的实际表现,揭示学员及团体整体的优势及问题,然后在带领者的引导下,利用团体的共同智慧,成功找到改进的方向和方法。

体验式心理素质拓展训练寓教于乐,为学习者提供轻松自然的学习氛围,并设置了具有挑战且充满趣味的活动,团体成员相互交流分享,不仅可以丰富和更新自身的知识结构,还可以培养他们独立思考的能力,这些对于启发学员挖掘自身潜力、发挥自己的才能具有积极作用。因为体验式的培训以游戏为中心、以学员为中心,参加者通过亲身体验达到挑战自我的目的。此外,体验式培训可同时激发两种记忆（显性和隐性）,让记忆更加深刻。在团体合作中,学员不仅能获取知识和技能,更能培养坚定的自信心、强烈的进取心、顽强的意志力、良好的沟通能力与合作精神。通过在团体中的互动、共情、分享,建立团队的信任感、归属感和认同感,通过躯体接触、内心开放与互动等环节形成团体合力,个体在群体中感受到这种合力以后,就能更容易地转变自己固有的观念和态度,发现自己潜在的能力,从而改变个人态度。而态度改变行为,行为改变习惯,习惯改变性格,性格最终会改变命运。

学员在参加心理素质拓展训练时,可通过精心设计的情景模拟在以下六个方面获益。

① 有利于激发个人潜能,提高团队的凝聚力。
② 在团队中营造信任氛围,促进队员彼此态度的转变和情感的分享。
③ 增进队员自我接纳感和自我尊重感,使其体会到自我价值,从而树立自信,克服自己的不足。
④ 协助队员摘下面具,学会勇敢地以真实的态度与他人相处,面对真实的自我。
⑤ 协助队员学会解决问题、做出正确决策的技巧以及承担责任。
⑥ 协助队员将团体中学习到的经验运用到自己生活实践中。

四、心理素质拓展的主要环节

心理素质拓展强调在体验中学习,体验先于学识。同时,学识与意义来自参加者的体验。每个参加者的体验都是独特的,因为这个学习过程运用的是归纳法而不是演绎法,是由参加者自己去发现、归纳体验过程中提供的知识。

(一) 第一步:体验

这是过程的开端。参加者投入一项活动,并以观察、表达和行动的方式进行。这种初始的体验是整个过程的基础。它一般包括团队热身及项目体验两个步骤。

1. 团队热身

团队热身是心理素质拓展训练不可缺少的环节,尤其是成员彼此不太熟悉的团队。团队热身不只是为了消除队员之间的陌生感,更重要的是让队员尽快从日常的工作、生活氛围中解脱出来,放松心态,调整情绪,全身心投入到心理素质拓展训练中,让全体队员享受学习的乐趣,体验活动的内涵,感受新奇的经历,为未来更美好的改变奠定基础。总之,团队热身会让心理素质拓展训练的效果最大化。

团队热身的一般流程如下:体验训练起源、进行作用简介→破冰→布置团队任务(分小组,选队长,起队名,设计队徽与队旗,确立队歌和队训,为每个队员起名字)→各小组展示设计成果(可穿插一些集体游戏活动)→活动注意事项及安全、环保和临时纪律的说明→培训具体时间安排说明→按小组分配物品→专业器械使用说明。

2. 项目体验

项目体验包括团队项目和个人项目。在心理素质拓展训练中进行团队建设,并不意味着只做团队项目就可以了,个人项目是团队建设的重要因素。在个人项目中,个人需要完成的规定项目都是在所有队友的关注下进行的,同伴的鼓励和队友的目光是每个人前进的动力。在这种浓厚的感情冲击下,每个人会尽自己的最大力量来完成看似不可能完成的项目,在活动中体会集体的力量。团队项目是体验训练的精华所在,团队打造是体验培训的核心,为团队建设而努力是每个项目要达到的目标,团队项目不仅是大家的责任,也是个人能力的体现。在团队中,个人的领导能力、组织能力、团队精神、身体素质可以发挥到极致,个人如果能在整个团队中体现出个人能力,他将会有更大的归属感与优越感。所以,团队项目以个人的努力为基础,个人是团队不可或缺的元素。

(1) 个人项目的目的。

① 吸引队员的注意力,为逐步引导他们掌握更全面的技能做准备。

② 提高个人技能,锻炼队员的心理素质。

③ 增进团队凝聚力,引导队员感受他人情感,建立彼此之间的信任。

(2) 团队项目的目的。

促进队员间的相互信任、理解、默契和配合;建立团队向心力,提高团队凝聚力;提高个人的沟通、领导等较为广泛的能力;通过复杂而艰巨的活动,引导个人体验、感受团队魅力。

(3) 项目体验的一般流程。

① 项目简介。

② 分配安全装备和项目道具。

③ 器械使用说明。

④ 安全说明、注意事项以及活动规则。

⑤ 热身活动。
⑥ 项目实施。
⑦ 回顾小结。

(二)第二步:分享交流

参加者与其他体验过或观察过相同活动的人分享他们的感受或观察结果。回顾与分析的关键部分则是把这些分享的东西结合起来,与其他人进行探讨、交流以反映自己的内在生活模式。体验训练的关键就是要利用训练对队员的心灵进行冲击,这种回顾会让体验培训给队员带来的感受在心中生根、发芽、蔚然成林,队员要将自己的想法与大家进行交流,以加深队员间的沟通。此外,培训师的回顾与分析也是给队员一个重新体验和温习的过程。

回顾总结的目的:分享他人热情,激发团队激情;帮助队员消化、整理,将体验沉淀,提升体验效果;巩固团队学习成果;将培训的收获迁移到工作中。

(三)第三步:整合应用

按逻辑的程序,从经历中总结出原则并归纳提取出精华,再用某种方式去整合,以帮助参加者进一步定义和认清体验中得出的结果。这一步是策划如何将这些体验应用在工作及生活中。而应用本身也是一种体验,有了新的体验,循环就又能够开始了。因此参加者可以不断进步。

五、大学新生参与心理素质拓展的意义

大学新生所面临的生活适应、人际关系、学习心理及自我意识问题具有暂时性和共有性的特点,大一上学期是班集体形成凝聚力的关键时期。因此,以班级为单位,在大学新生中开展以游戏活动为主体的心理素质拓展,可以帮助新生快速适应、顺利发展。具体而言,团体心理素质拓展可以通过以下三种方式帮助新生成长。

(一)创造生活情景

团体是一个社会缩影,为成员创造了一个类似现实生活的真实情景;团体也是一个实验室,为成员提供了模仿、学习、训练自己行为的场所。因此,在团体中学习到的良好行为更容易运用到日常生活中,分享效果更容易得到巩固。许多人都懂得相应的道理,但在现实生活中做不到,如果能在团体中多次练习,个体将逐步掌握相应的技巧。

(二)分享倾听经验

很多人都会觉得,他们的问题和经历都是独特的,他们有着不为人知的独特困扰,可一旦在团体中,当听到其他成员暴露类似的问题时,共鸣就油然而生,有一种寻觅到知音的感觉。事实上,当我们有机会感受到自己和他人的相似之处,并且与他人分享自己深层次的忧虑时,伴随而来的情绪宣泄以及来自他人的完全接纳,都会使我们获益颇多。

(三)学习增加智慧

在团体互动过程中,成员之间相互支持、集思广益,共同探寻解决问题的办法。个体没有被组织起来的时候仍然还是个体,如果被组织起来成为一个团体,团体的力量就可以超越个体的智慧。对于个体成长而言,再精辟的讲授都无法代替个人的直接体验和亲身感悟,哪怕只是一点点的启发,也能留下深刻的记忆,而分享则能使这些感悟和经验得到再一次升华和概括。

第二节 世界因相逢而精彩
——新生凝聚力团体心理素质拓展实务

一、目的

大学生离开家庭,出门在外,要面临陌生的环境、新奇的未来。读大学是很多人独立生活的起点,然而,学习、生活方式的重大改变让很多新生产生适应问题,较好地融入新的集体、建立健康的群体意识与和谐的人际关系有助于新生尽快适应大学生活。新生班级成员有着非常不同的生活背景和习惯,相互之间差异较大,许多新生因此容易困惑与迷惘,家人朋友不在身边,使得许多学生不能够正确地排解这些困惑,甚至容易引发矛盾。所以,新生团体凝聚力的提升对于新生消除这些不适应有着很大的帮助作用。本节内容旨在帮助大学生共同克服困难完成任务,学会更有效地沟通,以使其更快地认识集体以及他人,协助大学新生更好地进行自我认知,发展良好的人际关系。

二、要求

(一)小组的性质、人数

以大学一年级新生的班级为团体单位。在具体实施过程中,可以根据需要再分成20人左右的大组或者8人左右的小组。设团体带领者1名,团体协助者2名。

(二)团体需要遵循的规则

本团体除了要求体现引导、发展、综合、保密等一般的团体心理素质拓展工作原则,还要求每位成员认真参与、积极配合,无故不迟到、早退,不做与团体素质拓展无关的事情。在每个活动项目开始前,认真聆听并理解带领者的要求;活动项目过程中,与小组成员互帮互助、出谋划策,并配合协助者顺利完成任务;活动项目结束后,用心体会内心感触并勇于表达。整个团体心理素质拓展结束后,如有意见与改进建议,可以提出沟通。

(三)其他需要说明的问题

本活动需要较为宽松的场地,按照成员规划,大概需要200平方米的空地,场地要平整,室内外皆可,尽量封闭、安全、隔音。事先通知小组成员穿着宽松休闲的服装,穿运动鞋,女生不要穿裙子。准备足够的眼罩、秒表、13米长的绳子若干。必要时可以准备扩音装备。准备团体活动中需要的其他物品,如餐巾纸等。

三、实务操作

大学新生团体凝聚力提升心理素质拓展包含如下活动项目:团队热身及组建、团队活动体验。

(一)团队热身及组建

1. 全体热身活动:勾肩搭背操

(1)活动简介。带领者带领全部成员站立围成圈,每个人的手搭在两边人的肩膀上,形成勾肩搭背的状态,并保持稳定,一起做一个简短的活动身体的集体操。

(2) 预计时长:10分钟。

(3) 活动流程。

① 开场引导语。请全体成员以我为圆心快速地围成一个大圆!接下来,我将带领各位做一个非常好玩热身活动——勾肩搭背操。顾名思义,就是所有人都要将自己的手搭在相邻两个人的肩膀上,形成勾肩搭背的状态。

② 注意事项。当有相邻的男生女生不好意思将手搭在对方身上时,带领者们应先鼓励,强调之前说过的"忘记标签"规则,如成员仍不愿意,带领者可以加入其中成为衔接桥。

③ 正式开始引导语1。现在我将做几个动作,大家请跟随我一起做。首先头部运动,大家以脖子为圆形,先顺时针转动2个8拍,再逆时针转动2个8拍。大家一起喊口号,准备好我们就开始喽!(口号为1、2、3……8,2、2、3……8……。带领者起头,成员们跟随。)

④ 正式开始引导语2。好,接下来我将说出几个口令,各位要做出对应的动作。我先教大家每个口令对应着什么动作。首先是"风吹",大家集体向左扭胯;然后是"草动",大家集体向右扭胯。"花开"时大家一起向后仰,下腰到自己能到的位置;"花落"时大家一起向前俯身;"策马"时左腿在前做弓步压腿;说到"奔腾"时大家快速跳跃交换双腿的位置(注:对于此处所有的口令,带领者应为成员们做示范)。动作大家都清楚了吗?接下来大家跟我一起喊口号,我们争取一次做好!

⑤ 正式开始引导语3。风吹——草动——花开——花落——策马——奔腾!

⑥ 正式开始引导语4。各位做得都非常好,现在大家可以把手放下来活动一下肩膀和四肢,但不要解散这个圆,然后让我们进行下一个活动。

2. 团队组建

(1) 活动简介。将大团体拆分为小团体,帮助小团体建立起自己的团队文化,形成团队意识,增强小组凝聚力。

(2) 预计时长:40分钟。

(3) 所需材料:旗子每组1面,水彩笔若干。

(4) 活动流程。

① 开场引导语。我们在未来的生活中可能要常常以团队的形式做事,因此在下面的活动,我们要以小组的形式完成。对于小组而言,最重要的是团队间的共同合作,我相信大家都能够相互帮助,完成接下来的活动。

② 正式开始引导语1。首先,从×××(随便指定一个人)开始,从1—6循环报数。刚刚所有报到相同数字的成员为一组,今天你们将是一个团队,一起完成接下来的挑战。

③ 正式开始引导语2。接下来我将说出对你们团队的要求,每个人都记好:每组需要根据任务要求选出一名组长,也可以根据任务要求增设其他角色,比如副队长、音乐委员、美术委员,等等,我不限制也不做要求,但是必须有一名组长;起一个大家都认可的队名,团队名称尽量要有意义,符合时代和大学生特点;画出自己队伍的队旗;根据队伍特色,想出一个独特的宣传方式,要有自己的口号、队歌和队形,口号尽量简练,突出队伍的精神面貌,队歌选取一段就好,需要大家一起唱出来,队形可以是静态的某个造型,也可以是动态变换的。准备时间是25分钟,最后会将团队组建的成果向其他队伍进行展示,展示包括介绍队员、队旗、口号、队形等,每个队伍有大约2分钟的展示时间。希望大家能展示出最精彩的自己。

④ 注意事项。分好组后带领者应指定每个组的场地所在,要求每个组的距离不会太远,也不会相互影响;带领者及时跟进队伍的进度,可以依据成员们的进度把控设计时间;团队展示环节中要不断对其他队伍强调尊重表演中的队伍,带领成员们鼓励表演中的队伍。

(二)团队活动体验

体验活动包含以下四个:同心协力、巧变图形、蜈蚣翻身、解开千千结。

体验活动一:同心协力

【活动目标】

组建小组并共同完成任务,了解自己对于团队成败的重要性,并让成员学会在团队中与他人沟通、协作;通过更亲密的身体接触,使成员之间有更直接的联系,增强团队成员的归属感;通过各小组间的恰当竞争,激发成员的积极态度与奋斗精神。

【活动准备】

清理掉场地内的一切障碍物,使地面干净平整,松软干燥的草地最合适。

【活动步骤】

(1) 将全部成员分成若干小组,每小组6~8人,每小组人数相等。

(2) 各个小组先派出2名成员上场,背靠背坐在地上,然后双臂相互交叉,合力使双方一同站起来。

(3) 当小组的2名成员同时站起后,该组增加1人,再次全力一同站起;如果失败,需再次尝试,直到成功才可再加1人。以此类推。

(4) 组织者在旁边观看,最终人数最多且用时最少的小组为优胜。

【讨论】

(1) 在活动中,你能仅靠一个人的力量就完成起立的动作吗?

(2) 如果参加游戏的队员能够保持动作协调一致,这个任务是不是更容易完成?为什么?

(3) 你们是否想过用一些办法来保证队员之间动作协调一致?

(4) 若你是小组中先参与活动的队员,你如何更高效地与后加入的队员沟通?

(5) 在旁观看与实际参加活动时的感受有何不同?

体验活动二:巧变图形

【活动目标】

通过与小组成员共同完成任务,体验团队中沟通、合作的重要性。通过蒙眼、不许说话等方式制造困难,使小组经历一个从生疏到越来越熟练的过程,这也是小组成员中分工变明确、配合变默契的一个过程,其间还能锻炼小组成员面对困难、克服困难的意志。

【活动准备】

清理掉场地内的一切障碍物,使地面干净平整。准备眼罩、秒表以及13米左右的长绳若干。

【活动步骤】

(1) 带领者先把13米长的绳子两头相结系成一个大绳圈。长绳的长度最好比5个人伸直双臂的总长度多5米,不要太短,也不能太长,否则都会影响游戏的难度。

(2) 全体成员分成若干小组,每组5人。5位成员分别戴上眼罩,带领者把事先准备好的大绳圈分别交给他们。

(3) 带领者发出变形指令(如直线、正三角形、正四边形、正五边形等),并开始用秒表计时,5位参与者根据指令通过合作完成图形。

(4) 在合作完成图形的过程中,参与者之间不允许用语言交流。要求绳子充分展开,不可以收缩部分绳子、减短边长、降低难度。带领者可对同一小组的同一种图形下达多次指令,如果其用时越来越短就进行鼓励。

(5) 可安排2~3组同时进行比赛,用时最少的组获胜。

【讨论】
(1) 这个活动主要困难在哪里？后面变得越来越简单的原因是什么？
(2) 你在这5人小组中充当什么角色？
(3) 当你在进行蒙眼变形时，周围观看的人议论、暗示、轻笑等声音给你什么感受？
(4) 你自己参加蒙眼变形活动与在旁边观看的感觉有什么不同？

体验活动三：蜈蚣翻身

【活动目标】
训练身体的灵活性和柔韧性，让每个成员都努力完成任务，不拖累小组成绩。锻炼小组成员之间的协调性，促使其发现自己的优势与不足，对小组分工有更多的认识，并体会自己在集体中的位置，同时体验团队竞争与合作带来的压力和快乐。

【活动准备】
清理掉场地内的一切障碍物，使地面干净平整。

【活动步骤】
(1) 将所有成员分成两个大组，两组成员数量相当。每组推荐产生一名组长，两组成员纵队排好。
(2) 组内每个队员把双手搭在前面队员的肩膀上，整个组形成一条"大蜈蚣"。活动开始前先练习一下"大蜈蚣"跑动，看看彼此是否协调。
(3) 接下来开始进行"蜈蚣"翻身比赛，要求排头的成员带动后面的人从第二、三人之间的空档处钻过去，然后再从第二、四人之间的空档处钻过去，以此类推，一直到从队伍最后两位成员的空档处钻过去。全组所有人员的手不许离开前面人的肩膀，一直钻完至队伍调头。
(4) 两组间竞争，完成"蜈蚣翻身"用时最少的组获胜。

【讨论】
(1) 在这个活动中，组长是如何推选出来的？组长有什么作用？
(2) 你在队伍中处于靠前的位置还是靠后的位置？为什么？
(3) 如何让"蜈蚣"翻身更顺畅，速度更快？

体验活动四：解开千千结

【活动目标】
通过活动使成员相信自己的能力，体会自己的努力对于团队成功的贡献；感受团体成员彼此信任的重要性，培养信任同伴的意识；体会自己在团队中的态度与作用，从而更好地认识自己、了解自己；通过小组成员共同解决一个困难，认识到集体的力量与快乐。

【活动准备】
清理掉场地内的一切障碍物，使地面干净平整。

【活动步骤】
(1) 把全体成员随机分成两组，两组成员数量相当。
(2) 小组成员站成一个面向圆心的圈，然后举起右手，抓住对面另一成员的手，再举起左手，抓住另一个人的手。但是不能抓自己身边成员的手，也不能两只手抓一个成员的两只手。尽量抓离自己远的队员的手。这样就形成了一个复杂的"结"。
(3) 要求成员在不松手的情况下，想办法把这个"结"解开。在游戏的过程中如果尝试了20分钟"结"都没有被解开，带领者可以征求团队成员的意见，是否需要某两只相邻的手断开一次，若需要，再团体讨论需要解开哪两只手。断开后，这两只手必须马上再封闭。
(4) 每组成功解开一到两次后，两组成员合并，全体成员组成一个大结，并一起想办法将其解开。

【讨论】

（1）一开始面对这个复杂的"结"的时候，你的感觉是怎样的？在"结"解开了一点以后，你的想法是否发生了变化？

（2）你在解"结"的过程中，充当什么角色？是积极出谋划策的，还是被安排如何解"结"的？

（3）在现实生活中，你是否也与周围的朋友结下了这样的"结"？有些"结"可能是看得见的，也可能是看不见的，比如你总是看某个同学不顺眼。在日常生活中，你是以何种心态来面对人际交往中的这些"结"的？

（4）通过解开这个"结"，你觉得成员间的关系发生了什么微妙的变化？朋友之间发生矛盾冲突是否只有消极的影响？

（5）当努力了很久"结"都没有被解开时，你的感觉是怎样的？想到放弃了吗？在现实生活中，当你与某个同学产生了激烈的冲突，或者"冷战"了很久都没有和好的迹象时，容易产生什么念头？

四、深度思考

（一）研发意义

所谓团体，是指互助互利、团结一致为实现统一目标而坚毅奋斗到底的一群人。团体不仅强调个人的能力，更强调整体成绩。团体是在集体讨论研究和决策以及信息共享和标准强化的基础上，通过队员奋斗得到胜利果实，而团体的最终成果往往超过所有个人成果的总和。团体的核心是共同奉献。这种共同奉献需要每一个队员都有为之信服的目标。

团体凝聚力是指团体对成员的吸引力、成员对团体的向心力，以及团体成员之间的相互吸引。团体凝聚力不仅是维持团体正常运作的必要条件，而且对团体潜能的发挥有很重要的作用。一个团体如果失去了凝聚力，就不可能完成任务，本身也就失去了存在的条件。团体合作往往能激发出团体不可思议的潜力。一个团体，如果组织涣散，人心浮动，人人自行其是，则会一事无成。在一个缺乏凝聚力的环境里，一个人有再多的雄心壮志、聪明才智，也不可能得到充分发挥。只有懂得团结协作，才能克服重重困难，甚至创造奇迹。

所谓团体精神，简单来说就是大局意识、协作精神和服务精神的集中体现。团体精神的基础是尊重个人的兴趣和成就，核心是协同合作，最高境界是全体成员的向心力、凝聚力，反映的是个体利益和整体利益的统一，并保证团体的高效率运转。团体精神的形成并不要求团体成员牺牲自我，相反，挥洒个性、展现特长保证了成员能够共同完成任务目标，而明确的协作意愿和协作方式则产生了真正的内心动力。

上述团体心理素质拓展中的团体为大学生新生班集体。由于校园环境、人际环境、语言环境和社会环境的重大改变，大学新生在刚入学时容易感到不适应。尽快地融入新的群体、发展良好的人际关系，是解决这一心理现象的重要途径。在大学生的人际关系中，最突出的是同学关系。由于同学们分别来自不同的地域和不同的家庭，在思想观念、价值标准、生活方式、生活习惯上都存在着明显的差异，遇到实际问题时往往容易产生分歧，甚至产生矛盾。上述团体心理素质拓展通过设定一些实际任务，让团体成员共同努力完成，从而使其相互了解、有效沟通，提升团体凝聚力、建立团体精神。

（二）设计思想

随着信息技术的快速发展和互联网技术的全面普及，现代人尤其是年轻人对于手机和电脑的依赖越来越严重。对于许多大一新生来说，他们已经很久没有体会过离开现代化装置，像儿时一样玩一些简单户外游戏了。上述团体心理素质拓展通过设计一些有一定强度与难度的游戏，使大学生尽快地认识、熟悉团体中的成员，了解自己在团体中的位置，并产生归属感与责任感。通过大家一起完成任务、克服困难,使团体的凝聚力得到提升,让新生尽快融入集体,形成良好的人际关系,以更好地适应大学新生活。

大学生的主要人际环境包括宿舍、班级、社团等,在这些环境中,最重要的就是要学会尊重、宽容、忍让、关心,学会求同存异,不以个人的好恶为评价标准,更不能把自己的标准强加于人,要学会站在他人的角度上思考。因此,本方案设计的几款游戏都需要团体合作完成,游戏设定从简到繁,从大局意识、协作精神和服务精神几个角度入手,培养成员的团结精神,增强成员的团体凝聚力,让成员感受到集体的温暖与力量。同时,也可以加强成员对于人际交往与自我认知的能力。

整个团体素质拓展时间设定为1~2个小时为宜,若时间太长,成员会产生劳累、疲倦、厌烦的感觉,成员会提出喝水、去洗手间等请求,不利于集中注意力;若时间太短,则所设计的活动数目会减少,或者因为时间比较仓促草草了事,难以达到程度深入、充分讨论的效果。

整个团体心理素质拓展分为开始、活动与总结三个阶段。向成员介绍此次团体心理素质拓展概况,内容包括目的、性质、组成人员、大体流程以及原则等,帮助团体成员相互熟悉了解,这是开始阶段的工作。团体素质拓展的活动阶段是整体团体素质拓展的核心阶段,带领者需要提前熟悉活动的流程及设计意义,这样才能够向成员表达清楚每个活动的具体步骤和要求,从而达到活动的效果。活动结束后,带领者还要根据游戏情况,向成员提出一些开放性的讨论问题,鼓励成员将内心体会表达出来并联系真实生活进行思考,使成员真正感受到游戏的意义,这是活动的总结阶段。

大学生新生团体凝聚力提升的这一系列的团体心理素质拓展,都以热身活动开始,热身活动可以打破一些同学的心理障碍。比如游戏要求相邻的每个成员必须手牵手。对于许多相互之间不熟悉的大学新生来说,相互牵手是一个有些为难的要求,特别是男生与女生之间的牵手,成员们一开始常常会不配合。带领者尽量让男女生穿插站立,并鼓励大家牵手,强调直到第一个游戏结束才能松开。这个游戏只需简单的身体接触,便可使团体成员间的距离迅速拉近。

在"同心协力"这个游戏中,成员第一次有了小组的概念,并且小组之间有竞争,因此每个成员的表现都会直接影响小组的成绩。在分组时,由于成员在"'电波'传递"时已经站成一个圈,可以直接让成员进行报数,比如要分成4组,即轮流报"1""2""3""4",最终报"1"的成员为第一组,以此类推。由于平时关系比较好的同学容易站在一起,这样报数分组可以使这样的同学分到不同的小组,让每个成员可以在游戏的过程中接触到更多的相对不熟悉的同学。这个游戏主要是促进小组几个成员之间的协同合作,随着小组内成员的不断增加,成员起身的用力方式、沟通方式也会有所不同,小组之间竞争会更加激烈。

随后的"巧变图形"游戏难度有所增加,成员需要在蒙眼和不许说话交流的情况下,合作完成图形。此游戏的主旨是使成员体验在关闭视觉、听觉两个沟通通道时,仅凭触觉与默契完成任务的感觉,借此来体会沟通的重要性。成员会逐渐在摸索的过程中确定每个人的分工与行动,努力想办法克服困难。

"蜈蚣翻身"这个游戏除了进一步加强团体的协作性以外,还在于让成员体会自己在团队中是怎样一个位置。比如在这个游戏里首次有组长的推选,组长如何产生,为什么要选他(她)为组长,这些都可以反映团队的办事风格。在整个队伍中,排在靠前位置的成员要钻更多的空档,而排在靠后位置的成员相对任务简单。这种队伍排队的技巧与方式,或者成员之间的主动程度,也可以反映每个人在一个团体里的角色定位。

最后的"解开千千结"这个游戏中,为了能够双手拉住其他成员的手,成员之间的肢体接触必须更加亲密,整个团体抱成一个大团,本身就给了成员最大限度的归属感。这个游戏没有明确的"组长",但是在解"结"的过程中,很容易出现一些明确的角色,如积极出谋划策者、身体力行的试探者,以及服从命令者。在这个游戏中,每个参与者从始至终都不能放开他人的手,因此出谋划策者如果想要清楚地解释解"结"的过程,需要用丰富的语言进行沟通,而尝试解"结"的成员需要有创造性和柔韧性。

大学生新生团体凝聚力提升的团体心理素质拓展的活动项目的四个游戏,难度逐渐加大,游戏的设置使得每一个成员都必须认真遵守游戏规则,积极努力尽自己的一份力,不会有得过且过、应付了事的情况存在。游戏中每个单位成员人数从小组(5~8人)到大组(16~20人),最后统一为全班同学,成员所在的集体从小范围逐渐到达班级,就好比实际生活中人际交往圈的逐渐扩大,使成员的归属感越来越强烈。游戏任务需要越来越多的人共同努力完成,一个成员的不认真就会导致其他越来越多人的损失,因此成员的责任感和集体荣誉感也越来越强烈。这些都可以使成员之间的关系越来越紧密,整个团体的凝聚力得到提升。

前三款游戏设计中,每位成员所要完成的动作可以统一一致,成员之间有经验可以传授。比如"蜈蚣翻身",每个人都需要在兼顾其他队员的基础上迅速柔软地穿过空隙。但是第四个游戏"解开千千结"则出现了不同的动作。成员形成的"结"千变万化,每次的情况也不尽相同,因此有可能在同一个团体中,有些成员的"结"简单易解,而有些成员之间的"结"错综复杂,需要全体成员一起出谋划策,甚至反复尝试解决。当遇到这些新的问题与挑战时,团体成员保持积极向上的态度和坚持到底的决心,对于整个团体的凝聚力提升有着重要作用。

(三)效果评价

大学生新生凝聚力团体心理素质拓展根据年轻人青春活力的特点设计游戏,借助相互协作、克服困难、完成任务的方式来帮助大学新生相互了解、相互沟通,建立良好的人际关系,形成更加亲密的团体,提升团体凝聚力,增强成员的归属感与责任感,促进新生尽快平稳过渡,解决入学适应问题,投入到大学生活中来。本素质拓展可以保证每个成员都认真地完成每一个活动,成员参与率能够达到100%。心理素质拓展中的游戏强度适中,既需要成员付出一定的脑力思考与体力活动,又具有安全性和趣味性,使成员之间的接触更加全面完整。成员一方面建立了良好的人际关系,另一方面还更好地进行了自我认识,能够学习从多个角度看待问题,得到更加全面的成长。

心理广角

团体心理素质拓展契约书

1. 理念

本团体心理素质拓展的目的是帮助你在大学生活中获得更多的成功和快乐。经过团体心理素质拓展游戏中的练习和鼓励,相信你能享有良好的人际关系,有信心和懂得运用信心挑战生活学习中的压力与困难。团体心理素质拓展的游戏设计强调"进入情境—担当角色—理解角色—体验角色—表现角色—自己与角色同一—体验升华",从而达到提高心理素质的目的。

2. 目标

本团体心理素质拓展的整体目标是:

(1)学会积极地面对生活中的困难和挫折。

(2)在团体心理素质拓展的游戏中学会新的沟通和合作方式,把自己的需要、希望、感觉和意见以诚实而有效的方式表达出来。

3. 安全

(1)因团体心理素质拓展是在户外进行的,安全是最重要的因素,请你务必听从带领者的安排,未经许可不得离开游戏场地。一旦签订了本合约,将视为你完全同意相关安全事项。

(2)团体心理素质拓展需要你参加游戏或提供意见和技巧示范,而且只有每位成员都参与,团体心理素质拓展才能有效地进行。如果你不能参与,请和带领者取得联系。任何成员都有权在任何时刻退出本团体心理素质拓展。但是,如果你考虑退出,请事先和带领者沟通,这样做对你绝对是有帮助的。

4. 准时

请务必准时,避免错过聚会中发生的重要事件,同时也让团体心理素质拓展能因你的参加而获益。

5. 作业

每位成员在参加完团体心理素质拓展之后,均需要练习某些作业,你可以不同意指导员建议的作业。但是,一旦同意,请务必完成。

6. 保密

任何一位成员在团体心理素质拓展中所说的话都是绝对保密的,也就是说,在团体心理素质拓展中呈现的任何资料都不能在外面讨论。每个人都有隐私权,你可以不透露任何你不想和别人分享的事。

本人已经仔细阅读并充分了解本合约的内容,本合约在指导者和本人彼此同意下亦可修改。

（成员）签名： 日期： 电话：

带领者签名： 日期： 电话：

反思体验

1. 团体心理素质拓展的特点是什么？它的主要环节有哪些？
2. 大学新生参与团体心理素质拓展的意义有哪些？

心理测验

班级团体凝聚力调查问卷

亲爱的同学:你好！班级是学校教育教学的基本单位,也是我们学习生活的组织形式,研究班级凝聚力对我们班级的运行及成员的学习生活有重要指导意义。此问卷根据影响组织凝聚力的因素及特征进行设计,采取不记名的方式进行内部调查,恳请你认真填写,诚挚地感谢你的信任和支持。

1. 你认为你所在班级凝聚力如何？（个人看法）

A. 很好　　　　　　　　B. 一般　　　　　　　　C. 不好

2. 在班上出现意见分歧时,你通常属于哪种？（成员同质性）

A. 主流　　　　　　　　B. 非主流　　　　　　　C. 都不是

3. 你认为你所在班级应该征集自己的班徽和班歌吗？（集体归属感）

A. 应该,而且我会积极地去参与设计、策划

B. 应该,但是我不想去参与,他们弄好了告诉我就行

C. 根本没那个必要,纯属多此一举

4. 与其他班开展辩论赛,你希望的比赛形式是什么？（外部影响）

A. 以竞争为基础打分,作为个人,谁对所辩论的问题贡献大,谁的得分就高

B. 以合作为基础给学生打分,全班学生都是同一分数

C. 其他

5. 如果你是班干部,你们班有人打架,你怎么办？（领导方式）

A. 主动拉开他们,劝他们和解　　B. 去告诉老师　　　　　C. 不管不问

6. 你认为班级的现状是由谁造成的？（组织责任感）

A. 都有责任　　　　　　B. 班干部　　　　　　　C. 个别同学

7. 大部分时间里,你在班级中所起的作用是什么？（成员对组织的依赖作用）

A. 积极作用　　　　　　B. 没什么作用,有我没我一样　　　C. 消极作用

8. 有的同学有题目不会,当他问你的时候,你会怎么做?(达成学习目标的方法)

A. 如果我会,很愿意帮助他,会耐心地给他讲解,直到他明白为止

B. 如果我会,会给他讲解,但不太情愿

C. 会也不告诉他

9. 参加班级活动,有同学故意不到,你怎样看待他们?(组织吸引力、向心力)

A. 情有可原,可以理解　　　　B. 他们不重视班级活动,欠缺责任心　　　C. 其他

10. 你认为班级同学之间的关系怎样?(信息沟通及交流情况)

A. 大部分同学之间都很融洽,有个别同学不合群,但并不影响整个班级

B. 班级同学都有各自的小团体,但在班级有事的时候,大家都能同心协力

C. 不太好,同学之间经常出现吵嘴的情况,但大部分同学都有自己的好朋友

计分方法:上面共列出10个测试题,选择A选项计3分,选择B选项计2分,选择C选项计1分,个体最后总得分10~30分。

测试结果解释如下。

25~30分:凝聚力很强。个体非常向往团体成员的身份,并为这种身份而感到由衷自豪;个体认同团体的领导,并且特别愿意主动追随领导;个体间在学习中体现出充分的合作精神,并且人际关系高度和谐;个体非常认同团体的目标与价值观,并且十分乐意分享团体发展所带来的利益。

20~25分:凝聚力较好。个体向往团体成员的身份,并为这种身份感到自豪;个体认同团体的领导,并且愿意追随领导;个体间在学习中体现出合作精神,且人际关系良好;个体认同团体的目标与价值观,并且愿意分享团体发展所带来的利益。

15~20分:凝聚力一般。个体不太向往团体成员的身份,并且不为这种身份感到自豪;个体不太认同团体的领导,不会主动追随领导;个体间在学习中不太能体现出合作精神,个体间人际关系不是很好;个体对团体的目标与价值观认同度低,并且不大愿意分享团体发展所带来的利益。

10~15分:凝聚力很差。个体非常不向往团体成员的身份,并为这种身份而感到很厌烦;个体对团体的领导十分不认同,并且特别排斥主动追随领导;个体间在学习中根本没有合作精神,而且人际关系很差;成员对团体的目标与价值观极不认同,非常不愿意分享组织发展所带来的利益。

参 考 文 献

[1] 西华德. 压力管理策略——健康和幸福之道[M]. 许燕,等译. 北京:中国轻工业出版社,2007.
[2] 戴纽特·沃瑟曼. 自杀,一种不必要的死亡[M]. 李鸣,等译. 北京:中国轻工业出版社,2003.
[3] 艾·弗洛姆. 爱的艺术[M]. 李建鸣,译. 上海:上海译文出版社,2008.
[4] 毕淑敏. 心理咨询手记[M]. 北京:中国青年出版社,2008.
[5] 才永发. 做自己的心理调节高手[M]. 北京:地震出版社,2006.
[6] 曾仕强. 情绪管理[M]. 厦门:鹭江出版社,2008.
[7] 陈光磊,黄济民. 青少年网络心理[M]. 北京:中国传媒大学出版社,2008.
[8] 段鑫星,程婧. 大学生心理危机干预[M]. 北京:科学出版社,2006.
[9] 傅佩荣. 智者的生活哲学[M]. 北京:国际文化出版公司,2005.
[10] 顾振中,潘永亮. 实话实说:与大学生谈恋爱观[M]. 赤峰:内蒙古科学技术出版社,2003.
[11] 何少颖. 大学生心理健康教育与训练[M]. 厦门:厦门大学出版社,2003.
[12] 胡永萍. 学校心理健康教育[M]. 广州:中山大学出版社,2005.
[13] 黄希庭,郑涌. 大学生心理健康教育[M]. 上海:华东师范大学出版社,2020.
[14] 黄希庭. 心理学导论[M]. 北京:人民教育出版社,1991.
[15] 黄玄清. 哈佛情商[M]. 北京:中国妇女出版社,2006.
[16] 吉红,王志峰. 大学生心理健康与调适[M]. 北京:中央编译出版社,2006.
[17] 杰夫·戴维森. 压力应对[M]. 罗汉,译. 上海:上海三联书店,2004.
[18] 劳动和社会保障部培训就业司,中国就业培训技术指导中心. 大学生就业指导[M]. 北京:海潮出版社,2003.
[19] 理查德·格里格,菲利普·津巴多. 心理学与生活[M]. 王垒,王甦,译. 北京:人民邮电出版社,2003.
[20] 林大有. 情绪管理的第一堂课[M]. 北京:中国书籍出版社,2006.
[21] 刘晓新,毕爱萍. 人际交往心理学[M]. 北京:首都师范大学出版社,2003.
[22] 罗伯特·所罗门. 幸福的情绪[M]. 聂晶,杨壹茜,左祖晶,译. 北京:中国人民大学出版社,2011.
[23] 马存根. 大学生心理健康教育[M]. 北京:人民卫生出版社,2005.
[24] 默里卡·帕德丝,等. 心灵导师·情绪管理全书[M]. 包黛莹,等译. 北京:经济日报出版社,1997.
[25] 牧之,张震. 健康要读心理学[M]. 北京:新世界出版社,2007.
[26] 欧阳辉,闫华,林征. 大学生心理健康应用教程[M]. 沈阳:辽宁教育出版社,2010.
[27] 彭聃龄. 普通心理学[M]. 北京:北京师范大学出版社,2008.
[28] 莎伦·布雷姆. 爱情心理学[M]. 郭辉,等译. 北京:人民邮电出版社,2010.
[29] 斯宾塞·约翰逊. 谁动了我的奶酪[M]. 魏平,译. 北京:中信出版社,2002.

[30] 孙江林. 大学生择业智典[M]. 北京：中国国际广播出版社，2003.

[31] 王敬群，邵秀巧. 心理卫生学[M]. 天津：南开大学出版社，2005.

[32] 王为正，韩玉霞. 大学生心理自助读本——感悟·求索·升华[M]. 北京：科学出版社，2010.

[33] 魏资. 高校大学生心理危机预防与教师心理干预引导手册[M]. 北京：高等教育出版社，2010.

[34] 吴增强，蒋薇美. 心理健康教育课程设计[M]. 北京：中国轻工业出版社，2007.

[35] 希瑞尔. 解读自杀心理[M]. 聂晶，译. 北京：中国轻工业出版社，2007.

[36] 徐世勇. 压力管理[M]. 北京：企业管理出版社，2004.

[37] 燕良轼. 大学生心理健康教程[M]. 长沙：中南大学出版社，2006.

[38] 姚本先. 心理学[M]. 北京：高等教育出版社，2005.

[39] 张大均，邓卓明. 大学生心理健康教育：诊断·训练·适应·发展[M]. 重庆：西南师范大学出版社，2004.

[40] 张培德. 就业与职业：把握通向社会的钥匙[M]. 上海：上海中医药大学出版社，2006.

[41] 张强. 大学生择业与就业指导教程[M]. 北京：世界知识出版社，2006.

[42] 张泽玲. 当代大学生心理素质教育与训练[M]. 北京：机械工业出版社，2004.

[43] 甄逸夫. 如何掌控你的情绪[M]. 北京：蓝天出版社，2008.

[44] 朱迪思·维奥斯特. 必要的丧失[M]. 吕家铭，韩淑珍，译. 上海：上海三联书店，2007.

[45] 中共江西省委教育工委，江西省教育厅. 心海导航：学生心理自助与拓展[M]. 南昌：江西人民出版社，2022.

[46] 张雪. 大学生网络心理问题及对策研究[D]. 锦州：渤海大学，2019.

[47] 姜巧玲. 高校网络心理健康教育体系的构建[D]. 长沙：中南大学，2012.

[48] 莫莉秋. 网络环境下大学生心理健康以及教育对策的研究[D]. 西宁：青海师范大学，2018.

[49] 彭玉蓉. "微时代"大学生网络心理问题及对策研究[D]. 天津：天津工业大学，2017.

[50] 张玥，张国立. 大学生移动网络成瘾心理动因调查[J]. 新西部，2022(10)：140-141，144.

[51] 谢晓娟，刘立伟. 大学生网络成瘾影响因素分析[J]. 中国煤炭工业医学杂志，2022(5)：547-552.

[52] 杨雪丽. 大学生手机网络成瘾行为与人格特质的关系[J]. 经济研究导刊，2022(26)：138-140.

[53] 刘罗，周海花. 积极心理学视角下地方高校大学生网络成瘾的现状及对策分析[J]. 湖南科技学院学报，2022(2)：94-97.

[54] 李维维，李子欣. 大学生自我控制与网络成瘾的相关研究[J]. 大学（研究与管理），2021(11)：65-68.

[55] 韩玲. 大学生网络成瘾的成因与干预方式研究[J]. 科教导刊，2021(26)：187-189.

[56] 崔荣凤，李娜. 大学生网络成瘾现状及其影响因素分析[J]. 现代交际，2021(13)：142-144.

[57] 周惠玉，梁圆圆，刘晓明. 大学生生活满意度对网络成瘾的影响：社会支持和自尊的多重中介作用[J]. 中国临床心理学杂志，2020(5)：919-923.

[58] 贾月亮，安龙，贾月明. 大学生社交能力与网络成瘾的关系：社会适应与自卑感的链式中介作用[J]. 中国临床心理学杂志，2019(1)：103-107.

[59] 刘奕蔓，李丽，马瑜，等. 中国大学生网络成瘾发生率的Mate分析[J]. 中国循证医学杂志，2021(1)：61-68.

[60] 刘丽，曹倩文. 大学生心理健康状况调查分析[J]. 校园心理，2022(6)：433-439.

[61] 郝俊杰，杨雅涵. 新时代大学生网络心理健康教育研究[J]. 中国学校卫生，2023(7)：1129.

[62] 范泽禹. 网络环境下大学生心理健康教育现状与途径[J]. 西部素质教育，2020(5)：84-85.

[63] 黄明芳. 高校网络心理育人体系的生态建构[J]. 教育评论,2019(11):94-99.

[64] 季海菊. 建构网络心理健康的教育体系[J]. 学海,2019(6):213-216.

[65] 张睿佳,胡锦晨,谭健烽,等. 大学生网络成瘾问题现状及对策[J]. 卫生软科学,2024(4):88-94.

[66] 刘璐,赵莲辉,宋臣旭,等. 大学生网络成瘾及与自我控制关系的调查研究[J]. 沈阳医学院学报,2023(5):475-478.

[67] 陈晓怡. 大学生网络心理调查与研究[J]. 教育教学论坛,2018(51):34-35.

[68] 张鹏程,陈宁. 大学生网络心理危机的类型、机制与干预[J]. 当代青年研究,2018(1):124-128.

[69] 钱婷婷,张艳萍. 大学生网络社交中的道德风险与应对:基于网络心理行为的研究[J]. 高校辅导员,2022(2):70-75.